把行业企业需求和标准
作为教学的目标和行动

职业教育汽车运用与维修专业工作过程系统化课程系列教材

汽车传动系统的诊断与维修

组　编　北京市昌平职业学校
主　编　李黎华
副主编　丁云鹏
参　编　冯广宏　高　艳　赵田喜

机械工业出版社

本书是汽车运用与维修专业工作过程系统化课程教材。本书以汽车传动系统诊断与维修中几个典型工作任务为载体，重点介绍了汽车传动系统各组成部分的结构、功能和其诊断与维修方面的内容。全书包括离合器的诊断与维修、换挡时变速器有噪声、自动变速器换挡时有冲击、转弯行驶或加速时车辆发出噪声、全轮驱动汽车安装新轮胎后传动系统中有故障五个学习单元。每个学习单元都按照企业生产流程、专业内容和实际应用关系来安排，包括接受客户委托、获取信息、制订计划、排除故障、交车几个环节，通过完成学习单元不仅可以提高学生的专业技能水平，更重要的是通过学习培养学生对生产设备工具、车辆、仪器认真负责的态度，学会与顾客、上级和同事进行沟通，培养团队能力，提高学生的安全意识与环保意识。

本书既可作为系统培训教材，每个学习单元又可成为独立课题供读者选用；既可为教师在制订教学计划方面及课堂教学方面给予帮助，又可为学生提供学习帮助。

图书在版编目（CIP）数据

汽车传动系统的诊断与维修/李黎华主编．—北京：机械工业出版社，2011.6

职业教育汽车运用与维修专业工作过程系统化课程系列教材

ISBN 978-7-111-34055-3

Ⅰ.①汽… Ⅱ.①李… Ⅲ.①汽车—传动系—故障诊断—职业教育—教材②汽车—传动系—车辆修理—职业教育—教材 Ⅳ.①U472.41

中国版本图书馆 CIP 数据核字（2011）第 059664 号

机械工业出版社（北京市百万庄大街 22 号 邮政编码 100037）
策划编辑：曹新宇 责任编辑：曹新宇 高 岩
版式设计：霍永明 责任校对：刘怡丹
封面设计：赵颖喆 责任印制：乔 宇
三河市国英印务有限公司印刷
2011 年 7 月第 1 版第 1 次印刷
184mm×260mm · 23.5 印张 · 1 插页 · 561 千字
0001— 3000 册
标准书号：ISBN 978-7-111-34055-3
定价：53.00 元

凡购本书，如有缺页、倒页、脱页，由本社发行部调换

电话服务
社服务中心：(010)88361066
销售一部：(010)68326294
销售二部：(010)88379649
读者购书热线：(010)88379203

网络服务
门户网：http://www.cmpbook.com
教材网：http://www.cmpedu.com

职业教育汽车运用与维修专业工作过程系统化课程系列教材编写委员会

序

进入21世纪以来，中国汽车产业发展突飞猛进，已经成为我国国民经济的支柱产业之一。目前中国机动车保有量已达1.99亿辆，其中汽车8500多万辆，每年新增机动车2000多万辆。

调查显示，一辆新车从购买到报废的全部花费中，购车费用只占到35%，而后期维修占到45%，并以每年10%以上的速度递增。作为汽车产业的重要延伸，汽车维修行业已经成为一个潜力巨大的市场，得到了前所未有的发展。汽车维修企业的管理水平和服务意识有了明显的改善，扩大了服务范围，改变了服务方式，提高了服务水平。随着现代汽车检测诊断技术的广泛应用，企业增加了服务设施，提高了技术装备水平。但与世界发达国家相比，在现代服务理念、行业研究、行业标准、服务项目的广度、服务内涵的深度和服务质量等方面还存在相当大的差距，关键在于企业工作人员整体综合素质未能达到现代维修企业的发展需求。具体表现为：受过专业训练的人员比例较低，拥有技能证书的员工比例较低；大部分员工从业时间短，维修经验匮乏，跳槽现象严重；企业急需大量有明确发展目标、有良好职业道德、有端正工作态度和敬业精神的优秀人才。

北京市昌平职业学校汽车运用与维修专业教师在基于与德国合作开发的工作过程系统化课程基础上，经过5年的教学实践，按照企业行业的要求对课程进行了多次的修订，最终开发出了本套适合中国汽车维修企业人才发展需求和中国职业教育现状的汽车运用与维修专业工作过程系统化课程系列教材。从体系内容上看，本套教材力求反映汽修行业人才培养的特点，按企业行动领域来构建课程内容，充分体现了理论实践一体化的职业教育模式。

与国内已出版的同类教材相比较，本套教材的内容与编排展现了以下三个特点：

1. 学习内容以工作任务为载体

本套教材的每个学习单元都是以任务、工具、项目等为载体，由维修企业的一项真实工作任务转化而来的学习任务，其设计和实施完全是按照完整的工作过程展开的，学习者经历的是一个“重复思维的过程”，正所谓“重复的是过程，不重复的是内容”，从而为学习者建立职业思维方式，成为行业人才奠定基础。

2. 注重工作能力的培养

本套教材遵循“能力本位”的职业教育原则，每一个学习情境的设计除了注重传统意义上“工艺与技能”的学习，还充分关注环保、安全管理、劳动组织、职业行为等内容。学习者在学习中不仅能获得知识、提高技能，而且还能积累丰富的工作过程经验，形成系统化解决问题的工作模式，提高综合职业能力。

3. 注重工作习惯的养成和工作思维的形成

本套教材通过模拟维修企业的实际生产过程和组织运行机构，使学习者对实际的工作环境不再陌生，实现学习者和企业的“零”对接；逐步树立认真负责的工作态度、严格遵守法律法规的意识、保护环境和工作场地的习惯、维护企业和顾客利益的职业素养；慢慢形成独立工作、与人沟通、做事讲究方式方法、会记录、能归纳、勤思考、具有自我保护意识、能展示自我、具有一定创新性的独立人格；渐渐养成与人合作、善于交流、有深刻的集体荣誉感的团队精神。

通过对本套教材的学习，学习者能够达到企业的要求。本套教材是一套能充分体现学校与企业零距离对接的教材。

细读书稿，深感本书有特色、有价值。应编著者盛情之约，写下以上感言，姑以为序。

北京祥龙博瑞汽车服务（集团）有限公司总工程师　魏俊强

前 言

随着汽车制造技术的迅猛发展及汽车维修技术的不断更新，汽车维修企业的劳动组织形式也发生了变化，因此现代汽车维修行业对从业人员提出了更高的要求，终身职业学习的理念逐渐被大家接受。职业能力是科学的工作和学习方法的基础，无法简单通过传统的学科化课程和传授式教学来实现，并且传统课程的学科系统化和职业活动之间存在着巨大的鸿沟，学校课程与企业的职业活动不协调，所以促进职业能力发展的课程成为当前职业教育课程发展的趋势。

经过广泛、深入的市场调研后，我们通过对汽修企业的岗位能力进行分析，获得了企业用人的标准。现代企业不仅看重员工技能的熟练，更要求员工具备较强的责任心，要诚实、守信，能合作，会沟通。所以，可以把现代企业用人的标准归纳成专业能力、关键能力（见附录）和职业道德三方面的能力需求。

工作过程系统化课程正是以培养这三种能力为目标的一套课程。工作过程是指企业里为完成一件工作任务而进行的一个完整的工作程序，其基本组成要素见下图。

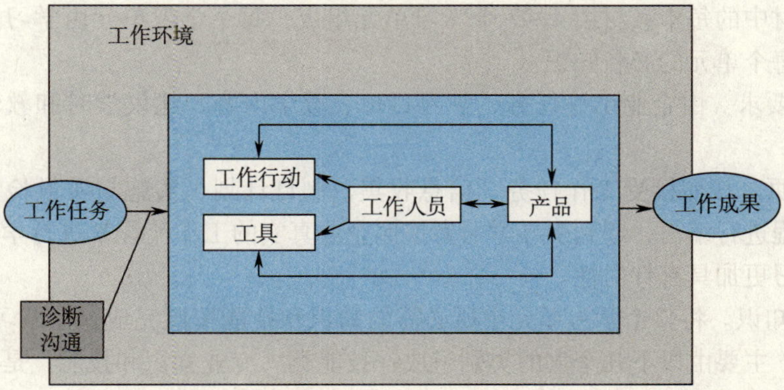

本套教材适用于中等职业学校三年或四年制汽车运用与维修专业使用，它是按照汽车维修企业的典型工作任务的需要进行课程设置，基于工作过程系统化理念进行编写的，共包含汽车维护保养、发动机及其组件的拆装与检测、汽车电子和电气系统的检测与维修、汽车传动系统的诊断与维修、汽车发动机控制系统的诊断与维修、汽车底盘和制动系统的诊断与维修、汽车网络系统的诊断与维修、汽车附加系统的补充装备及其调试和汽车舒适与安全系统的检测与维修9门课程，共49个学习单元。

本套教材是对学科体系教材的一次颠覆性改造。它没有传统意义上的“机械制图”、“电工基础”等专业理论课，但专业理论基础知识与技能并没有舍弃，而是依照工作过程的要求，按照够用、适用的原则，与传统的专业技能课程内容结合在一起，按照行动体系的需要，打破学科体系，对内容进行分解和重构，将其整合到各课程与学习单元中去，充分体现了理论与实践一体化的当代职业教育先进思想。其教学内容的综合性、教学设计的系统性、教学过程的行动性、教学思路的创新性、培养目标的职业性与传统的教学都有着很大的不同。

本套教材遵照从宏观到微观、从整体到局部和从简单到复杂的认知规律，以汽车维修企业典型工作任务的分析为基础进行课程的划分，以学习单元为基础进行每本教材的编排。充分体现工学结合的理念，以故障的诊断和排除为学习的工作任务，模拟真实的工作过程，学习过程从故障现象出发，学习者从客户接待—故障诊断—维修计划制定—工具准备—故障排除—费用核算—交车，经历完整的工作过程。学习开始于接待客户，结束于把车辆交给客户并定期回访。学习者学习到的不仅是知识和技术，更是在经历完整的工作过程中，学会技术、选择和使用工具、与人沟通，了解企业的业务流程和组织方式，由学会技术到学会工作。

本套教材与教学过程实现紧密衔接，便于教师使用和学生学习。本套教材的体系属于开放型，教师在使用时只要对学习单元稍作调整，就可实现新知识、新技能的嵌入。

本套教材是完全按照工作过程系统化课程的实施要求来编写的，立意新颖、编排独特，完全符合当前职业教育教学改革的理念和要求，即使是刚刚接触工作过程系统化课程的教师，也可以在本套教材的引导下，进行工作过程系统化课程的教学工作，能有效促进职业教育工作过程系统化课程改革的推进。

通过对本套教材的学习，学习者能够完全掌握必要的专业理论知识，同时能达到相应的技术要求，并能取得相应的职业资格证书，为就业打下良好的基础。

本套教材中的每本教材由 4 ~7 个学习单元组成，每个学习单元由学习要求和工作页组成，后附每个单元的必备知识。

1. 学习要求。由企业工作任务、学习目标、教学内容、建议学时和教学资源等部分组成。

2. 工作页。按照接受工作任务、信息收集、制订计划、实施与质量检查和评价与反馈的工作流程进行编写，起到引导学习者按照企业真实的工作流程来进行学习的目的，使学习者的学习更加具有针对性。

3. 必备知识。将整个学习单元中所必需的知识和技能按照完成这个学习单元的流程，编写在一起，主要由以下几个大的类别组成：技能类（专业知识和技能，是必备知识的主体部分）、文化知识类（计算机、数学、英语、物理和化学等）、工作类（企业工作流程和组织机构等）和综合类（团队合作、客户关系、环境保护、法律法规和安全规范等）。

以上三个组成部分都是每个学习单元的重要组成，必须理清三部分的相互关系，明确三部分的正确使用方法，并按要求进行学习，才能最终实现培养学生工作能力、与企业实现零对接的目的。

为更好地使用本套教材，请认真阅读下面关于教材使用的说明：

1. 三个组成部分的使用顺序：学习要求→工作页→必备知识。

2. 学习者在进行每个单元的学习之前，一定要认真研读“学习要求”的相关内容，明确与本单元对应的企业工作的流程及本单元的学习目标和内容等，为更好地进行本单元的学习奠定基础。

3. “工作页”是本套教材的核心，它将学习者需要掌握的知识、技能，需要养成的职业规范，需要形成的行为习惯，需要适应的企业工作环境和流程等学习要求都按照企业真实工作任务的工作流程，通过问题引导的方式提出来，使学生在完成每个学习单元的过程中充分体现“做中学、学中做”的特点。**所以，学习者在使用本套教材进行学习时，一定要按照工作页的引导进行学习，而不能像传统教材那样先看学习内容，再完成相关的作业。本套教材是在大量的企业调研的基础上编写完成的，所以，即便学习者没有真实的工作经历，只要按照本套教材的要求进行学习，就必能对企业真实的工作有所了解，真正实现与企业的“零”对接。**

4. “工作页”中提出了大量的引导问题，若想解决这些问题就必须到对应的“必备知识”中寻找答案。所以，“必备知识”就类似于一个资源库，学习者可以按照学习的需要，到“必备知识”中搜寻自己所需要的。当然，这个“资源库”的篇幅毕竟有限，无法完全满足学习者的学习要求，所以学习者还需要结合自身的实际条件，准备相应的维修手册、产品使用说明、企业真实的维修数据库、管理软件、规章制度、管理要求、视频、实物教具和实验实训设备等学习资源，才能真正构建一个工作过程系统化课程所必需的学习环境。

本书是工作过程系统化课程系列教材的第四本书，参考学时是180学时，本书能使学习者掌握汽车动力传动系统的主要知识和技能，同时，将强化学习者关注自己和他人的学习过程、自我展示、相互评价等方面的意识和能力，从而达到对学习者综合职业能力培养的目的。

通过本书的学习，学生能够了解汽车传动系统；能够正确描述汽车传动系统各部件的功能和相互关系；能够写出变速器的传递路线，并计算传动比；能够检查传动系统机械和液压部件的可再利用性；能够根据顾客对故障的描述，利用必备知识、维修手册及相关资料做出对系统故障的诊断和维修的计划，并按计划对传动系统进行诊断和维修；能够在整个学习过程中始终遵守安全操作规范；能够对需要执行的维修计划向顾客提供预算和经济性分析；最终能够对已经执行的诊断和维修工作对客户进行说明，并阐明费用。

本教材的各学习单元，是按照汽车动力传递系统的动力传递路径来排序的，便于学生对汽车动力传动系统知识的了解和掌握。学习单元三中知识的含量和复杂程度要高于学习单元四，所以，我们在进行学习时，可以将学习单元四的内容放在学习单元三的前面进行学习，使学习过程遵循由简单到复杂的原则，也符合人的职业成长规律。

本书在每个学习单元都设置了“学习过程记录和评价表”、“学习成果展示过程记录和评价表”、“关键能力评价”和“工作能力评价”四个评价环节，从自己、他人和团队等角度对每一个学习者的知识、技能、行为习惯、方法和意识等职业能力进行综合评价，以此促进学习者关注自身综合职业能力的提升，为最终更快地融入企业的工作环境，并能在企业中实现可持续发展，奠定基础。

本书既可作为系统培训教材，又可将每个学习任务作为独立课题供读者选用；既可为教师在制订教学计划方面及课堂教学方面给予帮助，又可为学生提供学习帮助。

学时建议

	总学时
学习单元一　离合器的诊断与维修	35
学习单元二　换挡时变速器有噪声	40
学习单元三　自动变速器换挡时有冲击	45
学习单元四　转弯行驶或加速时车辆发出噪声	30
学习单元五　全轮驱动汽车安装新轮胎后，传动系统中的故障	30
合计	180

为了使学习者在每个学习单元的学习中，都能对学习的目标和内容有一个初步的了解和最终的控制，本书为学习者制订了下面的“教学目标及教学内容控制表”，该表将本书涉及的教学目标和教学内容一一罗列出来，并将每个学习单元所承载的学习目标和内容也都逐一进行了标注，一方面有利于学习者在开始学习前对本书的主体和每一个学习单元的内涵及相互关系有所了解；另一方面学习者可以在每一个单元学习完成后，利用此表对自己的学习目标和内容的达成情况进行自查。

教学目标及教学内容控制表

序号	汽车传动系统的诊断与维修	学习单元一	学习单元二	学习单元三	学习单元四	学习单元五	备　注
教学目标							
1	掌握汽车传动系统主要部件的组成、作用、结构	*	*	*	*	*	
2	了解传动系统主要部件的工作原理	*	*	*	*	*	
3	能正确认知汽车传动系统的主要组成部件	*	*	*	*	*	
4	能正确拆装汽车传动系统的主要部件	*	*	*	*	*	
5	能正确确认顾客的故障描述，并作出分析	*	*	*	*	*	
6	能根据故障现象，进行故障原因分析	*	*	*	*	*	
7	能正确检测传动系统中的机械部件	*	*	*	*	*	
8	能正确检测传动系统中的液压部件			*			
9	能正确描述各部件的功能及相互关系	*	*	*	*	*	
10	能对故障及其造成的影响进行分析	*	*	*	*	*	
11	能进行相应的理论计算		*	*		*	
12	能对自己的检测结果进行分析	*	*	*	*	*	
13	能正确使用信息技术查询相关资料	*	*	*	*	*	

（续）

序号	汽车传动系统的诊断与维修	学习单元一	学习单元二	学习单元三	学习单元四	学习单元五	备注
14	能制订诊断和维修工作计划	*	*	*	*	*	
15	能结合实际操作进行维修成本核算和经济性分析	*	*	*		*	
16	了解电控系统内各电器间的相互关系			*		*	
17	能正确地对顾客进行维修情况的说明	*	*	*	*	*	
18	能对维修事故提出正确的处理意见	*					
19	树立安全的质量意识，逐步形成对工作的责任意识	*	*	*	*	*	
教学内容							
技术类							
20	各种驱动方式（概要介绍）	*				*	
21	摩擦离合器（单片离合器、双片离合器、干式离合器和复式离合器等）	*					
22	操作装置（机械式、液压式、电子机械式和电气机械式）	*	*	*		*	
23	手动变速器		*				
24	同步器		*				
25	滚动轴承，波形片					*	
26	自动变速器（有级变速器、手自一体变速器）			*			
27	液力变矩器			*			
28	自动变速器中的离合器			*			
29	行星齿轮传动原理			*	*	*	
30	自动变速器中压力的产生过程			*			
31	传动系统中的电子元件			*		*	
32	液压控制的基本原理			*			
33	电子传动控制、机电配合的传动控制			*		*	
34	无级变速器（CVT）			*			
35	直接换挡变速器（DSG）	*		*			
36	传动轴和驱动轴	*			*	*	
37	全轮驱动汽车的换挡控制					*	
38	万向节				*		
39	四轮驱动					*	
40	分动器					*	
工作类							
41	诊断、委托任务书和文字记录	*	*	*	*	*	
42	检验说明	*	*	*	*	*	
43	框图、示意图和功能图表	*	*	*	*	*	
44	检验方法	*	*	*	*	*	
45	信号流			*			
46	工作计划	*	*	*	*	*	
47	拆卸、维修和安装计划	*	*	*	*	*	
48	连接技术（轮轴毂连接，万向节连接等）				*		

（续）

序号	汽车传动系统的诊断与维修	学习单元一	学习单元二	学习单元三	学习单元四	学习单元五	备注
49	安装工具	*	*	*	*	*	
50	备件和材料需求表	*	*	*	*	*	
51	质量保障、保修	*	*	*	*	*	
52	试驾、验收	*	*	*	*	*	
53	顾客咨询	*	*	*	*	*	
54	沟通基本规则	*	*	*	*	*	
55	工作安全、事故防护	*	*	*	*	*	
56	垃圾清理和再利用	*	*	*	*	*	
57	工作质量的自我评价	*	*	*	*	*	
58	车辆交付、专业交流	*	*		*	*	
专业基础理论类							
59	转矩	*	*		*		
60	传动比（齿轮数、转数和扭矩的改变）		*	*	*		
61	单、双、多级变速器		*	*	*		
62	传动效率（单个和总计效率）		*				
63	驱动力的计算（摩擦力、压力和可传送扭矩）	*					
64	机械式离合器操作机构	*					
65	压力计算（液压系统）			*			
66	液压传动			*			
67	企业经济性核算	*	*			*	
68	成本核算（维修、比较计算）	*	*			*	
69	图解法、示意图（动力传递过程、变速器的传动原理图）	*	*	*	*	*	
70	功能/动力分解		*	*	*	*	
71	专业英语	*	*	*	*	*	
计算机技术类							
72	传感器、执行器和 EVA 原理			*			
73	动力传动装置的学习软件	*	*	*	*	*	
74	车间信息系统（动力传动系统、备件和价格系统的确认）	*	*	*	*	*	
75	维修手册	*	*	*	*	*	
76	图示法、示意图		*	*	*	*	
77	记录	*	*	*	*	*	

本书由李黎华担任主编，丁云鹏担任副主编，参加编写的还有冯广宏、高艳、赵田喜。由于水平有限，书中错误及疏漏在所难免，敬请读者提出宝贵意见，以便进一步修改。

北京市昌平职业学校

目 录

学习单元一
离合器的诊断与维修

离合器的诊断与维修学习要求

<table>
<tr><td colspan="2">企业工作任务</td></tr>
<tr><td colspan="2">客户描述：在上坡加速时或在高负载行驶时，发动机转速突然增加，但汽车行驶速度却没有明显变化。</td></tr>
<tr><td>工作流程</td><td>可能故障原因</td></tr>
<tr><td>1. 确定维修车辆数据。
2. 根据顾客描述，检查车辆运行情况，确定顾客描述的故障现象是否准确和全面。
3. 根据厂家维修资料，学习和掌握传动系统和离合器的系统知识。
4. 检查离合器自由行程，并根据检查结果进行调整。
5. 在汽车高负载状况下，检查离合器的工作性能。
6. 制订维修计划。
7. 做好劳动安全和事故预防工作。
8. 从汽车上拆卸离合器。
9. 根据厂家维修资料检查离合器。
10. 记录检查结果，对离合器的使用情况进行评估。
11. 确定备件需求。</td><td>1. 离合器分离间隙调整不当。
2. 摩擦片上有油污。
3. 摩擦片卡死。
4. 离合器压盘带有凹槽。
5. 离合器压紧弹簧的压紧力过小。</td></tr>
</table>

12. 与客户进行沟通，进行维修成本测算。 13. 离合器的检修和安装。 14. 将离合器装入汽车。 15. 质量检查/试驾。 16. 将车辆交给班组长，对维修内容和维修过程进行技术说明（演示）。	

学习目标

1. 了解传动系统的作用、组成及种类。
2. 掌握检修离合器的相关技术规范、规定和标准，并做到规范操作。
3. 能认知离合器的构造及其各部件的功能，能分析、描述离合器的功能，能形象表述离合器的工作过程。
4. 通过填写工作任务委托书，学会按工作任务委托书的要求与顾客进行交流与沟通。
5. 学会对离合器的部件总成进行性能检测，在维修服务中需要培养安全和质量意识。
6. 学会使用维修手册收集相关资料，学会两类资料系统的使用，包括计算机和文字。
7. 在工作中学会与上级、同事进行沟通，了解维护顾客利益的重要性。
8. 要始终保持对工作有一个积极的工作态度，要对整个工作过程负责。
9. 确保前后部门之间的沟通顺利。
10. 在诊断、排除离合器故障时或试驾及验收车辆时，如实地履行工作安全和环境保护的规定，爱护工具设备，维护实训场地的清洁。
11. 学会测算备件和人员工资的成本。
12. 在对离合器进行诊断和维修工作时进行详细记录，能够说明工作种类和工作量。

教学内容

技能类	综合类
1. 起动汽车（观察故障现象）。 2. 离合器及其组件的功能和认知。 3. 离合器片的材料要求和离合器油。 4. 拆装离合器，会检测和调整自由行程。 5. 在负载情况下对离合器性能进行检测。 6. 车辆的功能（行驶性能的）检查。 7. 学会测算备件和人员工资的成本。 8. 通用工具的使用（套筒组合工具、呆扳手、梅花扳手、一字螺钉旋具、十字螺钉旋具和钳子）。 9. 离合器的故障分析。 10. 离合器的更换。 11. 离合器性能检测时的安全注意事项。	1. 离合器传动效率的计算。 2. 离合器传动机构的受力分析，杠杆原理。 3. 离合器动力传动的原理，摩擦传动，传动效率。 4. 机械传动。 5. 液压传动。 6. 专业英语。 7. 查询车辆的维修资料信息。 8. 查询工厂的信息系统。 9. 备件和人员工资的成本测算、消费清单（结算价单）和成本核算（工时和材料）。

	10. 记录文字资料（记录、网络资料和备份客户资料）。 11. 将车辆交付给维修组长或顾客时的沟通方法。 12. 在拆装过程中要避免因违规操作造成的对车辆和设备的损害。 13. 车辆举升和车下作业时的人身安全。 14. 常用和通用工具的正确操作规范。 15. 起动汽车时的人身安全。 16. 在分解离合器总成时，弹簧预紧力产生的潜在危险。 17. 车间内汽车运行时，尾气排放造成环境污染。 18. 对维修废料的回收处理，如废弃的离合器油和摩擦片等。

建议学时

35 学时

教学资源

1. 存在离合器故障的四辆汽车。
2. 配有维修说明的维修资料。
3. 工作任务书。
4. 配有备件目录和相关信息的工厂信息系统。
5. 用于拆卸和安装变速器的变速器支架。
6. 用于离合器修理的专用工具。
7. 用来更换的离合器系统的备件。

离合器的诊断与维修工作页

1 接受工作任务　　成绩：

1. 根据顾客（教师）和前台接待工作人员（学生）的对话内容，填写《×××汽车维修服务有限公司任务委托书》中的相关内容。

2. 按下表的要求对前台工作人员的工作过程进行评价，并记录。

前台接待工作过程评价表

评价对象					
评价内容	工作内容	文明用语	文明举止	职业规范	应变能力
评价级别					
评语					

3. 对故障车辆进行车辆身份信息确认，做好接车前的准备工作，并将工作结果填写到《×××汽车维修服务有限公司任务委托书》上。（如对车辆身份信息确认工作有问题，可查询故障车辆的维修手册和客户手册）

4. 想一想，车辆起动前的准备工作有：

（1）车辆防护：____等。

（2）安全防护：____等。

5. 起动车辆，对客户描述的故障现象进行确认，并准确记录故障车辆真实的故障现象为：________________________________。

6. 根据故障现象，分析该现象可能的故障原因不在____________，而在____________。

7. 想一想：我对汽车传动系统的了解有多少？（作用、安装位置、组成、各组成的作用等）

我知道：____

____

____

____

____

____

____。

×××汽车维修服务有限公司任务委托书

工单号：　　地址：　　联系电话：　　传真：　　投诉电话：

车主：　　地址：　　电话：　　传真：　　联系人：
车牌号：　　型号/年份：　　VIN码：　　发动机号：　　公里数：
燃油量：F—1/2—E　维修类别：　　入厂时间：　　约定交车时间：　　修正交车时间：
出厂时间：　　接车员：　　调度员：

故障陈述		换件项目	数量	单位	单价	金额

维修项目	工时	工价	作业班组	开工时间	完工时间

客户签字：
约定联络时间：

□车钥匙　□备胎　□轮盖　□行驶证
□随车工具　□故障灯

说　明

班组长：
检验员：
接车员：
服务专员：

工时费用总计：
材料费用总计：
估价人：

付款方式
转账□　支票□　现金□
其他□

接车前的检查

×划痕
⊙凹陷
√破损

检查人：

1. 车内贵重物品由客户自行带走，否则如有遗失，本厂恕不负责。
2. 车主同意上述维修项目并授权本厂对无法修复零件予以更换。
3. 客户自带配件与客户要求更换非厂件的，本厂恕不负责质量保修。

2 信息收集

2.1 学习过程记录和评价表

成绩：

8. 在对离合器进行诊断与维修的操作之前，我们需要对一些必备的知识和技能进行学习，只有掌握了这些知识和技能，我们才能完成“离合器的诊断与维修”这项工作任务。所以，在整个学习过程中，必须按下表的要求，对自己的学习过程进行认真的记录和评价。

填表要求：

1）首先，要完成学习内容部分的填写，明确本单元需要学习的内容和技能。

2）按实际学习的顺序，在每个学习内容对应的序号一列中填上学习顺序的序号。

3）学习方式主要有两种，以教师讲授为主的，填写“讲授”；以自主学习为主的，填写“自学”。

4）完成学习的正确率 = 实际正确的内容/全部完成的内容，内容以最小单位来计算。

5）学习效果的评价分成四个档次：优（85 ~ 100 分）、良（75 ~ 84 分）、中（60 ~ 74 分）、差（60 分以下）。

6）表格不够，可另附页。

学习过程记录和评价表

序号	学习内容（包括技能）	学习方式 讲授/自学	独立完成学习的正确率（%）	小组合作完成学习的正确率（%）	学习效果	
					自评	教师评

2　信息收集 2.2　学习成果展示过程记录和评价表	成绩：

9. 在学习的过程中，我们会有许多展示的机会，请将每一次他人和自己展示的过程和评价记录到下表内。注意要遵循客观、公正的原则。

填表要求：

1）对他人和自己的每一次展示都要进行评价，并认真地记录在表格中。

2）如果展示是以个人的方式进行的，则评价对象填个人的名字，如果展示是以两人以上的小组的方式进行的，则应填上小组的名称和展示人的名字。

3）学习成果完成情况的简单评价要用描述性的语言来完成。

4）语言表达、文明礼仪、应变能力和合作能力的评价采用优、中、差三级评价。

5）综合评价是对前面所有评价的总结，采用优、中、差三级评价。

6）表格不够，可另附页。

学习成果展示过程记录和评价表

序号	评价对象 组/个人	展示内容	学习成果完成 情况的简单评价	语言 表达	文明 礼仪	应变 能力	合作 能力	综合评价

2 信息收集

2.3 学习传动系统的知识

成绩：

10. 通过对故障现象的分析，可以明确故障不在汽车的动力系统，而在汽车发动机将动力传给车轮的传动部分，即：________________。

11. 汽车传动系统的作用是：

（1）________________。

（2）________________。

（3）________________。

（4）________________。

12. 看下图，填写汽车传动系统各组成部分的名称及作用。

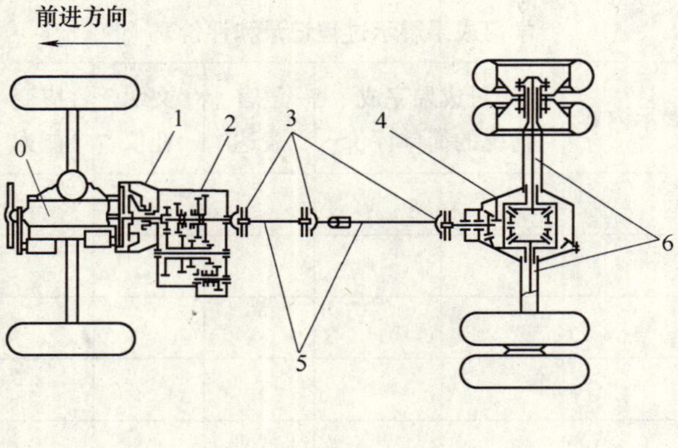

______驱动

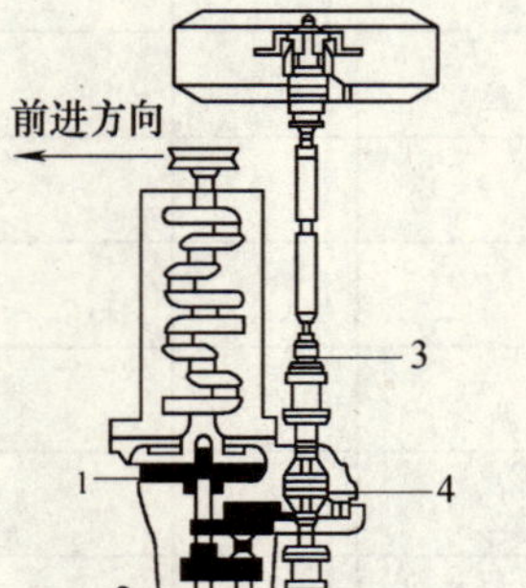

______驱动

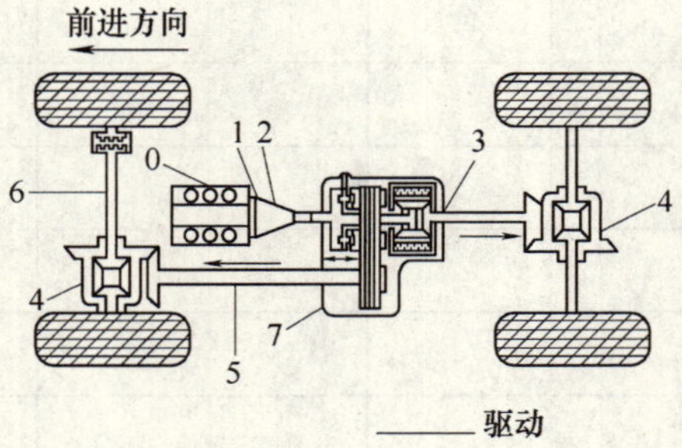

______驱动

（1）0—发动机，产生动力。

（2）1—________________。

（3）2—________________。

（4）3—________________。

（5）4—________________。

（6）5—________________。

（7）6—________________。

（8）此外，全轮驱动车辆上还装有7—________________。

13. 根据驱动轮安装位置和数量的不同，汽车的驱动方式可分为：________、________和________三种。请将三种驱动方式的名称填写在上面三个相应的图中。

14. FF表示________，RR表示________，4×4表示________。

15. 按能量传递方式的不同，传动系统可以分为：________、________、________和________四种。

16. 混合动力汽车在郊外行驶时，一般采用________；在市区有严格环保要求的路面行驶时，一般采用________，以实现市区行驶尾气的零排放。

2 信息收集

2.4 实车认知不同类型的传动系统

成绩：

17. 对照上面三种传动系统的系统图，在实车上分别找到相对应的实物，并完成下表的填写。

传动系统的组成认知考核表

序号	部件名称	简单描述其安装位置	自查			组长查			教师考核		
			前驱	后驱	全驱	前驱	后驱	全驱	前驱	后驱	全驱
1											
2											
3											
4											
5											
6											
7											

填表要求：

1）按传动顺序进行认知。

2）检查正确打“√”，错误打“×”。

18. 完成实车认知后，请分别写出三种驱动方式的动力传递过程：

（1）前轮驱动：____。

（2）后轮驱动：____。

（3）全轮驱动：____。

19. 通过对以上知识的学习，我们可以知道：当汽车出现发动机快速运转，而车辆行驶速度却没有快速变化的故障现象时，说明发动机________（有/无）故障，故障出在________中，而该系统中与发动机连接的部件是________，它的主要作用是________和________发动机动力。所以，根据确定的故障现象我们可以得出结论：必然是____________发生了故障。

2　信息收集 2.5　学习离合器系统的知识	成绩：

20. 离合器是汽车传动系统中直接与发动机相连接的、可拆解的部件，安装于________与________之间，能够根据需要________和________由发动机传到驱动车轮的动力，以便于驾驶员进行汽车的________、________和________等操作。

21. 离合器的作用：

（1）______________________。

（2）______________________。

（3）______________________。

（4）______________________。

（5）______________________等。

22. 请将下图中离合器的种类补充完整。

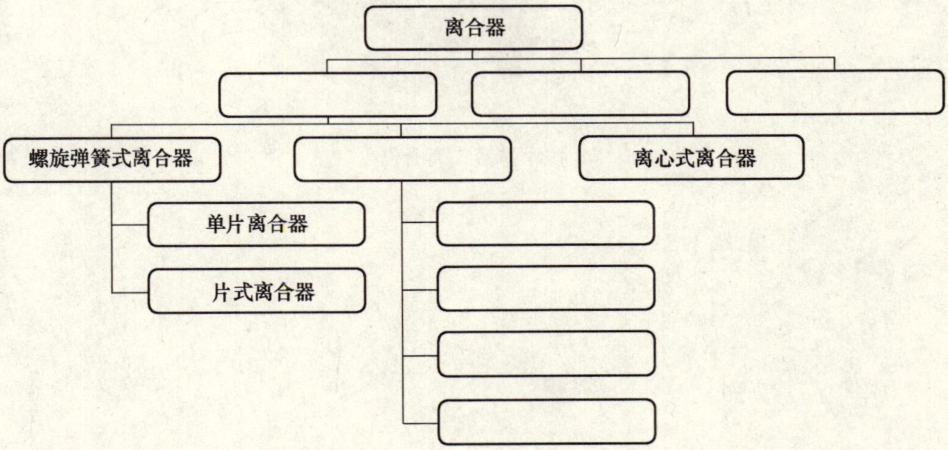

23. 摩擦式离合器通过________将________从发动机传递到________上。可传递的离合器转矩取决于________。压紧力主要由__________或__________等部件产生。

24. 下图为膜片弹簧式离合器结构图，离合器的构造主要由以下五部分组成：

（1）______：包括图中的序号__________所指的______________________________等，其作用是____。

（2）______：包括图中的序号________所指的________________________________等；其作用是：____。

____。

（3）______：包括图中的序号________所指的________________________________等，其作用是____。

（4）______：包括图中的序号____所指的______和套装在变速器驱动轴上的________________________________等，其作用是________________________

（5）________：包括____等，其作用是____。

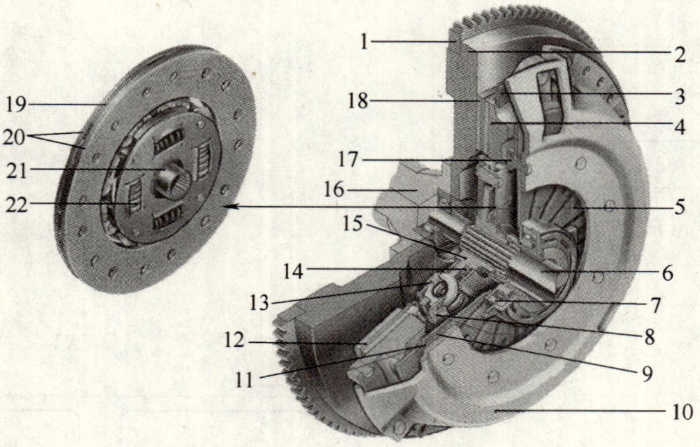

膜片弹簧式离合器

2　信息收集

2.6　认知膜片弹簧式离合器实物

成绩：

25. 对照上图，在分解的离合器实物或实车上分别找到相对应的零部件，并完成下表的填写。

离合器的组成认知考核表

组成	序号	零部件名称	安装位置说明	自查	组长考核	教师考核
主动部分						

填表要求：

1）检查正确打“√”，错误打“×”。

2）如果图中未标明序号的，则不用填写序号。

2　信息收集 2.7　膜片弹簧式离合器的工作原理	成绩：

26. 在下图 a）的方框中填出各主要部件的名称。

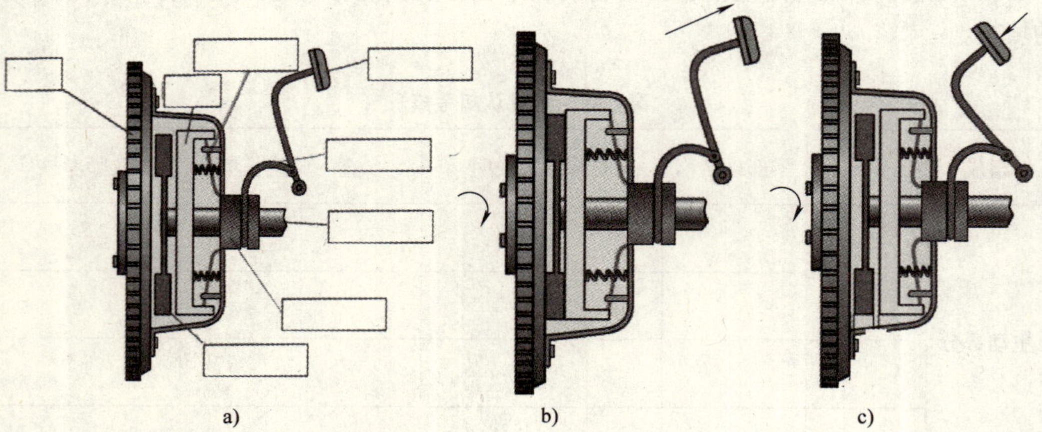

膜片弹簧式离合器的工作原理

27. 结合上图，将膜片弹簧式离合器的工作原理进行完整描述。

（1）松开离合器踏板，使发动机和传动装置接合（见图____）。结合时，离合器各部件都处于________，即膜片弹簧张紧，通过________将________压紧在________上。所产生的________相对于中部的扭力半径产生________，________通过____________传递到________上。发动机动力通过传动系统被传递给驱动轮，车辆向前或向后________。

（2）踩下离合器踏板，使发动机和传动装置分离（见图____）。分离时，从________传来的压力通过________作用在________的________，可使支承圈之间的膜片弹簧在________下发生位移，带动________移动，放松对离合器压盘的________，使离合器压盘从________上离开。此时，离合器处于________，发动机与传动装置间力的传递被________，车辆________运动。

28. 上图中的↓表示飞轮的旋转运动状态，请用箭头或文字在图中相关的位置画出或写出变速器驱动轴的运动状态。

29. 请在上面离合器分离的图 c）上标注出分离时离合器压盘、飞轮与从动盘之间的间隙，要写清具体的数值。

30. 离合器可传递转矩的大小取决于以下几个因素：

（1）____________________________。（2）____________________________。

（3）____________________________。（4）____________________________。

31. 离合器的分离机构分为：靠________分离的分离机构和靠________分离的分离机构两种。

## 2　信息收集 ### 2.8　学习离合器各组成部分的基础知识	**成绩：**

32. 与螺旋弹簧式离合器相比，膜片弹簧式离合器具有如下优点：

（1）________________________________。

（2）________________________________。

（3）________________________________。

所以，现代汽车采用的几乎都是________________________________。

33. 请写出离合器从动盘的作用。

（1）________________________________。

（2）________________________________。

（3）________________________________。

34. 在下图的方框内填上离合器从动盘主要组成部分的名称。

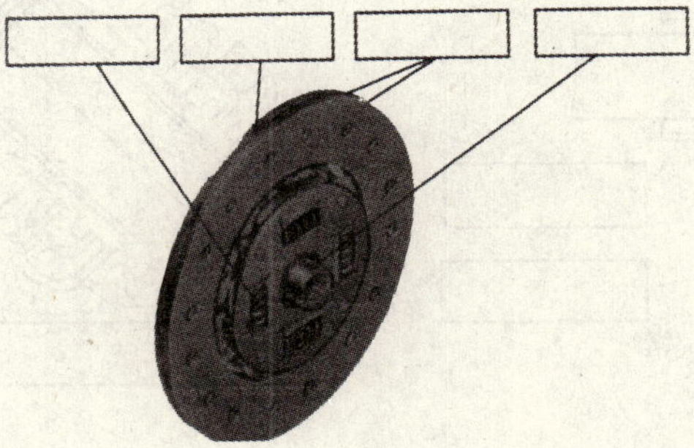

离合器从动盘

35. 离合器从动盘摩擦衬片的作用是：______；为了能够可靠的传递动力，摩擦衬片必须满足以下要求：

（1）________________________________。

（2）________________________________。

（3）________________________________。

36. 根据摩擦衬片材料的不同，可将摩擦衬片分成______、______和______等几种类型，分别适用于不同需求的离合器。

37. 扭转减振器的作用是________________________________，由________________和________________组成。

38. 波形片的作用是________________________________，被安装于________________和________________之间。

39. 花键轴套套装在__________________________上，能在变速器驱动轴上作______，靠______将__________传给变速器驱动轴。

40. 离合器分离轴承的作用是：通过离合器踏板、绳索传动装置或液压传动装置来中断______与______之间动力的传递。

41. 分离轴承可分为：

（1）__________________________（图______）。

（2）__________________________（图______）。

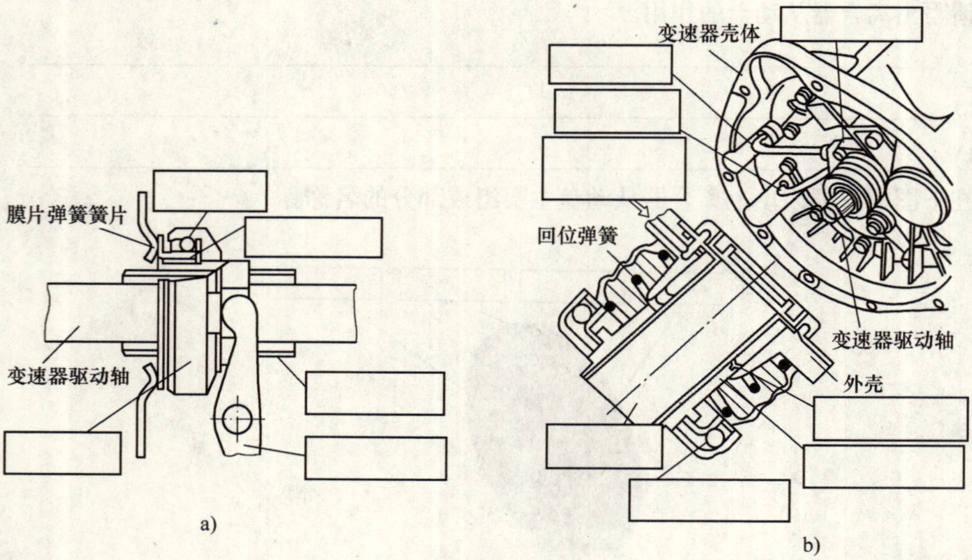

中央导向液压式分离轴承

42. 在中央导向液压分离轴承图 a）和图 b）中的方框内填上对应的内容。

43. 看上图将中央导向液压式分离轴承的工作原理补充完整。

中央导向液压式分离轴承与__________________________整合为一体，安装在________________上。离合器工作缸中的________________通过密封圈与垫圈受到__________________________作用，使离合器压盘分离。

2　信息收集 2.9　学习离合器操纵机构的知识	成绩：

44. 离合器操纵机构的作用是：放大从驾驶员处所获得的________，并传递到________上，使驾驶员可以用________使离合器彻底________。

45. 离合器的操纵机构可分为________和________两种。

46. 离合器自由间隙是指：________与________之间 1 ~ 3mm 的自由间隙和________上 10 ~ 30mm 的自由间隙之和。

47. 请你在下图中标出离合器自由间隙（两处），写清具体数值。离合器踏板自由行程是指：踩下离合器踏板时，用来克服__________的那部分行程。

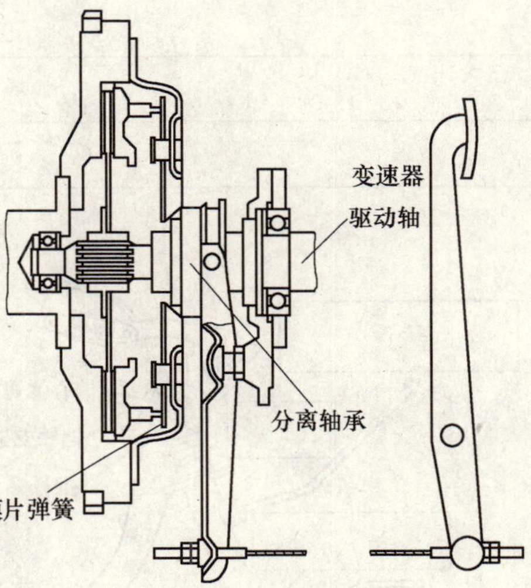

无自动调整装置的机械式离合器操纵机构

48. 离合器自由间隙会随着________的增加而________，导致离合器在未受踏板力的时候也会处于________而打滑，使发动机的动力无法得到有效的传递。

49. 离合器自由行程过小会导致：

（1）____。

（2）____。

（3）____。

（4）____。

50. 离合器自由间隙可通过调整分离叉或离合器踏板上的_____来改变间隙的大小，请在上图中标出其位置（标出两个位置）。

51. 按照维修手册（必备知识中有相关内容）的要求，对汽车进行离合器自由行程的检测。并将检测结果记录在 2.12 摩擦式离合器的检测与性能试验记录表内相对应的位置。检查时要注意做好车辆安全防护工作。

52. 根据离合器自由间隙调整方式的不同，机械式离合器操纵机构可分成两种：______机械式离合器操纵机构和______机械式离合器操纵机构。

53. SAC 是______的缩写，意思是：______，即在摩擦衬片磨损时其______能进行自动调整。

54. 下图所示为________，它的液压部件主要由______________等组成。请在下图中标出这些主要部件。

55. 液压式离合器操纵机构比机械式离合器操作机构优越之处是：

（1）____。

（2）____。

（3）____。

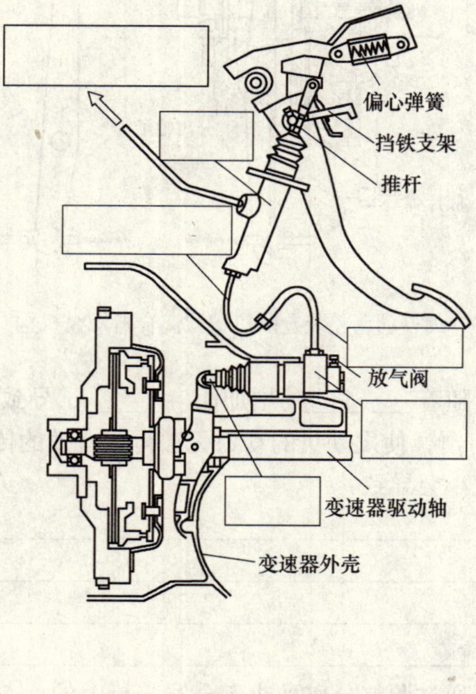

56. 主缸的作用是____。

57. 工作缸的作用是____。

2　信息收集

2.10　对四种膜片弹簧式离合器进行对比分析

成绩：

58. 认真阅读学习资料后，按表格要求完成下表的填写。（如不够，可另附页）

四种膜片弹簧式离合器的比较

种类＼比较			单片	双片	复式	片式
结构特点	自学结果					
	讨论结果					
	最后结论					
应用范围	自学结果					
	讨论结果					
	最后结论					
工作原理	自学结果	离合器结合				
		驱动力传递				
		离合器分离				
	讨论结果	离合器结合				
		驱动力传递				
		离合器分离				
	最后结论	离合器结合				
		驱动力传递				
		离合器分离				

2 信息收集 2.11 了解其他不同种类的离合器及其用途	成绩：

59. 磁粉离合器又叫__________，在__________（CVT：__________）的轿车中，用作较小功率的____________________。

60. 磁粉离合器所传递的发动机扭矩取决于__________与__________之间__________。磁力__________，传递的扭力就__________。磁力__________，则动力传递将被__________。在此过程中，驱动力的传递过程为：力从__________开始，通过__________、__________、__________和__________传递到____________________上。

61. AKS 是指__________，它是一种电子离合器系统。常见的电子离合器系统有：EKS——____________________、EKM——____________________等。

62. AKS 系统中离合器的断开（__________）与离合器的闭合（__________）都是由专门的电控系统（包括__________、__________和__________）完成的。离合器的分离和接合过程都无需__________，无需使用__________。

63. 在下图中各零部件的位置上写出所对应的下列组成的序号。如图中“例”所示。

离合器（SAC）——①，

传感器——②，

离合器系统的电控单元——③，

执行器——④。

64. 按控制原理即“传感器→电控单元→执行器”来简单叙述 AKS 的工作原理。

____

____

____

____

65. AKS 的优点：

（1）____________________。

（2）对离合器摩擦衬片与分离轴承的____________________。

（3）在起步与制动时，不会出现__________的现象。

（4）得到最佳的转速差可____________________。

（5）____________________，在发生载荷的突然变化时，不会出现不良反应。

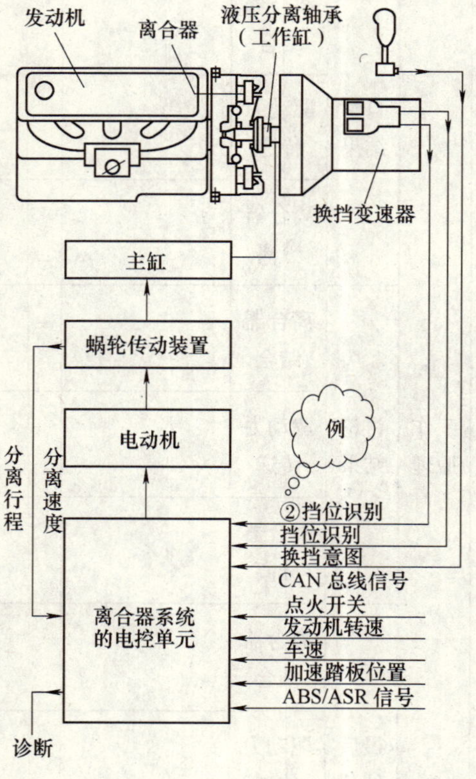

AKS 自动离合器系统的控制原理图

2　信息收集

2.12　离合器的检测与性能试验

成绩：

我们对离合器已经有了深刻的了解，已经具备了按照维修手册对离合器进行检测和分析的基础。下面，将根据故障现象，按照手册的要求，进行相关实习工作的练习，总的流程可参看“3 制订计划”中的流程。

66. 按要求填写下表，对离合器进行检测与性能试验，并以此为依据进行离合器系统的故障诊断。

（1）填表要求：

1）首先通过视频、教师演示、阅读学习资料和维修手册等方式收集相关信息，每个人都按填表说明填写下表中的相关内容。

2）以小组讨论的形式，再次完成对下表的填写。

3）按要求进行实际操作（没有实操条件的项目可以采用演示或视频的方式进行学习），在实操中出现的事先没有估计到的问题，应在表中相应位置处用另一种颜色的笔进行及时的记录。

4）将实测结果认真进行记录。

5）依据学习资料和维修手册中的相关内容，将实测结果与标准要求比较后，作出初步的故障诊断，并进一步提出修理建议。

6）按实际操作过程和要求，重新填写下表，为自己积累宝贵的维修经验和资料。

（2）填表说明：

1）检测步骤要写详细，具有可操作性。标注出具体操作过程的来源。

2）资源配置中需要写清硬件（如工量具、设备等）和软件（如使用说明、维修手册等）。

3）静态指起动车辆前的检测，动态指起动车辆后的检测。

4）注意事项中要写清人身、设备等的安全，环保、法律法规和企业规章等各项要求，特殊的操作要求等。

5）故障推论时要首先说明对标准要求和实测结果比较的结论，然后再进行故障推论。

6）表格如果不够，可另附页。

摩擦式离合器的检测与性能试验记录表

序号	检测类别	检测项目	检测步骤	注意事项	资源配置硬件/软件	标准要求	实测结果	故障推论	修理建议
1	静态	离合器踏板自由行程的检查与调整	检查自由行程	担心金属直尺划伤车漆					

（续）

序号	检测类别	检测项目	检测步骤	注意事项	资源配置硬件/软件	标准要求	实测结果	故障推论	修理建议
2	动态	起步时的打滑试验							
3		拉起驻车制动器时的打滑试验							
4		分离性能的试验							

2 信息收集

2.13 分析离合器的拆装流程

成绩：

67. 经过检测，我们发现离合器系统发生了故障，想一想，现在，我们需要做什么？

将离合器从车上拆下→______→______→______→______→______。

68. 通过查阅相关资料或厂家维修手册，我们知道离合器拆装过程如下图，请将图中不完整的部分补充完整。

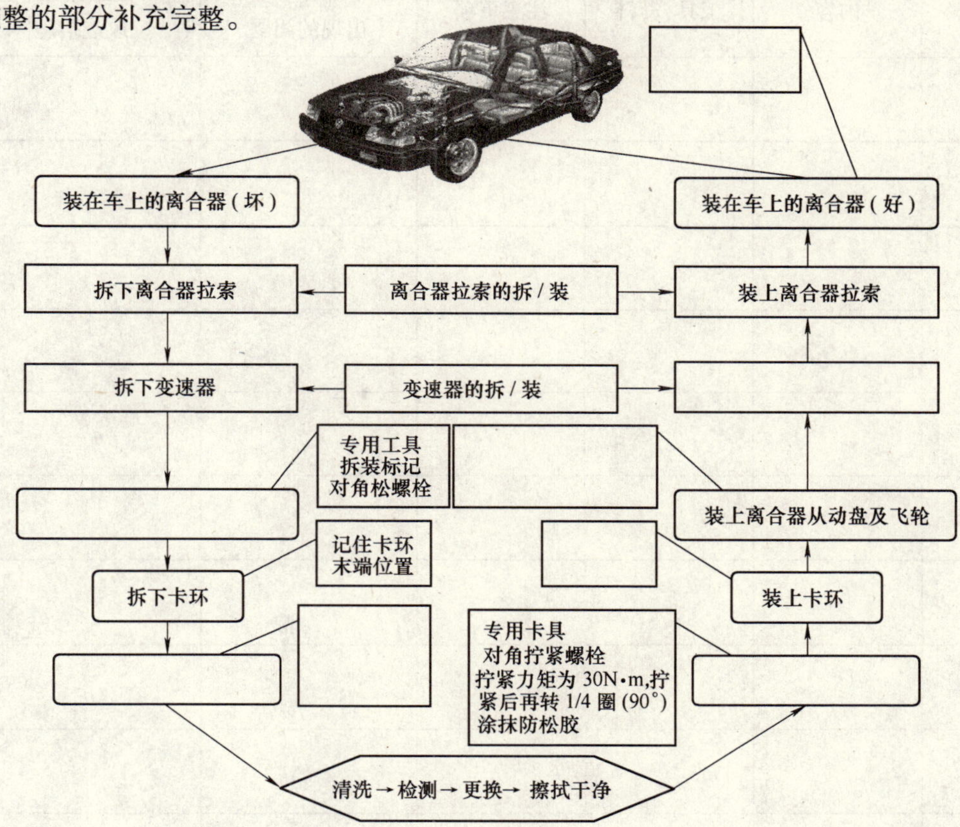

离合器拆装流程图

69. 将下图中的 a、b、c、d 各图号代表的拆装示意图填写到上图对应的步骤中。

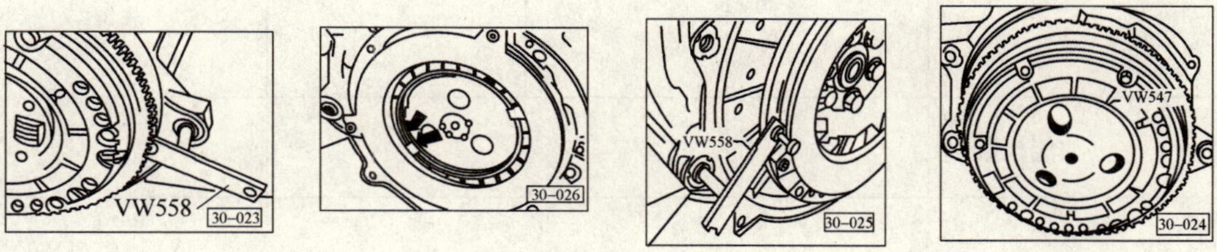

a) b) c) d)

离合器的拆装

2 信息收集

2.14 拆装离合器拉索

成绩：

70. 按照学习资料或维修手册的要求，进行离合器拉索的分组拆装实习，并填写下表。

离合器拉索拆装过程记录表

步骤	内容	工具/资料	注意事项	操作中出现的问题	经验小结及改进措施
	功能检查				

2 信息收集

2.15 拆装离合器踏板

成绩：

71. 按照学习资料或维修手册的要求，进行离合器踏板的分组拆装实习，并填写下表。

离合器踏板拆装过程记录表

步骤	内容	工具/资料	注意事项	操作中出现的问题	经验小结及改进措施
	功能检查				

2 信息收集

2.16 离合器总成的拆装与检测

成绩：

72. 按照学习资料或维修手册的要求，进行离合器总成的分解、检测与安装实习，并填写下表。

离合器总成分解、检测与安装实习记录表

一、分解

步骤	内容	工具/资料	注意事项	操作中出现的问题	经验小结及改进措施

二、清洗

步骤	内容	工具/资料	注意事项	操作中出现的问题	经验小结及改进措施

三、检测

序号	内容	方法及工具	标准要求	实际结果	比较后判断及维修建议（是否更换）
1	从动盘的检修				
2	压盘的检修				
3	压盘弹簧的检修				

四、安装

步骤	内容	工具/资料	注意事项	操作中出现的问题	经验小结及改进措施

2　信息收集

2.17　学习从车上拆装手动变速器的方法和步骤

成绩：

73. 结合学习资料或维修手册、实习车辆，制订“从车上拆装手动变速器”的操作计划，并将下面的流程表补充完整。（检查后画钩，不同身份用不同颜色的笔）

从车上拆装手动变速器操作计划

一、拆卸

步骤	内容	工具/资料	注意事项	在实习车上确认拆装位置			拆装位置说明
				自查	组查	师查	
1	拆下蓄电池搭铁线						
2	从变速器上断开电器插接头						
3	拆下车速里程表软轴						
4	拆下变速器与发动机上部的联接螺栓						
5	拆下离合器拉索		（参看67题）				
6	拆下发动机右支架上的三个螺栓						
7	拆下连接杆和变速杆						
8	拧下变速器左支架的六角螺母						
9	拧下变速器总成左侧支架上的六角头螺栓						
10	从变速器上拧下左侧支架的两个螺栓						
11	用专用吊架轻轻吊起发动机						
12	拆下左侧车轮装饰罩						
13	拆下右侧驱动轴及发动机隔热板						
14	拆下驱动轴螺栓，并向上吊起驱动轴						
15	拆下离合器盖板及右侧驱动凸缘后挡板上的螺栓						
16	拆下发动机并向上捆扎好						

（续）

步骤	内容	工具/资料	注意事项	在实习车上确认拆装位置			拆装位置说明
				自查	组查	师查	
17	拧下变速器总成前支架螺栓并取下前支架						
18	拆下左侧变速器支架的第三个螺栓，拆下变速器支架						
19	放低变速器，拆下变速器左支架螺栓						
20	尽可能向右推出发动机及变速器总成						
21	支起变速器，拆下发动机与变速器下部的联接螺栓						
22	从定位衬套上压出并拆下变速器						

二、清洗

序号	内容	工具/资料	注意事项
1	清洗输入轴花键		

三、安装

序号	内容	工具/资料	注意事项
	变速器的安装可按拆卸相反的顺序进行		1. 应保证发动机和变速器支架在无应力状态下安装。 2. 安装变速器时，应注意保证离合器从动盘准确定位。 3. 注意人身安全。 4. 注意专用工具的正确使用。

四、检查

序号	内容	方法/工具	标准要求	实测结果	比较判断提出处理意见
1	进行离合器拉索功能检查				
2	检查变速器油油面高度				

## 3　制订计划 ### 3.1　制订维修工作计划的要求	**成绩：**

74. 根据车辆实际的故障现象，制订一个针对该故障的维修工作计划，请按照下表的提示制订故障维修工作计划，即填写《故障维修工作任务书》中的底色无颜色的部分。

填表要求：

1）在遵守厂家维修手册、实际工作条件和要求的基础上，依据高效、准确、以人为本、统筹兼顾的原则进行人员分工。务必做到人人参与。

2）此任务书首先是小组共用一份，等工作结束后，其他同学再将整个过程抄到自己的任务书中。每组必须有明确的记录员，负责记录和与教师进行沟通（也可以安排两人）。

3）表格不够，可另附页。

4）①——操作完成，写出操作员的姓名。

5）②——写清参考的题号和特殊要求、重点内容。

6）③——用“↓”表示必须先完成此操作，才能继续下面的操作；用“→”表示此操作与下面的操作可同时进行；此处是安排操作步骤和进行人员分工的基础。

7）④——不同序号操作步骤可以相同，即可同时进行操作。

3 制订计划

3.2 制订离合器的检测与性能试验工作计划

成绩：

故障维修工作任务书 1

故障现象	
可能故障 原因分析	
小组成员及 分工	组长：　记录员：　安全员：　展示员： 卫生员：　质检员：　联络员：　其他：
一、检测与性能试验	
准备工作	

序号	检测类别	检测项目	检测说明②	标准要求	实测结果	检测人 实施①
1	静态		参看 63 题			
2	动态					
3	动态					
4	动态					

计划审核⑤ （教师）	年　月　日　签字：		
过程控制⑥ （教师）	年　月　日　签字：		
检测中 出现的问题		经验总结及 改进措施	
结论和维修 建议			

3 制订计划

3.3 制订拆卸离合器工作计划

成绩：

故障维修工作任务书 2

二、拆卸					
准备工作					
步骤④	序号	内容	操作说明及注意事项②	操作顺序要求③	操作人 实施①
1	1	拆下蓄电池搭铁线		↓	
2	2	从变速器上断开电器插接头		→	
	3			→	
	4				
	5				
	6				
	7				
	8				
	9				
	10				
计划审核⑤（教师）	年 月 日 签字：				
过程控制⑥（教师）	年 月 日 签字：				
拆卸中出现的问题			经验总结及改进措施		

3 制订计划 3.4 制订清洗与检测离合器组成的工作计划	成绩：

故障维修工作任务书 3

三、清洗与检测					
准备工作					
序号	内容	清洗/检测说明②	标准要求	实测结果	操作人
					实施①
1					
2					
3					
4					
5					
6					
7	紧固螺栓				
计划审核⑤ （教师）	年 月 日 签字：				
过程控制⑥ （教师）	年 月 日 签字：				
清洗和检测中出现的问题		经验总结及改进措施			
结论和建议 （说明需更换的配件）					

3 制订计划 **3.5 制订与顾客进行沟通、确定维修内容与价格的计划**	**成绩：**

故障维修工作任务书 4

四、与顾客沟通，确定备件更换的内容和价格			
与顾客沟通前的准备	1. 明确需要更换的配件是：		
	2. 配件的种类和价格：		
	3. 需要与顾客沟通的问题是：		
	4. 可供顾客选择的建议有：		
	5. 与顾客沟通的方式是：		
	6. 与顾客沟通时需要注意的问题：		
沟通时间		联系人	
沟通过程记录			
沟通结果确认	确认方式： 确认时间： 确认人：		

3 制订计划

3.6 制订离合器安装的工作计划

成绩：

故障维修工作任务书 5

五、安装			
准备工作			
安装说明	1. 按拆卸的相反顺序安装。 2. 有特殊要求的在下表说明。 3. 下表中只写出重点步骤和关键的注意事项。 4. 操作人同拆卸时。 5. 序号同拆卸时的序号相反（倒序）。		
序号	内容	操作说明及注意事项②	操作人 实施①
1	组装压盘	组装前擦干净各接触面、按对角线拧螺栓、拧紧力矩为 30N · m，拧紧后再转 1/4 圈（90°），拧紧后涂防松胶	

计划审核⑤ （教师）	年　月　日　签字：		
过程控制⑥ （教师）	年　月　日　签字：		
安装中出现的问题		经验总结及改进措施	

3　制订计划

3.7　制订离合器安装后的功能测试工作计划

成绩：

故障维修工作任务书 6

六、功能测试

序号	检测类别	检测项目	检测说明[②]	标准要求	实测结果	检测人 实施[①]
准备工作						
1	静态	检查各接触表面		无油污		
2	静态	检查变速器机油油面高度				
3						
4						

计划审核[⑤]（教师）	年　月　日　签字：		
过程控制[⑥]（教师）	年　月　日　签字：		
安装中出现的问题		经验总结及改进措施	
检测结果（可否交车）	年　月　日　负责人：		

4 实施与质量检查	成绩：

75. 按照离合器维修工作计划，开展针对故障现象的离合器维修工作，按照计划的提示做好维修工作的记录、检查和控制，即填写《故障维修工作任务书》中的底色为浅色的部分。

填表要求：

1）严格按表格要求进行填写，认真做好过程记录与控制工作。

2）如无特殊要求，记录工作由专门的记录员完成。

3）⑤——由教师填写，签字认可后方可进行实际工作。

4）⑥——由教师填写，在实施过程中记录出现的问题，可作为评价各组实习工作的依据。

76. 实习结束，对实习数据进行认真的分析，得出诊断和维修意见，并对实习的不同阶段进行反思，将其填写在表上底色为深色的空格内。可另附页。

77. 查询工厂信息管理系统，进行备件和人员工资测算后，将其记录在《×××汽车维修服务有限公司任务委托书》的相关位置。

78. 在将维修好的车辆交给维修班组长（或车间主任）的过程中，需要完成以下两件工作。

（1）相关物品和维修资料的交接，包括：________、________、________和________等；

（2）在交接过程中需要对整个维修过程进行说明，包括：________、________和________等。

79. 请用下表对各组的整个交车过程进行自评和互评。在对应项的分值栏内打“✓”。

交车过程评价表

评价对象 组/个人		评价人/组签字				
		评价时间				
序号	评价内容	低	评价标准及分值			高
1	交车时物品和维修资料的交接情况	没准备	1	3	5	准备齐全
2	对维修过程的说明	不清楚	1	3	5	清楚
3	车的恢复	没恢复	1	3	5	恢复原样
4	试车情况	有故障	1	3	5	无故障
5	维修费用的计算	有问题	1	3	5	没问题
6	维修过程记录材料（任务委托书填写情况）	不翔实	1	3	5	翔实

（续）

评价对象组/个人		评价人/组签字				
		评价时间				
序号	评价内容	低	评价标准及分值			高
7	语言表达	弱	1	3	5	强
8	文明礼仪	不礼貌	1	3	5	有礼貌
9	应变能力	弱	1	3	5	强
10	合作情况	不合作	1	3	5	协作
合计		不好				好
整个交车过程的综合评价						是否可以交车

80. 几天后，这辆刚刚交付使用的车辆又被开回了维修厂，用户向厂家投诉，要求索赔，投诉的内容是：

A. 汽车在上坡加速时或在高负载行驶时，仍然存在发动机转速突然增加，但汽车行驶速度却没有明显变化的现象。

B. 变速器挂挡困难且有噪声。

与顾客交流后，确定投诉内容为______（A/B）时，分析可能是由于：__________等原因导致的。结合实际情况，认真反思整个维修过程，最终确定故障原因是：________。思考：产生这个故障原因的关键环节是______，查询工作记录，发现该环节应该由______负责。此外，相关责任人还有______，如果你是维修厂的负责人，你会如何处理这件索赔事件：____。

以上投诉事件带给我的思考：__________________________________。

5 评价与反馈

5.1 关键能力评价

成绩：

81. 从教师、同学（两名）和自己三个角度对自己在整个维修工作过程中的表现进行评价，并分别填写下面的关键能力自评表、同学评价表和教师评价表 。（评价标准见附录）。此评价主要是针对关键能力的评价。

关键能力自评表

年　　月　　日

班级：________　　学号：________　　姓名：

序号	评价要素	低	分值				高
			D	C	B	A	
			1~3	4~6	7~8	9~10	
1	独立工作能力	弱					强
2	团队合作能力	从不					积极主动
3	工作方式	无					多
4	沟通与交流	不清楚					很清晰
5	解决问题的创新性	无					经常
6	对工作环境的态度	从不关注					随时随地关注
7	课堂参与程度	不参与					积极主动
合计							

关键能力同学评价表

年　　月　　日

班级：________　　学号：________　　评价人姓名：________

序号	评价要素	低	分值				高
			D	C	B	A	
			1~3	4~6	7~8	9~10	
1	独立工作能力	弱					强
2	团队合作能力	从不					积极主动
3	工作方式	无					多
4	沟通与交流	不清楚					很清晰
5	解决问题的创新性	无					经常
6	对工作环境的态度	从不关注					随时随地关注
7	课堂参与程度	不参与					积极主动
合计							

关键能力同学评价表

年 月 日

班级：__________ 学号：__________ 评价人姓名：__________

序号	评价要素	低	分值				高
			D	C	B	A	
			1～3	4～6	7～8	9～10	
1	独立工作能力	弱					强
2	团队合作能力	从不					积极主动
3	工作方式	无					多
4	沟通与交流	不清楚					很清晰
5	解决问题的创新性	无					经常
6	对工作环境的态度	从不关注					随时随地关注
7	课堂参与程度	不参与					积极主动
	合计						

关键能力教师评价表

年 月 日

班级：__________ 学号：__________ 教师姓名：__________

序号	评价要素	低	分值				高
			D	C	B	A	
			1～3	4～6	7～8	9～10	
1	独立工作能力	弱					强
2	团队合作能力	从不					积极主动
3	工作方式	无					多
4	沟通与交流	不清楚					很清晰
5	解决问题的创新性	无					经常
6	对工作环境的态度	从不关注					随时随地关注
7	课堂参与程度	不参与					积极主动
	合计						

5 评价与反馈 5.2 工作能力评价	成绩：

82. 按照下表的要求，对学生进行工作能力测试，此测试不仅要考查专业技能水平，而且还关注到在完成工作任务的过程中涉及的理论知识和故障分析能力等职业能力方面的要素。此评价通过让被评价者独立经历一次完整的工作，来对其工作能力进行评价。每个评价都要包括两张表格，一张为工作任务书，被考评人使用；另一张为工作评价表，考评人使用。

评价一：离合器踏板自由行程的检查与调整工作能力评价

1. 离合器踏板自由行程的检查与调整工作任务书		
被考评人：	学校：	
日期：	时间：	考评人：
顾客投诉		
新修的离合器，在行驶中加速时，车速不能随着发动机转速的升高而增加。		
原因分析		
导致上述故障的可能原因有：____。		
工作任务		
对离合器踏板自由行程进行检查与调整，操作时间为10min。完成工作过程记录。工作结束后，与考评人进行专业对话。		
工作过程记录		
1. 工作准备：包括：______________________________。 2. 维修车辆是______，查相关维修手册，在第______页。离合器踏板完全放松时高度标准值是：______ mm，离合器踏板自由行程的标准值是：______ mm。 3. 测量离合器踏板完全放松时高度，测量工具为______，测量值为______ mm。 4. 测量踩下踏板感到有阻力时的高度，测量时要注意__________，测量值为__________ mm。 5. 计算离合器踏板自由行程。两高度之差，即为自由行程。计算值为______ mm。 6. 将计算值与标准值作比较，得出结论：______________。所以，需要对离合器踏板自由行程进行调整。 7. 调整时，旋动踏板拉杆的螺母（旋进，自由行程减少；旋出，自由行程增大）。 8. 调整结束，再次测量离合器踏板自由行程，得出结论：______________。 9. 5S包括：____________________。 10. 检验：试车，故障现象消失。		

与考评人进行专业对话		
话题1： 话题2：		
工作完成后的反思		

2. 离合器踏板自由行程的检查与调整工作评价表

被考评人：	学校：	
日期：	时间：	考评人：
工作任务		
对离合器踏板自由行程进行检查和调整，操作时间为10min。完成工作过程记录。工作结束后，与被考评人进行专业对话。		

序号	作业项目	评分指标	应得分	评分标准	实得分
1	准备工作	1）测量工具的准备。 2）车辆安全防护。 3）环车检查。	6	每项错误扣2分，扣完为止。	
2	测量	4）项目齐全。 5）读数正确。 6）测量方法正确。 7）测量结果正确。	20	每次错误扣5分，扣完为止。	
3	计算	8）能正确列式计算。 9）计算结果正确	10	每次错误扣5分，扣完为止。	
4	比较判断	10）能根据数值的比较得出正确的结论。	6	错误扣6分。	
5	调整	11）工具选择正确（2分/次）。 12）工具使用正确（3分/次）。 13）调整方法正确（3分/次）。 14）会正确寻找调整位置（2分/次）。	20	每次错误按要求扣分，扣完为止。	

（续）

序号	作业项目	评分指标	应得分	评分标准	实得分
6	步骤	15）步骤完整、没有出现步骤错误。	6	每次错误扣2分，扣完为止。	
7	5S	16）工作场地始终干净整洁。 17）工具始终干净无污物，摆放整齐。 18）所有物品都恢复原状。	6	每次扣2分，扣完为止。	
8	文明生产	19）遵守安全操作规程，正确使用工具。	6	不文明语言或野蛮操作，每次扣2分，扣完为止。	
9	注意事项	20）无任何人身和设备的安全和损坏。		违规操作发生重大事故，此题记0分。	
10	专业对话	21）提出两个与此项操作相关的问题。	10	每题5分，请酌情扣分。	
11	任务书的填写	22）内容正确、完整。 23）字迹工整、清晰。	10	每次错误扣1分，扣完为止。	
12	时间	24）操作时间要求为10min。		每超时1min，扣2分。	
分数总计			100		
综合评价					

评价二：离合器总成的拆装与检测工作能力评价

1. 离合器总成的拆装与检测工作任务书		
被考评人：	学校：	
日期：	时间：	考评人：
顾客投诉		
新修的离合器，踩下离合器挂挡时有噪声。		

原因分析

导致上述故障的可能原因有：____。

工作任务

经过初步检查后，需要拆检离合器总成。目前，变速器已经拆下，你所需要完成的工作就是对离合器总成进行拆装和检测，操作时间20min。完成工作过程记录。工作结束后，与考评人进行专业对话。

工作过程记录

1. 工作准备：包括____。
2. 维修车辆是__________，查相关维修手册，拆装过程在第__________页。
3. 拆下飞轮和离合器从动盘。拆卸工具包括______________________________，注意事项是：____。
4. 拆下卡环。注意事项是：____。
5. 分解离合器压盘。拆卸工具有：______________________________，注意事项是：____。
6. 清洗。注意事项是：____。
7. 检测。检测时完成下表：

序号	内容	方法及工具	标准要求	实际结果	比较后判断及维修建议（是否更换）
1	从动盘的检修				
2	压盘的检修				
3	压盘弹簧的检修				
4	联接螺栓的检查				

8. 按相反的顺序安装，安装时要注意：

1）安装前，应将各接触表面______。

2）用专用工具______固定压盘，拧入固定螺栓，并按______拧紧，拧紧力矩为______ N·m，拧紧后______，拧紧后涂______。

3）用专用中心定位工具______安装离合器从动盘及飞轮，将从动盘总成装在压盘与飞轮之间，以变速器第一轴为导杆，使______，并用VW558固定从动盘，压盘必须与飞轮______方可插入______，并按______，其拧紧力矩为______ N·m。

9. 5S包括：____。
10. 检验：试车，故障现象消失。

与考评人进行专业对话
话题 1： 话题 2：
工作完成后的反思

2. 离合器总成的拆装与检测工作评价表

被考评人：		学校：	
日期：	时间：	考评人：	
工作任务			
经过初步检查后，需要拆检离合器总成。目前，变速器已经拆下，你所需要完成的工作就是对离合器总成进行拆装和检测，操作时间 20min。完成工作过程记录。工作结束后，与考评人进行专业对话。			

序号	作业项目	评分指标	应得分	评分标准	实得分
1	准备工作	1）拆装工具的准备与检查。 2）车辆安全防护。 3）环车检查。	6	每项错误扣 2 分，扣完为止。	
2	拆卸	4）工具选择正确（2 分/次）。 5）工具使用正确（3 分/次）。 6）拆卸方法正确（3 分/次）。 7）拆卸标记的检查（2 分/次）。	18	按要求扣分，扣完为止。	
3	清洗	8）清洗材料的选择。 9）清洗材料的正确使用。 10）清洗方法正确。	6	每次错误扣 2 分，扣完为止。	
4	检测	11）检测项目齐全（2 分）。 12）检测工具的选择与使用正确（4 分）。 13）检测方法正确（2 分）。 14）检测结论正确（2 分）。	10	每次错误扣 2 分，扣完为止。	

（续）

序号	作业项目	评分指标	应得分	评分标准	实得分
5	安装	15）工具选择正确（2分/次）。 16）工具使用正确（3分/次）。 17）安装方法正确（3分/次）。 18）按拧力要求拧紧螺栓（3分/次）。	20	每次错误按要求扣分，扣完为止。	
6	步骤	19）步骤完整、没有出现步骤错误。	6	每次错误扣2分，扣完为止。	
7	5S	20）工作场地始终干净整洁。 21）工具始终干净无污物，摆放整齐。 22）所有物品都恢复原状。	6	每次错误扣2分，扣完为止。	
8	文明生产	23）遵守安全操作规程，正确使用工具。	8	不文明语言或野蛮操作，每次扣2分，扣完为止。	
9	注意事项	24）无任何人身和设备的安全和损坏。		违规操作发生重大事故此题记0分。	
10	专业对话	25）提出2个与此项操作相关的问题。	10	每题5分，请酌情扣分。	
11	任务书的填写	26）内容正确、完整。 27）字迹工整、清晰。	10	每次错误扣1分，扣完为止。	
12	时间	28）操作时间要求为20min。		每超时1min，扣2分。	
分数总计			100		
综合评价					

学习单元二

换挡时变速器有噪声

换挡时变速器有噪声学习要求

企业工作任务	
客户抱怨：在换挡时变速器有噪声。在经过短暂试车后，维修师傅将该任务交给学徒。	
工作流程	**可能故障原因**
1. 通过维修师傅和学徒的沟通交流，确定工作任务委托书。 2. 学习手动变速器系统知识。 3. 进行变速器性能检测并咨询客户。 4. 按照客户意愿确定维修（更换或维修）内容及方法。 5. 制订拆卸变速器的工作计划。 6. 为检修做前期准备，根据维修手册拆卸、清洁变速器。 7. 分解变速器，并清洁其零部件。 8. 通过目视检验和相应的测量，确认变速器的损坏之处。 9. 确认变速器是否存在其他问题的可能性。 10. 在装配变速器前，进行变速器各总成的检测。 11. 装配变速器。 12. 把变速器装到车上。	1. 变速器挡位同步器出现问题而自动脱挡。 2. 变速器轴承磨损（发出噪声）。

13. 添加齿轮油。 14. 变速器功能检查（试驾）。 15. 变速器密封性检查。	

学习目标

1. 掌握检修变速器的相关技术规范、规定和标准，并做到规范操作。

2. 在完成变速器故障诊断维修工作时，加强变速器基础理论的学习，掌握手动变速器的理论知识和相关数据的计算。

3. 学会用相关检测仪器检查变速器主要零部件，分析和描述手动变速器各部件的作用和相互关系，并思考可能产生的故障以及其对整个传动系统的影响。

4. 学会对汽车手动变速器故障进行诊断和维修。

5. 了解变速器损坏对其他系统的影响。

6. 能根据顾客对故障现象的描述及对变速器故障的再次确认，分析可能产生故障的原因。

7. 能够正确分析和理解变速器系统的诊断结果，并利用信息技术对故障系统做出诊断和维修方案。

8. 在检测、排除变速器故障时，试驾及验收车辆时，要认真履行工作安全和环境保护的规定，爱护工具设备，维护实训场地的清洁。

9. 向顾客提供需要执行的变速器维修方案的预算和经济性分析，供顾客做出选择。

10. 通知客户已经执行的工作并阐明费用。

11. 学会使用维修手册收集相关资料；学会两类资料系统的使用，包括计算机和文字。

12. 在工作中学会与上级、同事进行沟通，并了解维护顾客利益的重要性。

13. 要始终保持对工作有一个积极的工作态度，要对整个工作过程负责。

14. 在维修服务中养成安全意识和质量意识。

15. 在对变速器进行检测和维修工作时，进行详细记录，并能够说明工作种类和工作量。

教学内容

技能类	综合类
1. 学会使用百分表。 2. 能分析手动变速器故障现象，并根据现象分析变速器故障产生的原因。 3. 检测手动变速器的机械部件（输入轴、输出轴、同步器、齿轮和轴承等）。 4. 用百分表测量变速器轴的径向圆跳动。 5. 检查齿轮与内座圈之间的间隙。 6. 检查同步器间隙。 7. 对变速器故障和其影响进行分析。 8. 选择正确的工具拆装变速器。 9. 变速器的动力传递过程。	1. 齿轮油。 2. 传动效率的计算。 3. 传动比的计算。 4. 成本核算（维修，比较计算）。 5. 齿轮传动原理。 6. 机械传动。 7. 轴承。 8. 润滑。 9. 单、双、多级变速器。 10. 传动效率部分和全部的变化（齿轮数，转数和转矩的改变）。

10. 变速器的传动原理。	11. 专业英语。 12. 车间信息系统（动力传动系统，备件和价格系统的确认）。 13. 将车辆交付给客户服务技师时的沟通方法。 14. 领取备件时的沟通方法。 15. 维修中与客户沟通的方法。 16. 在拆装过程中要避免因违规操作造成对车辆和设备的损害。 17. 车辆举升和车下作业时的人身安全。 18. 常用和通用工具的正确操作规范。 19. 量具的正确使用。 20. 起动汽车时的人身安全。 21. 变速器性能检测时的安全注意事项。 22. 在拆装变速器时因野蛮操作导致的潜在危险，包括人身和设备的损害。 23. 车间内汽车运行时尾气排放造成环境污染。 24. 对维修废料的回收处理，如废弃的变速器油、更换的部件等。

建议学时

40 学时

教学资源

1. 变速器有故障的四辆汽车。
2. 已拆下的有内在缺陷的变速器。
3. 配有说明的维修资料。
4. 工作任务委托书、试验表格和检测计划书。
5. 配有备件目录的工厂管理软件系统。
6. 用于拆卸和安装变速器的变速器支架。
7. 用于变速器修理的专用工具。
8. 可旋转的变速器翻转架。
9. 拆装齿轮、轴承、油封等的拉力器和压力器。
10. 小型器材清洗器（如超声波清洗机）。

换挡时变速器有噪声工作页

1　接受工作任务　　成绩：

1. 根据顾客（教师）和前台接待工作人员（学生）的对话内容，填写《×××汽车维修服务有限公司任务委托书》中的相关内容。

2. 按下表的要求对前台工作人员的工作过程进行评价，并记录。

前台接待工作过程评价表

评价对象					
评价内容	工作内容	文明用语	文明举止	职业规范	应变能力
评价级别	☺ 😐 😢	☺ 😐 😢	☺ 😐 😢	☺ 😐 😢	☺ 😐 😢
评语					

3. 对故障车辆进行车辆身份信息确认，做好接车前的准备工作，并将工作结果填写到《×××汽车维修服务有限公司任务委托书》上。（如对车辆身份信息确认工作有问题，可查询故障车辆的维修手册和客户手册）

4. 根据顾客和维修师傅对故障现象的描述，可以判定，本学习单元的工作任务是对损坏的______进行维修。想一想，要对该部件进行维修，需要解决几个问题？

×××汽车维修服务有限公司任务委托书

工单号：23　　地址：＊＊＊＊＊＊　　联系电话：123456　　传真：123456　　投诉电话：654321

车主：李某　　地址：＊＊＊＊＊＊　　电话：555555　　传真：555555　　联系人：李某

车牌号：6666　　型号/年份：2004 年　　VIN 码：123456879064　　发动机号：4657842　　公里数：10 万公里

燃油量：F—1/2—E　　维修类别：大修　　入厂时间：2009 年 12 月 2 日　　约定交车时间：2009 年 12 月 9 日

修正交车时间：　　出厂时间：　　接车员：王某　　调度员：张某

故障陈述	客户描述：汽车在换挡时变速器有噪声。 维修师傅试车后补充说明：三挡挂入四挡时有噪声，其他情况下没有噪声。

维修项目	工时	工价	作业班组	开工时间	完工时间

换件项目	数量	单位	单价	金额

客户签字：

约定联络时间：

班组长：

检验员：

接车员：

服务专员：

工时费用总计：

材料费用总计：

估价人：

付款方式

转账☐　支票☐　现金☐　其他☐

☐车钥匙　☐备胎　☐轮盖　☐行驶证　☐随车工具　☐故障灯

接车前的检查

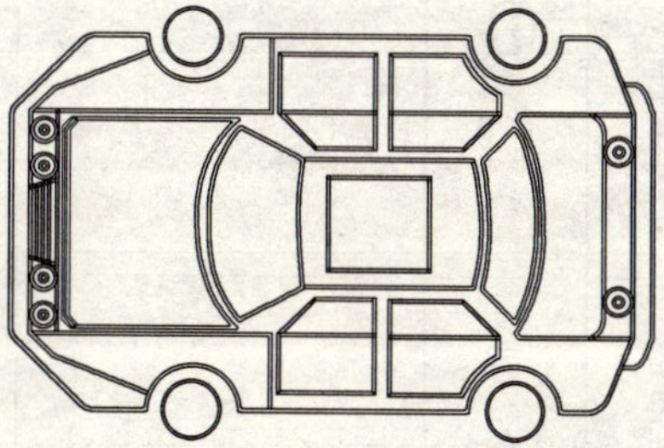

×划痕
⊙凹陷
√破损

检查人：

说　明

1. 车内贵重物品由客户自行带走，否则如有遗失，本厂恕不负责。

2. 车主同意上述维修项目并授权本厂对无法修复零件予以更换。

3. 客户自带配件与客户要求更换非厂件的，本厂恕不负责质量保修。

2　信息收集

2.1　学习过程记录和评价表

成绩：

5. 在对变速器进行维修操作之前，我们需要对一些必备的知识和技能进行学习，只有掌握了这些知识和技能，我们才能完成“换挡时变速器有噪声”这一故障的排除工作。所以，在整个学习过程中，必须按下表的要求，对自己的学习过程进行认真的记录和评价。

填表要求：

1）首先，要完成学习内容部分的填写，明确本单元需要学习的内容和技能。

2）按实际学习的顺序，在每个学习内容对应的序号一列中填上学习顺序的序号。

3）学习方式主要有两种，以教师讲授为主的，填写“讲授”；以自主学习为主的，填写“自学”。

4）完成学习的正确率＝实际正确的内容/全部完成的内容，内容以最小单位来计算。

5）学习效果的评价分成四个档次：优（85～100分）、良（75～84分）、中（60～74分）、差（60分以下）。

6）表格不够，可另附页。

学习过程记录和评价表

序号	学习内容（包括技能）	学习方式 讲授/自学	独立完成学习的正确率（%）	小组合作完成学习的正确率（%）	学习效果	
					自评	教师评

2 信息收集

2.2 学习成果展示过程记录和评价表

成绩：

6. 在学习的过程中，我们会有许多展示的机会，请将每一次他人和自己展示的过程和评价记录到下表内。注意要遵循客观、公正的原则。

填表要求：

1）对他人和自己的每一次展示都要进行评价，并认真地记录在表格中。

2）如果展示是以个人的方式进行的，则评价对象填个人的名字，如果展示是以两人以上的小组的方式进行的，则应填上小组的名称和展示人的名字。

3）学习成果完成情况的简单评价要用描述性的语言来完成。

4）语言表达、文明礼仪、应变能力和合作能力的评价采用优、中、差三级评价。

5）综合评价是对前面所有评价的总结，采用优、中、差三级评价。

6）表格不够，可另附页。

学习成果展示过程记录和评价表

序号	评价对象 组/个人	展示内容	学习成果完成 情况的简单评价	语言 表达	文明 礼仪	应变 能力	合作 能力	综合评价

2　信息收集

2.3　学习变速器系统的知识

成绩：

7. 变速器属于汽车的________系统，安装在________的后面，它能改变发动机________和________的变化范围以及动力________，以获得汽车行驶所需要的________和________。

8. 请用圆圈圈出下面两张汽车图片中的变速器。

变速器安装位置图

9. 汽车变速器的作用是：

(1) ____。

(2) ____。

(3) ____。

(4) ____。

10. 通过变速器，我们可以使车辆在一定的发动机转速下获得不同的________和________。

11. 在变速器中，转矩与转速的改变是利用不同齿数的__________来实现的。

12. 传动比 i 是指________________________________。

13. 认真观察下图后，完成以下几件工作。（假设小齿轮的齿数为23、大齿轮的齿数为34，上面齿轮为主动齿轮、下面齿轮为从动齿轮）

(1) 图中1指__________；2指__________，其作用是________________。

(2) 将下面传动比的计算公式补充完整。

(3) 按要求填写下表。

图号	传动方式	转矩变化	转速变化	传动比与1比较	传动比	旋转反向
a	降速增矩		$n_2 < n_1$	$i > 1$		
		$M_2 < M$				相同

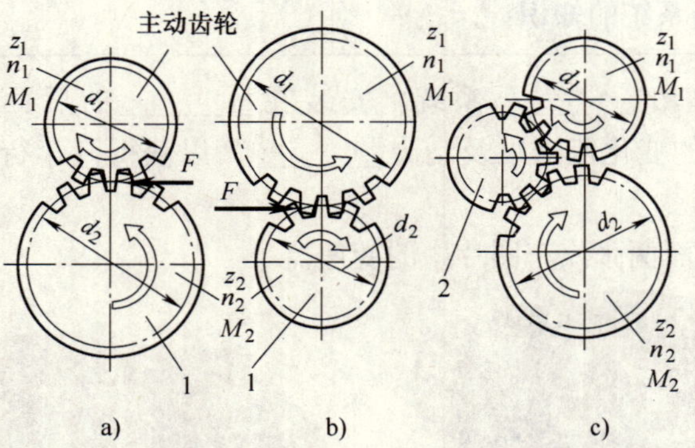

$i = \frac{\quad}{\quad} = \frac{\quad}{\quad}$

齿轮传动中转矩与转速的改变

14. 右图所示为二级齿轮传动示意图，齿轮1（齿数为23）为主动齿轮（动力输入），驱动齿轮2（齿数为67）转动；齿轮3（齿数为35）与齿轮2固连在一起，一同转动；齿轮3又驱动齿轮4（齿数为52）转动，并最终输出动力，此时由齿轮1传到齿轮4的传动比 i_{14} = ________。如果 n_1 = 3500r/min，则 n_2 = ________，n_3 = ________，n_4 = ________。

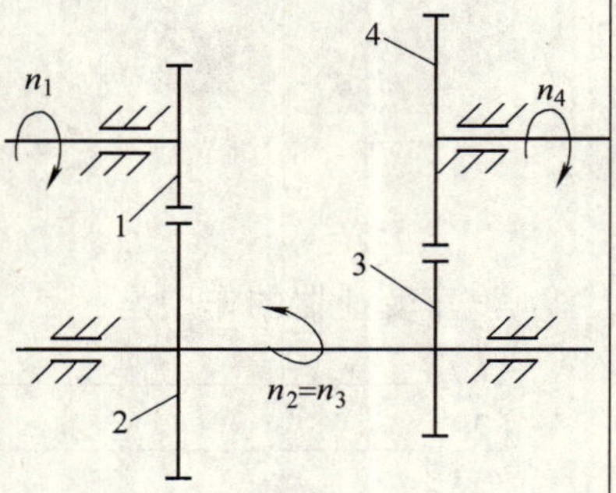

二级齿轮传动示意图

1、3—主动齿轮　2、4—从动齿轮

15. 从右表中可以看出，该变速器的一、二、三挡为________，其传动比________1；四挡为________，其传动比________1；五挡为________，其传动比________1。

16. 转矩双曲线是指：________________________________。从该曲线中可以看出，变速器不同挡位的传动比，可以满足汽车________________。

17. 变速器挡位包括前进挡、______和________。

18. 请将下图中，变速器的种类补充完整。

五挡手动变速器各挡的传动比

挡位	传动比
一	3.5
二	1.89
三	1.23
四	0.93
五	0.73

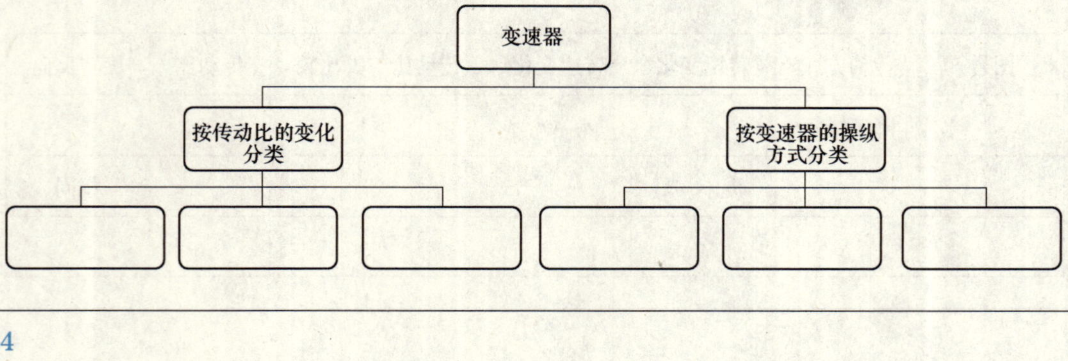

2　信息收集

2.4　学习手动变速器的知识

成绩：

19. 手动变速器是通过____________改变变速器内的________，________，从而达到变速目的一种变速器。

20. 请按手动变速器的不同的分类方式对手动变速器进行分类，并结合下图，完成下表的填写。

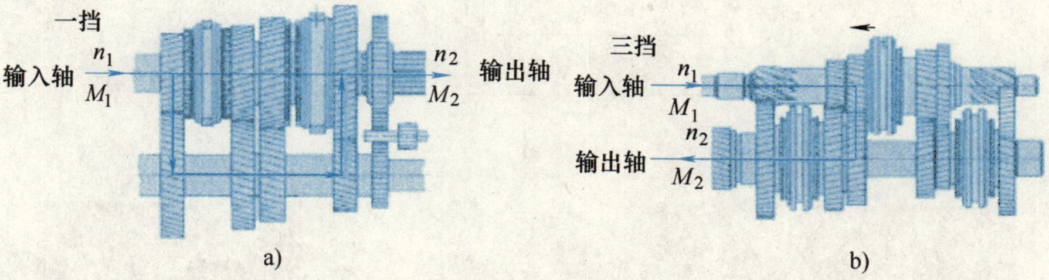

同轴与非同轴变速器

a）同轴变速器　b）非同轴变速器

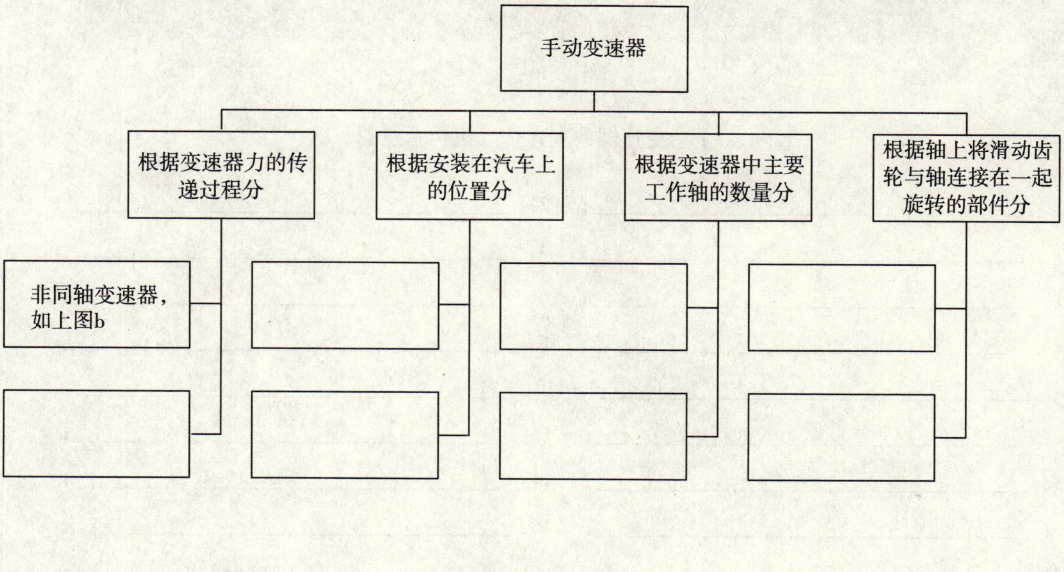

21. 手动变速器一般由________（其作用是：________________）和________（其作用是：________________）两大部分组成。

22. 请写出下图 a 中的数字所对应的部件名称，并结合实物在图 b 的部件上写出与图 a 相对应的数字。

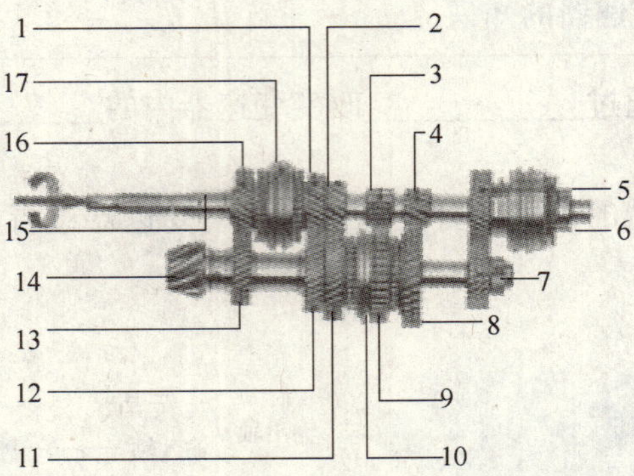

a)

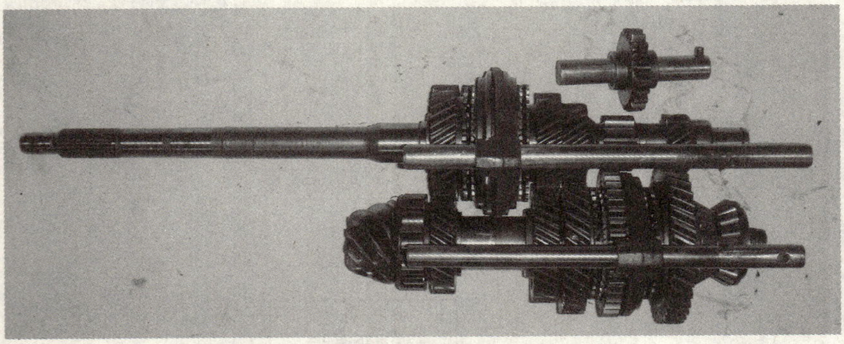

b)

手动变速器的变速传动机构示意图

1：________________；2：________________；

3：________________；4：________________；

5：________________；6：________________；

7：________________；8：________________；

9：________________；10：________________；

11：________________；12：________________；

13：________________；14：________________；

15：________________；16：________________；

17：________________。

2　信息收集

2.5　认知手动变速器变速传动机构实物组成

成绩：

23. 对照22题图，在分解的变速器变速传动机构实物上找到相对应的零部件，并完成下表的填写。

手动变速器传动机构的组成认知考核表

序号	零部件名称	作用	自查	组长考核	教师考核

填表要求：

1）检查正确打“√”，错误打“×”。

2）如果图中未标明序号的，则不用填写序号。

24. 分析手动变速器变速传动机构的结构特点，并结合实物进行说明，完成下表的填写。

手动变速器变速传动机构的结构特点

变速器上的轴	轴上的固定齿轮	轴上的滑动齿轮	轴上的同步器	轴上的主动齿轮	轴上的从动齿轮	中间齿轮	支承位置	检查人

填表要求：检查人要检查其表述和演示的情况，无误后签字。建议检查人为每一组的组长或其他组员。

25. 画出手动变速器变速传动机构的结构示意图，并标明各齿轮的齿数。

26. 通过拨动换挡接合套（同步器）进行正确地挡位切换。在实物上模拟力的传递过程，指出每个挡位的力的传递路线，并进行相应的传动比的计算。同时，完成下表的填写。

手动变速器的变速传动

挡位	能否挂上挡位	力的传递路线	传动比	检查人
空挡				
一挡				
二挡				
三挡				
四挡				
五挡				
倒挡				

2　信息收集

2.6　学习手动变速器的变速传动原理

成绩：

27. 非同轴换挡接合套变速器可通过__________，通常应用于_____的汽车。其输入轴与输出轴位于_____的平面上，常包括三根轴：_____、_____和_____；三种齿轮：主动齿轮、从动齿轮和_____。根据其在换挡过程中所起作用的不同，又可分为固定齿轮，其作用是：_______________；滑动齿轮，其作用是：_______________；和_______________，其作用是：_______________。此外，还具有用于实现换挡的_______________。

28. 结合下图，写出非同轴换挡接合套变速器的力的传递路线。（请不要参看相关内容）

（1）一挡：换挡接合套________向左移动到滑动齿轮________的换挡啮合齿上。输入轴 →________→________→________→ 输出轴。

（2）二挡：换挡接合套________向________移动到滑动齿轮________的换挡啮合齿上。输入轴 →________→________→________→ 输出轴。

（3）三挡：________向______移动到滑动齿轮 z_5 的____________________。

（4）四挡：________向______移动到________的换挡啮合齿上。

（5）五挡：____。

（6）倒挡：____。

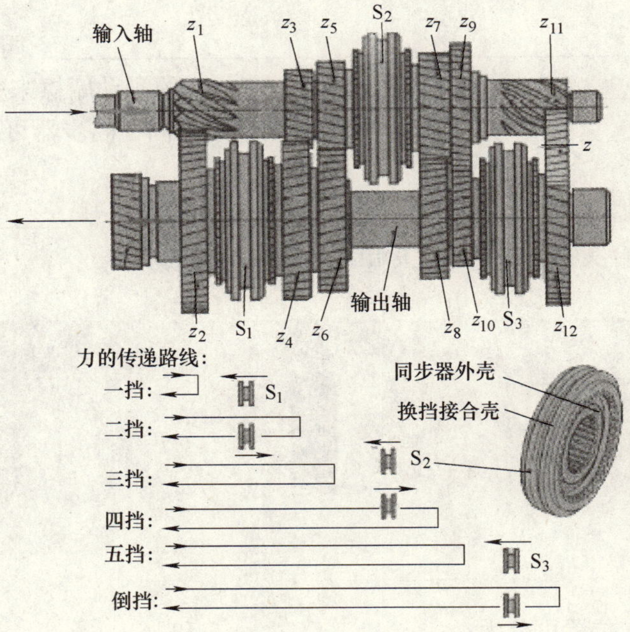

非同轴五挡变速器

29. 下图所示为________变速器，常用于________的车辆。其输入轴与输出轴在________，常包括四根轴：________、________、________和________。

其在结构上与非同轴变速器的区别在于：多了一根________，多了一组________，且具有常啮合________。

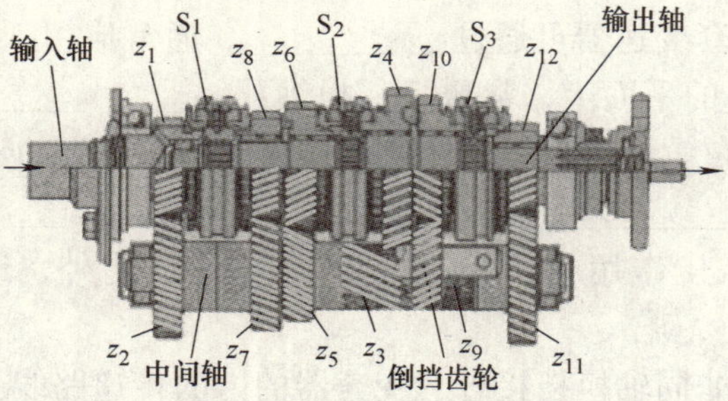

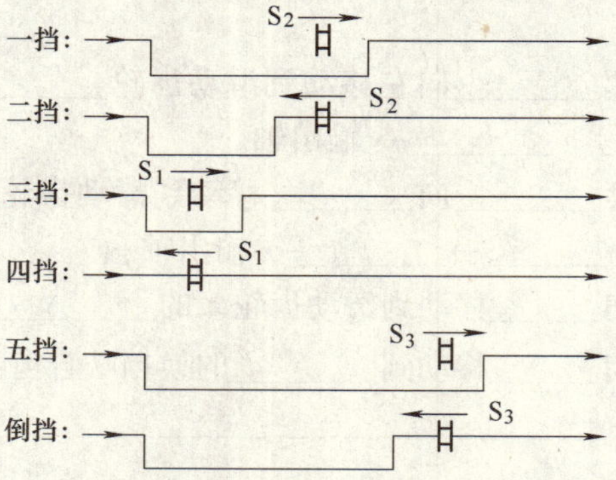

30. 同步器是指：____________________________。同步器中不同转速之间的调整是通过__________与__________的__________的滑动摩擦来完成的，这种调整过程被称为__________。按同步器中摩擦锥面数量的不同，同步器可分为：__________和__________。

31. 单倍同步器主要由________、________、________、________、________与________组成。结合实物，在下图上标出同步器各结构的名称。

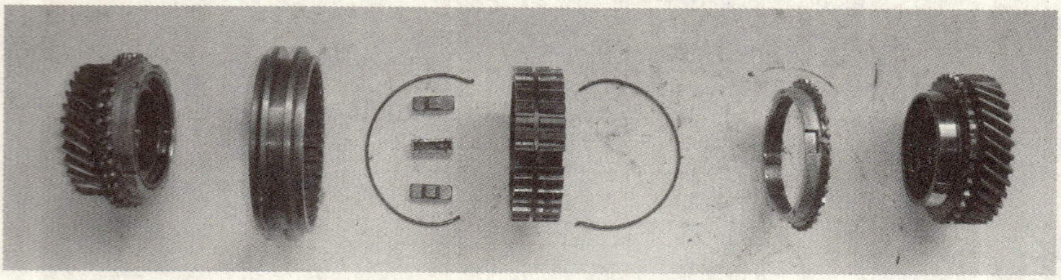

32. 同步器的工作位置可分为：________、________和________。

33. 多倍同步器的优点是：

（1）____。

（2）____。

我们对手动变速器已经有了深刻的了解，已经具备了按照维修手册对手动变速器进行检测和分析的基础。下面将根据故障现象，按照手册和下面的维修流程图的要求，完成相关维修工作。

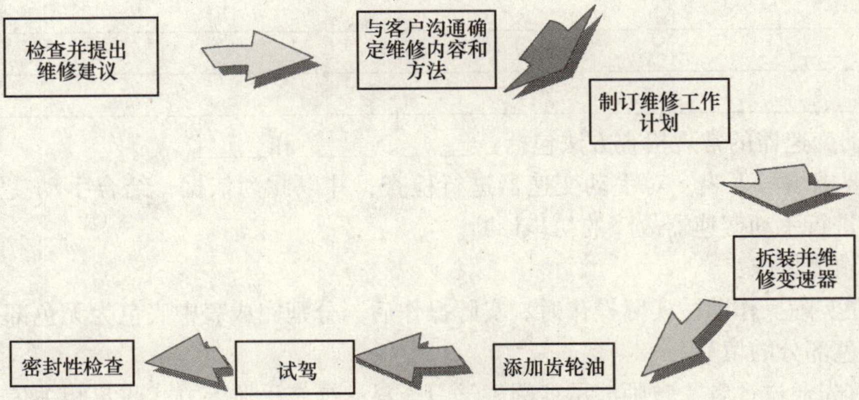

3 制订计划 3.1 手动变速器的检查与故障诊断	成绩：

34. 手动变速器的检查内容包括：

（1）______________________________。

（2）______________________________。

（3）______________________________。

（4）______________________________。

35. 手动变速器的常规检查方法包括：_____、_____和_____。

36. 按要求填写下表，对手动变速器进行检查，并以此为依据，结合手动变速器故障诊断表，进行手动变速器故障的初步诊断。

（1）填表要求：

1）在实际操作前、实际操作时、实际操作后，分别完成表中底色为无色部分、浅色部分和深色部分的填写。

2）首先通过视频、教师演示、阅读学习资料、维修手册等方式收集相关信息，并按填表说明填写下表中的相关内容。

3）以小组讨论的形式，再次完成对下表的填写。

4）按要求进行实际操作（没有实操条件的项目可以采用演示或视频的方式进行），在实操中出现的事先没有估计到的问题，应在表中相应位置处用另一种颜色的笔进行及时的记录。

5）将实测结果认真记录。

6）依据学习资料和维修手册中的相关内容，将实测结果与标准要求比较后，作出初步的故障诊断，并进一步提出修理建议。

7）按实际操作过程和要求，重新填写下表，为自己积累宝贵的维修经验和资料。

（2）填表说明：

1）检测步骤要写详细，具有可操作性。标注出具体操作过程的来源。

2）资源配置中需要写清硬件（如量具、设备等）和软件（如使用说明、维修手册等）。

3）注意事项中要写清人身、设备等的安全，环保、法律法规、企业规章等各项要求，特殊的操作要求等。

4）故障推论时要结合故障现象的描述。

5）表格如果不够，可另附页。

手动变速器的检查记录表

序号	检查项目	检查部位	检查步骤	注意事项	资源配置 硬件/软件	标准 要求	检查 结果	故障 现象
1	密封性检查							
2								
3								
4								
5								
分析检查结果	通过对上面检查结果的分析，可得出可能的故障原因是：							
提出维修建议								

<table>
<tr><td>

3 制订计划

3.2 与顾客进行沟通，确定维修内容与方法

</td><td>成绩：</td></tr>
</table>

37. 在与顾客沟通时，常用的礼貌用语有：______________________________等。

38. 为了避免因沟通不畅带来的纠纷，需要在正式维修前与顾客进行必要的沟通，进一步明确需要维修的内容和方法。在沟通时，要将维修内容、方法和对应的价格预算进行说明，为顾客提供更多选择的机会。请按照下表的引导，按要求完成与顾客的沟通工作。

注意：在实际操作前、实际操作时、实际操作后，分别完成表中底色为无色部分、浅色部分和深色部分的填写。

与顾客交流过程记录单

<table>
<tr><td colspan="4">沟通的前提条件：经过初步检查，要排除变速器异响故障的方法有两种，维修或更换。在沟通时，维修人员需要与顾客就这两种维修方式进行解释，方便顾客结合自身实际情况选择令自己满意的维修方式。</td></tr>
<tr><td rowspan="6">与顾客沟通前的准备</td><td colspan="3">1. 需要与顾客沟通的问题有：</td></tr>
<tr><td colspan="3">2. 如果顾客选择更换，在维修时间、维修内容和价格等需要说明的内容是：</td></tr>
<tr><td colspan="3">3. 如果顾客选择维修，在维修时间、维修内容和价格等方面需要说明的内容是：</td></tr>
<tr><td colspan="3">4. 为顾客提供的选择是：</td></tr>
<tr><td colspan="3">5. 与顾客沟通的方式是：</td></tr>
<tr><td colspan="3">6. 与顾客沟通时需要注意的问题有：</td></tr>
<tr><td>沟通时间</td><td></td><td>联系人</td><td></td></tr>
<tr><td>沟通过程记录</td><td colspan="3"></td></tr>
<tr><td>沟通结果确认</td><td colspan="3">确认方式：
确认时间：</td></tr>
</table>

3　制订计划 3.3　制订维修工作计划	成绩：

39. 根据车辆实际的故障现象，制订一个针对该故障的维修工作计划，请按照下表的提示制订故障维修工作计划，即填写《故障维修工作任务书》中底色无颜色的部分。

填表要求：

1）在遵守厂家维修手册、实际工作条件和要求的基础上，依据高效、准确、以人为本、统筹兼顾的原则进行人员分工，务必做到人人参与。

2）此任务书首先是小组共用一份，等工作结束后，其他同学再将整个过程抄到自己的任务书中。每组必须有明确的记录员，负责记录并与教师进行沟通（也可以安排两人）。

3）表格不够，可另附页。

4）①——操作完成，由操作员在对应的格内签姓名。

5）②——写清使用工具、技术要求、重点内容及安全注意事项等。

6）③——用"↓"表示必须先完成此操作，才能继续下面的操作；用"→"表示此操作与下面的操作可同时进行。此处是安排操作步骤和进行人员分工的基础。

7）④——不同序号操作步骤可以相同、即可同时进行操作。

故障维修工作任务书

故障现象	
可能故障原因分析	
小组成员及分工	组长：　记录员：　安全员：　展示员： 卫生员：　质检员：　联络员：　其他：
一、将变速器从车上拆下（见学习单元一）	
变速器拆下时的技术要点	
变速器拆下时的安全注意事项	

二、分解变速器总成

准备工作					
序号	步骤④	内容	操作说明及注意事项②	操作顺序要求③	操作人实施①
1	分解变速器后盖	拆下后轴承盖		↓	
2				↓	
3				→	
4					
5					
6					
7					

三、清洗

清洗设备	清洗剂	清洗时的注意事项	操作人实施①

计划审核⑤（教师）	年　月　日　签字：		
过程控制⑥（教师）	年　月　日　签字：		
整个过程中出现的问题		经验总结及改进措施	

四、检测

准备工作	

（一）检查内部操纵组件

序号	内容	检测方法及使用工具	标准要求	实测结果	检测人
					实施①
1					
2					
3					
4					
5					
6					

（二）检查齿轮和轴承

序号	内容	检测方法及使用工具	标准要求	实测结果	检测人
					实施①
1					
2					
3					
4					
5					

（三）检查输入和输出轴

序号	内容	检测方法及使用工具	标准要求	实测结果	检测人
					实施①

<table>
<tr><td colspan="6">（四）检查同步器</td></tr>
<tr><td rowspan="2">序号</td><td rowspan="2">内容</td><td rowspan="2">检测方法及
使用工具</td><td rowspan="2">标准
要求</td><td rowspan="2">实测
结果</td><td>检测人</td></tr>
<tr><td>实施[1]</td></tr>
<tr><td></td><td></td><td></td><td></td><td></td><td></td></tr>
<tr><td></td><td></td><td></td><td></td><td></td><td></td></tr>
<tr><td></td><td></td><td></td><td></td><td></td><td></td></tr>
<tr><td></td><td></td><td></td><td></td><td></td><td></td></tr>
<tr><td></td><td></td><td></td><td></td><td></td><td></td></tr>
<tr><td>计划审核[5]
（教师）</td><td colspan="5">年　月　日　签字：</td></tr>
<tr><td>过程控制[6]
（教师）</td><td colspan="5">年　月　日　签字：</td></tr>
<tr><td>清洗和检测中
出现的问题</td><td colspan="2"></td><td>经验总结及
改进措施</td><td colspan="2"></td></tr>
<tr><td>结论和建议
（说明需更换的
配件）[7]</td><td colspan="2"></td><td></td><td colspan="2"></td></tr>
</table>

五、组装

准备工作	
组装说明	1. 按拆卸的相反顺序安装。 2. 有特殊要求的在下表说明。 3. 下表中只写出重点步骤和关键的注意事项。 4. 操作人同拆卸时。 5. 序号同拆卸时的序号相反（倒序）。

序号	内容	操作说明及注意事项②	操作人
			实施①
1			

计划审核⑤ （教师）	年　月　日　签字：
过程控制⑥ （教师）	年　月　日　签字：

安装中出现的问题		经验总结及改进措施	

六、将变速器装回车上

安装变速器时的技术要点	
安装变速器时的安全注意事项	

七、变速器操纵机构的调整

准备工作	

（一）检查

检查的前提条件：

步骤	操作说明	标准要求	实测结果	操作人
				实施①
1				
2				
3				
4				
5				
6				

（二）调整

调整的前提条件：

步骤	操作说明	标准要求	实测结果	操作人
				实施①
1				
2				
3				
4				
5				
6				

计划审核⑤ （教师）	年　月　日　签字：		
过程控制⑥ （教师）	年　月　日　签字：		
检测中出现的问题		经验总结及改进措施	

八、加注齿轮油

加注时的注意事项及加注标准：	实际操作人及操作过程中出现的问题：

九、试驾

试驾时的安全注意事项及需要关注的重点：	

十、密封性检查

密封性检查的部位及注意事项：	进行密封性检查的人及检查过程中出现的问题：

检查结果 （可否交车）	年　月　日　负责人：

4 实施与质量检查	成绩：

40. 按照手动变速器《故障维修工作任务书》，开展针对故障现象的手动变速器的诊断与维修工作，按照上表的提示做好维修工作的记录、检查和控制，即填写《故障维修工作任务书》中的底色为浅色的部分。

填表要求：

1）严格按表格要求进行填写，认真做好过程记录与控制工作。

2）如无特殊要求，记录工作由专门的记录员完成。

3）⑤——由教师填写，签字认可后方可进行实际工作。

4）⑥——由教师填写，在实施过程中记录出现的问题，可作为评价各组实习工作的依据。

41. 实习结束，对实习数据进行认真的分析后，得出诊断和维修意见，并填写在标注⑦的格内。可另附页。

42. 实习结束，各组交流，教师小结后，对实习的不同阶段进行反思，填写在底色为深色的空格内，可另附页。

43. 查询工厂信息管理系统，进行备件和人员工资测算后，将其记录在《×××汽车维修服务有限公司任务委托书》的相关位置。

44. 在将维修好的车辆交给维修班组长（或车间主任）的过程中，需要完成以下两件工作：

1）相关物品和维修资料的交接，包括：________、________、________和________等；

2）在交接过程中需要对整个维修过程进行说明，包括：________、________和________等。

45. 请结合下表对各组的整个交车过程进行自评和互评，并在对应项的分值栏内打“✓”。

交车过程评价表

评价对象组/个人		评价人/组签字				
		评价时间				
序号	评价内容	低	评价标准及分值			高
1	交车时物品和维修资料的交接情况	没准备	1	3	5	准备齐全
2	对维修过程的说明	不清楚	1	3	5	清楚
3	车的恢复	没恢复	1	3	5	恢复原样

（续）

评价对象组/个人		评价人/组签字				
		评价时间				
序号	评价内容	低	评价标准及分值			高
4	试车情况	有故障	1	3	5	无故障
5	维修费用的计算	有问题	1	3	5	没问题
6	维修过程记录材料	不翔实	1	3	5	翔实
7	语言表达	弱	1	3	5	强
8	文明礼仪	不礼貌	1	3	5	有礼貌
9	应变能力	弱	1	3	5	强
10	合作情况	不合作	1	3	5	协作
合计		不好				好
整个交车过程的综合评价						是否可以交车

46. 几天后，这辆刚刚交付使用的车辆又被开回了维修厂，用户向厂家投诉，要求索赔，投诉的内容是：该车挂挡不平顺，有轻微噪声，且有漏油现象。

与顾客交流后，分析可能是由于：____________________等原因导致的。结合实际情况，认真反思整个维修过程，最终确定故障原因是：加注了错误的变速器油。

思考：产生这个故障原因的关键环节是____________________。查询工作记录，发现该环节应该由____________________________负责。此外，相关责任人还有________________________。如果你是维修厂的负责人，你会如何处理这件索赔事件：____。

5 评价与反馈

5.1 关键能力评价

成绩：

47. 从教师、同学（两名）和自己三个角度对自己在整个维修工作过程中的表现进行评价，并分别填写下面的关键能力自评表、同学评价表和教师评价表。（评价标准参见附录）此评价主要是针对关键能力的评价。

关键能力自评表

年　月　日

班级：________　学号：________　姓名：________

序号	评价要素	低	分值				高
			D	C	B	A	
			1~3	4~6	7~8	9~10	
1	独立工作能力	弱					强
2	团队合作能力	从不					积极主动
3	工作方式	无					多
4	沟通与交流	不清楚					很清晰
5	解决问题的创新性	无					经常
6	对工作环境的态度	从不关注					随时随地关注
7	课堂参与程度	不参与					积极主动
合计							

关键能力同学评价表

年　月　日

班级：________　学号：________　评价人姓名：________

序号	评价要素	低	分值				高
			D	C	B	A	
			1~3	4~6	7~8	9~10	
1	独立工作能力	弱					强
2	团队合作能力	从不					积极主动
3	工作方式	无					多
4	沟通与交流	不清楚					很清晰
5	解决问题的创新性	无					经常
6	对工作环境的态度	从不关注					随时随地关注
7	课堂参与程度	不参与					积极主动
合计							

关键能力同学评价表

年 月 日

班级：______ 学号：______ 评价人姓名：______

序号	评价要素	低	分值				高
			D	C	B	A	
			1~3	4~6	7~8	9~10	
1	独立工作能力	弱					强
2	团队合作能力	从不					积极主动
3	工作方式	无					多
4	沟通与交流	不清楚					很清晰
5	解决问题的创新性	无					经常
6	对工作环境的态度	从不关注					随时随地关注
7	课堂参与程度	不参与					积极主动
合计							

关键能力教师评价表

年 月 日

班级：______ 学号：______ 教师姓名：______

序号	评价要素	低	分值				高
			D	C	B	A	
			1~3	4~6	7~8	9~10	
1	独立工作能力	弱					强
2	团队合作能力	从不					积极主动
3	工作方式	无					多
4	沟通与交流	不清楚					很清晰
5	解决问题的创新性	无					经常
6	对工作环境的态度	从不关注					随时随地关注
7	课堂参与程度	不参与					积极主动
合计							

5 评价与反馈 5.2 工作能力评价	成绩：

48. 按照下表的要求，对学生进行工作能力测试，此测试不仅要考查专业技能水平，而且还关注到在完成工作任务的过程中涉及的理论知识和故障分析能力等职业能力方面的要素。此评价通过让被评价者独立经历一次完整的工作，来对其工作能力进行评价。每个评价都要包括两张表格，一张为工作任务书，被考评人使用；另一张为工作评价表，考评人使用。

评价一：对手动变速器进行保养工作能力评价

<table>
<tr><td colspan="6">1. 手动变速器保养工作任务书</td></tr>
<tr><td colspan="3">被考评人：</td><td colspan="3">学校：</td></tr>
<tr><td colspan="2">日期：</td><td colspan="2">时间：</td><td colspan="2">考评人：</td></tr>
<tr><td colspan="6">顾客投诉</td></tr>
<tr><td colspan="6">刚做完维修保养的车辆，在行驶中出现挂挡不顺，有噪声，且变速器油有渗漏现象。</td></tr>
<tr><td colspan="6">原因分析</td></tr>
<tr><td colspan="6">导致上述故障的可能原因有：______________________________
______________________________。</td></tr>
<tr><td colspan="6">工作任务</td></tr>
<tr><td colspan="6">更换手动变速器油。操作时间为15min。完成工作过程记录。并在工作结束后，与考评人进行专业对话。</td></tr>
<tr><td colspan="6">工作过程记录</td></tr>
<tr><td colspan="6">1. 工作准备：包括：______________________________。
2. 维修车辆是______，查相关维修手册，在第______页。该车选择的变速器油的型号是______，应加注的量是：______。
3. 放油：请写清放油的方法、步骤、放油的位置、使用工具、安全注意事项等。
4. 加注：请写清加注的方法、步骤、加注的位置、使用工具、扭紧力矩、安全注意事项等。
5. 油面高度检查：写清检查方法、检查的位置、标准数值和实际检查的结果，并判定是否合格。
6. 密封性检查：写清检查方法、检查的位置、实际检查的结果，并判定是否合格。
7. 检验：试车，故障现象消失。
8. 得出结论（可否将车辆交给顾客）：______________________________。
9. 本次工作涉及的5S包括：______________________________。</td></tr>
</table>

与考评人进行专业对话

话题1：

话题2：

工作完成后的反思

2. 手动变速器保养工作评价表

被考评人：	学校：

日期：	时间：	考评人：

工作任务

对离合器踏板自由行程进行检查和调整，操作时间为10min。完成工作过程记录。工作结束后，与被考评人进行专业对话。

序号	作业项目	评分指标	应得分	评分标准	实得分
1	准备工作	1）测量工具的准备。 2）车辆安全防护。 3）环车检查。	6	每项错误扣2分，扣完为止。	
2	维修手册的使用	4）查找方法正确。 5）查找内容正确。 6）查找结果正确。 7）查找过程迅速。	12	每次错误扣2分，扣完为止。	
3	操作过程	8）操作位置准确。 9）操作方法正确。 10）工具选择正确。 11）工具使用正确。 12）操作动作流畅、熟练。	50	每次错误扣5分，扣完为止。	
4	比较判断	13）能根据检查结果得出正确结论。	6	错误扣6分。	
5	5S	14）工作场地始终干净整洁。 15）工具始终干净无污物，摆放整齐。 16）所有物品都恢复原状。	6	每次错误扣2分，扣完为止。	

（续）

序号	作业项目	评分指标	应得分	评分标准	实得分
6	文明生产	17）遵守安全操作规程，文明操作。	6	不文明语言或野蛮操作，每次扣2分，扣完为止。	
7	注意事项	18）无任何人身和设备的安全和损坏。		违规操作发生重大事故，此题记0分。	
8	专业对话	19）提出两个与此项操作相关的问题。	8	每题5分，请酌情扣分。	
9	任务书的填写	20）内容正确、完整。 21）字迹工整、清晰。	6	每次错误扣1分，扣完为止。	
10	时间	22）操作时间要求为15min。		每超时1min，扣2分。	
分数总计			100		
综合评价					

评价二：手动变速器总成的拆装与检测工作能力评价

1. 手动变速器总成的拆装与检测工作任务书

被考评人：	学校：	
日期：	时间：	考评人：

顾客投诉

变速器在行驶过程中，有自动跳挡的现象。

原因分析

导致上述故障的可能原因有：____

____。

工作任务

经过初步检查后，需要拆检变速器总成。目前，变速器已经拆下，你所需要完成的工作就是对变速器总成进行拆装和检测，操作时间120min。完成工作过程记录。工作结束后，与考评人进行专业对话。

工作过程记录

1. 工作准备：包括：____。
2. 维修车辆是______，查相关维修手册，拆装过程在第______页。
3. 按拆装顺序简写出变速器的拆装流程。

4. 手动变速器拆装时的注意事项是：____。
5. 对分解的手动变速器进行检查，并记录检查结果：____。
6. 通过对检查结果的分析，可确定故障原因为：________________________。
7. 根据故障原因，提出的维修建议是：________________________________。
8. 选择合适的维修方法，进行维修后，重新组装变速器总成，并恢复变速器的各项功能（如能正常挂入各个挡位等）。
9. 检验：试车，故障现象消失。

与考评人进行专业对话

话题1：

话题2：

工作完成后的反思

2. 手动变速器总成的拆装与检测工作评价表

被考评人：	学校：	
日期：	时间：	考评人：

工作任务

经过初步检查后，需要拆检变速器总成。目前，变速器已经拆下，你所需要完成的工作就是对变速器总成进行拆装和检测，操作时间120min。完成工作过程记录。工作结束后，与被考评人进行专业对话。

序号	作业项目	评分指标	应得分	评分标准	实得分
1	准备工作	1）拆装工具的准备与检查。 2）车辆安全防护。 3）环车检查。	6	每项错误扣 2 分，扣完为止。	
2	拆卸	4）工具选择正确（2 分/次）。 5）工具使用正确（3 分/次）。 6）拆卸方法正确（3 分/次）。 7）拆卸标记的检查（2 分/次）。	18	按要求扣分，扣完为止。	
3	清洗	8）清洗材料的选择。 9）清洗材料的正确使用。 10）清洗方法正确。	6	每次错误扣 2 分，扣完为止。	
4	检测	11）检测项目齐全（2 分）。 12）检测工具的选择与使用正确（4 分）。 13）检测方法正确（2 分）。 14）检测结论正确（2 分）。	10	每次错误扣 2 分，扣完为止。	
5	安装	15）工具选择正确（2 分/次）。 16）工具使用正确（3 分/次）。 17）安装方法正确（3 分/次）。 18）按扭力要求拧紧螺栓（3 分/次）。	20	每次错误按要求扣分，扣完为止。	
6	步骤	19）步骤完整、没有出现步骤错误。	6	每次错误扣 2 分，扣完为止。	
7	5S	20）工作场地始终干净整洁。 21）工具始终干净无污物，摆放整齐。 22）所有物品都恢复原状。	6	每次错误扣 2 分，扣完为止。	

（续）

序号	作业项目	评分指标	应得分	评分标准	实得分
8	文明生产	23）遵守安全操作规程，文明操作。	8	每次扣2分，扣完为止。	
9	注意事项	24）无任何人身和设备的安全和损坏。		违规操作发生重大事故此题记0分。	
10	专业对话	25）提出2个与此项操作相关的问题。	10	每题5分，请酌情扣分。	
11	任务书的填写	26）内容正确、完整。 27）字迹工作、清晰。	10	每次错误扣1分，扣完为止。	
12	时间	28）操作时间要求为120min。		每超时10min，扣2分。	
		分数总计	100		
综合评价					

学习单元三

自动变速器换挡时有冲击

自动变速器换挡时有冲击学习要求

企业工作任务	
客户抱怨：换挡时，自动变速器发生强烈的换挡冲击。	
工作流程	**可能故障原因**
1. 通过对客户描述的故障现象进行确认，明确维修工作任务。 2. 根据厂家维修手册学习并掌握系统知识。 3. 用适宜的检测仪器对自动变速器进行检测。 4. 读取故障码。 5. 对挡位开关或阀体进行诊断。 6. 对理论值与实测值进行分析。 7. 制订维修工作计划。 8. 使用工厂信息系统选择适宜的新部件、配件或更换件。 9. 进行可利用性计算和成本测定。 10. 进行检修。 11. 性能检验。	1. 发动机的怠速过高。 2. 节气门拉索或节气门位置传感器调整不当。 3. 油压电磁阀或线路不良。 4. 蓄压器故障（如活塞卡住）。 5. 单向阀损坏。 6. 换挡执行元件打滑。 7. 自动变速器电脑故障。

学习目标

1. 认识自动变速器的结构及各部件总成的功能，能正确分析、描述自动变速器的功能。
2. 学会对自动变速器进行基本检查，并在维修服务中养成必要的安全和质量意识。
3. 在起动汽车时严格遵守工作安全和环境保护的规定。
4. 学会使用维修手册，按维修程序学会自己收集相关资料，学会两类资料系统（计算机系统和文字系统）的使用；
5. 掌握维修自动变速器相关的技术规范、规定和标准。
6. 确保与相关部门之间的顺利沟通。
7. 学会测算备件和人员工资的成本。
8. 学会与上级、同事进行沟通，注意维护顾客利益的重要性。
9. 具有积极的工作态度，并对整个工作过程负责。
10. 对自动变速器的检查和维修工作进行详细地记录，并说明工作种类和工作量。

教学内容

技能类	综合类
1. 能分析自动变速器故障现象，并根据现象分析变速器故障原因。 2. 检测自动变速器的机械部件。 3. 用百分表测量变速器轴的径向圆跳动。 4. 选择正确的工具，按照维修手册的要求拆装、检测自动变速器。 5. 汽车诊断仪的作用。 6. 油压表的使用。 7. 万用表的使用。 8. 自动变速器变速杆的使用。 9. 自动变速器的基本检查。	1. 自动变速器油。 2. 备件和人员工资的成本测算：消费清单（结算价单）、成本核算（工时、材料）。 3. 行星齿轮机构。 4. 自动变速器液压传动原理。 5. 专业英语。 6. 查阅各部件的位置及相互联系、功用。 7. 查阅自动变速器的基本信息。 8. 文字资料（记录、网络资料、备份客户资料）。 9. 查阅备件信息。 10. 明确故障现象时与客户沟通的方法。 11. 领取备件时的沟通方法。 12. 维修车辆保护。 13. 个人劳动保护。 14. 常用和通用工具的安全使用。 15. 起动汽车时的人身安全。 16. 尾气排放。 17. 人身安全。

	18. 举升车辆时的人身安全。 19. 起动汽车时尾气的抽排。 20. 对维修废料的回收处理，如废弃的自动变速器油等。

建议学时

45 学时

教学资源

1. 具有自动变速器故障的汽车。
2. 拆卸下的自动变速器。
3. 厂家维修手册。
4. 万用表。
5. 汽车诊断仪。
6. 配有备件目录的工厂信息系统。
7. 工作任务委托书。
8. 专用工具。

自动变速器换挡时有冲击工作页

1　接受工作任务	成绩：

1. 根据顾客（教师）和前台接待工作人员（学生）的对话内容，填写《×××汽车维修服务有限公司任务委托书》。

2. 按下面前台接待工作过程评价表的要求对前台工作人员的工作过程进行评价，并记录。

前台接待工作过程评价表

评价对象					
评价内容	工作内容	文明用语	文明举止	职业规范	应变能力
评价级别	😊 😐 😢	😊 😐 😢	😊 😐 😢	😊 😐 😢	😊 😐 😢
评语					

3. 对故障车辆进行车辆身份信息确认，作好接车前的准备工作，并将工作结果填写到《×××汽车维修服务有限公司任务委托书》上。（如对车辆身份信息确认工作有问题，可查询故障车辆的维修手册和客户手册）

4. 车辆起动前的准备工作有：

（1）车辆防护：________________________________等。

（2）安全防护：________________________________等。

（3）车辆起动时应注意的安全事项：______________________等。

（4）自动变速器车辆在起动时必须将______________________踩到底。

5. 起动车辆，对客户描述的故障现象进行确认，并准确记录故障车辆真实的故障现象为：________________________________。

6. 与《任务委托书》上顾客描述的故障现象进行对比分析后，对其描述进行修订，并将修订结果填写在《任务委托书》上。

7. 通过对故障现象的进一步确认，可以判定，本学习单元的工作任务是对损坏的________进行维修。

8. 想一想：要对上述部件进行维修，必须首先具备哪些知识？

____

____

____

____

____。

×××汽车维修服务有限公司任务委托书

工单号：　　　　地址：　　　　联系电话：　　　　传真：　　　　投诉电话：

车主：________ 地址：________ 电话：________ 传真：________ 联系人：________

车牌号：________ 型号/年份：________ VIN 码：________ 发动机号：________ 公里数：________

燃油量：F—1/2—E　维修类别：________ 入厂时间：________ 约定交车时间：________ 修正交车时间：________

出厂时间：________ 接车员：________ 调度员：________

故障陈述						换件项目	数量	单位	单价	金额
维修项目	工时	工价	作业班组	开工时间	完工时间					

客户签字：

约定联络时间：

□车钥匙　□备胎　□轮盖　□行驶证

□随车工具　□故障灯

说　明

班组长：

检验员：

接车员：

服务专员：

工时费用总计：

材料费用总计：

估价人：

付款方式

转账□　支票□　现金□

其他□

接车前的检查

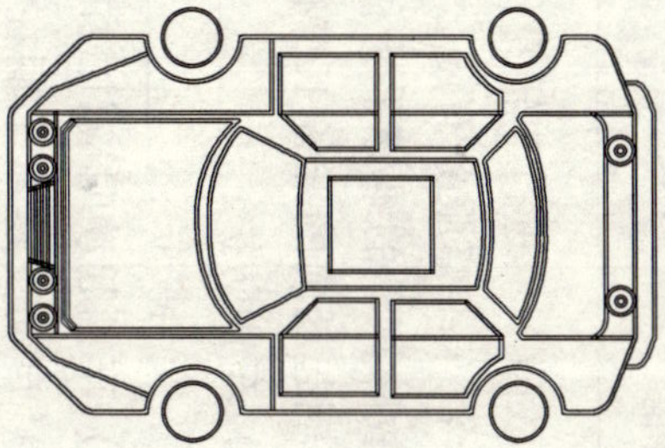

×划痕

⊙凹陷

√破损

检查人：

1. 车内贵重物品由客户自行带走，否则如有遗失，本厂恕不负责。

2. 车主同意上述维修项目并授权本厂对无法修复零件予以更换。

3. 客户自带配件与客户要求更换非厂件的，本厂恕不负责质量保修。

2　信息收集

2.1　学习过程记录和评价表

成绩：

9. 在对自动变速器进行维修操作之前，我们需要对一些必备的知识和技能进行学习，只有掌握了这些知识和技能，我们才能完成“自动变速器换挡时有冲击”这一故障的排除工作。所以，在整个学习过程中，必须按下表的要求，对自己的学习过程进行认真的记录和评价。

填表要求：

1）首先，要完成学习内容部分的填写，明确本单元需要学习的内容和技能。

2）按实际学习的顺序，在每个学习内容对应的序号一列中填上学习顺序的序号。

3）学习方式主要有两种，以教师讲授为主的，填写“讲授”；以自主学习为主的，填写“自学”。

4）完成学习的正确率 = 实际正确的内容/全部完成的内容，内容以最小单位来计算。

5）学习效果的评价分成四个档次：优（85 ~ 100 分）、良（75 ~ 84 分）、中（60 ~ 74 分）、差（60 分以下）。

6）表格不够，可另附页。

学习过程记录和评价表

序号	学习内容（包括技能）	学习方式 讲授/自学	独立完成学习的正确率（%）	小组合作完成学习的正确率（%）	学习效果	
					自评	教师评

2 信息收集

2.2 学习成果展示过程记录和评价表

成绩：

10. 在学习的过程中，我们会有许多展示的机会，请将每一次他人和自己展示的过程和评价记录到下表内。注意要遵循客观、公正的原则。

填表要求：

1）对他人和自己的每一次展示都要进行评价，并认真地记录在表格中。

2）如果展示是以个人的方式进行的，则评价对象填个人的名字，如果展示是以两人以上的小组的方式进行的，则应填上小组的名称和展示人的名字。

3）学习成果完成情况的简单评价要用描述性的语言来完成。

4）语言表达、文明礼仪、应变能力和合作能力的评价采用优、中、差三级评价。

5）综合评价是对前面所有评价的总结，采用优、中、差三级评价。

6）表格不够，可另附页。

学习成果展示过程记录和评价表

序号	评价对象 组/个人	展示内容	学习成果完成 情况的简单评价	语言 表达	文明 礼仪	应变 能力	合作 能力	综合评价

2　信息收集 2.3　初步学习自动变速器系统知识	成绩：

11. 自动变速器的发展主要经历了________—________—________—________几个过程。

12. 自动变速器与手动变速器的作用是一样的，都是：________________________；所不同的是与手动变速器相比，自动变速器具有如下优势：____；____。同时，也具有以下缺点：________________________。

13. 请将下表中，自动变速器的分类补充完整。

自动变速器的种类

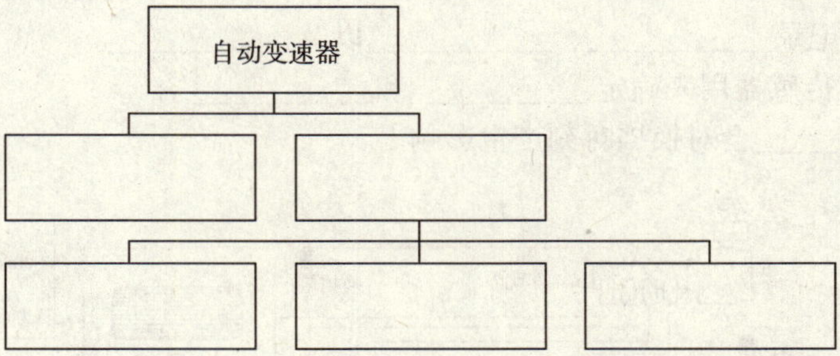

2 信息收集

2.4 学习自动换挡变速器的系统知识

成绩：

14. ASG 指__________，其挡位可以在__________与__________之间自由的切换，可以实现______________的功能。

15. 自动换挡变速器的主要控制参数为：__________、__________、__________和__________。可通过__________的变速杆或转向盘控制摇杆进行手/自动操纵的转换。

16. ASG 的控制系统利用一个______________对传感器的输入信号进行分析，根据储存的__________，确定用于控制离合器输出缸、换挡缸与工作缸的输出信号。其换挡过程可分为三个阶段：__________、__________、__________。

这种变速器也被称为__________，因为其每次只能提高或降低一个挡位。

17. 请将下图补充完整，并结合图完成以下各题。

（1）自动换挡变速器的控制系统要使自动离合器具备最佳接合与分离的过程，需要使用传感器精确记录__________、__________以及__________。

（2）加速度传感器用来确定__________和__________。

（3）__________会对换挡时刻产生影响。

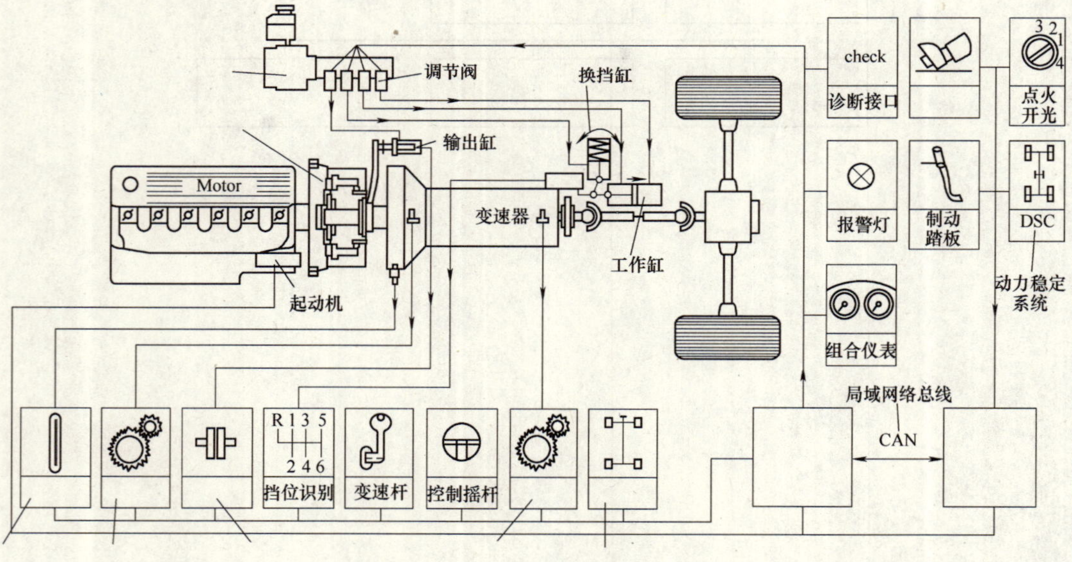

具有液压元件的自动换挡变速器

（4）ASG 所用离合器为__________，离合器驱动装置由具有行程传感器的输出缸组成。其中，行程传感器的作用是：____。

（5）自动换挡变速器的齿轮传动机构与__________相同，但在操纵机构上添加了一个__________与__________，可通过__________进行换挡操纵，使换挡轴与换挡拨叉在__________运动到相应的挡位。

（6）电子液压控制单元通过__________产生工作压力，其阀门根据变速器控制单元中所贮存的换挡缸、工作缸与离合器输出缸的__________来控制工作压力。

（7）自动变速器 ASG 的控制单元（电脑）通过__________与车辆中其他系统的控制单元（电脑）连接在一起，例如__________与__________，以实现信息共享。

18. DSG 是指__________，可通过电子液压控制单元自动对__________和__________进行换挡操纵。DSG 既可在__________下运行，也可在__________方式中手动运行。

19. 请在下图的方框内填上相对应的 DSG 各组成的名称。

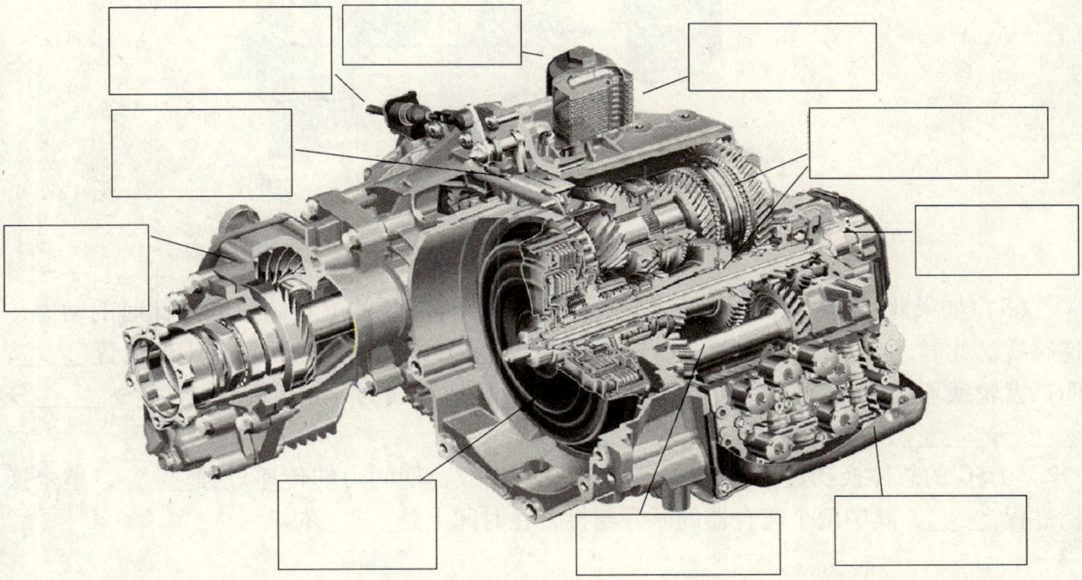

DSG 变速器的结构

20. 直接换挡变速器中的双离合器由两个__________ K_1 与 K_2 组成，其压力由______产生。离合器 K_1 用于接通和切断______挡位，即______、______、______挡与______挡，它与挡位中位于__________的齿轮连接在一起。离合器 K_2 负责接通和切断______挡位，即______、______、______挡。

21. 双离合器中的液压系统由__________、__________、__________等组成。

22. 下图画出了 DSG 在一挡位加速时示意图，请根据图完成下列各题：

（1）在一挡位加速时，离合器______接合，离合器______断开，一挡齿轮锁环被压到位置 1，二挡齿轮锁环被预压到位置 2，此时的动力传递路线为：发动机→______→______→______→______→______→输出齿轮。

（2）请在图上画出一挡加速到二挡时的动力传递路线。此时，离合器______接合，离合器______断开，二挡齿轮锁环被压到位置______，三挡齿轮锁环被预压到位置______，此时的动力传递路线为：发动机→______→______→______→______→______→输出齿轮。

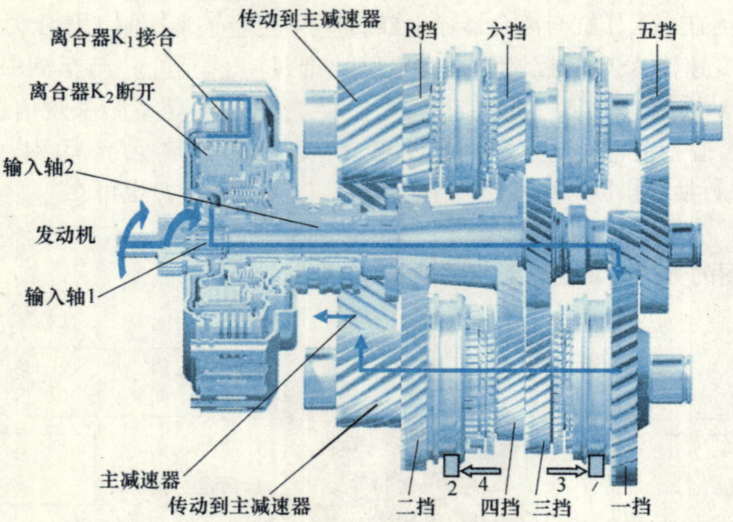

DSG在一挡加速位置

（3）如果此时是二挡加速到三挡时，请用另一种颜色的笔在图上画出此时的动力传递路线。此时，离合器_____接合，离合器_____断开，三挡齿轮锁环被压到位置_____，四挡齿轮锁环被预压到位置_____，此时的动力传递路线为：发动机→_____→_____→_____→_____→_____→输出齿轮。

23. DSG的总体换挡过程在_____~_____内完成，期间力的传递过程_____，整个换挡过程_____，其中两个离合器的断开与接合在时间上是_____的。

2 信息收集

2.5 学习自动转换变速器的系统知识

成绩：

24. 接合实物解剖模型，认知自动变速器的各大组成，分析其相互位置关系及作用，完成下表的填写。

具有液力变矩器的自动变速器

序号	组成名称	作用	位置	驱动方式
1	液力变矩器		发动机飞轮后	发动机飞轮驱动
2				
3				
4				
5				
6				

25. 常用的行星齿轮组有：__________、__________、__________、__________。

26. 自动变速器电子液压控制系统的主要控制参数是：________、________、________。

27. 将液力变矩器各组成部分的名称填在下图对应位置处，并在实物上指出该组成部分，指出后在对应的□内打√。

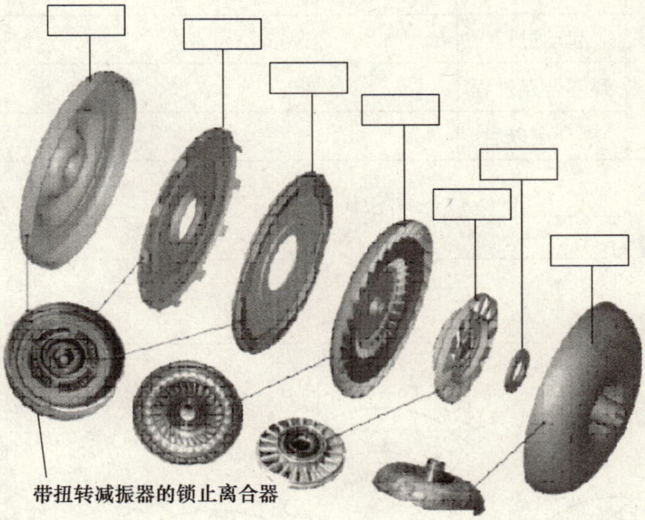

液力变矩器的结构

28. 正确理解相关知识，在下表中简单地填写出液力变矩器的作用，并在每一个作用的后面填上与之对应的特点。

液力变矩器的作用及特点

序号	作用	与之对应的特点
1		
2		
3		

29. 认真阅读相关知识，结合液力变矩器的特性曲线进行分析后，按要求完成下表的填写。

液力变矩器的主要组成及工作原理

序号	组成	作用	主要结构特点	旋转方向	在整个工作过程中的工作特点
1	泵轮		叶片、外壳与飞轮相连	与发动机相同	由发动机直接驱动，转速与转矩始终与发动机保持一致
2	涡轮				
3	导轮				
4	机油泵/油泵				
5	锁止离合器				
6	液力变矩器工作过程	起动过程			
		到耦合点过程			
		耦合点以后			

30. 下图 a 是________________，图 b 是________________，安装在液力变矩器的________上，其作用为________________。如：________________（举一个生活中常见的例子说明其作用）。

图 c 是____。

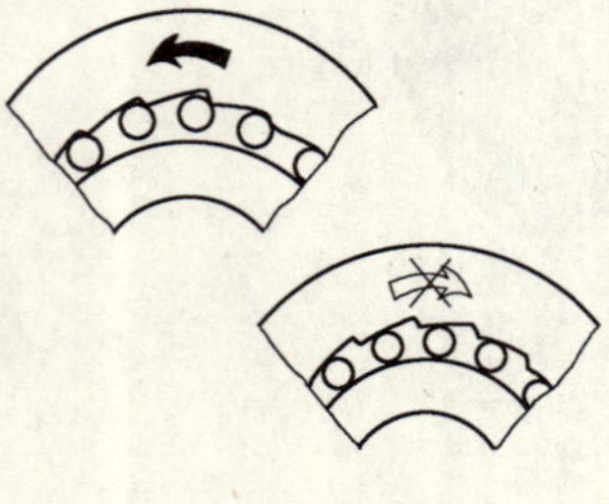

a)

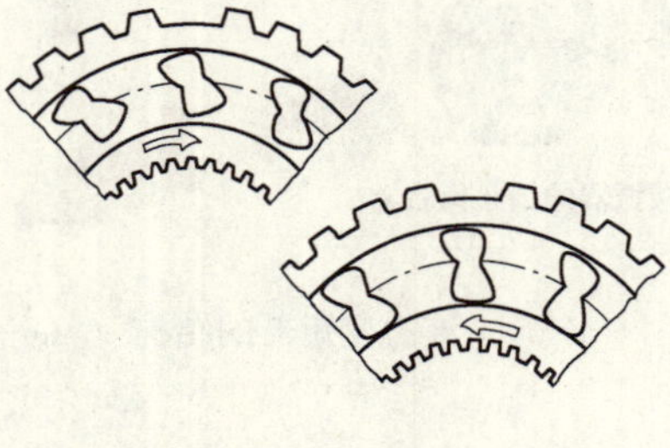

b)

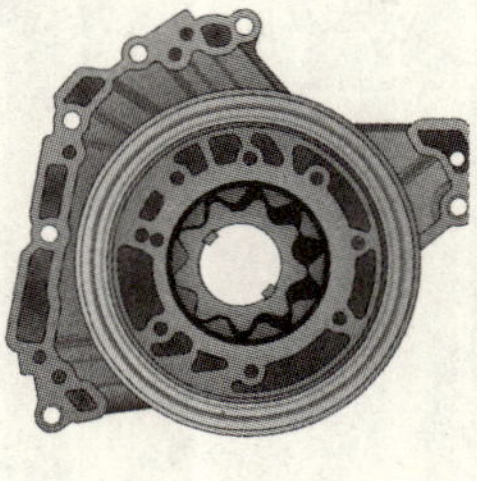

c)

2　信息收集

2.6　学习并拆装自动变速器的行星齿轮传动机构

成绩：

31. 装有自动变速器车辆的发动机的驱动力通过________传给自动变速器的__________，由其根据行驶需要输出不同的传动比。

32. 严格按维修手册或必备知识9“自动变速器的拆装”分解自动变速器总成。在完成每一步骤前，一定要在实物上明确找到图示中对应的部件及位置，分析其结构和安装位置后，再进行分解。分解后，按要求进行摆放。在分解自动变速器总成的过程中，要严格按下表的要求及顺序进行操作，并认真记录其部件名称及分解过程中出现的问题。

自动变速器总成分解记录表

工具准备（分解前完成）				
人员分工（分解前完成）				
分解过程中的注意事项（分解前完成）				
分解过程记录（分解时完成）				
序号	步骤	完成过程中出现的问题	是否独立完成	主要操作人
教师点评记录（分解完成后）				

33. 查阅必备知识中单排行星齿轮机构的内容，分析文字和图片，在被分解的自动变速器总成中找到一组单排行星齿轮机构，并完成下面的问题。

（1）一个单排行星齿轮机构主要由________□、________□、________□、________□等四个部分组成，请在实物中一一指出，指对一个在□上打√。

（2）在下图的相应位置处填上对应的部件名称，并结合下图，写出单排行星齿轮机构各部件间的相互位置关系及传动关系，并在实物上模拟其相对位置及传动关系。

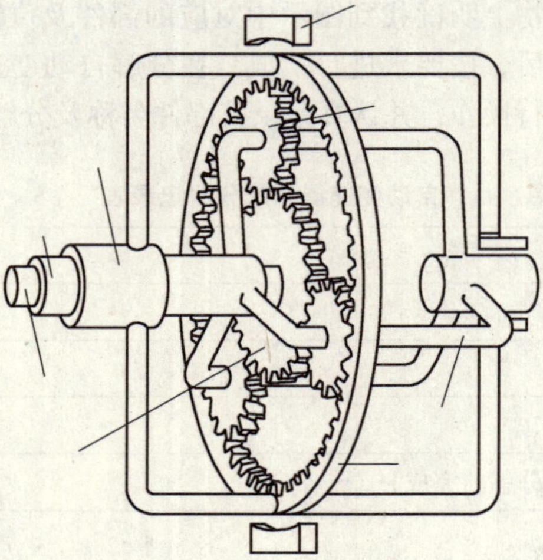

单排行星齿轮机构

（3）单排行星齿轮机构要获得不同的传动比，必须通过改变________、________和________的相互传动关系才能够实现。其中一个为______，一个被______，另一个为输出件。如：________________________。

（4）结合实物，模拟单排行星齿轮机构的各个挡位传动过程，并按要求完成下表的填写。

单排行星齿轮机构换挡执行元件表

挡位（按慢~快的挡位顺序排列）	驱动	被制动住	输出	传动比	输出与输入方向	输出转速（输入转速为1000r/min）
一挡	太阳轮	齿圈			相同	
二挡						
三挡						
四挡						
倒车挡						
S—太阳轮，齿数为22；H—齿圈，齿数为66；PT—行星齿轮架						

34. 自动变速器中通过________□驱动行星齿轮机构中的部件，通过________□制动行星齿轮机构中的部件，最终使行星齿轮机构实现不同传动比的传动。（请在实物中找出与行星齿轮机构相对应的进行驱动和制动的部件，找到后在□上打√）

35. 每一个行星齿轮变速器都有一个换挡执行元件表，以说明其挡位要求，如下表所示。自动变速器中的__________或__________就是按照此要求，在适当的时机对太阳轮、齿圈和行星齿轮架进行________或________，从而达到不同转速输出要求的。

三挡行星齿轮变速器换挡执行元件表

挡位	驱动	被制动住	输出
一挡	S	H	PT
二挡	H	S	PT
三挡	S + H	—	PT
倒车挡	S	PT	H
S—太阳轮；H—齿圈；PT—行星齿轮架；K—离合器或制动器			

36. 下图是按照上表的要求来完成的三挡行星齿轮变速器各挡位的工作原理图，请看图后进行以下说明。

（1）图 a 所示为______挡，因为____。

（2）图 b 所示为______挡，因为____。

（3）图 c 所示为______挡，因为____。

（4）图 d 所示为______挡，因为____。

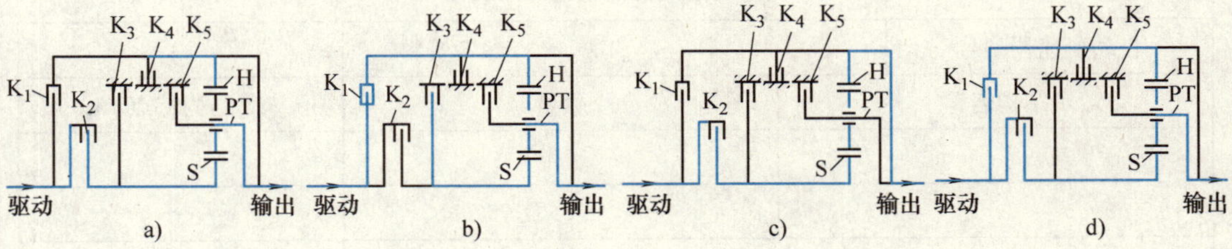

37. 一个单排行星齿轮机构是不能满足一个实际应用的自动变速器的挡位要求的，所以在自动变速器中经常将 2 个或 3 个单排行星齿轮机构相互连接在一起使用，请认真阅读相关资料，完成下表的填写。

不同行星齿轮机构的结构特点和应用

行星齿轮机构的名称	结构特点	挡位要求	动力传递路线
Ravigneaux（拉维娜式）行星齿轮机构		一挡：	一挡：
Simpson（辛普森式）行星齿轮机构		二挡：	二挡：
Wilson（威尔森式）行星齿轮机构		三挡：	三挡：
Lepelletier（拉普莱提尔式）行星齿轮机构		略	略

38. 下图 a 指________________；图 b 指________________。实习时分解的自动变速器中的组合属于______________组合，它与一个______________配合，可实现______个前进挡，______个倒挡。请在实物上找出该组合与下图所示的零部件，并在对应的零部件名称上打√。

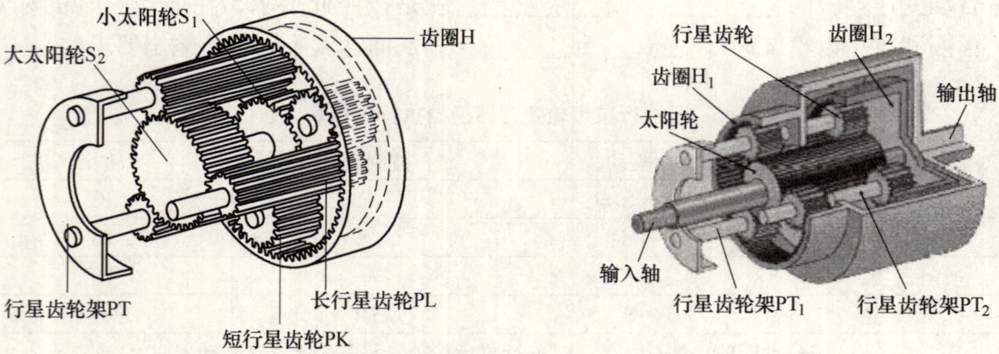

a)　　b)

39. 行星齿轮变速器的特点是：____。

40. 结合必备知识中的丰田 A43D 自动变速器齿轮传动机构（或所拆自动变速器齿轮传动机构结构原理图），认知所拆变速器齿轮传动机构中的各组件，并完成下表的填写。

实习时所用变速器的结构分析

自动变速器型号		参考资料	
结构名称	数量		结构特点

41. 严格按维修手册或必备知识“9 自动变速器的拆装”清洗、组装自动变速器总成，认真记录组装过程中的注意事项和出现的问题。

自动变速器总成组装记录表

工具准备（组装前完成）
人员分工（组装前完成）
组装过程中的注意事项（组装前完成）
组装过程中出现的问题及解决方法记录（组装时完成）
教师检查记录（组装完成后）

2 信息收集 2.7 学习自动变速器电子液压控制系统的知识	成绩：

42. 要使自动变速器的行星齿轮传动机构输出不同的传动比，就需要按照行驶要求自动控制变速器中各挡离合器和制动器的动作，从而控制行星齿轮机构内各组成的传动，最终获得不同的传动比。而自动变速器中实现此自动控制作用的就是________。该系统与所有的电控系统一样，由________获知车辆的运行情况，而这些信息传到变速器的______进行处理，然后根据不同的行车情况对______（执行器）进行电子控制，再由______控制______，______控制各挡控制部件的液压，通过对不同控制部件的驱动或制动，实现自动变速器的自动换挡。

43. 认真分析必备知识中“图3-36 自动变速器电子液压控制系统图”，在此图中，用来获知车辆运行状况的信息有：____等，所有信息都要传送给________________进行处理，最后再将指令或处理后的信息传给____等。其中，________________之间的信息可以通过CAN总线（车载网络系统）来进行传递。

44. 在自动变速器中采用电子液压控制系统的优点是：____。

45. 电子液压控制系统中的电控系统主要由__________、__________、电子液压控制单元（也叫__________）和__________四部分组成。

下图为__________□，主要由__________、__________和__________组成。请在自动变速器实物总成上找到它，如能找到，请在□内打√。

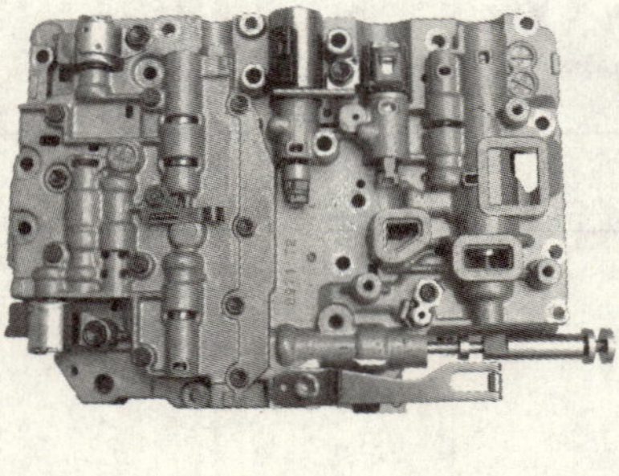

46. 自动变速器电控系统中的执行元件主要有__________、__________和__________等。

47. 简述自动变速器电控系统的基本工作原理：____。

48. EGS 指__________，除起到基本的控制系统正常工作的作用外，还具备__________、__________、__________、__________、__________、__________等功能。

49. 自动变速器除电控系统外，还有一套______________________________。

50. 请认真阅读并分析相关的系统图后，按要求完成下表的填写。

自动变速器液压控制系统的组成及原理

组成名称	驱动件	功用	实现控制
机油泵	变矩器泵轮		
		可进行工作压力调整	
			实现换挡点控制

51. 自动变速器液压控制系统能实现__________、__________、__________三种控制。

52. 工作压力是指______________________，可从中分流出__________、__________、__________和__________等。

53. 下图 a 中的椭圆形虚线框内部件是________，它由驾驶员通过__________进行操纵，其内部一端与__________相通，始终存在__________。根据驾驶员的操纵，它将移动到不同的位置，并将__________分配到相应的阀门上，如在 R 位置上，说明自动变速器只可以挂接________________。

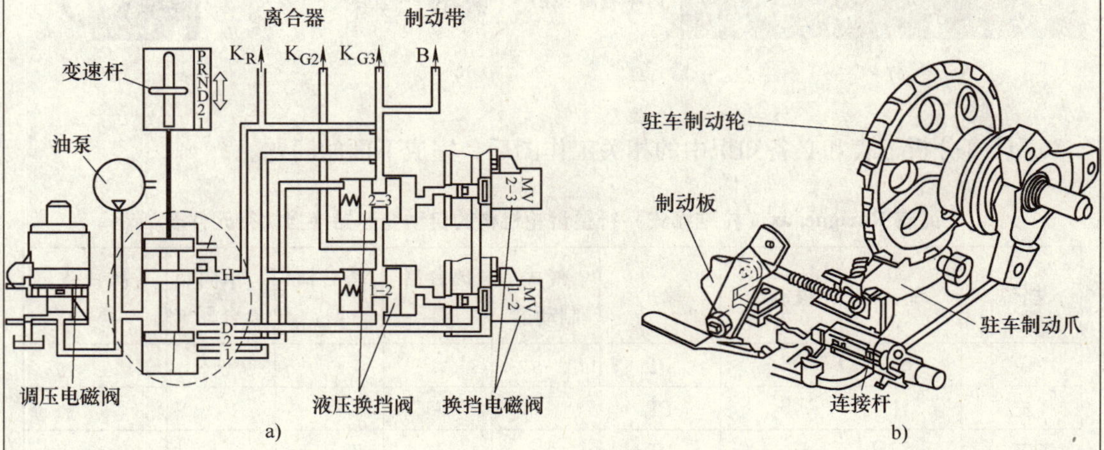

54. 上图 b 为________________________位置上的________________________装置。

55. 自动变速器的执行元件有三种，下表中已经列出。按要求填充表格，将下图所示部件对应的题号填写到相应名称后的下划线上。并将对应的实物及工作状态进行认知和动作模拟，完成后在“实物认知”列打√。

自动变速器的执行元件

名称	种类	工作状态	实物认知
驱动离合器____	片式离合器	断开：	
		接合：	
制动器____			
单向离合器____			

a)

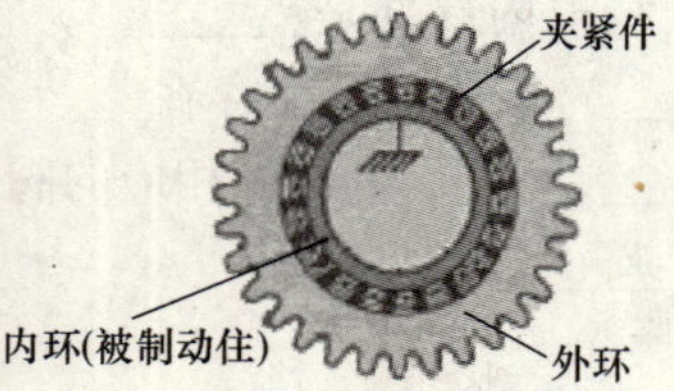

b)

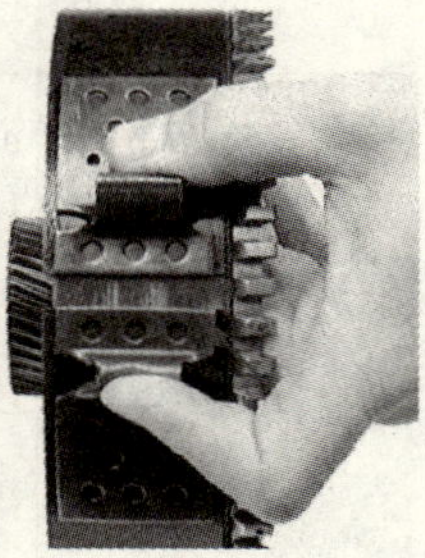

c)

56. 认真分析下表和必备知识中的相关工作图后，完成下面的问题。

装有 Ravigneaux（拉维娜式）行星齿轮机构的自动变速器换挡执行元件表

挡位	驱动	被制动	输出	带式制动器	离合器 K_{G2}	离合器 K_{G3}	单向离合器 F	离合器 K_R
一	S_1	S_2	PT	·			·	
二	H	S_2	PT	·	·			
三	S_1+H	—	PT		·	·		
R	S_1	H	PT			·		·

（1）表中所列变速器有______个前进挡，______个倒挡。

（2）一挡时，该行星齿轮机构中的______被______驱动，______被______制动，输出为__________，输出方向与输入方向______。

（3）二挡时，该行星齿轮机构中的______被______驱动，______被______制动，输出为__________，输出方向与输入方向______。

（4）三挡时，该行星齿轮机构中的__________被__________驱动，______制动，输出为______，传动比约为______，输出方向与输入方向______。

（5）倒挡时，该行星齿轮机构中的______被______驱动，______被______制动，输出为__________，输出方向与输入方向______。

57. 自动变速器基本换挡程序的选择主要取决于控制参数：__________、__________、__________，此外，还会受其他参数的影响，如____________________等。而其换挡点的选择主要取决于______和______，由下面的换挡图表可知在不同负荷下各升挡点和降挡点，请按要求完成下表的填写。

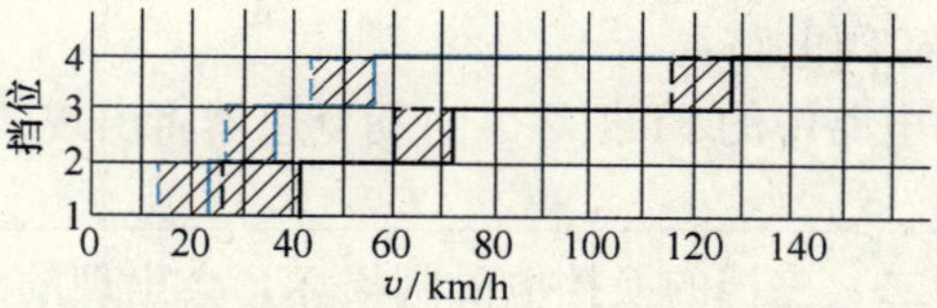

30% 负荷时的提高挡位　　90% 负荷时的提高挡位
30% 负荷时的降低挡位　　90% 负荷时的降低挡位

换挡图表，变速杆位于 D 位

变速杆位于 D 位时，不同负荷下的升降挡点

挡位	负荷为 30% 时		负荷为 90% 时	
	升挡点/（km/h）	降挡点/（km/h）	升挡点/（km/h）	降挡点/（km/h）
一～三	22	13		
二～三				
三～四				

58. 行驶模式包括 Sport ________、Economy ________、Manuel ________、Winter ________等，可通过__________进行选择。

59. 自动变速器换挡点的选择是否受自动变速器油温的影响？答：__________。

60. 为了避免产生换挡冲击（换挡撞击），变速器电脑可根据负荷，通过______________，调整换挡压力对片式离合器和________________进行控制。为了使控制片式离合器的工作缸不会立即受到整个工作压力的冲击，变速器电脑所控制的一个______________在换挡过程中会降低换挡压力。随后工作压力则根据负荷调整到________________________________。

61. 自动变速器中控制换挡的片式离合器的断开与接合都采用重叠控制，目的是：____。

62. 自动变速器电脑通过电磁阀对变矩器锁止离合器进行控制的目的是：____。锁止离合器在通常情况下是断开的，目的是：____，只在________的时候接合，目的是：____。

63. Inter-lock 是指________________，即______________________________。

64. 电路图是对自动变速器控制系统进行检测和故障诊断的依据，在相关必备知识中展示了一个四挡自动变速器控制系统的电路图，请从原电路图中摘抄下列电路，并说明电路控制的过程。

1）供电电路：

2）起动电路：

3）节气门位置传感器 B3 的负荷信号电路：

4）转速信号电路：

5）液力变矩器电磁阀电路：

6）工作压力调整电磁阀电路：

65. 如果自动变速器的电路中的 F1 损坏，自动变速器将出现的故障现象是：____。

66. 如果自动变速器中二～三挡的换挡电磁阀损坏，会出现的故障现象是：____。

67. AGS 指________________，它可根据不同权重的参数值自动选择________________、________________等，原则上可以在________________中使用。

68. 将下图补充完整，并分别说明影响驾驶员类型鉴定、换挡程序选择、挡位选择的因素。

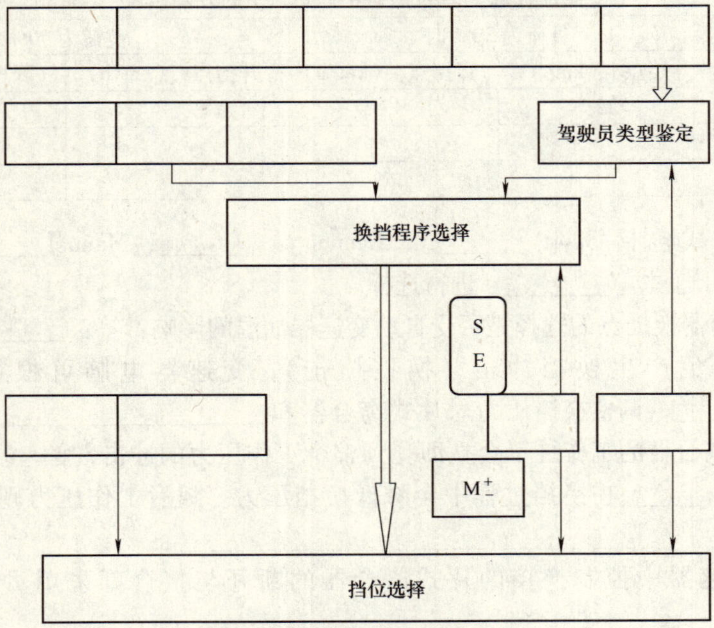

自适应变速器控制系统的程序结构

## 2 信息收集 ### 2.8 学习无级变速器的系统知识	**成绩：**

69. Continosly Variable Transmission 简称__________是指________________，其传动比通过________________和________________实现无级连续地改变。

70. CVT 变速器主要由______、______、______、______、______、______等组成，请将各组成名称填写在下图内。如图中没有明显标志的，请写清其所在位置。

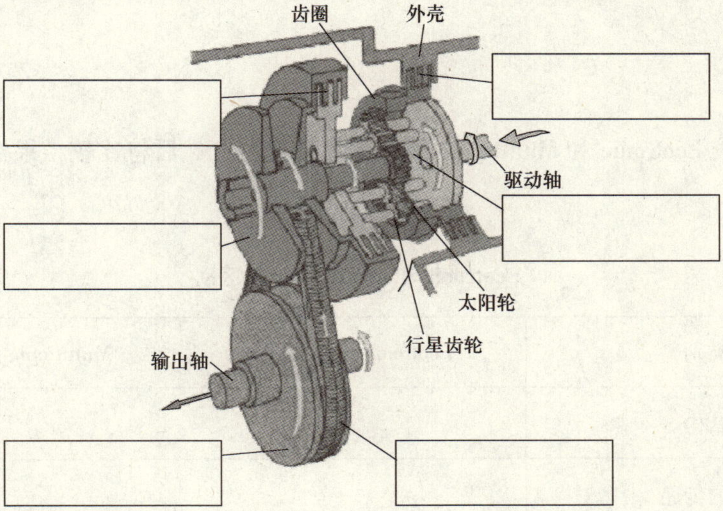

CVT 变速器

71. CVT 变速器中一般只有______组离合器，一组为________，另一组为________，当其中一组结合时，一级锥形轮由______________驱动，再通过一条______________驱动二级锥形轮。其传动比的改变是通过锥形轮的___________来实现的。这样可使两对锥形轮的________________，也就是变大及变小。半边轮的移动靠两个由压力油控制的______和______来实现。每个有效的传动比 i =________，而 i_{max} =________，i_{min} =________。

72. 认真阅读必备知识后，按变速器换挡执行元件表的要求完成下表中 CVT 变速器的各主要组成在各种工况下工作状态的填写。无动作不用填，有动作填“·”或“行星齿轮组部件的名称”。

CVT 变速器换挡执行元件表

挡位	驱动	被制动	输出	前进挡离合器	倒车挡离合器	停车制动装置	一级锥形轮	二级锥形轮
P								
N								
前进挡								
倒车挡								

73. 下图 a 所示为________________，图 b 所示为________________。

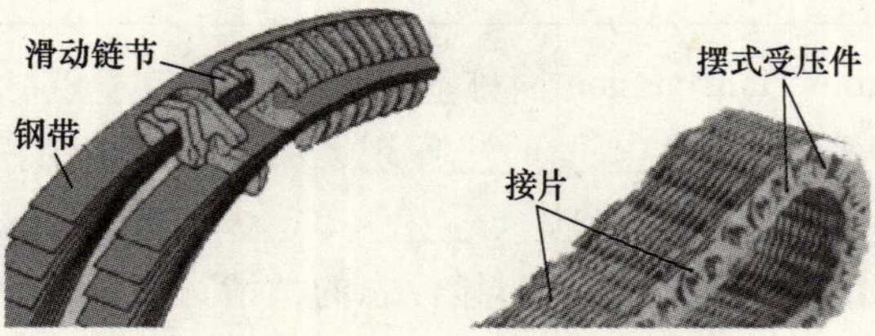

a)　　　　　　b)

74. 认真比较 Ecotronic 和 Multitronic 两种无级变速器，然后将比较结果按要求填写到下表中。

Ecotronic 和 Multitronic 的区别

类别	Ecotronic 无级变速器	Multitronic 无级变速器
结构		
力的传递		
传动比的改变		
变速器的控制		
起动		

75. 无级变速器 Multitronic 的所有可能传动比的调整特性曲线范围在__________和__________之间。

3 制订计划

3.1 制订自动变速器维修工作流程

成绩：

76. 进行自动变速器故障检测与诊断时，应按照下图所示流程来进行，但下面的流程图不完整，请结合实际，按要求将下面的流程图补充完整，每完成一步，就在每一步的□内√。

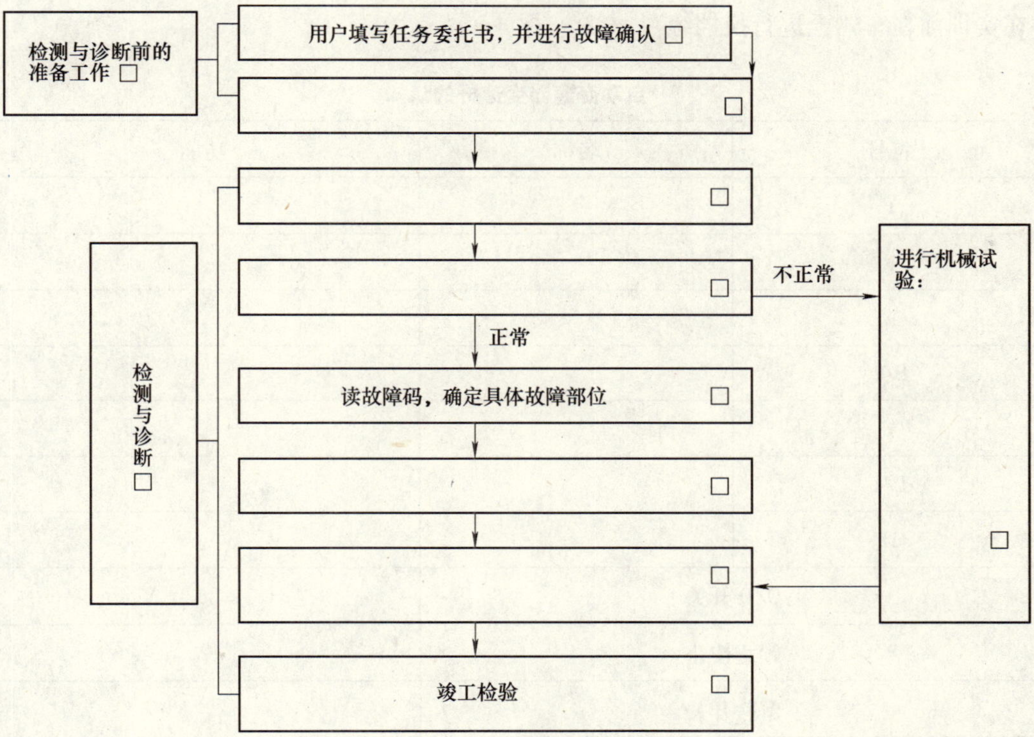

自动变速器故障检测与诊断流程图

77. 在进行检测与诊断前，应先阅读有关________、________和________，掌握必要的________、________、________等有关技术资料。

78. 按照使用说明书，结合必备知识中的相关内容，使用专用汽车诊断仪，读取自动变速器电脑中储存的故障码为：________________，由此，可初步推定故障原因为：________________________。注意，在使用汽车诊断仪进行故障码读取前，必须保证____________正常。

3 制订计划 3.2 制订自动变速器基本检查工作计划	成绩：

79. 自动变速器在拆卸前，必须对其进行基本检查，并以此为依据，结合其任务委托书，进行初步诊断。结合必备知识的相关内容和对应的维修手册，对自动变速器进行基本检查，并按要求填写自动变速器基本检查记录表。

（1）在进行基本检查的过程中，需要操纵自动变速器的变速杆，请完成下表的填写，并在实训前在车辆上进行换挡练习。

自动变速器变速杆的认知

符号	名称	功能
P		
R		
N		
S/2		
M		
L/1		
D		
O/D 开关		
锁止按钮		
解除开关		

1）注意：在改变自动变速器挡位前，必须先踩下____________________。

2）如果驾驶员在操作过程中，误将R位直接挂到D位，导致车辆与前车发生轻微碰撞，分析原因，可能是____________发生损坏导致的。

3）自动变速器停车时要取出钥匙，必须将变速杆置于________________。

4）O/D指示灯亮时，汽车仍然可以挂入超速挡，此种情况下，如车辆在拥堵道路上长期行驶，可能会造成____________的损伤，所以，发现此种情况，应尽快检修____________。

（2）填表要求：

1）在实际操作前、实际操作时、实际操作后，分别完成自动变速器基本检查记录表中底色为无色、浅色、深色部分的填写。

2）首先通过视频、教师演示、阅读学习资料、维修手册等方式收集相关信息，并按填表说明填写自动变速器基本检查记录表中的相关内容。

3）以小组讨论的形式，再次完成对自动变速器基本检查记录表的填写。

4）按要求进行实际操作（没有实操条件的项目可以采用演示或视频的方式进行），在实操中出现的事先没有估计到的问题应在表中相应位置处用另一种颜色的笔及时地记录。

5）认真记录实测结果。

6）依据必备知识和维修手册中的相关内容，将实测结果与标准要求比较后，对车辆各部件的使用性能作出初步的判定。

7）按实际操作过程和要求，重新填写下表，为自己积累宝贵的维修经验和资料。

（3）填表说明：

1）检测步骤要写详细，且具有可操作性。标注出具体操作过程的来源。

2）资源配置中需要写清硬件（如工具、量具、设备等）和软件（如使用说明、维修手册等）。

3）注意事项中要写清人身、设备等的安全操作规范；环保、法律法规、企业规章等各项要求；特殊的操作要求等。

4）故障推论时要结合故障现象的描述。

5）表格不够，可另附页。

自动变速器基本检查记录表

序号	检查项目		检查步骤	注意事项	资源配置 硬件/软件	标准 要求	检查 结果	性能 判定
1	自动 变速器油	油面高度						
2	节气门拉索							
3	停车/空挡 位置开关	停车/空挡 位置开关 的检查						
		停车/空挡 的性能 试验						
4	发动机怠速							
检查结果及 维修建议	通过对上面检查结果的分析，该变速器存在的问题是： 所以，需调整或维修的任务是：							

<table>
<tr><th colspan="2">以下部分在与顾客沟通完成后填写</th></tr>
<tr><td>调整或维修
项目一过程记录</td><td>项目名称：
实习用具：
实习过程：

是否恢复：
操作人姓名：　　　　　　　　检验人姓名：</td></tr>
<tr><td>调整或维修
项目二过程记录</td><td>项目名称：
实习用具：
实习过程：

是否恢复：
操作人姓名：　　　　　　　　检验人姓名：</td></tr>
</table>

3　制订计划

3.3　与顾客进行沟通，确定调整或维修的内容与成本

成绩：

80. 在与顾客沟通时，常用的礼貌用语有：________________等。

81. 在与顾客沟通前，需要做的准备工作应包括：____等。

82. 与顾客沟通的方式有____等。

83. 请按照下表的引导，按要求完成与顾客的沟通工作。

注意：在实际操作前、实际操作时、实际操作后，分别完成表格中底色为无色、浅色、深色部分的填写。

与顾客交流过程记录单

与顾客沟通前的准备	1. 需要与顾客沟通的问题有：		
	2. 在维修时间、维修内容和价格等方面需要说明的内容是：		
	3. 为顾客提供的建议是：		
	4. 与顾客沟通的方式是：		
	5. 与顾客沟通时需要注意的问题有：		
沟通时间		联系人	
沟通过程记录			
沟通结果	顾客需要调整/维修的项目是： 顾客对维修耗材的选择是：		
服务质量确认	确认方式： 确认时间： 顾客满意度：　　　确认人：		

84. 在明确需调整和维修的项目后，进行相应的调整和维修，并完成“自动变速器基本检查记录表”中“调整或维修项目过程记录”的填写。

3　制订计划 3.4　制订自动变速器试验与故障诊断工作计划	成绩：

85. 在完成自动变速器基本检查的基础上，对自动变速器进行各项试验，试验结果可以使维修人员对自动变速器的故障进行准确的判断。结合必备知识的相关内容和对应的维修手册，对自动变速器进行各项试验，并按要求填写下表。

（1）填表要求。

1）在实际操作前、实际操作时、实际操作后，分别完成表格中底色为无色、浅色和深色部分的填写。

2）首先通过视频、教师演示、阅读学习资料、维修手册等方式收集相关信息，并按填表说明填写下表中的相关内容。

3）以小组讨论的形式，再次完成对下表的填写。

4）按要求进行实际操作（没有实操条件的项目可以采用演示或视频的方式进行），在实操中出现的事先没有估计到的问题应在表中相应位置处用另一种颜色的笔及时记录。

5）认真记录实测结果。

6）依据必备知识和维修手册中的相关内容，将实测结果与标准要求比较后，结合故障现象，对自动变速器的故障原因进行较为准确的分析。

7）按实际操作过程和要求，重新填写下表，为自己积累宝贵的维修经验和资料。

（2）填表说明：

1）检测步骤要写详细，且具有可操作性。标注出具体操作过程的来源。

2）资源配置中需要写清硬件（如工具、量具、设备等）和软件（如使用说明、维修手册等）。

3）注意事项中要写清人身、设备等的安全操作规范；环保、法律法规、企业规章等各项要求；特殊的操作要求等。

4）故障推论时要结合故障现象的描述。

5）表格不够，可另附页。

自动变速器的试验及故障诊断

试验项目一　自动变速器的手动换挡试验	
进行试验的前提条件	
试验目的	
资源配置 硬件/软件	进行试验的自动变速器型号为：＿＿＿＿＿＿＿＿＿＿。
注意事项	

<table>
<tr><td rowspan="2">试验步骤</td><td colspan="2">试验前的计划</td><td colspan="2">试验中出现的问题</td></tr>
<tr><td colspan="2"></td><td colspan="2"></td></tr>
<tr><td rowspan="6">标准要求与
试验结果</td><td>序号</td><td>试验内容</td><td>标准值</td><td>实测值</td></tr>
<tr><td>1</td><td>一挡，发动机转速 2000r/min 时</td><td>车速：18～22km/h</td><td>车速：</td></tr>
<tr><td></td><td></td><td></td><td></td></tr>
<tr><td></td><td></td><td></td><td></td></tr>
<tr><td></td><td></td><td></td><td></td></tr>
<tr><td></td><td></td><td></td><td></td></tr>
<tr><td>分析试验结果
并确定故障部位</td><td colspan="4">结论：故障位置应该在________________。</td></tr>
<tr><td colspan="5">试验项目二　自动变速器的失速试验</td></tr>
<tr><td>进行试验的
前提条件</td><td colspan="4"></td></tr>
<tr><td>试验目的</td><td colspan="4"></td></tr>
<tr><td>资源配置
硬件/软件</td><td colspan="4">进行试验的自动变速器型号为：__________。</td></tr>
<tr><td>注意事项</td><td colspan="4"></td></tr>
<tr><td rowspan="2">试验步骤</td><td colspan="2">试验前的计划</td><td colspan="2">试验中出现的问题</td></tr>
<tr><td colspan="2"></td><td colspan="2"></td></tr>
<tr><td rowspan="6">标准要求与
试验结果</td><td>序号</td><td>试验内容</td><td>标准值</td><td>实测值</td></tr>
<tr><td>1</td><td>D 位</td><td></td><td></td></tr>
<tr><td></td><td></td><td></td><td></td></tr>
<tr><td></td><td></td><td></td><td></td></tr>
<tr><td></td><td></td><td></td><td></td></tr>
<tr><td></td><td></td><td></td><td></td></tr>
<tr><td>分析试验结果
并确定故障部位</td><td colspan="4">结论：故障位置应该在________________。</td></tr>
</table>

试验项目三　自动变速器的油压试验		
进行试验的前提条件		
试验目的		
资源配置 硬件/软件	进行试验的自动变速器型号为：＿＿＿＿＿＿＿＿。	
注意事项		
试验步骤	试验前的计划	试验中出现的问题

标准要求与试验结果：

序号	试验内容	标准值	实测值
1	前进挡 D 位怠速油压		
2	前进挡 D 位失速油压		

分析试验结果并确定故障部位	结论：故障位置应该在＿＿＿＿＿＿＿＿＿＿＿＿＿＿＿＿。

试验项目四　自动变速器的时滞试验		
进行试验的前提条件		
试验目的		
资源配置 硬件/软件	进行试验的自动变速器型号为：＿＿＿＿＿＿＿＿。	
注意事项		
试验步骤	试验前的计划	试验中出现的问题

<table>
<tr><td rowspan="3">标准要求与
试验结果</td><td>序号</td><td>试验内容</td><td>标准值</td><td>实测值</td></tr>
<tr><td>1</td><td>N→D 位迟滞时间</td><td></td><td>1：
2：
3：
平均：</td></tr>
<tr><td>2</td><td>N→R 位的迟滞时间</td><td></td><td>1：
2：
3：
平均：</td></tr>
<tr><td>分析试验结果
并确定故障部位</td><td colspan="4">结论：故障位置应该在________________。</td></tr>
</table>

<table>
<tr><td colspan="6">试验项目五　自动变速器车辆的路试</td></tr>
<tr><td>进行试验的
前提条件</td><td colspan="5"></td></tr>
<tr><td>试验目的</td><td colspan="5"></td></tr>
<tr><td>资源配置
硬件/软件</td><td colspan="5">进行试验的自动变速器型号为：________。</td></tr>
<tr><td>注意事项</td><td colspan="5"></td></tr>
<tr><td rowspan="2">试验步骤</td><td colspan="3">试验前的计划</td><td colspan="2">试验中出现的问题</td></tr>
<tr><td colspan="3"></td><td colspan="2"></td></tr>
<tr><td rowspan="8">标准要求与
试验结果</td><td>序号</td><td>试验内容</td><td>标准值</td><td>实测值</td><td>试验结果分析</td></tr>
<tr><td>1</td><td>升挡检查</td><td></td><td></td><td></td></tr>
<tr><td>2</td><td>升挡车速检查：一挡→二挡</td><td></td><td></td><td></td></tr>
<tr><td>3</td><td></td><td></td><td></td><td></td></tr>
<tr><td>4</td><td></td><td></td><td></td><td></td></tr>
<tr><td>5</td><td></td><td></td><td></td><td></td></tr>
<tr><td>6</td><td></td><td></td><td></td><td></td></tr>
<tr><td>7</td><td></td><td></td><td></td><td></td></tr>
<tr><td>分析试验结果
并确定故障部位</td><td colspan="5">结论：故障位置应该在________________。</td></tr>
</table>

<table>
<tr><th colspan="3">试验项目六　液力变矩器的起动试验</th></tr>
<tr><td>进行试验的
前提条件</td><td colspan="2"></td></tr>
<tr><td>试验目的</td><td colspan="2"></td></tr>
<tr><td>资源配置
硬件/软件</td><td colspan="2">进行试验的自动变速器型号为：________________。</td></tr>
<tr><td>注意事项</td><td colspan="2"></td></tr>
<tr><td rowspan="2">试验步骤</td><td>试验前的计划</td><td>试验中出现的问题</td></tr>
<tr><td></td><td></td></tr>
<tr><td>标准要求与
试验结果</td><td colspan="2"><table><tr><th>序号</th><th>试验内容</th><th>标准值</th><th>实测值</th></tr><tr><td>1</td><td></td><td></td><td></td></tr></table></td></tr>
<tr><td>分析试验结果
并确定故障部位</td><td colspan="2">结论：故障位置应该在________________________________。</td></tr>
</table>

3　制订计划

3.5　制订自动变速器故障诊断与维修工作计划

成绩：

86. 根据车辆实际的故障现象，制订一个针对该故障的诊断与维修工作计划，请按照下表的提示制订故障诊断与维修工作计划，即填写《故障诊断维修工作任务书》中底色无色的部分。

填表要求：

1）在遵守厂家维修手册、实际工作条件和要求的基础上，依据高效、准确、以人为本、统筹兼顾的原则进行人员分工。务必做到人人参与。

2）此任务书首先是小组共用一份，等工作结束后，其他同学再将整个过程抄到自己的任务书中。每组必须有明确的记录员，负责记录和与教师进行沟通（也可以安排两人）。

3）表格不够，可另附页。

4）①——操作完成，由操作员在对应的格内签姓名。

5）②——写清使用工具、技术要求、重点内容及安全注意事项等。

故障诊断与维修工作任务书

一、诊断					
序号	步骤	实施中出现的问题	结论	负责人①姓名	质量监控①人签字
1	明确故障现象				
2	读取故障码				
3	基本检查				
4	与顾客沟通				
5	确定调整和维修的内容				
6	手动试验				
诊断结果					
维修建议					

二、根据诊断结果，制订实施维修工作计划

序号	步骤②	实施中出现的问题	结论	负责人姓名	质量监控人签字

三、维修质量检查

## 4　实施与质量检查	成绩：

87. 按照自动变速器《故障诊断与维修工作任务书》，开展针对故障现象的自动变速器的诊断与维修工作，按照《故障诊断与维修工作任务书》的提示做好维修工作的记录、检查与控制，即填写《故障诊断与维修工作任务书》中底色的浅颜色的部分。

填表要求：

1）严格按表格要求进行填写，认真做好过程记录与控制工作。

2）如无特殊要求，记录工作由专门的记录员完成。

88. 查询工厂信息管理系统，进行备件和人员工资测算后，将其记录在《×××汽车维修服务有限公司任务委托书》的相关位置，并完成该任务委托书的填写。

89. 将维修好的车辆交给客户前，需要完成以下工作。

（1）相关物品和维修资料的交接，包括：________、________、________、________等。

（2）在交接过程中需要对整个维修过程进行说明，包括：________、________、________等。

90. 请用下表对各组的整个交车过程进行自评和评价，在对应项的分数栏内打“✓”。

交车过程评价表

评价对象组/个人		评价人/组签字				
		评价时间				
序号	评价内容	低	评价标准及分值			高
1	交车时物品和维修资料的交接情况	没准备	1	3	5	准备齐全
2	对维修过程的说明	不清楚	1	3	5	清楚
3	车的恢复	没恢复	1	3	5	恢复原样
4	试车情况	有故障	1	3	5	无故障
5	维修费用的计算	有问题	1	3	5	没问题
6	维修过程记录材料	不翔实	1	3	5	翔实
7	语言表达	弱	1	3	5	强
8	文明礼仪	不礼貌	1	3	5	有礼貌
9	应变能力	弱	1	3	5	强
10	合作情况	不合作	1	3	5	协作
合计		不好				好
整个交车过程的结合评价						是否可以交车

5 评价与反馈

5.1 对整个维修工作进行自评

成绩：

91. 认真思考自己在整个学习过程中的收获与问题，然后用脑图的表现形式将本单元的学习内容进行归纳，并在每个学习内容后填上对该学习内容的掌握程度。(用 ABCD 来表示：A——表示全部掌握，B——表示掌握大部分，C——表示只掌握了一半，D——表示基本都没掌握) 脑图见下面的图例。

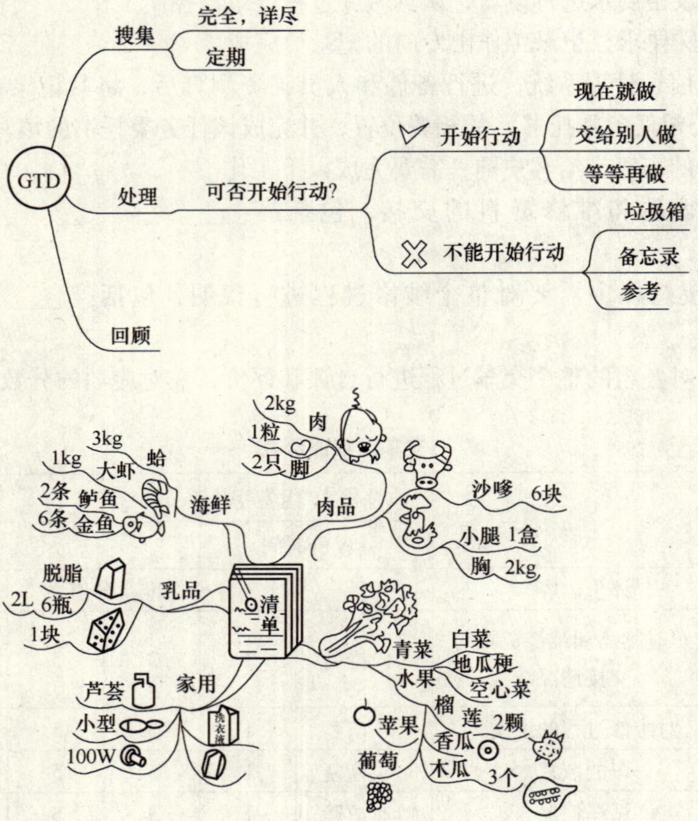

脑图图例

5 评价与反馈

5.2 关键能力评价

成绩：

92. 从教师、同学（两名）和自己三个角度对自己在整个维修工作过程中的表现进行评价，并分别填写下面的自评表、同学评价表和教师评价表 。（评价标准见附录）。此评价主要是针对关键能力的评价。

关键能力自评表

年　　月　　日

班级：________　　学号：________　　姓名：________

序号	评价要素	低	分值				高
			D	C	B	A	
			1~3	4~6	7~8	9~10	
1	独立工作能力	弱					强
2	团队合作能力	从不					积极主动
3	工作方式	无					多
4	沟通与交流	不清楚					很清晰
5	解决问题的创新性	无					经常
6	对工作环境的态度	从不关注					随时随地关注
7	课堂参与程度	不参与					积极主动
合计							

关键能力同学评价表

年　　月　　日

班级：________　　学号：________　　评价人姓名：________

序号	评价要素	低	分值				高
			D	C	B	A	
			1~3	4~6	7~8	9~10	
1	独立工作能力	弱					强
2	团队合作能力	从不					积极主动
3	工作方式	无					多
4	沟通与交流	不清楚					很清晰
5	解决问题的创新性	无					经常
6	对工作环境的态度	从不关注					随时随地关注
7	课堂参与程度	不参与					积极主动
合计							

关键能力同学评价表

年　月　日

班级：________　　学号：________　　评价人姓名：________

序号	评价要素	低	分值				高
			D	C	B	A	
			1~3	4~6	7~8	9~10	
1	独立工作能力	弱					强
2	团队合作能力	从不					积极主动
3	工作方式	无					多
4	沟通与交流	不清楚					很清晰
5	解决问题的创新性	无					经常
6	对工作环境的态度	从不关注					随时随地关注
7	课堂参与程度	不参与					积极主动
合计							

关键能力教师评价表

年　月　日

班级：________　　学号：________　　教师姓名：________

序号	评价要素	低	分值				高
			D	C	B	A	
			1~3	4~6	7~8	9~10	
1	独立工作能力	弱					强
2	团队合作能力	从不					积极主动
3	工作方式	无					多
4	沟通与交流	不清楚					很清晰
5	解决问题的创新性	无					经常
6	对工作环境的态度	从不关注					随时随地关注
7	课堂参与程度	不参与					积极主动
合计							

5　评价与反馈 5.3　工作能力评价	成绩：

93. 按照下表的要求，对学生进行工作能力测试，此测试不仅要考查专业技能水平，而且还关注到在完成工作任务的过程中涉及的理论知识和故障分析能力等职业能力方面的要素。此评价通过让被评价者独立完成一份完整工作，来对其工作能力进行评价。每个评价都要包括两张表格，一张为工作任务书，被考评人使用；另一张为工作评价表，考评人使用。

评价一：自动变速器油检查与更换工作能力评价

<table>
<tr><td colspan="3">1. 自动变速器油检查与更换工作任务书</td></tr>
<tr><td colspan="2">被考评人：</td><td>学校：</td></tr>
<tr><td>日期：</td><td>时间：</td><td>考评人：</td></tr>
<tr><td colspan="3">维修师傅的描述</td></tr>
<tr><td colspan="3">一辆自动变速器车辆在行驶过程中出现轻微的换挡冲击，需要对自动变速器油进行检查。</td></tr>
<tr><td colspan="3">原因分析</td></tr>
<tr><td colspan="3">导致上述故障的可能原因有：______________________________
______________________________。</td></tr>
<tr><td colspan="3">工作任务</td></tr>
<tr><td colspan="3">检查自动变速器油，如有必要，则进行更换。操作时间为20min。完成工作过程记录。并在工作结束后，与考评人进行专业对话。</td></tr>
<tr><td colspan="3">工作过程记录</td></tr>
<tr><td colspan="3">1. 工作准备：______________________________。
2. 维修车辆是______，查相关维修手册，相关内容在第______页。
3. 自动变速器油的检查：请在操作前写下检查步骤，并在操作过程中记录出现的问题及检查的结果。
4. 检查结果（是否需要更换自动变速器油，依据是什么）：
5. 选择的自动变速器油的型号是________；应加注的量是：______。
6. 自动变速器油的更换：请在操作前写下更换的步骤，并在操作过程中记录出现的问题。
7. 更换后的检查项目及检查结果：请在操作前写下检查的项目，并在操作过程中记录出现的问题及检查的结果。</td></tr>
</table>

8. 将车辆交还给维修师傅时需解释的内容包括：____。

9. 本次工作涉及的5S包括：________________________________。

与考评人进行专业对话

话题1：

话题2：

工作完成后的反思

2. 自动变速器油检查及更换工作评价表

被考评人：	学校：	
日期：	时间：	考评人：

工作任务

检查自动变速器油，如有必要，则进行更换。操作时间为20min。完成工作过程记录。并在工作结束后，与考评人进行专业对话。

序号	作业项目	评分指标	应得分	评分标准	实得分
1	准备工作	1）检查工具的准备。 2）车辆安全防护。 3）环车检查。 4）起动车辆前的检查。	8	每项错误扣2分，扣完为止。	
2	维修手册的使用	5）查找方法正确。 6）查找内容正确。 7）查找结果正确。 8）查找过程迅速。	10	每次错误扣2分，扣完为止。	
3	检查	9）油面高度检查。 10）油品质量检查。 11）油温检查。 12）漏油检查。 要求：操作位置准确，操作方法正确，正确选择工具，正确使用工具，操作动作流畅、熟练，检查项目完整。	24	少做一项扣6分，每次错误扣2分，扣完为止。	

（续）

序号	作业项目	评分指标	应得分	评分标准	实得分
4	比较判断	13）能根据检查结果得出正确结论。	6	错误扣6分。	
5	更换	14）自动变速器油的选择。 15）放出自动变速器。 16）自动变速器油的加注。 要求：操作位置准确，操作方法正确，正确选择工具，正确使用工具，操作动作流畅、熟练，检查项目完整。	26	每次错误扣2分，扣完为止。自动变速器油选择错误，则此项无分。	
6	5S	17）工作场地始终干净整洁。 18）工具始终干净无污物，摆放整齐。 19）所有物品都恢复原状。	6	每次错误扣2分，扣完为止。	
7	文明生产	20）遵守安全操作规程，文明操作。	6	不文明语言或野蛮操作，每次扣2分，扣完为止。	
8	注意事项	21）无任何人身和设备的安全和损坏。		违规操作发生重大事故此题记0分。	
9	专业对话	22）提出两个与此项操作相关的问题。	8	每题5分，请酌情扣分。	
11	任务书的填写	23）内容正确、完整。 24）字迹工作、清晰。	6	每次错误扣1分，扣完为止。	
12	时间	25）操作时间要求为20min。		每超时1min，扣2分。	
分数总计			100		
综合评价					

评价二：自动变速器油压试验工作能力评价

1. 自动变速器油压试验工作任务书

被考评人：		学校：
日期：	时间：	考评人：

维修师傅描述

经过手动换挡试验，可以判定自动变速器故障不在电控系统，为了判别故障在液压控制系统还是在机械传动系统，需要进行自动变速器油压试验。

判定故障位置的依据

工作任务

对自动变速器进行油压试验，操作时间30min。完成工作过程记录。工作结束后，与考评人进行专业对话。

工作过程记录

1. 工作准备：__________________________________。
2. 维修车辆是________，查相关维修手册，油压试验在第________页。
3. 按顺序简写出油压试验的操作流程：

4. 油压试验中的注意事项是：____。

5. 记录油压试验结果：

序号	试验内容	标准值	实测值
1	前进挡D位怠速油压		
2	前进挡D位失速油压		

6. 通过对试验结果的分析，可确定故障位置在：________________。
7. 根据故障原因，提出的维修建议是：________________。

与考评人进行专业对话

话题1：
话题2：

工作完成后的反思

2. 自动变速器油压试验工作评价表

被考评人： 学校：

日期： 时间： 考评人：

工作任务

对自动变速器进行油压试验，操作时间30min。完成工作过程记录。工作结束后，与考评人进行专业对话。

序号	作业项目	评分指标	应得分	评分标准	实得分
1	准备工作	1）试验工具的准备与检查。	4	每项错误扣2分，扣完为止。	
2	油压表的安装	2）工具的选择（2分/次）。 3）工具使用正确（2分/次）。 4）安装方法正确（2分/次）。 5）安装后无渗漏（2分/次）。	18	按要求扣分，扣完为止。	
3	试验	6）试验项目齐全（5分/项）。 7）操作方法正确、流畅（2分）。 8）操作过程中无对自动变速器有损坏的操作（2分）。 9）试验中读数及时、准确（3分）。 10）试验结论正确（5分）。	38	每次错误扣2～5分，扣完为止。	

（续）

序号	作业项目	评分指标	应得分	评分标准	实得分
4	步骤	11）步骤完整、没有出现步骤错误。	6	每次错误扣 2 分，扣完为止。	
5	5S	12）工作场地始终干净整洁。 13）工具始终干净无污物，摆放整齐。 14）所有物品都恢复原状。	6	每次错误扣 2 分，扣完为止。	
6	文明生产	15）遵守安全操作规程，文明操作。	8	不文明语言或野蛮操作，每次扣 2 分，扣完为止。	
7	注意事项	16）无任何人身和设备的安全和损坏。		违规操作发生重大事故此题记 0 分。	
8	专业对话	17）提出两个与此项操作相关的问题。	10	每题 5 分，请酌情扣分。	
9	任务书的填写	18）内容正确、完整。 19）字迹工作、清晰。	10	每次错误扣 1 分，扣完为止。	
10	时间	20）操作时间要求为 30min。		每超时 1min，扣 1 分。	
分数总计			100		
综合评价					

学习单元四

转弯行驶或加速时车辆发出噪声

转弯行驶或加速时车辆发出噪声学习要求

<table>
<tr><td colspan="2">企业工作任务</td></tr>
<tr><td colspan="2">客户抱怨：在转弯行驶或加速时车辆发出噪声。在经过短暂试车后，维修技师将该任务交给学徒。</td></tr>
<tr><td>工作流程</td><td>可能故障原因</td></tr>
<tr><td>1. 接收汽车资料。
2. 确认故障现象，检查客户对车辆的描述。
3. 学习车轮轴承、万向传动装置及主减速器和差速器的系统知识。
4. 确认故障位置。
5. 维修受损部件。
6. 对维修好的部件进行目测和性能测试。
7. 将该系统装到车上。
8. 进行功能检测。
9. 对所做工作进行记录。
10. 将该车辆交给维修技师，并进行专业说明。</td><td>1. 车轮轴承故障。
2. 主减速器主、从动锥齿轮卡死或发生故障。
3. 半轴磨损。
4. 差速器发生故障。</td></tr>
<tr><td colspan="2">学习目标</td></tr>
<tr><td colspan="2">1. 能够分析和描述车轮轴承、万向传动装置及主减速器和差速器等主要传动部件的结</td></tr>
</table>

构、功能和相互关系。

2. 掌握主要传动部件的工作原理和传动过程。

3. 能对主要传动部件进行诊断和维修。

4. 能正确确认车辆主要传动部件的类型。

5. 能通过故障现象分析故障原因。

6. 能够正确检测各部件，并了解各部件损坏对整个车辆传动的影响。

7. 在完成故障诊断维修工作的同时，加强相关基础理论的学习，强调理论的掌握和相关间隙或调整值的计算。

8. 通过小组工作形成团队合作的意识。

9. 学会与上级、同事进行沟通并对工作情况进行专业说明。

10. 遵守安全生产条例，避免出现意外事故。

11. 能够对工作结果进行认真的记录和总结。

教学内容

技能类	综合类
1. 主减速器和差速器的系统知识。 2. 传动轴、万向节的作用和结构。 3. 驱动轴（半轴）的作用和结构。 4. 车轮轴承的作用和结构。 5. 车轮轴承的拆装。 6. 主减速器和差速器的拆装与检测。 7. 驱动轴（半轴）的磨损情况及拆装。 8. 拆装驱动桥总成。 9. 车辆相关部件的故障诊断与排除。	1. 汽车生产商的规定（维修手册）。 2. 备件需求清单。 3. 记录文字资料（记录、网络资料、客户资料备份）。 4. 安全事故防范。 5. 质量保障。 6. 口头和书面交流。 7. 表达与展示。 8. 将车辆交付给维修组长或顾客时的沟通。 9. 在拆装过程中避免因违规操作造成对车辆和设备的损害。 10. 车辆举升和车下作业时的人身安全。 11. 常用和通用工具的正确操作规范。 12. 对维修废料的回收处理：如废弃的润滑脂等。 13. 拆卸车轮轴承或万象传动装置时不能使车轮负载或移动车辆。 14. 相关专业英语知识。

建议学时

30 学时

教学资源

1. 有内在故障的四辆汽车。
2. 配有备件目录的工厂信息系统。
3. 任务委托书。
4. 制造厂的安装规定。
5. 规定的检查和测量工具。
6. 相关车型的维修手册或原来的试验和测量记录。

转弯行驶或加速时车辆发出噪声工作页

1 接受工作任务	成绩：

1. 在维修技师（教师）向学徒（学生）交代任务的过程中，维修技师交给学徒________________等物品，以保证学徒正常的维修工作。

2. 根据《×××汽车维修服务有限公司任务委托书》的记录，对故障车辆进行车辆身份信息核对，如有问题，请对《×××汽车维修服务有限公司任务委托书》的记录结果进行修改。（如对车辆身份信息确认工作有问题，可查询故障车辆的维修手册和客户手册）

3. 在核查车辆身份信息时，需完成的准备工作有：________________等。

4. 请在下表中认真记录学徒在进行车辆核查过程中出现的问题，并写出正确的做法。

车辆核查过程记录表

序号	问题	改进
1		
2		
3		
4		
5		

5. 根据对《×××汽车维修服务有限公司任务委托书》记录中故障现象的核查分析，可以初步断定故障部位为________________。

6. 汽车的传动系统包括________、________、________、________、________、________等。

7. 请将汽车传动系各部件按汽车动力传动的过程进行排列：________________________________。

8. 你认为在传动系中与上述故障相关的部件应包括：________________________________。

9. 想一想，汽车传动系中与上述故障相关的各部件在汽车动力传动过程中的作用是什么。

我知道：____。

×××汽车维修服务有限公司任务委托书

工单号：29　　地址：＊＊＊＊＊＊　　联系电话：123456　　传真：123456　　投诉电话：654321

车主：李某　地址：＊＊＊＊＊＊　电话：55555　传真：55555　联系人：李某

车牌号：6666　型号/年份：2004 年　VIN 码：12456879064　发动机号：4657842　公里数：10 万公里

燃油量：F—1/2—E　维修类别：大修　入厂时间：2009 年 12 月 2 日　约定交车时间：2009 年 12 月 9 日　修正交车时间：　出厂时间：　接车员：王某　调度员：张某

故障陈述：

客户描述：在转弯行驶或加速时车辆发出噪声。

维修师傅试车后补充说明：故障在传动系，但与离合器、变速器无关，主要故障部位在变速器后的传动部件。

换件项目	数量	单位	单价	金额

维修项目	工时	工价	作业班组	开工时间	完工时间

客户签字：

约定联络时间：

班组长：

检验员：

接车员：

服务专员：

工时费用总计：

材料费用总计：

估价人：

付款方式

转账□　支票□　现金□　其他□

接车前的检查

□车钥匙　□备胎　□轮盖　□行驶证　□随车工具　□故障灯

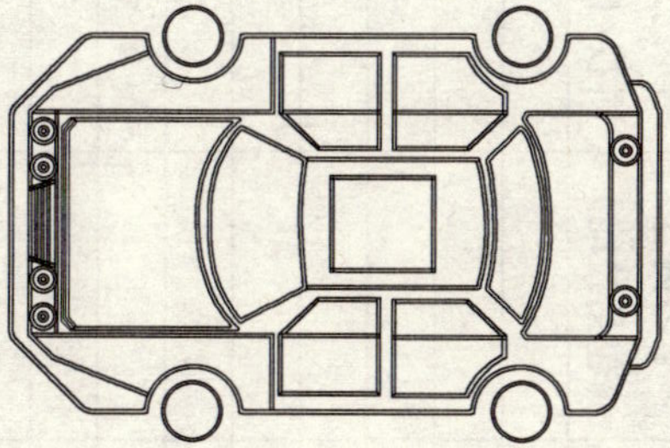

×划痕　⊙凹陷　√破损

检查人：

说　明

1. 车内贵重物品由客户自行带走，否则如有遗失，本厂恕不负责。

2. 车主同意上述维修项目并授权本厂对无法修复零件予以更换。

3. 客户自带配件与客户要求更换非厂件的，本厂恕不负责质量保修。

2 信息收集

2.1 学习过程记录和评价表

成绩：

10. 请在你的整个学习过程中，按下表的要求，对自己的学习过程进行认真的记录和评价。

填表要求：

1）首先，要完成学习内容部分的填写，明确本单元需要学习的内容和技能。

2）按实际学习的顺序，在每个学习内容对应的序号一列中填上学习顺序的序号。

3）学习方式主要有两种，以教师讲授为主的，填写“讲授”；以自主学习为主的，填写“自学”。

4）完成学习的正确率＝实际正确的内容/全部完成的内容，内容以最小单位来计算。

5）学习效果的评价分成4个档次：优（85～100分）、良（75～84分）、中（60～74分）、差（60分以下）。

6）表格不够，可另附页。

学习过程记录和评价表

序号	学习内容（包括技能）	学习方式 讲授/自学	独立完成学习的正确率（%）	小组合作完成学习的正确率（%）	学习效果	
					自评	教师评

2　信息收集 2.2　学习成果展示过程记录和评价表	成绩：

11. 在学习的过程中，我们会有许多展示的机会，请将每一次他人和自己展示的过程和评价记录到下表内。注意要遵循客观、公正的原则。

填表要求：

1）对他人和自己的每一次展示都要进行评价，并认真地记录在表格中。

2）如果展示是以个人的方式进行的，则评价对象填个人的名字，如果展示是以两人以上的小组的方式进行的，则应填上小组的名称和展示人的名字。

3）学习成果完成情况的简单评价要用描述性的语言来完成。

4）语言表达、文明礼仪、应变能力和合作能力的评价采用优、中、差三级评价。

5）综合评价是对前面所有评价的总结，采用优、中、差三级评价。

6）表格不够，可另附页。

学习成果展示过程记录和评价表

序号	评价对象 组/个人	展示内容	学习成果完成 情况的简单评价	语言 表达	文明 礼仪	应变 能力	合作 能力	综合评价

2　信息收集 2.3　学习传动轴、驱动轴（半轴）和万向节的知识	成绩：

12. 传动轴、驱动轴（半轴）和万向节的作用是：

(1) ______________________。(2) ______________________。

(3) ______________________。(4) ______________________。

(5) ____。

13. 下图所示为__________车辆，请将图中缺失的部件名称补充完整。其传动系的动力传递路线为驱动力从变速器输出，通过__________→__________→__________传递到驱动轮上。

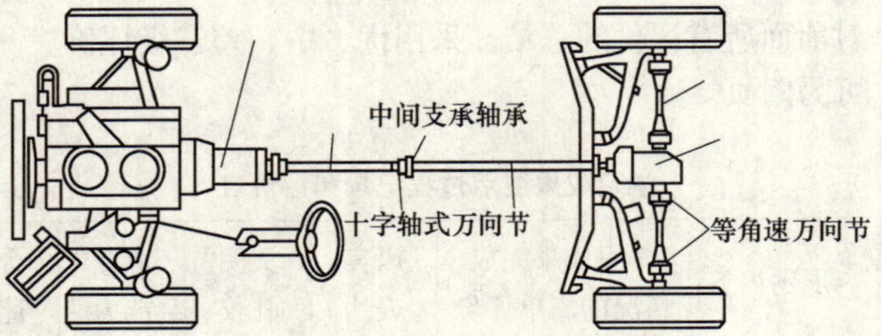

14. 下图为__________车辆，请将图中缺失的部件名称补充完整。其传动系的动力传递路线为驱动力从变速器输出，通过__________→__________传递到驱动轮上。此处不需要__________。__________________________安装在同一个壳体内。

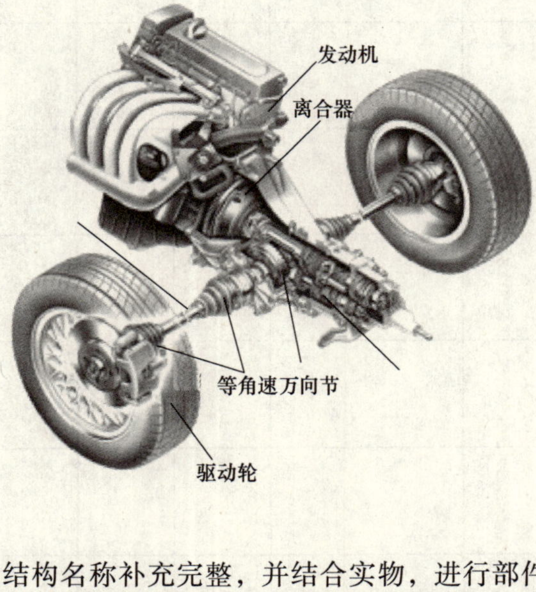

15. 将下图中缺失的结构名称补充完整，并结合实物，进行部件认知，将认知结果填写在下表中。每认知一个，就在相应的位置打“√”；请组长或其他同学进行考核，每说对一个，组长在相应的位置打“√”；教师进行抽查后，在相应的位置打“√”。

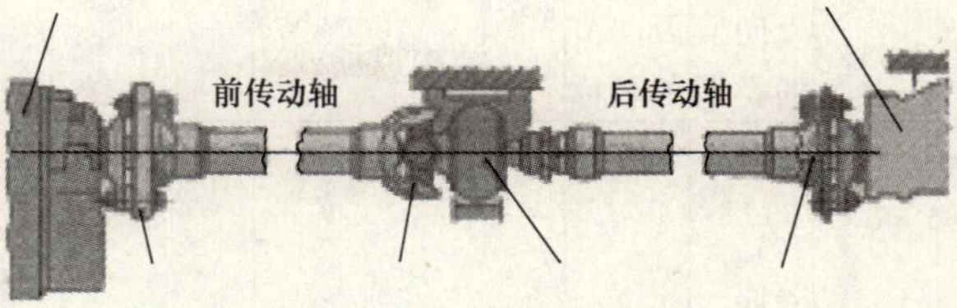

序号	部件名称	自查	组长检查	教师检查

16. 中间支承轴承的作用是____________________。
17. 半轴的作用是____________________。
18. 万向节的作用是____________________。
19. 请认真阅读必备知识中关于万向节的内容后，按要求完成下表中相关内容的填写。

序号	万向节的类别	万向节的名称	结构特点	示意图
1				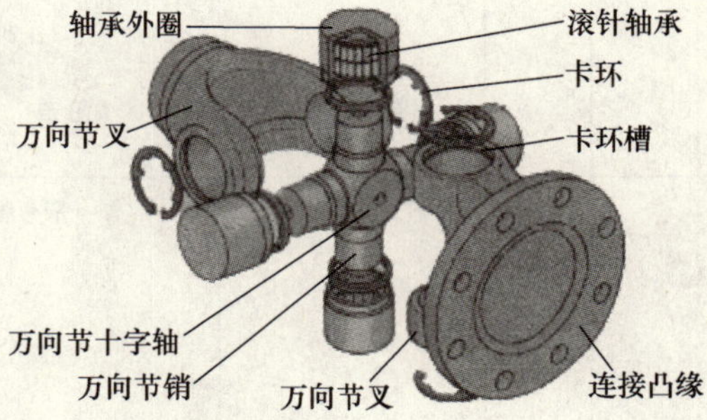
2			用于弯曲角小于26°和轴向移动小于55mm的动力传递。 总是装在与主减速器连接的一侧。	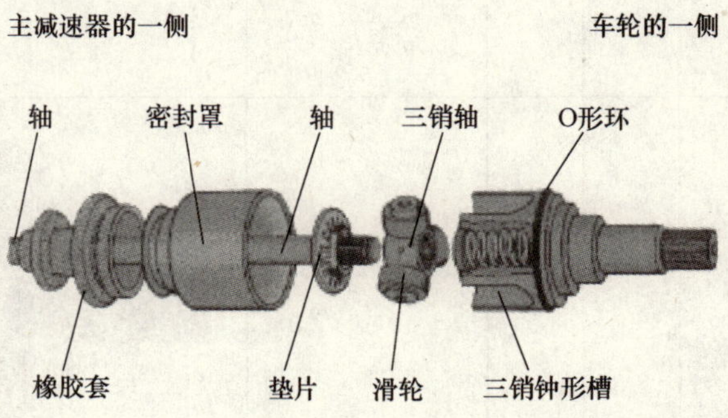

序号	万向节的类别	万向节的名称	结构特点	示意图
3	等速—滑动万向节	罐形万向节		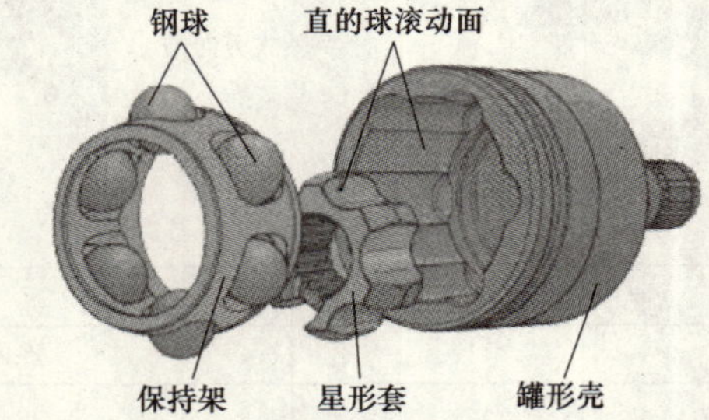
4				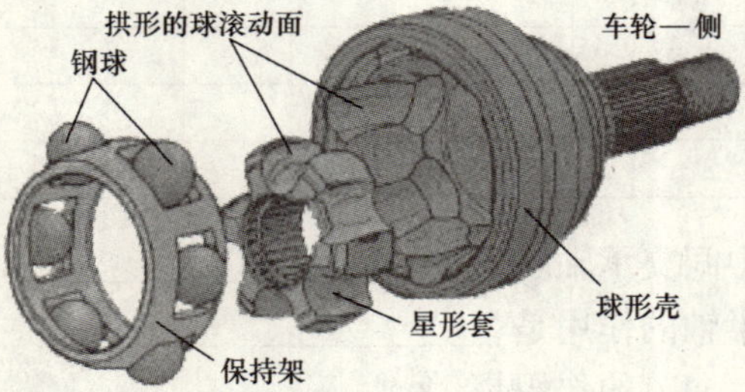
5				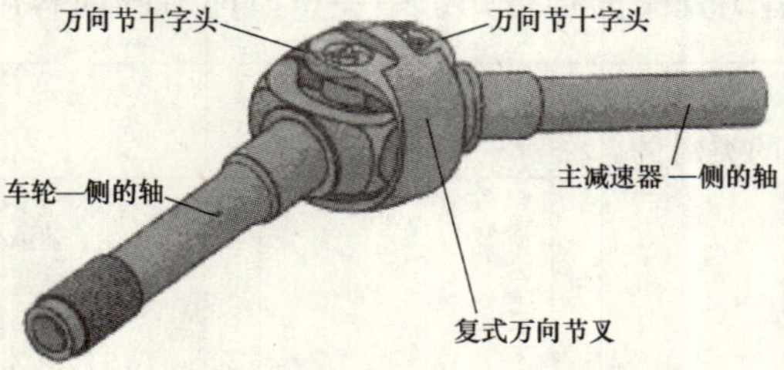
6				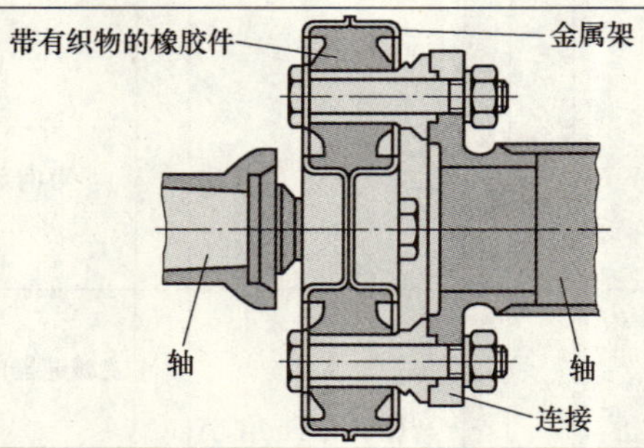
7				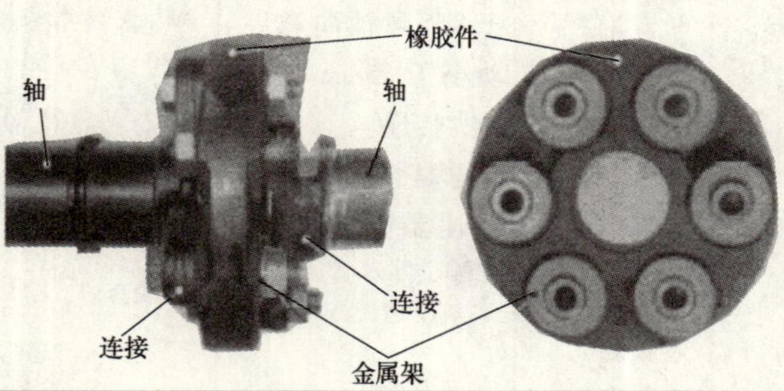

2　信息收集 2.4　学习主减速器的相关知识和技能	成绩：

20. 主减速器的作用是____。

21. 右图所示为______________主减速器，适用于发动机安装在车辆______________上的车辆，可以改变______________________。其可分为______________和______________两种，其中，______________又叫准双曲面齿轮驱动主减速器，具有____等特点。

22. 发动机安装在垂直于车辆纵轴线方向上的车辆，其驱动力的传动方向__________________，此时，可使用__________________－主减速器。

23. 锥齿轮-主减速器主要由__________________和__________________组成。其中，__________________是大齿轮，__________________是小齿轮，驱动力从大齿轮传到小齿轮的过程，就是一个____________________________________的过程，最终使驱动轮在所有的行驶状态下都具有足够的转矩和必要的转速。

24. 主动锥齿轮和从动锥齿轮之间正常的啮合是__________________和主减速器__________________的前提条件。只有在结构尺寸的偏差__________________与__________________的偏差范围内，车轮的运转才是最安静的。因为主动锥齿轮和从动锥齿轮是两两配对使用的，所以维修时必须__________________更换。

25. 请在实物上找到制造商对主减速器的标记，并记录在下面。

26. 按要求填写下表，对主减速器进行必要的检查和调整。根据相关维修手册的要求，结合实际的检测结果，得出结论并提出维修建议。

（1）填表要求：

1）在实际操作前、实际操作时、实际操作后，分别完成表格底色为无色、浅色和深色部分的填写。

2）首先通过视频、教师演示、阅读学习资料、维修手册等方式收集相关信息，并按填表说明填写下表中的相关内容。

3）以小组讨论的形式，再次完成对下表的填写。

4）按要求进行实际操作（没有实操条件的项目可以采用演示或视频的方式进行），在实操中出现的事先没有估计到的问题，应在表中相应位置处用另一种颜色的笔进行及时的记录。

5）将实测结果认真记录。

6）按实际操作过程和要求，重新填写下表，为自己积累宝贵的维修经验和资料。

（2）填表说明：

1）注意事项中要写清人身、设备等的安全操作规范，环保、法律法规、企业规章等各项要求，特殊的操作要求等。

2）表格如果不够，可另附页。

序号	检测或调整项目	步骤及注意事项	使用工具	标准要求	检查结果	初步结论
1	对轴向间隙的检测					
2						
3						
4						
5	齿轮啮合印痕的检查					
6	齿轮啮合印痕的调整					
得出结论						
提出维修建议						

27. 下表中列出了不同情况下齿轮啮合印痕的示意图，请在空格内填上对应的印痕名称。对于有问题的印痕，请在下面的横线上写出其调整办法。

正确的啮合印痕	错误的啮合印痕			
A	B	C	D	E
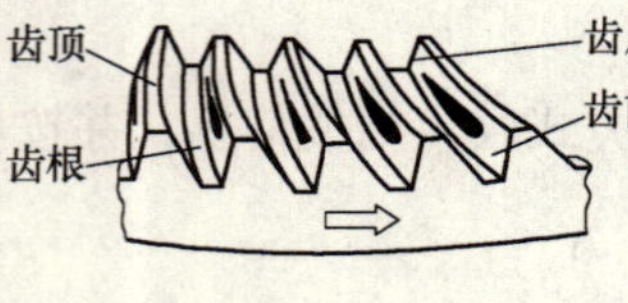	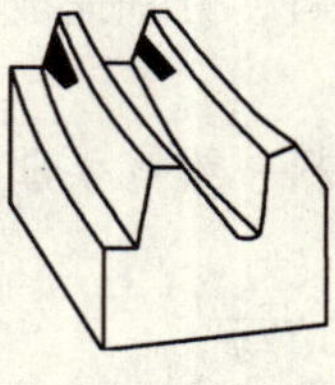	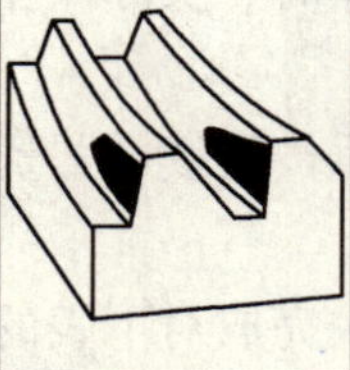	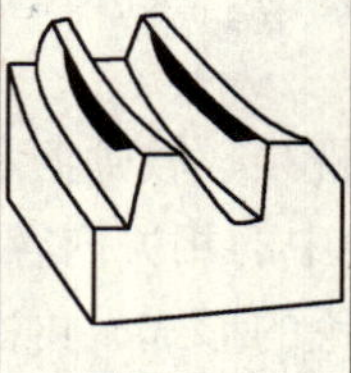	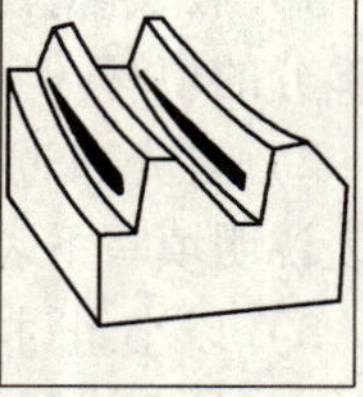

B ____。

C ____。

D ____。

E ____。

2 信息收集

2.5 学习差速器的相关知识和技能

成绩：

28. 差速器的作用是____。

29. 差速器可以分成____________和____________两类，其中，____________可作为全轮驱动汽车中的分动器。

30. 参看下图，在分解的差速器实物上找到相对应的零部件，并完成下表的填写。

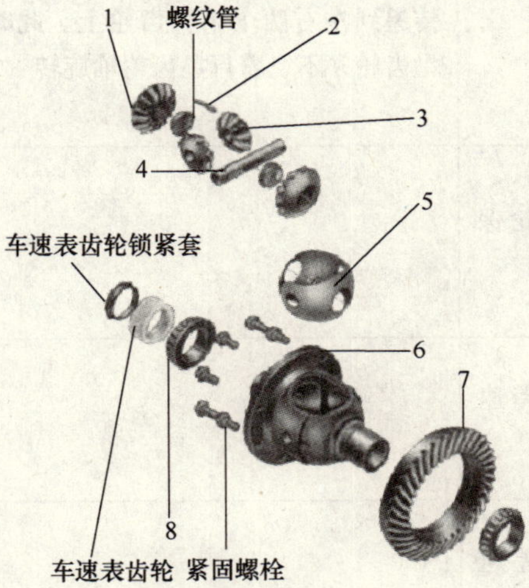

序号	零部件名称	作　用	自　查	组长考核	教师考核
1					
2					
3					
4					
5					
6					
7					
8					

填表要求：

1）检查正确打“√”，错误打“×”。

2）如果图中未标明序号的，则不用填写序号。

31. 结合实物分析差速器的结构特点，按下表要求模拟差速器的差速过程和动力传递过程，并进行说明，同时完成下表的填写。

序号	内　容	过 程 描 述	动作模拟	检查人
1	驱动力在差速器中的传递过程	变速器输出轴→主减速器主动锥齿轮→ →半轴→驱动车轮		
2	直线行驶时的差速过程	两个驱动轮与半轴齿轮以相同的速度旋转，驱动转矩被分成相同的两个部分传递到左右两个半轴齿轮上。此时，行星齿轮并不绕着行星齿轮轴旋转		
3	一轮旋转，另一轮保持静止时的差速过程			
4	左转弯行驶时的差速过程			
5	右转弯行驶时的差速过程			

填表要求：

1）完成动作模拟后，请在“动作模拟”一列中用“好、中、差”来对自己的模拟过程进行评价。

2）检查人要检查其动作模拟的情况，无误后签字。建议检查人为每一组的组长或其他组员，也可以是教师。

2　信息收集 2.6　学习车轮轴承的相关知识和技能	成绩：

32. 按作用在轴承上力的方向的不同，可将轴承分为：______和______，按轴承工作时的摩擦性质不同可分为：______和______。

33. 滑动轴承是指______，如：______，主要有______等特点。

34. 滚动轴承是指______，主要有______等特点，主要由______、______、______和______等组成。根据滚动体的基本形状，可以将滚动轴承分为______和______两种。

35. 请将下面各图所对应的轴承名称写在对应的字母后。并在认知实物后在对应的“□”内打钩。

A：______□。
B：______□。
C：______□。
D：______□。
E：______□。

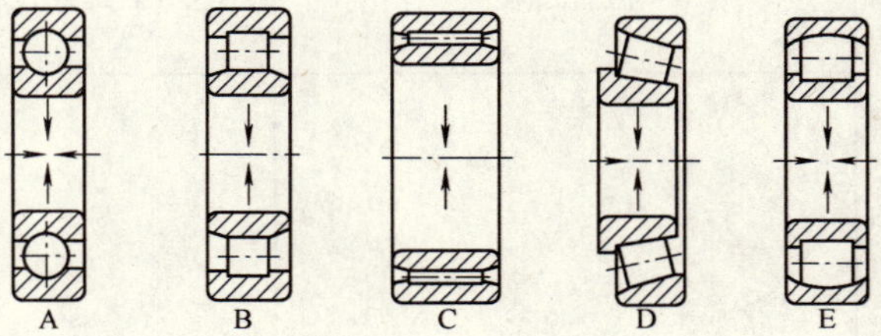

36. 球轴承与滚子轴承的区别是：______。

37. 对于用多个轴承支承的轴来说，固定轴承的作用是：______；移动轴承的作用是：______。

38. 汽车上常用的车轮轴承包括：______、______和______等。其中，最常用的是______，具有______的特点。

39. 车轮轴承应选用______的优质润滑脂。在涂抹润滑脂时，轴承座腔内只可涂抹______量的润滑脂。

40. 在绝大多数情况下，轴承损坏会伴有______，且声音会随______而变化。

41. 在安装装有轮速传感器磁轮组磁条的车轮轴承时，应注意：______。

42. 当一边车轮轴承正常损坏时，应将______的车轮轴承都进行更换。

43. 车轮轴承损坏的原因有______、______、______和______。其中，______是造成金属疲劳和受热熔的原因，预防的最好办法是：______。

44. 通过认真阅读企业工作任务的描述，依据以往制订维修工作计划的经验，可得出针对此次维修工作任务的维修流程是：

确认故障现象→______→______→车辆功能检查。

3 制订计划	成绩：

45. 第一步，确认故障现象。

通过与维修师傅的沟通，可确定该车的故障现象为：____。

46. 第二步，确定具体的故障位置。

依据故障现象，对车辆做进一步的检查，明确转弯行驶或加速时车辆发出噪声的具体位置，通过查阅必备知识“5 常见故障的诊断与维修”及车辆维修手册，明确具体的维修工作任务，同时，完成下表的填写。（带 * 号部分在实际操作时和实际操作后再完成）

检查过程	使用工具或设备	注意事项	* 实际操作过程中出现的问题记录
* 检查结果（请在相应的位置处打“√”）	噪声发出的位置在：车轮□　半轴□　驱动桥□		
* 如果噪声发出的位置在车轮，则故障原因是：________，应进行的维修工作是：________，针对此维修工作，请将维修计划填写在维修过程一中。			
* 如果噪声发出的位置在车轮，则故障原因是：________，应进行的维修工作是：________，针对此维修工作，请将维修计划填写在维修过程二中。			
* 如果噪声发出的位置在驱动桥，则故障原因是：________，应进行的维修工作是：________，针对此维修工作，请将维修计划填写在维修过程一中。			

47. 第三步，维修受损部件。

依据必备知识中的相关内容及维修车辆对应维修手册中的标准要求，确定受损部件的维修方法和维修过程，并按下表的要求进行填写（带 * 号部分在实际操作时和实际操作后再完成）。

（1）维修过程一

一、拆卸

拆卸过程	使用工具	安全注意事项	需要的标准数据	* 实际操作过程中出现的问题记录
教师审核				

二、检测

检测过程	* 检测结果记录和分析
教师审核	

* 需更换部件是：

三、安装及调整

安装及调整过程	使用工具	安全注意事项	需要的标准数据	* 实际操作过程中出现的问题记录
教师审核				

（2）维修过程二

一、拆卸（从车上拆下）

拆卸过程	使用工具	安全注意事项	需要的标准数据	*实际操作过程中出现的问题记录
教师审核				

二、分解

分解过程	使用工具	安全注意事项	需要的标准数据	*实际操作过程中出现的问题记录
教师审核				

三、检测

检测项目	检测过程	检测工具	*检测结果记录和分析
教师审核			
*检测结果分析	需更换部件是：		

四、组装及调整				
组装及调整过程	使用工具	安全注意事项	需要的标准数据	*实际操作过程中出现的问题记录
教师审核				

五、安装（装回车上）				
安装过程	使用工具	安全注意事项	需要的标准数据	*实际操作过程中出现的问题记录
教师审核				

48. 第四步，车辆功能检查。

依据必备知识中的相关内容及维修车辆对应维修手册中的要求，对车辆功能进行检查，确定车辆已经维修完毕，功能恢复正常，故障现象已经消失，并按下表的要求进行填写。（带*号部分在实际操作时和实际操作后再完成）

检查过程	使用工具或设备	注意事项	*实际操作过程中出现的问题记录
*检查结果描述			
结论：＿＿＿＿＿＿（可以/不可以）交车。　检查人：　　检查日期：			

49. 在整个维修过程中，需要与顾客沟通的内容是：＿＿＿＿＿＿＿＿＿＿＿＿＿＿＿＿＿＿＿＿＿＿＿＿＿＿＿＿＿＿＿＿＿＿＿。

4 实施与质量检查　　成绩：

50. 45～48题中制订的所有工作计划需经小组讨论和教师审核后方可进行实际操作。在实际操作中和实际操作后，及时完成45～48题中带＊号部分内容的填写。操作过程中要做好过程控制和质量监控。

填表要求：

（1）按要求进行实际操作（没有实操条件的项目可以采用演示或视频的方式进行），在实操中出现的事先没有估计到的问题应在表中相应位置处及时地记录。

（2）严格按表格要求进行填写，认真做好过程记录与控制工作。

（3）实习结束，对实习数据进行认真的分析后，得出实习结论。

51. 查询工厂信息管理系统，进行备件和人员工资测算后，将其记录在《×××汽车维修服务有限公司任务委托书》的相关位置，并结合实际情况，将相关内容填写完整。

52. 最后，需将维修好的车辆交回给维修师傅，在此过程中，需要完成以下两件工作：

（1）相关物品和维修资料的交接，包括：__________、__________、__________和__________等。

（2）在交接过程中需要对整个维修过程进行说明，包括：__________、__________和__________等。

53. 请用下表对各组的整个交车过程进行自评和评价。在对应项的分值栏内打“√”。

交车过程评价表

评价对象 组/个人		评价人/组签字				
		评价时间				
序号	评价内容	低	评价标准及分值			高
1	交车时物品和维修资料的交接情况	没准备	1	3	5	准备齐全
2	对维修过程的说明	不清楚	1	3	5	清楚
3	车的恢复	没恢复	1	3	5	恢复原样
4	试车情况	有故障	1	3	5	无故障
5	维修费用的计算	有问题	1	3	5	没问题
6	维修过程记录材料	不翔实	1	3	5	翔实
7	语言表达	弱	1	3	5	强
8	文明礼仪	不礼貌	1	3	5	有礼貌
9	应变能力	弱	1	3	5	强

（续）

<table>
<tr><td rowspan="2">评价对象
组/个人</td><td rowspan="2"></td><td>评价人/组签字</td><td colspan="4"></td></tr>
<tr><td>评价时间</td><td colspan="4"></td></tr>
<tr><td>序号</td><td>评价内容</td><td>低</td><td colspan="3">评价标准及分值</td><td>高</td></tr>
<tr><td>10</td><td>合作情况</td><td>不合作</td><td>1</td><td>3</td><td>5</td><td>协作</td></tr>
<tr><td colspan="2">合　计</td><td>不好</td><td colspan="3"></td><td>好</td></tr>
<tr><td>整个交车
过程的
综合评价</td><td colspan="5"></td><td>是否
可以
交车</td></tr>
</table>

54. 一段时间后，这辆刚刚交付使用的车辆又被开回了维修厂，用户向厂家投诉，要求索赔，投诉的内容是：该车在转弯行驶或加速时仍然有噪声。

与顾客交流后，分析可能是由于：____________________等原因导致的。结合实际情况，认真反思整个维修过程，最终确定故障原因是：

A. 只更换了一侧的车轮轴承。思考：产生这个故障原因的关键环节是____________，查询工作记录，发现该环节应该由____________负责。

B. 主减速器在安装过程中调整不当。思考：产生这个故障原因的关键环节是____________，查询工作记录，发现该环节应该由____________负责。

此外，相关责任人还有____________，如果你是维修厂的负责人，你会如何处理这件索赔事件：____。

5 评价与反馈 5.1 对整个维修工作进行反思	成绩：

55. 对整个维修过程进行深刻的反思后，写一篇维修工作小结。要求写清本次维修中的收获、体会、出现的问题及对今后维修工作的思考，字数不少于300字。

5　评价与反馈

5.2　关键能力评价

成绩：

56. 从教师、同学（两名）和自己三个角度对自己在整个维修工作过程中的表现进行评价，并填写下面的自评表、同学评价表和教师评价表（ 评价标准见附录。）此评价主要是针对关键能力的评价。

关键能力自评表

年　　月　　日

班级：＿＿＿＿＿＿　　学号：＿＿＿＿＿＿　　姓名：＿＿＿＿＿＿

序号	评价要素	低	分值				高
			D	C	B	A	
			1~3	4~6	7~8	9~10	
1	独立工作能力	弱					强
2	团队合作能力	从不					积极主动
3	工作方式	无					多
4	沟通与交流	不清楚					很清晰
5	解决问题的创新性	无					经常
6	对工作环境的态度	从不关注					随时随地关注
7	课堂参与程度	不参与					积极主动
合　　计							

关键能力同学评价表

年　　月　　日

班级：＿＿＿＿＿＿　　学号：＿＿＿＿＿＿　　姓名：＿＿＿＿＿＿

序号	评价要素	低	分值				高
			D	C	B	A	
			1~3	4~6	7~8	9~10	
1	独立工作能力	弱					强
2	团队合作能力	从不					积极主动
3	工作方式	无					多
4	沟通与交流	不清楚					很清晰
5	解决问题的创新性	无					经常
6	对工作环境的态度	从不关注					随时随地关注
7	课堂参与程度	不参与					积极主动
合　　计							

关键能力同学评价表

年　　月　　日

班级：________　　　　学号：________　　　　姓名：________

序号	评价要素	低	分值				高
			D	C	B	A	
			1~3	4~6	7~8	9~10	
1	独立工作能力	弱					强
2	团队合作能力	从不					积极主动
3	工作方式	无					多
4	沟通与交流	不清楚					很清晰
5	解决问题的创新性	无					经常
6	对工作环境的态度	从不关注					随时随地关注
7	课堂参与程度	不参与					积极主动
合　计							

关键能力教师评价表

年　　月　　日

班级：________　　　　学号：________　　　　教师姓名：________

序号	评价要素	低	分值				高
			D	C	B	A	
			1~3	4~6	7~8	9~10	
1	独立工作能力	弱					强
2	团队合作能力	从不					积极主动
3	工作方式	无					多
4	沟通与交流	不清楚					很清晰
5	解决问题的创新性	无					经常
6	对工作环境的态度	从不关注					随时随地关注
7	课堂参与程度	不参与					积极主动
合　计							

5　评价与反馈 5.3　工作能力评价	成绩：

57. 按照下表的要求，对学生进行工作能力测试，此测试不仅要考查专业技能水平，而且还关注到在完成工作任务的过程中涉及的理论知识和故障分析能力等职业能力方面的要素。此评价通过让被评价者独立经历一次完整的工作，来对其工作能力进行评价。每个评价都要包括两张表格，一张为工作任务书，被考评人使用；另一张为工作评价表，考评人使用。

评价一：更换车轮轴承工作能力评价

1. 更换车轮轴承工作任务书		
被考评人：	学校：	
日期：	时间：	考评人：
顾客投诉		
维修完成一段时间的车辆，在转弯行驶加速时车辆发出噪声。		
原因分析		
导致上述故障的可能原因是：________________________________。 最终确定故障原因为：另一侧的车轮轴承损坏。		
工作任务		
更换车轮轴承，操作时间为20min。完成工作过程记录，并在工作结束后，与考评人进行专业对话。		
工作过程记录		
1. 工作准备：包括：________________________。 2. 进一步明确工作任务：需更换______侧的车轮轴承。 3. 需维修车辆是______，查相关维修手册，维修要求在第______页。 4. 制订维修计划。请写清方法、步骤、使用工具、安全注意事项等。 5. 在维修中需要遵守的维修标准是：________________________。 6. 记录在维修过程中出现的问题。 7. 检验：安装完毕后检查，故障现象__________。__________将车辆交回顾客。		
与考评人进行专业对话		
话题1： 话题2：		

工作完成后的反思		
2. 更换车轮轴承工作评价表		
被考评人：	学校：	
日期：	时间：	考评人：
工作任务		
更换车轮轴承，操作时间为20min。完成工作过程记录，并在工作结束后，与考评人进行专业对话。		

序号	作业项目	评分指标	应得分	评分标准	实得分
1	准备工作	1）维修工具的准备。 2）需更换物品的准备。 3）车辆安全防护。 4）环车检查。	10	每项错误扣2分，扣完为止。	
2	维修手册的使用	5）查找方法正确。 6）查找内容正确。 7）查找结果正确。 8）查找过程迅速。	10	每次错误扣2分，扣完为止。	
3	操作过程	9）操作位置准确。 10）操作方法正确。 11）正确选择工具。 12）正确使用工具。 13）操作动作流畅、熟练。	40	每次错误扣5分，扣完为止。	
4	5S	14）工作场地始终干净整洁。 15）工具始终干净无污物，摆放整齐。 16）所有物品都恢复原状。 17）能正确处理更换下来的零部件。	6	每次错误扣2分，扣完为止。	

（续）

序号	作业项目	评分指标	应得分	评分标准	实得分
5	文明生产	18）遵守安全操作规程，文明操作。	6	不文明语言或野蛮操作，每次扣2分，扣完为止。	
6	注意事项	19）无任何人身和设备的安全和损坏。		违规操作发生重大事故，此题记0分。	
7	专业对话	20）提出两个与此项操作相关的问题。	10	每题5分，请酌情扣分。	
8	任务书的填写	21）内容正确、完整。 22）字迹工整、清晰。	18	每次错误扣1分，扣完为止。	
9	时间	23）操作时间要求为20min。		每超时1min，扣2分。	
分数总计			100		
综合评价					

评价二：驱动桥总成的拆装与检测工作能力评价

1. 驱动桥总成的拆装与检测工作任务书		
被考评人：	学校：	
日期：	时间：	考评人：
顾客投诉		
维修完成一段时间的车辆，在转弯行驶或加速时车辆发出噪声。		
原因分析		
导致上述故障的可能原因有：________________________________。 最终确定故障原因为：驱动桥内有噪声，可能是驱动桥在安装过程中调整不当造成的。		

工作任务

需要重新拆检驱动桥总成，目前，驱动桥已经从车上拆下，你所需要完成的工作就是对驱动桥总成进行拆装和检测，操作时间30min。完成工作过程记录。工作结束后，与考评人进行专业对话。

工作过程记录

1. 工作准备：包括：______________________________。
2. 维修车辆是______，查相关维修手册，拆装和检测过程在第______页。
3. 按拆装顺序简写出驱动桥总成的拆装流程。

4. 驱动桥总成在拆装的过程中，需要遵守的维修标准是：______________________________。
5. 驱动桥总成在拆装时的注意事项是：______________________________。
6. 对分解的驱动桥总成进行检查，并记录检查结果：______________________________。
7. 通过对检查结果的分析，可确定故障原因为：______________________________。
8. 根据故障原因，提出的维修建议是：______________________________。
9. 驱动桥总成在组装的过程中需要调整的项目是：______________________________。
10. 在驱动桥总成组装的过程中出现的问题有：______________________________。
11. 组装完成后进行检查，啮合间隙__________、啮合印痕是__________，符合安装要求。
12. 检验：装回后试车，故障现象__________。__________将车辆交回顾客。

与考评人进行专业对话

话题1：

话题2：

工作完成后的反思

2. 驱动桥总成的拆装与检测工作评价表

被考评人：		学校：
日期：	时间：	考评人：

工作任务

需要重新拆检驱动桥总成，目前，驱动桥已经从车上拆下，你所需要完成的工作就是对驱动桥总成进行拆装和检测，操作时间30min。完成工作过程记录。工作结束后，与考评人进行专业对话。

序号	作业项目	评分指标	应得分	评分标准	实得分
1	准备工作	1）拆装与检测工具的准备与检查。	4	每项错误扣2分，扣完为止。	
2	分解	2）工具选择正确（2分/次）。 3）工具使用正确（3分/次）。 4）拆卸方法正确（3分/次）。 5）拆卸标记的检查（2分/次）。	16	按要求扣分，扣完为止。	
3	检测	6）检测项目齐全（2分）。 7）检测工具的选择与使用正确（4分）。 8）检测方法正确（2分）。 9）检测结论正确（2分）。	10	每次错误扣2分，扣完为止。	
4	安装	10）工具选择正确（2分/次）。 11）工具使用正确（2分/次）。 12）安装方法正确（3分/次）。 13）调整方法正确（3分/次）。 14）轴承预紧力调整正确（3分/次）。	30	按要求扣分，扣完为止。	
5	5S	15）工作场地始终干净整洁。 16）工具始终干净无污物，摆放整齐。 17）所有物品都恢复原状。	6	每次错误扣2分，扣完为止。	
6	文明生产	18）遵守安全操作规程，文明操作。	6	不文明语言或野蛮操作，每次扣2分，扣完为止。	

（续）

序号	作业项目	评分指标	应得分	评分标准	实得分
7	注意事项	19）无任何人身和设备的伤害和损坏。		违规操作发生重大事故，此题记0分。	
8	专业对话	20）提出两个与此项操作相关的问题。	10	每题5分，请酌情扣分。	
9	任务书的填写	21）内容正确、完整 22）字迹工作、清晰。	18	每次错误扣1分，扣完为止。	
10	时间	23）操作时间要求为30min。		每超时5min，扣2分。	
		分数总计	100		
综合评价					

学习单元五

全轮驱动汽车安装新轮胎后，传动系统中的故障

全轮驱动汽车安装新轮胎后，传动系统中的故障学习要求

企业工作任务	
客户投诉：在四轮驱动汽车的一个轴上安装两个新轮胎之后，经过几周的行驶，出现变速器噪声。在接下来的高速公路行驶中，行驶超过150km后，出现变速器卡死。	
工作流程	**可能故障原因**
1. 将汽车拖救到维修厂（拖车）。 2. 读取汽车和客户资料。 3. 与客户交谈并进行故障分析。 4. 对全轮驱动传动系统进行分析。 5. 学习全轮驱动中分动器、主减速器及差速器和万向传动装置的系统知识。 6. 进行故障诊断。 7. 确定工作任务委托书中的维修任务。 8. 检修并排除故障。 9. 试车前的准备。 10. 试车，保证维修质量。 11. 将车辆移交给客户。 12. 对维修责任进行追究。	新轮胎与原轮胎大小不一样，安装新轮胎后，前后轴轮胎大小不一样。

学习目标

1. 了解将汽车拖救到安全位置的方法，明确不同类型车辆在拖救过程中的安全注意事项。

2. 了解检修全轮驱动车辆传动系统所需的相关技术规范、规定和标准等，能够根据标准进行规范操作。

3. 能够认知汽车全轮驱动传动系统的构造，并正确理解其工作原理。

4. 能够认知中间差速器与分动器的构造，并正确理解其工作原理。

5. 能够根据顾客描述，正确读取汽车和客户的资料，填写任务委托书。

6. 能够通过与顾客的交流与沟通，确认故障现象。

7. 能够对整个工作过程中消耗的备件和工时进行成本核算。

8. 能够对整个工作过程进行详细的文字记录，并说明工作种类和工作量。

9. 能够对工作结果进行演示，并对顾客进行必要的说明。

10. 能够通过收集技术资料、查阅维修手册、利用信息技术并根据生产商的技术要求来制订服务计划。

11. 能够通过与同事、上级和供货商的沟通，掌握沟通的技巧。

12. 能够对全轮驱动传动系统的部件总成进行性能检测，并在维修服务中逐步树立安全和质量意识。

13. 能够对整个工作过程承担责任，对实习设备、工具、车辆、仪器、环境认真负责。

14. 能够在工作中遵守用电安全、生产条例，避免出现意外事故的发生，逐步形成安全和质量意识。

15. 能够逐步树立劳动保护和环境保护意识。

16. 通过确认故障现象，培养学生小组合作、检索资料、归纳总结以及语言表达的能力。

17. 通过小组工作培养学生团队能力。

18. 能够逐步形成积极的工作态度。

教学内容

技能类	综合类
1. 拆装中间差速器。 2. 拆装分动器。 3. 将汽车拖救到安全位置的方法。 4. 不同类型车辆在拖救过程中的安全注意事项。 5. 汽车全轮驱动传动系统的构造和工作原理。 6. 中间差速器与分动器的分类、组成、构造及工作原理。 7. 传动系总成的性能检测。	1. 识读图表和动力传递过程示意图。 2. 收集技术资料、查阅维修手册。 3. 根据生产商的技术要求，制订服务计划。 4. 备件和人员工资的成本测算、消费清单（结算价单）、成本核算（工时、材料）。 5. 驱动装置的计算（摩擦力、压力、传递转矩）。 6. 录入客户及车辆信息资料。 7. 查询国家及厂家规定的信息资料。

	8. 查询汽车维修企业信息管理系统。 9. 信息检索。 10. 重要内容的文字记录。 11. 与顾客进行交流沟通，填写工作任务委托书。 12. 与同事、上级和供货商沟通的技巧。 13. 对实习设备、工具、车辆、仪器、环境、工作过程、工作结果的责任意识。 14. 在维修服务中的安全和质量意识。 15. 用电安全、生产条例。 16. 劳动保护和环境保护。 17. 通过小组工作培养学生团队能力。 18. 对工作结果进行演示。

建议学时

30 学时

教学资源

1. 四辆安装了错误轮胎的全轮驱动汽车。
2. 有关全轮驱动汽车的维修资料。
3. 黏性离合器。
4. Haldex 离合器。
5. 分动器。
6. 特种差速器。
7. 差速器锁。
8. 电子噪声检测仪。

全轮驱动汽车安装新轮胎后，传动系统中的故障工作页

1　接受工作任务	**成绩：**

1. 客户投诉：______________。在这种情况下，车辆已不能正常行驶，需要将其__________到维修厂进行维修。

2. 通过学习必备知识“8 拖车”，并结合实际情况，完成下表的填写。

类　　别	在柏油、水泥路面等普通路面上牵引时	在有水的柏油、水泥路面或泥泞路面上牵引时	在冰雪路面上或对制动装置失效的车辆牵引时
拖车工具的选择			
拖车安全距离的选择			
牵引重量的选择			
拖车的方法			
拖救自动变速器车辆的注意事项			
结合一个实际的拖车案例，制订一个拖车方案	需拖救车辆的情况描述： 实际拖车方案设计：		

3. 对客户资料和故障车辆进行车辆身份信息确认，做好接车前的准备工作，并将工作结果填写到《×××汽车维修服务有限公司任务委托书》上（如对车辆身份信息确认工作有问题，可查询故障车辆的维修手册和客户手册）。

4. 与客户进行深度交流后，明确故障是在______________后发生的，所以，对更换的新轮胎进行检查，发现新换的两个轮胎与原有轮胎的大小__________（不一样/一样），极有可能这就是导致全轮驱动车辆的传动系统出现故障的原因。

5. 与两轮驱动的车辆相比，全轮驱动汽车的传动系统要复杂得多，其中必须设置__________，以实现前、后桥或多桥驱动，全轮驱动一般都用于__________。

×××汽车维修服务有限公司任务委托书

工单号：　　地址：　　联系电话：　　传真：　　投诉电话：

车主：＿＿＿　地址：＿＿＿　电话：＿＿＿　传真：＿＿＿　联系人：＿＿＿

车牌号：＿＿＿　型号/年份：＿＿＿　VIN码：＿＿＿　发动机号：＿＿＿　公里数：＿＿＿

燃油量：F—1/2—E　维修类别：＿＿＿　入厂时间：＿＿＿　约定交车时间：＿＿＿　修正交车时间：＿＿＿

出厂时间：＿＿＿　接车员：＿＿＿　调度员：＿＿＿

故障陈述						换件项目	数量	单位	单价	金额
维修项目	工时	工价	作业班组	开工时间	完工时间					

客户签字：

约定联络时间：

□车钥匙　□备胎　□轮盖　□行驶证

□随车工具　□故障灯

班组长：

检验员：

接车员：

服务专员：

工时费用总计：

材料费用总计：

估价人：

付款方式

转账□　支票□　现金□

其他□

接车前的检查

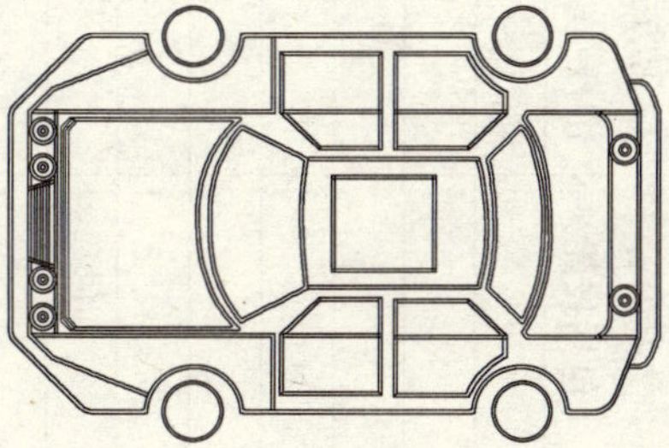

×划痕

⊙凹陷

√破损

检查人：

说　明

1. 车内贵重物品由客户自行带走，否则如有遗失，本厂恕不负责。

2. 车主同意上述维修项目并授权本厂对无法修复零件予以更换。

3. 客户自带配件与客户要求更换非厂件的，本厂恕不负责质量保修。

2 信息收集

2.1 学习过程记录和评价表

成绩：

6. 请在你的整个学习过程中，必须按下表的要求，对自己的学习过程进行认真的记录和评价。

填表要求：

1）首先，要完成学习内容部分的填写，明确本单元需要学习的内容和技能。

2）按实际学习的顺序，在每个学习内容对应的序号一列中填上学习顺序的序号。

3）学习方式主要有两种，以教师讲授为主的，填写“讲授”；以自主学习为主的，填写“自学”。

4）完成学习的正确率 = 实际正确的内容/全部完成的内容。内容以最小单位来计算。

5）学习效果的评价分成四个档次：优（85 ~ 100 分）、良（75 ~ 84 分）、中（60 ~ 74 分）、差（60 分以下）。

6）表格不够，可另附页。

学习过程记录和评价表

序号	学习内容（包括技能）	学习方式 讲授/自学	独立完成学习的正确率（%）	小组合作完成学习的正确率（%）	学习效果	
					自评	教师评

2　信息收集

2.2　学习成果展示过程记录和评价表

成绩：

7. 请将每一次他人和自己展示的过程和评价记录到下表内。注意要遵循客观、公正的原则。

填表要求：

1）对他人和自己的每一次展示都要进行评价，并认真地记录在表格中。

2）如果展示是以个人的方式进行的，则评价对象填个人的名字；如果展示是以两人以上的小组的方式进行的，则应填上小组的名称和展示人的名字。

3）学习成果完成情况的简单评价要用描述性的语言来完成。

4）语言表达、文明礼仪、应变能力、合作能力的评价采用优、中、差三级评价。

5）综合评价是对前面所有评价的总结，采用优、中、差三级评价。

6）表格不够，可另附页。

学习成果展示过程记录和评价表

序号	评价对象 组/个人	展示内容	学习成果完成 情况的简单评价	语言 表达	文明 礼仪	应变 能力	合作 能力	综合评价

2 信息收集 2.3 学习全轮驱动汽车的基本知识	成绩:

8. 车轮的附着作用是________________。由附着作用所决定的________________称为附着力。

9. 只有在________________时，车轮才能正常滚动行驶，否则就会________________。

10. 不同路面的摩擦因数是不一样的，摩擦因数越小，车轮所能传递的驱动力就________________。

11. 汽车驱动力的最大值一方面取决于________________，另一方面又受限于________________。

12. 具有四个驱动轮的全轮驱动车辆可以在相同的__________和__________时，传递两轮驱动车辆__________的驱动力。

13. 全轮驱动汽车可分为：__________和__________两种。

14. 在汽车行驶的全过程中，前后驱动轮始终进行驱动的车辆叫__________，也叫__________。

15. 在较好路面上行驶时，起驱动作用的是后驱动桥，只有在路面情况不良时，才采用前、后两个驱动桥，实现全轮驱动的车辆叫__________，也叫__________。

16. 汽车的驱动形式通常用汽车的__________×__________来表示，如果车辆有四个车轮，其中两个后轮为驱动轮，则其驱动形式为__________；若所有车轮都是驱动轮，其驱动形式为__________；常见越野车的驱动形式一般为__________。

17. 右图为全轮驱动的汽车传动系统，主要包括以下组合装置：

1：________________；

2：________________；

3：________________；

4：________________。

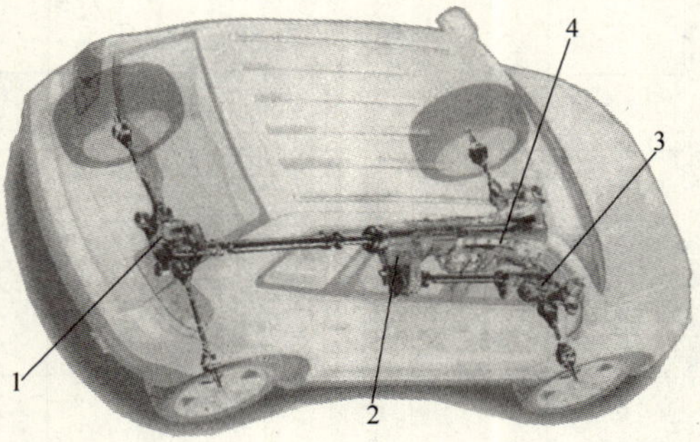

18. 分动器的作用是________________________________。

19. 中间差速器的作用是________________________________。

20. 前、后主减速器上两个差速器的作用是________________________________。

21. 为了使全轮驱动的汽车在所有的行驶状况下都能传递最大转矩，需要两个__________和一个__________。这样便能够避免车辆在湿滑路面行驶时易发生的__________现象。

2　信息收集

2.4　学习防滑差速器的相关知识

成绩：

22. 防滑差速器可分为：＿＿＿＿＿＿和＿＿＿＿＿＿，或＿＿＿＿＿＿和＿＿＿＿＿＿。

23. 能锁止一根轴上的两个驱动轮之间的转速平衡，使两个车轮以相同的转速转动的是＿＿＿＿＿＿，它可将＿＿＿＿＿＿＿＿＿＿分配给具有更好路面附着作用的车轮，避免车辆产生＿＿＿＿＿＿＿＿＿＿的现象。

24. 能锁止前后两根驱动轴的车轮之间的转速平衡的是＿＿＿＿＿＿＿＿＿＿，它能将更多的转矩分配给具有＿＿＿＿＿＿＿＿＿＿＿＿＿＿＿＿上的驱动轮，避免车辆产生＿＿＿＿＿＿＿＿＿＿的现象。

25. 闭锁值 S 表示＿＿＿＿＿＿＿＿＿＿＿＿＿＿＿＿＿＿＿＿＿＿＿＿＿＿＿＿＿＿＿＿＿＿＿＿＿＿＿。

其计算公式为：

$$S = \underline{\qquad\qquad\qquad\qquad}$$

闭锁值 S 以＿＿＿＿＿＿表示，它与从动锥齿轮上的＿＿＿＿＿＿有关。闭锁值适用于横向防滑差速器，如果闭锁值为60%，则具有更大路面附着力的车轮可以获得比另一个车轮多＿＿＿＿＿＿的转矩。闭锁值同样适用于＿＿＿＿＿＿，如果闭锁值为30%，则具有更大路面附着力的车轴可以获得比另一个车轴多＿＿＿＿＿＿的转矩。

26. 下图所示为＿＿＿＿＿＿＿＿＿＿，主要由＿＿＿＿＿＿和＿＿＿＿＿＿组成。可以通过＿＿＿＿＿＿控制或者＿＿＿＿＿＿控制。请将图中数字所对应的部件名称写出来，最后再对照实物进行部件认知，每认知一个，在对应的“□”内打钩。

1：＿＿＿＿＿＿＿＿＿＿＿＿＿＿＿＿ □；

2：＿＿＿＿＿＿＿＿＿＿＿＿＿＿＿＿ □；

3：＿＿＿＿＿＿＿＿＿＿＿＿＿＿＿＿ □；

4：＿＿＿＿＿＿＿＿＿＿＿＿＿＿＿＿ □；

5：＿＿＿＿＿＿＿＿＿＿＿＿＿＿＿＿ □；

6：＿＿＿＿＿＿＿＿＿＿＿＿＿＿＿＿ □；

7：＿＿＿＿＿＿＿＿＿＿＿＿＿＿＿＿ □；

8：＿＿＿＿＿＿＿＿＿＿＿＿＿＿＿＿ □。

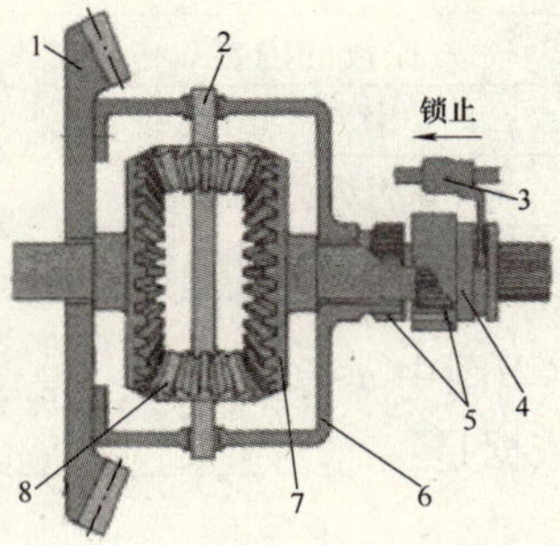

27. 结合上图，简述可控防滑差速器的工作原理：＿＿。

28. 自动防滑差速器能够使＿＿＿＿＿＿＿＿＿＿＿＿＿＿＿＿＿＿＿＿，使附着性更好的驱动轮被分配到＿＿＿＿＿＿的转矩。其闭锁值通常在＿＿＿＿＿＿到＿＿＿＿＿＿之间。

29. 自动防滑差速器按结构不同可分为：＿＿＿＿＿＿＿＿、＿＿＿＿＿＿＿＿、＿＿＿＿＿＿＿＿、＿＿＿＿＿＿＿＿、＿＿＿＿＿＿＿＿、＿＿＿＿＿＿＿＿。

30. 右图所示为＿＿＿＿＿＿＿＿＿＿，其除具有差速器的一般部件外，还装有＿＿＿＿＿＿和＿＿＿＿＿＿。请将图中数字所对应的部件名称写出来。最后再对照实物进行部件认知，每认知一个，在对应的“□”内打钩。

1：＿＿＿＿＿＿＿＿□；2：＿＿＿＿＿＿＿＿□；
3：＿＿＿＿＿＿＿＿□；4：＿＿＿＿＿＿＿＿□；
5：＿＿＿＿＿＿＿＿□；6：＿＿＿＿＿＿＿＿□；
7：＿＿＿＿＿＿＿＿□；8：＿＿＿＿＿＿＿＿□；
9：＿＿＿＿＿＿＿＿□；10：＿＿＿＿＿＿＿＿□；
11：＿＿＿＿＿＿＿＿□；12：＿＿＿＿＿＿＿＿□；
13：＿＿＿＿＿＿＿＿□；14：＿＿＿＿＿＿＿＿□；
15：＿＿＿＿＿＿＿＿□；16：＿＿＿＿＿＿＿＿□；
17：＿＿＿＿＿＿＿＿□。

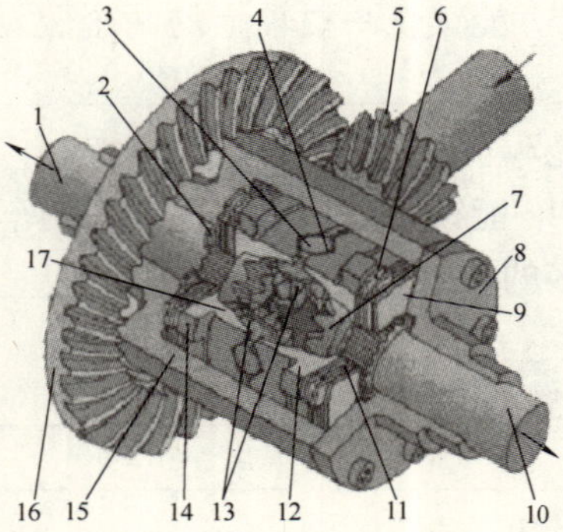

31. 比较带有片式离合器的差速器和托森差速器的不同后，完成下表的填写。

比较的内容	带有片式离合器的差速器	托森差速器
结构特点		
主要用途		
力的传递过程		
当两侧车轮具有同样良好的地面附着性时		
当两侧车轮具有不同的地面附着性时		

32. 比较自锁差速器（ASD）和电动锁止差速器（ESD）的不同后，完成下表的填写。

比较的内容	自锁差速器（ASD）	电动锁止差速器（ESD）
构　造		
是否含差速器		
简述工作原理		

33. 下图中 a 指＿＿＿＿＿＿＿＿＿＿，b 指＿＿＿＿＿＿＿＿＿＿，分清两种控制系统的依据是：＿＿＿＿＿＿＿＿＿＿。

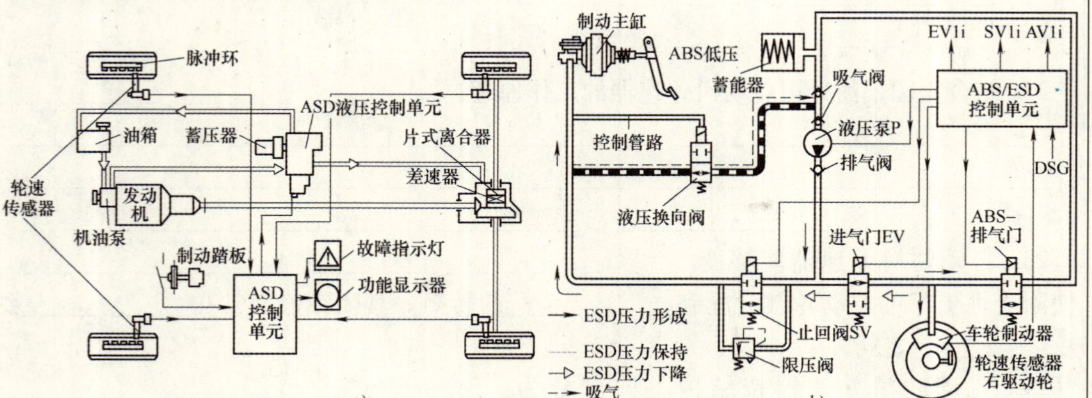

a)　　b)

2 信息收集

2.5 学习中间差速器和分动器的相关知识

成绩：

34. 中间差速器与分动器通常整合在________，按结构不同可分为________、________、________、________和________几种。

35. 完成对中间差速器和分动器的学习后，按要求完成下表的填写。

<table>
<tr><th>图　　片</th><th>名称</th><th>前后桥转矩分配规律</th><th>结构特点</th></tr>
<tr><td>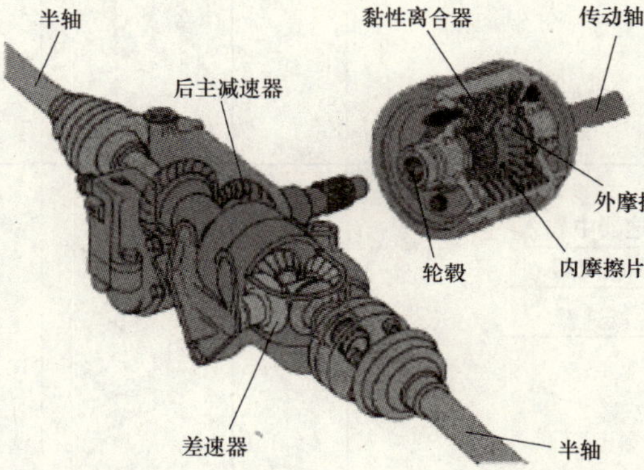
</td><td></td><td></td><td></td></tr>
<tr><td>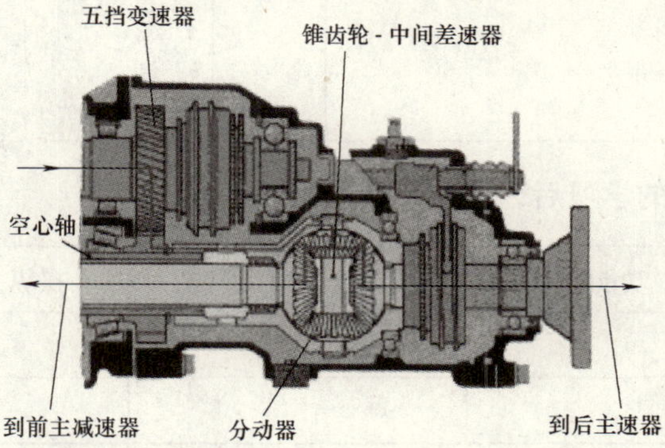
</td><td></td><td></td><td></td></tr>
<tr><td>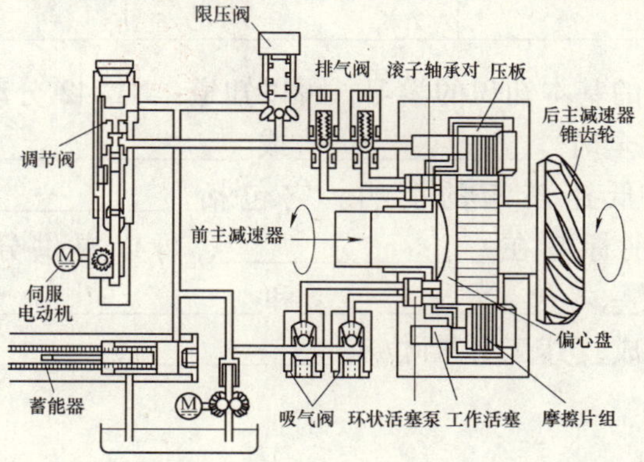
</td><td></td><td></td><td></td></tr>
</table>

（续）

图　　片	名称	前后桥转矩分配规律	结构特点
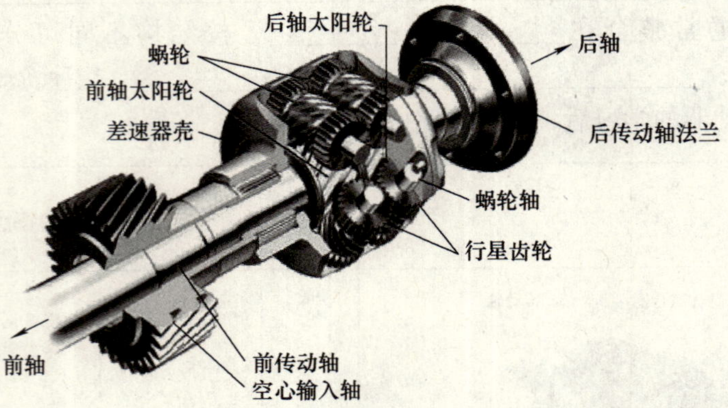			
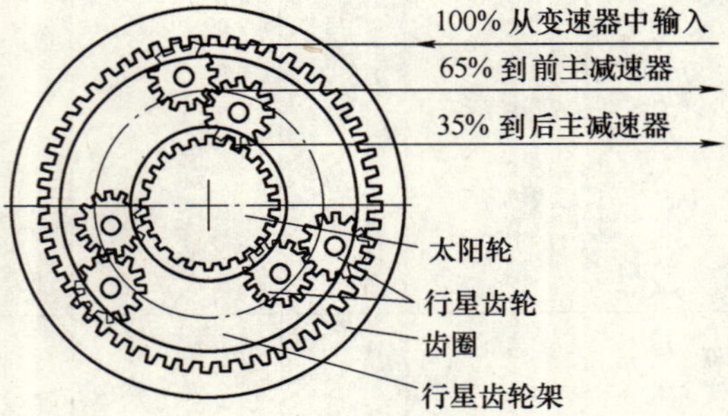			

36. 完成对全轮驱动汽车挡位说明的学习后，完成下表的填写。

类　　型	英文名称	功能特点	常见车型（两种）	操纵方式
分时驱动				

37. 通过对大切诺基 NV242 分动器的基本知识的学习，可以知道：NV242 分动器是一个________分动器，它提供全时________或________驱动工作，其________提供增加低速转矩的能力。它包括________和________两种形式。其识别标签在________，可以提供分动器的________、________、________和________。它的挡位选择由________来完成，其工作挡位有________、________、________和________。

3　制订计划	成绩：

38. 故障诊断：顾客对故障现象的描述是：____________________________。与顾客交流后知道在前一次维修过程中犯的错误是：______________________，造成的后果是：前桥与后桥的轮胎大小______________。通过对全轮驱动车辆传动系统的学习可以知道：连接前桥与后桥的关键部件是____________________，其作用是____。得出推论：可能的故障原因应该是________________________________。最终，通过查阅必备知识“6 常见故障诊断与维修”和相关维修手册后，确认本次维修项目为：______________。将此结果与顾客沟通，确认后，填写在《xxx 汽车维修服务有限公司任务委托书》的相关位置。

39. 依据必备知识中的相关内容及维修车辆对应的维修手册的标准要求，确定受损部件的维修方法和维修过程，制订维修工作计划。（带＊号部分在实际操作时和实际操作后再完成）

一、拆卸（从车上拆下）				
拆卸流程	使用工具	安全注意事项	需要的标准数据	＊实际操作过程中出现的问题记录
教师审核				
＊质量检查				
二、分解				
分解流程	使用工具	安全注意事项	需要的标准数据	＊实际操作过程中出现的问题记录

教师审核				
* 质量检查				
三、清洗				
清洗部位	工具	安全注意事项	清洗剂	* 实际操作过程中出现的问题记录
教师审核				
* 质量检查				

四、检查			
检查项目	检查内容	检测工具	* 检查结果记录和分析

教师审核			
* 检查结果分析	损坏的部件是： 需更换部件是：		
* 质量检查			

五、组装

组装流程	使用工具	安全注意事项	需要的标准数据	* 实际操作过程中出现的问题记录
教师审核				
* 质量检查				

六、安装（装回车上）

安装流程	使用工具	安全注意事项	需要的标准数据	* 实际操作过程中出现的问题记录
教师审核				
* 质量检查				

4 实施与质量检查	成绩：

40. 前面制订的所有工作计划经小组讨论和教师审核后方可进行实际操作，在实际操作时和实际操作后，及时完成表中带＊号部分内容的填写，操作过程中要做好过程控制和质量监控。

填表要求：

1）按要求进行实际操作（没有实操条件的项目可以采用演示或视频的方式进行），在实操中出现的事先没有估计到的问题应在表中相应位置处进行及时的记录。

2）严格按表格要求进行填写，认真做好过程记录与控制工作。

3）实习结束，对实习数据进行认真的分析后，得出实习结论。

41. 在拆装过程中完成对所拆分动器主要零部件的认知，认知过程中需要完成下表的填写：

序号	零部件名称	作　用	自　查	组长考核	教师考核
1					

填表要求：

1）检查正确打“√”，错误打“×”。

2）如果图中未标明序号的，则不用填写序号。

42. 在整个维修过程中，需要与顾客沟通的内容是：____。

43. 在试车前需要检查车辆的各项性能指标是否正常，最关键的是需要将造成车辆损坏的车轮进行更换，请按下表要求制订车轮更换的工作计划。（带 * 部分在实际操作时和实际操作后再进行填写）

需更换的轮胎型号				
换轮胎的流程	工具	安全注意事项	需要的标准数据	* 实际操作过程中出现的问题记录
教师审核				
* 质量检查				

44. 请专门的试车员进行试车，试车完毕，请试车员在《×××汽车维修服务有限公司任务委托书》的相关位置签字，请各级部门负责人进行相关的检查后，在相关位置签字，保证维修质量。在《×××汽车维修服务有限公司任务委托书》上与质量相关的各级部门负责人包括：____________。

45. 查询工厂信息管理系统，进行备件和人员工资测算后，将其记录在《×××汽车维修服务有限公司任务委托书》的相关位置，并结合实际情况，将相关内容填写完整。

46. 最后，需将维修好的车辆交回给客户，在此过程中，需要完成以下三件工作：

（1）相关物品和维修资料的交接，包括：____________、____________、____________、____________等。

（2）在交接过程中需要对整个维修过程进行说明，包括：____________、____________、____________等。

（3）由于本次事故是维修工的不良操作造成的，所以需要与顾客交流的内容有：____________。

47. 请用下表对各组的整个交车过程进行自评和评价，在对应项的分数栏内打“√”。

交车过程评价表

评价对象组/个人		评价人/组签字				
		评价时间				
序号	评价内容	低	评价标准及分值			高
1	交车时物品和维修资料的交接情况	没准备	1	3	5	准备齐全

（续）

评价对象 组/个人		评价人/组签字				
		评价时间				
序号	评价内容	低	评价标准及分值			高
2	对维修过程的说明	不清楚	1	3	5	清楚
3	车的恢复	没恢复	1	3	5	恢复原样
4	试车情况	有故障	1	3	5	无故障
5	维修费用的计算	有问题	1	3	5	没问题
6	维修过程记录材料	不翔实	1	3	5	翔实
7	语言表达	弱	1	3	5	强
8	文明礼仪	不礼貌	1	3	5	有礼貌
9	应变能力	弱	1	3	5	强
10	解决问题的能力	弱	1	3	5	强
合　计		不好				好
整个交车 过程的 综合评价					是否 可以 交车	

48. 本次维修任务是人为造成的，需要对维修责任进行追究，根据你的了解，本次事故对维修企业造成的直接经济损失是__________元。此外，还会造成对__________的影响。如果你是维修厂的负责人，你将会对哪些人，进行怎样的处罚？

____。

____。

____。

____。

____。

____。

5　评价与反馈 5.1　对整个维修工作进行反思	成绩：

49. 对整个维修过程进行深刻的反思后，写一篇维修工作小结。要求写清对本次维修中的收获、体会、出现的问题及对今后维修工作的思考，字数不少于400字。

5 评价与反馈

5.2 关键能力评价

成绩：

50. 从教师、同学（两名）和自己三个角度对自己在整个维修工作过程中的表现进行评价，并填写下面的关键能力自评表、同学评价表和教师评价表。（评价标准见附录）此评价主要是针对关键能力的评价。

关键能力自评表

年　　月　　日

班级：__________　　学号：__________　　姓名：__________

序号	评价要素	低	分值 D	分值 C	分值 B	分值 A	高
			1~3	4~6	7~8	9~10	
1	独立工作能力	弱					强
2	团队合作能力	从不					积极主动
3	工作方式	无					多
4	沟通与交流	不清楚					很清晰
5	解决问题的创新性	无					经常
6	对工作环境的态度	从不关注					随时随地关注
7	课堂参与程度	不参与					积极主动
合计							

关键能力同学评价表

年　　月　　日

班级：__________　　学号：__________　　姓名：__________

序号	评价要素	低	分值 D	分值 C	分值 B	分值 A	高
			1~3	4~6	7~8	9~10	
1	独立工作能力	弱					强
2	团队合作能力	从不					积极主动
3	工作方式	无					多
4	沟通与交流	不清楚					很清晰
5	解决问题的创新性	无					经常
6	对工作环境的态度	从不关注					随时随地关注
7	课堂参与程度	不参与					积极主动
合计							

关键能力同学评价表

年　　月　　日

班级：＿＿＿＿＿＿　　学号：＿＿＿＿＿＿　　姓名：＿＿＿＿＿＿

序号	评价要素	低	分值				高
			D	C	B	A	
			1～3	4～6	7～8	9～10	
1	独立工作能力	弱					强
2	团队合作能力	从不					积极主动
3	工作方式	无					多
4	沟通与交流	不清楚					很清晰
5	解决问题的创新性	无					经常
6	对工作环境的态度	从不关注					随时随地关注
7	课堂参与程度	不参与					积极主动
合　计							

关键能力教师评价表

年　　月　　日

班级：＿＿＿＿＿＿　　学号：＿＿＿＿＿＿　　教师姓名：＿＿＿＿＿＿

序号	评价要素	低	分值				高
			D	C	B	A	
			1～3	4～6	7～8	9～10	
1	独立工作能力	弱					强
2	团队合作能力	从不					积极主动
3	工作方式	无					多
4	沟通与交流	不清楚					很清晰
5	解决问题的创新性	无					经常
6	对工作环境的态度	从不关注					随时随地关注
7	课堂参与程度	不参与					积极主动
合　计							

5 评价与反馈

5.3 工作能力评价

成绩：

51. 按照下表的要求，对学生进行工作能力测试，此测试不仅要考查专业技能水平，而且还关注到在完成工作任务的过程中涉及的理论知识和故障分析能力等职业能力方面的要素。此评价通过让被评价者独立经历一次完整的工作，来对其工作能力进行评价。每个评价都要包括两张表格，一张为工作任务书，被考评人使用；另一张为工作评价表，考评人使用。

评价：分动器的拆装与检测工作能力评价

1. 分动器的拆装与检测工作任务书		
被考评人：	学校：	
日期：	时间：	考评人：
顾客投诉		
全轮驱动车辆换挡困难。		
原因分析		
导致上述故障的可能原因有：________________。 最终确定故障原因为：分动器内部卡滞。		
工作任务		
需要拆检分动器。目前，分动器已经从车上拆下，你所需要完成的工作就是对分动器进行拆装和检测，操作时间60min。完成工作过程记录。工作结束后，与考评人进行专业对话。		
工作过程记录		
1. 工作准备：包括：________________。 2. 维修车辆是________________，查相关维修手册，拆装和检测过程在第________________页。 3. 按拆装顺序简写出分动器的拆装流程。 4. 分动器在拆装过程中，需要关注的维修标准是：________________ ________________ ________________。		

5. 分动器在拆装时的注意事项是：____。

6. 对分解的分动器进行检查，并记录检查结果：____。

7. 通过对检查结果的分析，需更换的零部件为：________________。

8. 在每一次拆装过程中都需要更换的零部件有：________________。

9. 拆装的分动器是哪一种类型的分动器？________________。

10. 在分动器拆装过程中出现的问题有：____。

11. 检验：装回后试车，故障现象________。________将车辆交回顾客。

与考评人进行专业对话

话题1：

话题2：

工作完成后的反思

2. 分动器的拆装与检测工作评价表

被考评人：	学校：	
日期：	时间：	考评人：

工作任务

需要拆检分动器。目前，分动器已经从车上拆下，你所需要完成的工作就是对分动器进行拆装和检测，操作时间60min。完成工作过程记录。工作结束后，与考评人进行专业对话。

序号	作业项目	评分指标	应得分	评分标准	实得分
1	准备工作	1）拆装与检测工具的准备与检查。	4	每项错误扣2分，扣完为止。	
2	分解	2）工具选择正确（2分/次）。 3）工具使用正确（3分/次）。			

（续）

序号	作业项目	评分指标	应得分	评分标准	实得分
2	分解	4）拆卸方法正确（3分/次）。 5）拆卸标记的检查(2分/次)。	18	按要求扣分，扣完为止。	
3	检测	6）检测项目齐全（2分）。 7）检测方法正确（2分）。 8）检测结论正确（2分）。	8	每次错误扣2分，扣完为止。	
4	安装	9）工具选择正确（2分/次）。 10）工具使用正确（2分/次）。 11）安装方法正确（3分/次）。 12）调整方法正确（3分/次）。 13）螺栓拧紧方法正确，按规定力矩拧紧（3分/次）。	30	按要求扣分，扣完为止。	
5	5S	14）工作场地始终干净整洁。 15）工具始终干净无污物，摆放整齐。 16）所有物品都恢复原状。	6	每次错误扣2分，扣完为止。	
6	文明生产	17）遵守安全操作规程，文明操作。	6	不文明语言或野蛮操作，每次扣2分，扣完为止。	
7	注意事项	18）无任何人身和设备的安全和损坏。		违规操作发生重大事故，此题记0分。	
8	专业对话	19）提出两个与此项操作相关的问题。	10	每题5分，请酌情扣分。	
9	任务书的填写	20）内容正确、完整。 21）字迹工整、清晰。	18	每次错误扣1分，扣完为止。	
10	时间	22）操作时间要求为60min。		每超时10min，扣2分。	
		分数总计	100		
综合评价					

附录　关键能力评价标准

序号	评 价 要 素	评 价 标 准
1	独立工作能力	能够注重工作细节，了解整个工作流程；能有始有终完成工作；能够认识到工作必需的知识、技能；能有针对性、有计划、系统地提高自己的知识、技能和能力
2	团队合作	能够积极主动关注小组工作的整体进度和小组内部情况；能够与小组成员沟通，有效完成本小组工作
3	工作方式	有许多做事的方式和方法，有计划，系统性较强
4	沟通与交流	能够清晰地表述自己的观点想法
5	解决问题的创新性	能够创造性地对学习任务提出意见，对工作实施有创造性的价值
6	对工作环境的态度	爱护工作场所环境，工具摆放有序，能够主动做好5S工作
7	课堂参与程度	能够积极主动参与课堂学习和工作

参考文献

[1] Max Bohner, Rolf Gscheidle, Wolfgang Keil. Fachkunde Kraftfahrzeugtechnik [M]. Nourney: Europa-Lehrmitte, 2002.

[2] 王朝帅，曾文. 汽车传动系统 [M]. 北京：机械工业出版社，2008.

[3] 王正旭. 汽车自动变速器原理与检修一体化教程 [M]. 北京：机械工业出版社，2009.

[4] 张立新，王志超. 桑塔纳世纪新秀/99 新秀/LX 轿车维修手册 [M]. 北京：机械工业出版社，2004.

[5] 王大伟，董训武. 捷达电喷系列轿车维修手册 [M]. 北京：机械工业出版社，2005.

[6] 葛高庭. 北京吉普切诺基维修手册 [M]. 南宁：广西科学技术出版社，2003.

[7] 德国 BOSCH 公司. BOSCH 汽车工程手册 [M]. 魏春源，译. 3 版. 北京：北京理工大学出版社，2009.

[8] 丰田汽车公司. 丰田售后服务培训汽车维修教程第一级：下册——汽车维护操作 [M]. 北京：高等教育出版社，2007.

职业教育汽车运用与维修专业工作过程系统化课程系列教材

汽车传动系统的诊断与维修必备知识

组　编　北京市昌平职业学校
主　编　李黎华
副主编　丁云鹏
参　编　冯广宏　高　艳　赵田喜

机 械 工 业 出 版 社

目 录

学习单元一 离合器的诊断与维修

1 传动系统

汽车的传动系统位于发动机与驱动轮之间，与发动机配合工作，保证汽车能在各种工况条件下正常行驶，并具有良好的动力性和经济性。

1.1 传动系统的作用

将发动机输出的动力传递给驱动轮，使汽车产生运动。

改变发动机输出的转矩和转速，以满足汽车的行驶要求。

在动力传递过程中，动力的损失是无法避免的，因此驱动轮的功率总是小于发动机功率（传动系统的总效率在92%～95%之间）。

1.2 传动系统的组成

汽车的传动系统中包括离合器、变速器、万向节、传动轴、主减速器及差速器（驱动桥）和半轴等（图1-1）。

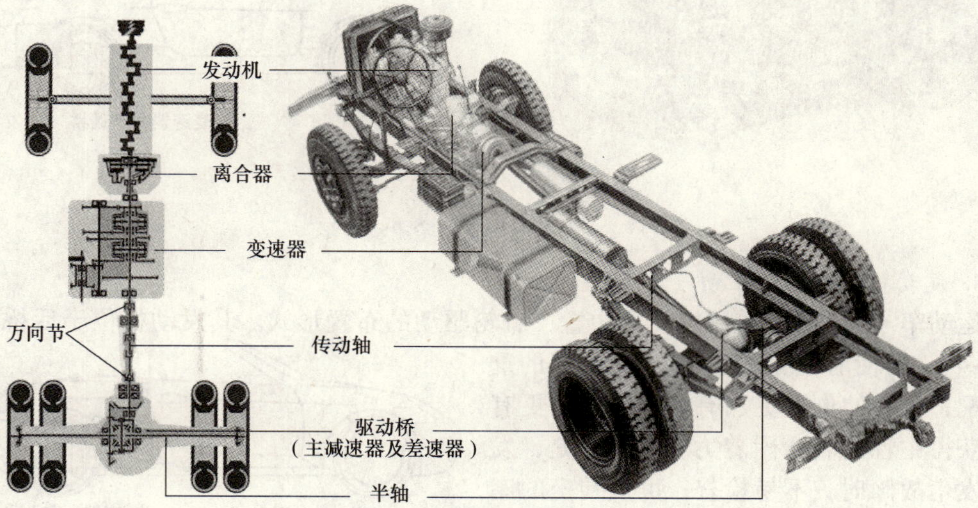

图1-1 汽车传动系统的组成

1.3　传动系统的布置形式

按传动系统布置形式的不同，汽车可分为为后轮驱动、前轮驱动和全轮驱动三种。

1.3.1　后轮驱动汽车

1. 发动机前置后轮驱动汽车

发动机前置，后轮驱动汽车，通常用 FR 表示，其发动机通常位于前桥上方（图 1-2），也有极少数安装在前桥的前方。其驱动力通过离合器、变速器、万向节、传动轴、驱动桥传递到后轮，驱动桥安装在后桥上，以后轮为汽车的驱动轮。这种传动系统的布置形式可以使前桥与后桥之间的重量分布更加均匀。此类型车辆的转弯附着力偏大，转向的稳定性好，但容易造成转向不足。另外，此类型车辆的车身底板要求有一定的高度，以安装传动轴及驱动桥，保证车辆良好的通过性。

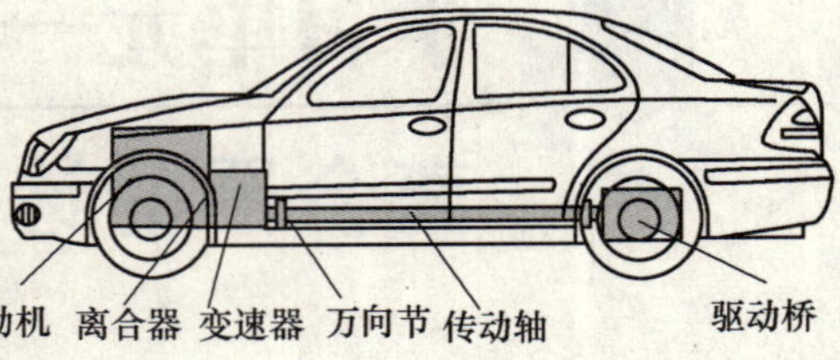

图 1-2　发动机前置后轮驱动汽车

2. 发动机前置变速器后置后轮驱动汽车

这是前置发动机驱动的一种特殊形式，通过将变速器安装在后桥上，以达到前后桥之间均匀的重量分配（50%∶50%），同时也可获得中性的转弯附着力。

3. 发动机后置后轮驱动汽车

发动机后置，后轮驱动汽车，通常用 RR 表示，其发动机安装在提供驱动的后桥的上方或后方（图 1-3）。使用卧式对置气缸发动机时，发动机、变速器与驱动桥等只需占用很少的内部空间。因为存在行李箱容积有限、油箱安置问题难以解决、受侧风影响大、转弯附着力较小、易造成转向过度等问题，所以在实际中很少使用后置发动机。

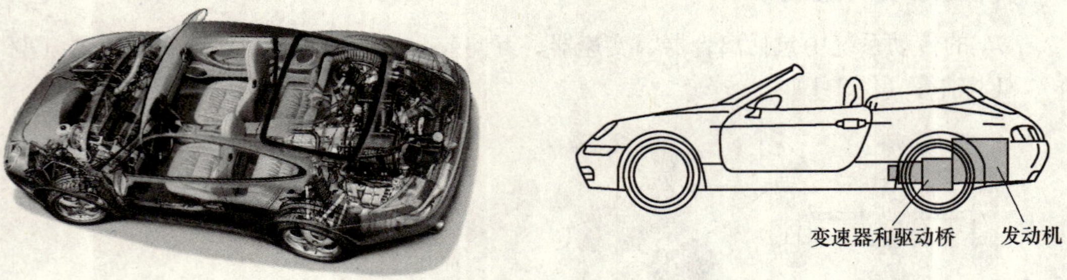

图 1-3　发动机后置后轮驱动汽车

4. 发动机中置后轮驱动汽车

运动车与跑车通常采用发动机中置，后轮驱动的布置形式。其发动机位于后桥之前（图1-4），可使前后桥之间具有更加良好的重量分配，重心的位置更加有利，因此也更有利于获得中性的转弯附着力。其缺点是，发动机发生故障时，不易检查；可供乘坐的座位少。

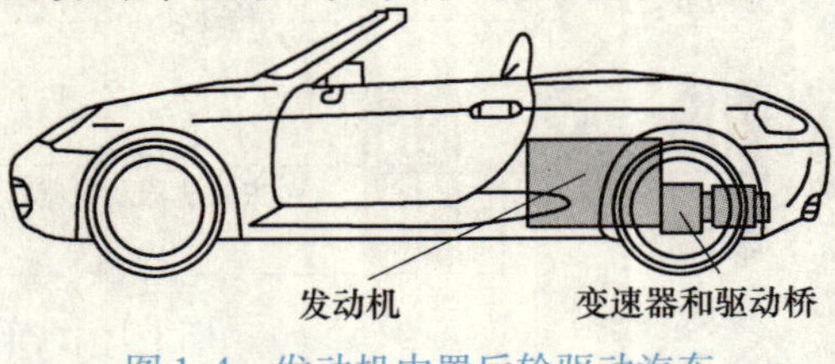

图 1-4　发动机中置后轮驱动汽车

5. 发动机低置后轮驱动汽车

发动机低置，后轮驱动尤其适用于公共汽车与载货汽车（图1-5）。发动机大约位于车辆中底部，重心分配良好，并使得前后轴受力合理，轴载分布均衡。其优点是，能充分利用公共汽车中、内部空间，并可从底部对发动机进行维修和检查。

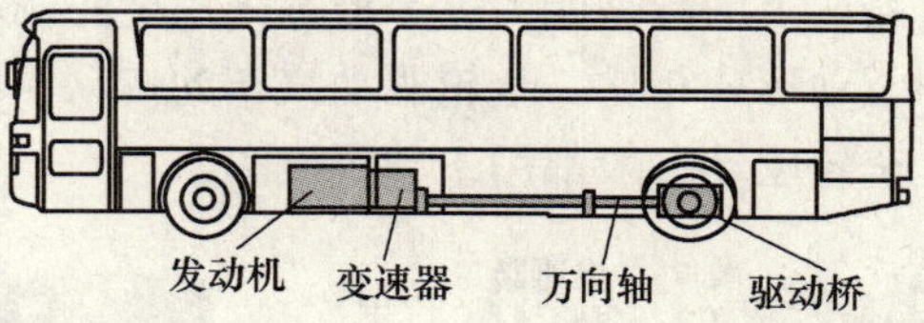

图1-5 发动机低置后轮驱动汽车

1.3.2 前轮驱动汽车

前轮驱动汽车，也称为前桥驱动汽车，发动机可位于前桥的前方、上方或后方（图1-6）。前轮驱动汽车的变速器、驱动桥整合在一个部件（前轮驱动组合件）中。

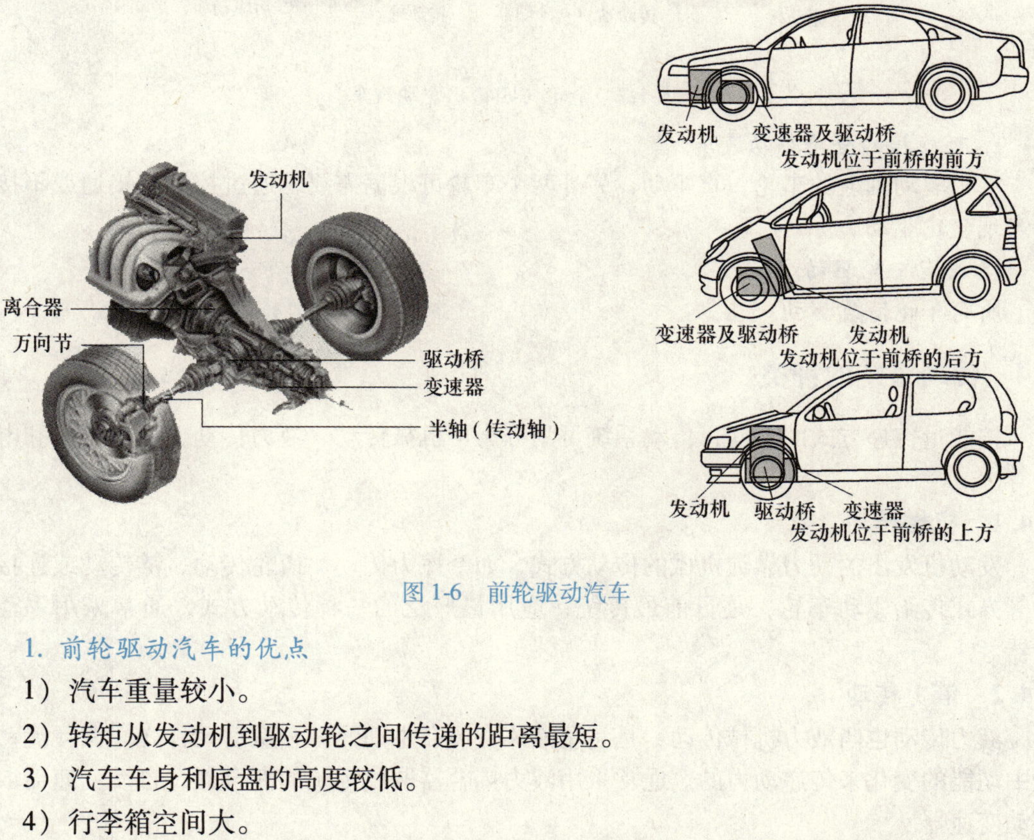

图1-6 前轮驱动汽车

1. 前轮驱动汽车的优点

1）汽车重量较小。

2）转矩从发动机到驱动轮之间传递的距离最短。

3）汽车车身和底盘的高度较低。

4）行李箱空间大。

5）结构紧凑，发动机可横向放置，主减速器（圆柱齿轮）较为简单，车轮前悬架占用的空间较小，可使用的内部空间较大。

6）直线滑行稳定性较好，因为汽车是被牵拉的，而非被推动的。

2. 前轮驱动汽车的缺点

1）快速行驶时会出现转弯不足。

2）前桥与后桥之间的重量分配不均匀。

3）驱动轮的轮胎磨损较高。

4）若车辆转向能力不足，其转弯时的半径会大于转向回转时的半径。

1.3.3 全轮驱动汽车

为了提高汽车在不良路面上的行驶能力，一般都采用全轮驱动形式（图1-7），以获得最大的附着力。与前两种驱动形式相比，全轮驱动汽车的传动系统中必须设置分动器，以使前、后桥或多桥驱动。全轮驱动一般都用于越野汽车。

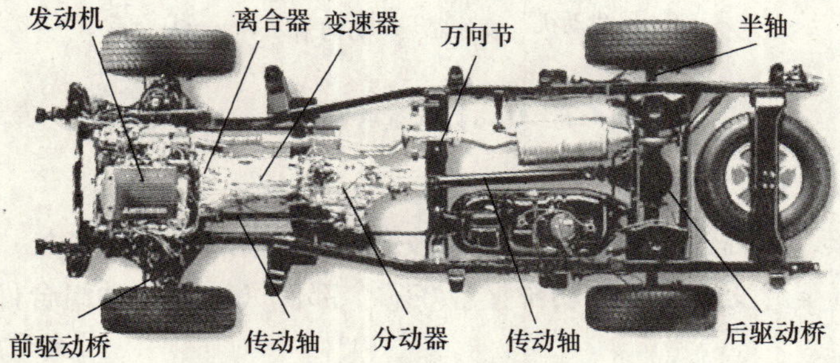

图1-7　全轮（四轮）驱动汽车

1. 可换挡的全轮驱动汽车

一根驱动轴上的车轮一直驱动，另外两个车轮可根据需要，通过控制其接通或不接通来实现全轮驱动。

2. 固定全轮驱动汽车

所有车轮持续驱动。

1.4 传动系统的种类

按能量传递方式的不同，传动系统可划分为可机械传动、液力传动、液压传动和电传动等。

1.4.1 机械传动

发动机发出的动力靠纯机械的传动方式，如摩擦力传动、齿轮传动、链传动或连接传动等方式传给驱动车轮，是目前最传统、应用最广泛的一种传动方式，通常采用手动变速器。

1.4.2 液力传动

液力传动也叫液力机械传动，是利用液体介质在主动元件和从动元件之间循环流动过程中动能的变化来传递动力的。通常采用液力耦合器取代传统的离合器，自动变速器取代手动变速器。

1.4.3 液压传动

液压传动也叫静液传动（图1-8），是通过液体传动介质静压力能的变化来传递能量。其主要由发动机驱动的液压泵、液压电动机和控制装置组成。

1.4.4 电传动

电传动（图1-9）是由发动机驱动发电机发电，再由电动机驱动驱动桥，或由电动机直接驱动带有减速器的驱动轮。

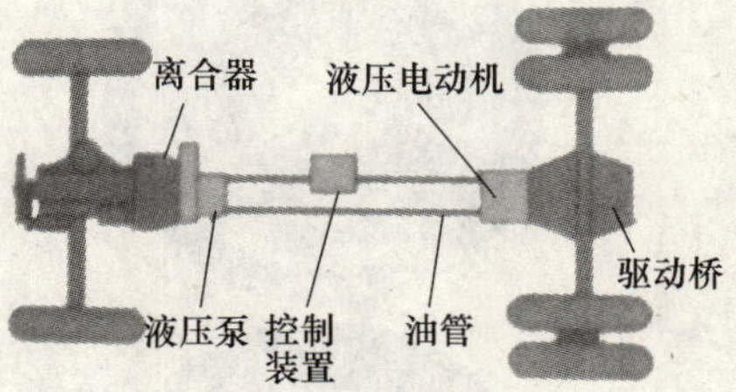

图 1-8　液压传动

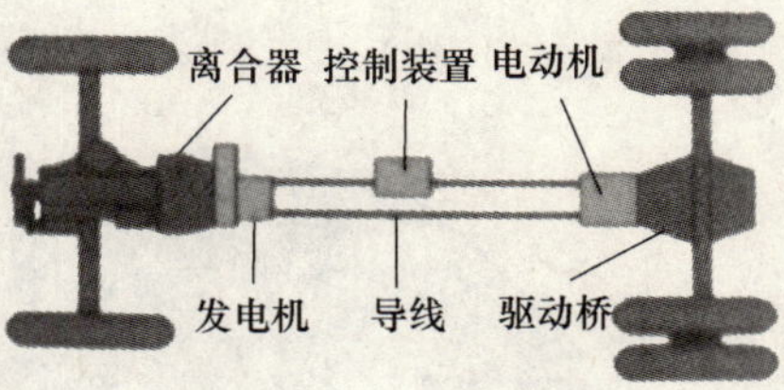

图 1-9　电动汽车采用的电传动

1.5　混合动力驱动汽车

在混合动力驱动汽车中，一辆车内装有两个不同的发动机进行驱动，例如在郊外的道路上用汽油发动机，在市区要求无废气排放的道路上使用电动发动机（交流发电机）（图1-10）。电动发动机运转时需要使用蓄电池，蓄电池可通过 220V 的照明电压进行充电，也可在行驶中由汽油发动机充电，此时交流发电机起充电器的作用。在行驶中还可以自由地进行驱动类型的转换。

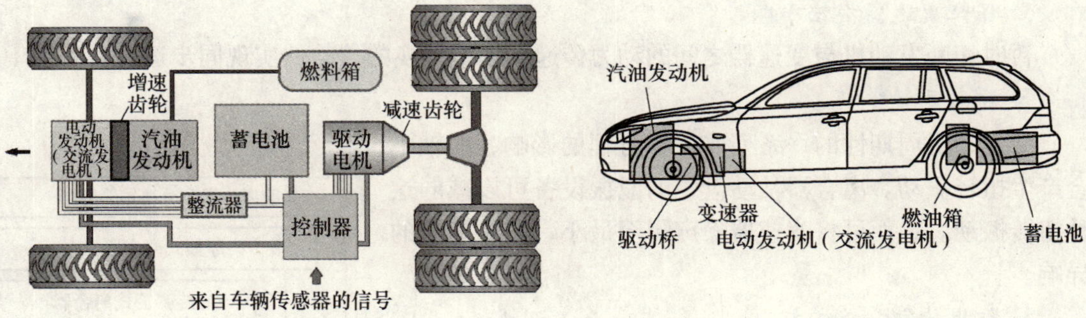

图 1-10　混合动力驱动的汽车

2　离合器

离合器（图 1-11）是汽车传动系统中直接与发动机相连接的、可拆解的部件，安装于发动机飞轮与变速器之间，能够根据需要接通和切断由发动机传到驱动车轮的动力，以便于驾驶员进行汽车的起步、停车、换挡等操作。

2.1　离合器的作用

1. 将发动机动力传递给变速器

在汽车所有的行驶状态下，将发动机所有有效转速范围内的转矩可靠地传递给变速器。

图 1-11　离合器

2. 保证汽车平稳起步

汽车起动时，通过摩擦作用实现转动的飞轮与静止的变速器驱动轴之间动力的传递，最终实现两者以同样的转速旋转。

3. 保证变速器换挡平顺

暂时切断发动机与变速器之间的动力传递，使所切换的传动件实现同步运转。

4. 减弱扭转振动

受发动机周期性的一系列非工作行程的影响，曲轴上会产生扭转振动。离合器从动盘中的减振设备可以减弱这种扭转振动。进而可将变速器噪声降至最小，如变速器的异响。

5. 防止传动系统过载

利用摩擦传动时过载打滑的特点，限制所传递的转矩（如发动机停止时所产生的转矩），避免因传递过高转矩而对传动系统部件造成损伤。

2.2　离合器的种类

在汽车中将离合器按其不同的用途分为起动离合器和分离离合器，不论哪种离合器，都可以按其结构的不同作如图 1-12 所示的分类。

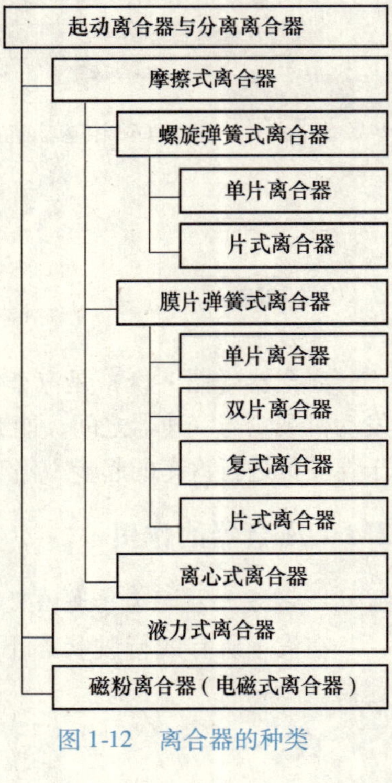

图 1-12　离合器的种类

2.3　摩擦式离合器

摩擦式离合器通过摩擦力将发动机转矩从发动机传递到变速器的驱动轴上。可传递的离合器转矩取决于压紧力，压紧力主要由以下部件产生：

1）中央膜片弹簧（碟形弹簧）。

2）圆柱形的螺旋弹簧。

3）多次的离心配重。

2.3.1　膜片弹簧式离合器的结构

膜片弹簧式离合器可装配于轿车，也可装配于货车。目前，它已几乎完全取代了螺旋弹簧式离合器。膜片弹簧式离合器主要由主动部分、从动部分、压紧机构、分离机构和操纵机构五部分组成（图1-13）。

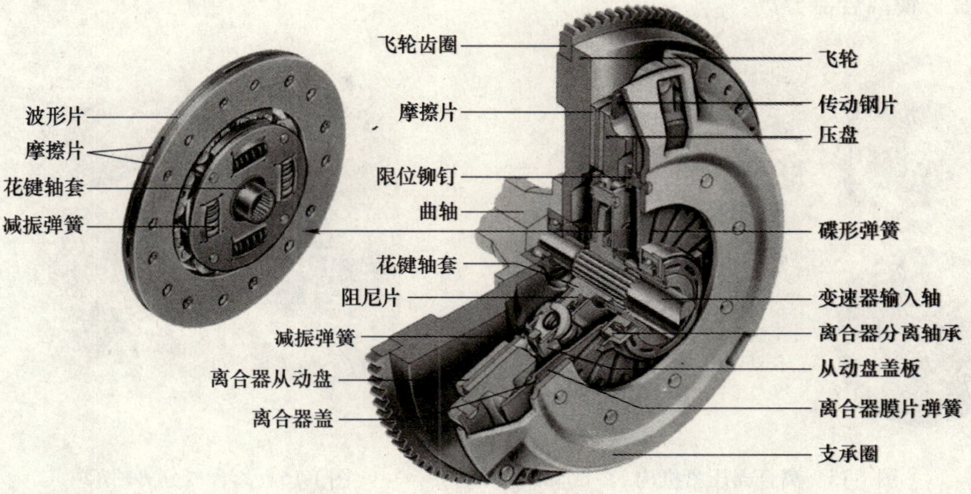

图1-13　膜片弹簧式离合器

1. 主动部分

主要包括飞轮、离合器盖、离合器压盘、传动钢片。飞轮与发动机曲轴靠螺栓联接，离合器盖与飞轮也靠螺栓联接，离合器压盘与离合器盖之间靠3~4个传动钢片传递动力。

2. 从动部分

主要指离合器从动盘总成（图1-14），主要包括摩擦片（两个环形摩擦片衬面）、波形片、减振弹簧、花键轴套等。从动部分的从动盘总成通过花键与从动轴（变速器驱动轴）联接，从动轴通过轴承支承在曲轴后端的中心孔内。大部分扭转减振器装在从动盘中，起到缓和传动系统冲击的作用。从动盘被紧压在压盘和飞轮之间，靠相互间的摩擦力传递动力，磨损较大，属于易损件。从动盘的前后两面铆有摩擦片，摩擦片也是易损件。

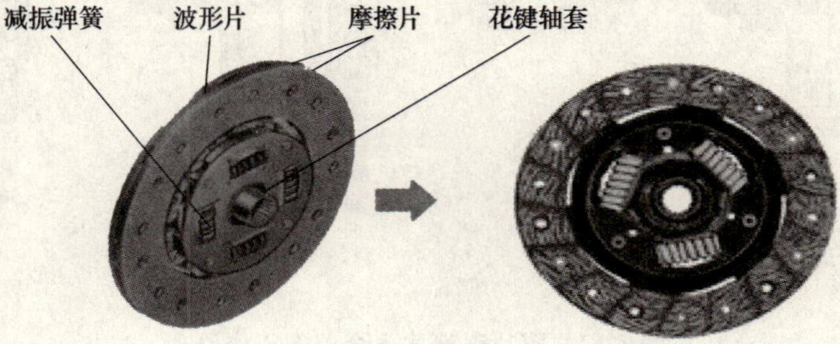

图1-14　离合器从动盘总成（带减振器）

3. 压紧机构

主要包括膜片弹簧、支承圈等（图 1-15）。膜片弹簧由两个支承圈支承，支承圈由多个螺栓进行固定。膜片弹簧与作为支座的支承圈一起发挥双向杠杆的作用。一方面，膜片弹簧在自身弹力的作用下，将离合器从动盘紧紧地压在飞轮上，从而有效地传递发动机转矩；另一方面，其又充当分离杠杆，使离合器分离，从动盘停止转动。

4. 分离机构

主要由分离轴承、分离套筒等组成（图 1-16），负责将来自离合器踏板的动力传给膜片弹簧，使离合器分离。

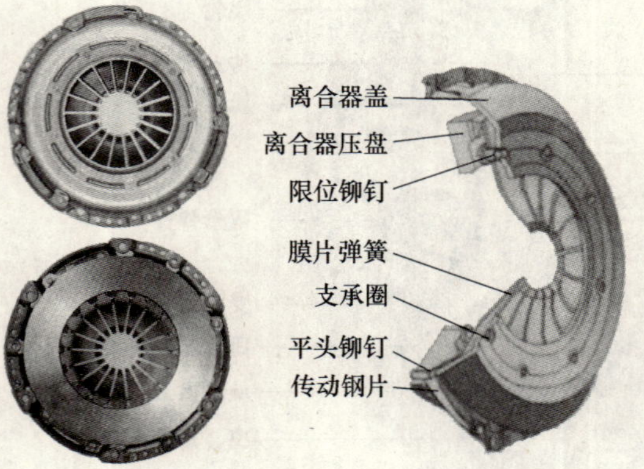

图 1-15 离合器压紧机构

图 1-16 离合器分离轴承

5. 操纵机构

主要由分离叉、连接叉和离合器踏板等组成，是驾驶员用于使离合器分离，而后又使之柔和接合的一套传动机构，主要有机械式和液压式两种类型。

2.3.2 膜片弹簧式离合器的工作原理

1. 松开离合器踏板，使发动机和传动装置接合（图 1-17b）

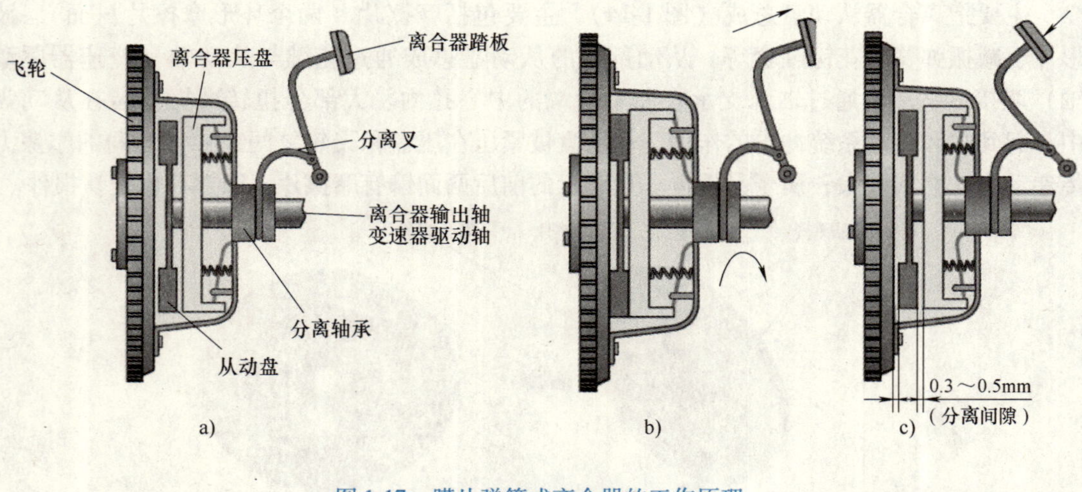

图 1-17 膜片弹簧式离合器的工作原理

结合时，离合器各部件都处于初始状态，即膜片弹簧张紧，通过压盘将从动盘的摩擦片衬面压紧在飞轮上。所产生的摩擦力相对于中部的扭力半径产生转矩，转矩通过离合器从动盘的轮毂（花键轴套）传递到变速器输入轴（驱动轴）上。发动机动力通过传动系统传递给驱动轮，车辆向前或向后行驶。其中，离合器可传递的转矩大小取决于：

1）膜片弹簧的压紧力。

2）摩擦副的摩擦因数。

3）有效的扭力半径。

4）摩擦衬片的数量。

2. 踩下离合器踏板，使发动机和传动装置分离（图 1-17c）

分离时，从离合器踏板传来的压力通过分离轴承作用在膜片弹簧的簧片内缘，可使支承圈之间的膜片弹簧在杠杆作用下发生位移，带动离合器压盘移动，放松对离合器压盘的压力，使离合器压盘从从动盘摩擦衬片上离开。此时，离合器处于分离状态，发动机与传动装置间力的传递被切断，车辆停止运动。

3. 离合器的分离机构

（1）靠压力分离的分离机构（图 1-18a）　踏下踏板时，膜片弹簧的簧片会从分离轴承压向飞轮。通过支承圈之间的双向杠杆的作用，膜片弹簧顶部会向飞轮相反的方向运动。

（2）靠牵引力分离的分离机构（图 1-18b）　膜片弹簧嵌入到分离轴承的一个环绕的槽口中，并被该槽口牵引向变速器的方向。通过该单向杠杆会在膜片弹簧上产生一个较大的杠杆比 $a:b$，并借此产生较小的分离力。

2.3.3　螺旋弹簧式离合器与膜片弹簧式离合器的区别

如两种离合器的特征曲线图（图 1-19）所示，下面两条曲线描绘了接合行程中，两种离合器压盘的压紧力；上面两条曲线描绘了分离行程中，两种离合器轴承上的分离力。对图 1-19 进行分析，可以得到以下结论。

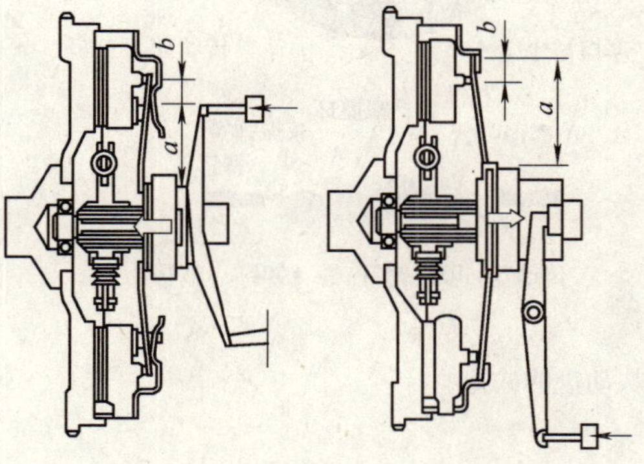

a)　　　　b)

图 1-18　离合器的分离机构

a）靠压力分离的分离机构　b）靠牵引力分离的分离机构

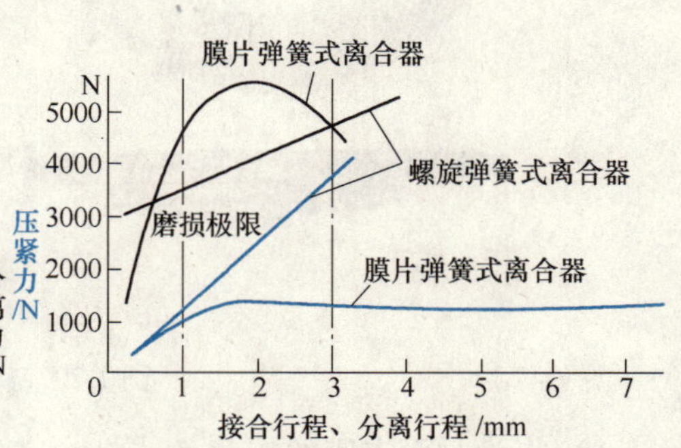

图 1-19　离合器的特征曲线

1. 螺旋弹簧式离合器

（1）压紧力　随着摩擦衬片衬面磨损的增加而线性减少。

（2）分离力　随着离合器分离行程的增加而线性增加。

2. 膜片弹簧式离合器

（1）压紧力　随着摩擦衬片衬面磨损的增加，压紧力首先增加，随后连续减少。从磨损极限开始，可观察到压紧力的急剧下降。

（2）分离力　同螺旋弹簧式离合器一样，分离离合器首先所需的分离力是增长的，在膜片弹簧“倾斜”后，分离力便减小。

3. 膜片弹簧式离合器的优点

与螺旋弹簧式离合器相比，膜片弹簧式离合器具有如下优点：

1）结构简单，有利于加工和维修。

2）踏板作用力小，驾驶员省力。

3）压紧力几乎与摩擦衬片衬面磨损无关，工作可靠。

2.3.4 离合器从动盘

1. 作用

1）将发动机转矩从飞轮传递到变速器驱动轴（输入轴）上。

2）实现汽车的平稳起步。

3）减弱扭转振动。

2. 构造

离合器从动盘主要由以下部件组成（图1-20）。

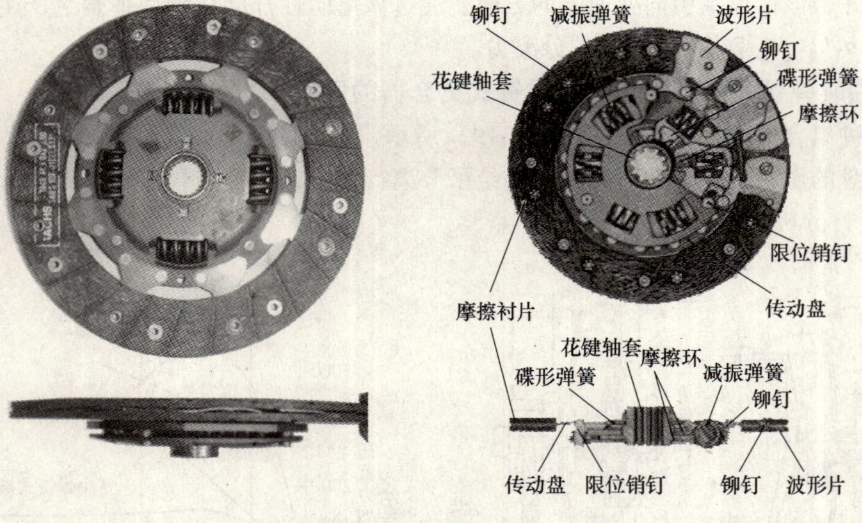

图1-20　离合器从动盘的构造

1）作为衬面支座的传动盘。

2）具有凸缘的花键轴套（轮毂）。

3）离合器从动盘的摩擦衬片。

4）波形片。

5）扭转减振器等。

3. 离合器从动盘的摩擦衬片

（1）摩擦衬片的性能特点　摩擦衬片作为摩擦副安装在飞轮与离合器压盘的摩擦面之间。它必须符合以下要求：

1）良好的耐热性。

2）较高的耐磨性。

3）在尽可能大的温度范围内持续保持较高的摩擦因数。

（2）摩擦衬片的材料　常用的摩擦衬片，主要由以下材料组成：

1）表面：玻璃纤维、尼龙纤维或碳素纤维等。

2）衬里：铜丝或黄铜丝等。

3）黏合剂：酚醛树脂等。

4）填充物：炭黑、小玻璃球、硫酸钡等。

（3）摩擦衬片的分类　这种摩擦衬片一旦形成，便不可再分解，常用于汽车的干式离合器。根据摩擦衬片材料的不同，可将摩擦衬片分成如下几种类型：

1）纸质摩擦衬片。它由木质或棉质纤维、碳素纤维与玻璃纤维组成，这些材料通过人造树脂（通常为环氧树脂或苯酚）相互粘接在一起。如摩托车上液压控制的膜片式离合器。

2）烧结合金摩擦衬片。它由不同的金属（铜、铁）或合金（青铜、黄铜）组成，并使用坚硬的摩擦部件（例如金属氧化物）与石墨作为填充料。具有卓越的耐热性、良好的耐磨性与良好的自润滑性能。常用在液压离合器上，例如摩托车的膜片式离合器与自动变速器的液压离合器。

3）烧结衬片（图1-21）。用合金与高强度的陶瓷（如氧化铝）所制作的摩擦衬片。常用在特殊车辆的干式离合器上，例如履带式汽车与摩托车运动中的比赛用车的干式离合器。

图1-21　具有烧结衬片的离合器从动盘

4. 扭转减振器

扭转减振器的功能是减缓由发动机所产生的扭转振动，以此避免变速器噪声、异响和齿轮损坏等。扭转减振器由扭转弹簧和摩擦装置组成。

（1）构造　扭转减振器主要由减振弹簧、碟形弹簧、摩擦环等组成。花键轴套安装成可扭转的，它通过花键轴套凸缘和多个减振弹簧，弹性地支承于传动盘与传动盘上。在负荷状态下，从动盘可以在花键轴套与传动盘之间进行有限的扭转。由减振弹簧所确定的转矩必须大于发动机的最大转矩，这样可避免花键轴套凸缘撞击到限位销轴。

（2）摩擦装置　摩擦装置安装在花键轴套部件中，由摩擦环、碟形弹簧、弹簧垫片和垫圈组成。摩擦装置通过摩擦减少扭转中出现的扭转振动，并通过碟形弹簧获得摩擦所需要的轴向压紧力。

（3）波形片　波形片可以实现平稳起步，安装于摩擦衬片之间。轴向弹簧装置的安装使波形片在汽车起步时柔和接触摩擦衬片，使离合器在完全接合的状况下保持车辆的平稳运行。

（4）花键轴套　花键轴套套装在变速器驱动轴上，能在变速器驱动轴上做轴向移动，并靠花键联结将离合器从动盘的动力传给变速器驱动轴。

2.3.5　分离轴承

分离轴承的作用是，通过离合器踏板、拉索传动装置或液压传动装置来中断发动机与变速器之间动力的传递。分离轴承可分为中央导向机械式分离轴承和中央导向液压式分离轴承。

1. 中央导向机械式分离轴承

中央导向机械式分离轴承套装在变速器驱动轴上的导向轴承上（图1-22）。分离轴承是一个具有外壳的球轴承，其外圈固定，内圈可以在变速器驱动轴上做轴向移动，且接在膜片弹簧的簧片上。驾驶员踩下离合器踏板时，分离叉受力，向飞轮方向移动，推动分离轴承移动，进一步推动膜片弹簧簧片向内侧移动。由于膜片弹簧的杠杆作用，膜片弹簧簧片的外侧将向背离飞轮的方向移动，从而带动离合器压盘离开从动盘摩擦衬片，使离合器分离，发动机到离合器的动力传递被切断。

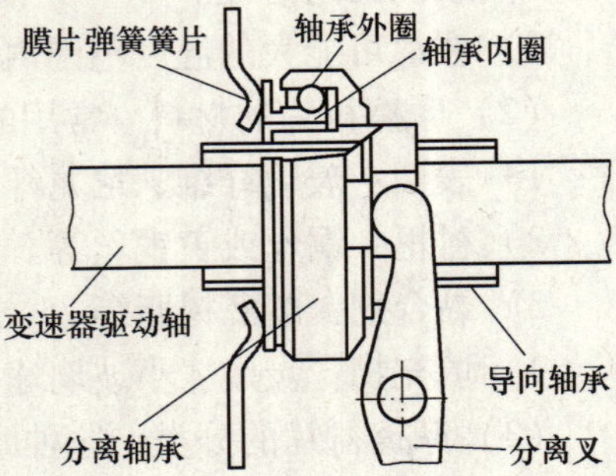

图1-22　中央导向机械式分离轴承

2. 中央导向液压式分离轴承

中央导向液压式分离轴承与一个液压离合器操纵装置的液压工作缸整合为一体，安装在离合器的外壳上（图1-23）。中央导向液压式分离轴承中的密封圈受到离合器液压主缸中的液压油的压力作用，将高压活塞沿导向轴承向膜片弹簧推移。此时，离合器轴承与锁环便受到朝向膜片弹簧的压力，从而压向膜片弹簧的簧片。膜片弹簧的簧片受力后发生位移，带动离合器压盘移动，离合器被分离。

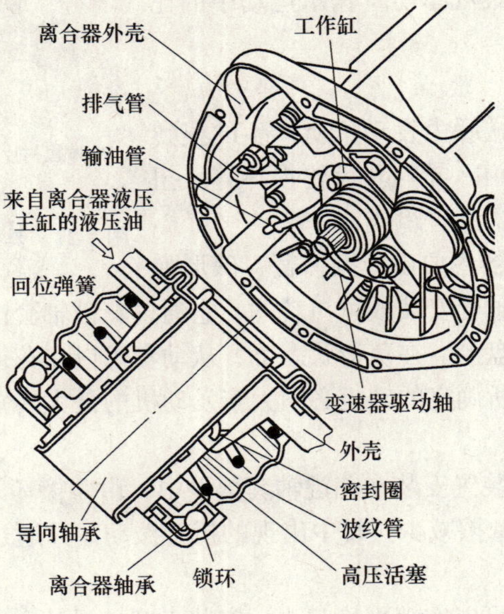

图1-23　中央导向液压式分离轴承

驾驶员未踩下离合器踏板时，离合器液压传动系统中没有液体压力，回位弹簧的预紧力作用在离合器轴承上，使离合器轴承贴靠在膜片弹簧的簧片上，离合器分离间隙得到自动平衡。

2.3.6　离合器的操纵机构

离合器操纵机构的作用是放大从驾驶员处所获得的踏板力，并将其传递到分离轴承上，使驾驶员可以用较小的力使离合器彻底分离。

1. 机械式离合器操纵机构

机械式离合器操纵机构通过离合器踏板、绳索传动装置或拉杆和分离叉将驾驶员的踏板力传递到分离轴承上。离合器踏板与分离叉的杠杆变速比设计要求是，使分离所需的力不是太大，而踏板行程也不是太长。

（1）无自动调整装置的机械式离合器操纵机构（图 1-24）　在这种离合器操纵机构中，分离轴承与膜片弹簧簧片之间有 1 ~ 3mm 的自由间隙，离合器踏板上有 10 ~ 30mm 的自由间隙，这两种间隙之和叫做离合器自由间隙（图 1-25）；踩下离合器踏板时，用来克服自由间隙的那部分行程叫做离合器踏板自由行程。当摩擦衬片受到磨损时，离合器压盘便向飞轮的方向移动，带动起双向杠杆作用的膜片弹簧的簧片内侧向外移向分离轴承，导致分离轴承与离合器踏板间的间隙变小。该间隙必须及时地调整，因为它会随着衬片磨损的增加而完全消失，从而使得膜片弹簧的簧片碰撞到分离轴承，导致离合器在未受踏板力的时候也会处于半分离状态而打滑，不仅不能将发动机的动力进行有效地传递，还会加剧摩擦衬片的磨损。

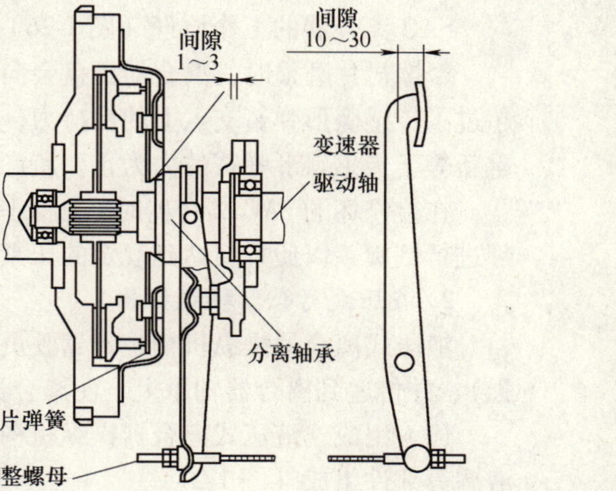

图 1-24　无自动调整装置的机械式离合器操纵机构

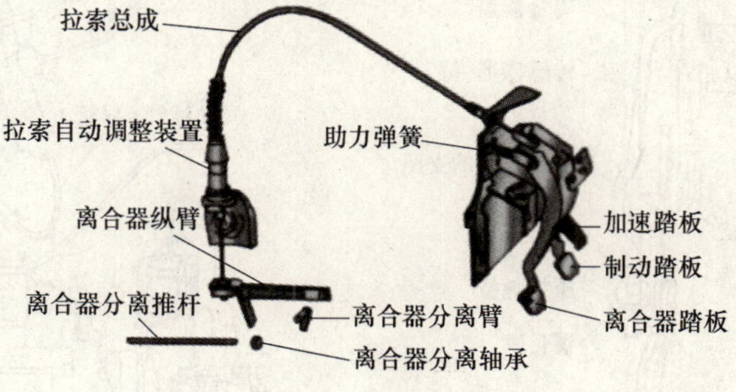

图 1-25　可自动调整的机械式离合器操纵机构

离合器自由间隙过小的后果主要有：

1）由于膜片弹簧的压紧力过小而使离合器打滑。

2）离合器摩擦衬片过热。

3）灼烧膜片弹簧。

4）飞轮上的摩擦面逐渐过热。

离合器自由间隙可通过分离叉或离合器踏板上的调整螺母来进行调整。

（2）可自动调整的机械式离合器操纵机构　在这种离合器操纵机构中，当摩擦衬片磨损时，离合器装置中的自动调整装置会将分离轴承与膜片弹簧簧片之间的离合器自由间隙自动调整到初始状态。拉索传动的自动调整装置被安装在离合器踏板与分离轴承之间（图1-25）。

（3）可自动调整的膜片弹簧式离合器（SAC）（图1-26）　SAC离合器（Self Adjusting Clutch 自动调整离合器）在摩擦衬片磨损时其自由间隙能进行自动调整。与传统的膜片弹簧离合器相比，其分离力、踏板力与压紧力能随离合器摩擦衬片的不断磨损而始终保持不变，这样可使离合器获得更长的使用寿命。其特殊之处在于：膜片弹簧的支座并非固定铆接在离合器盖上，而是支撑于传感碟形弹簧与调整环之上，且可旋转。

SAC离合器的工作原理（图1-26）：

摩擦衬片磨损时，离合器压盘会向飞轮的方向移动。如果在离合器分离时所施加的力超过了传感碟形弹簧支点上的保持力，传感碟形弹簧便会向飞轮的方向移动，直到分离力重新等于传感碟形弹簧的力为止。所产生的间隙由调整环进行弥补。

在检修坏的SAC离合器时，如果只替换了离合器从动盘，那么必须借助于器材将调整环进行倒旋，以便重新达到规定的压紧力。而新的SAC离合器已经将调整环倒旋过。

2. 液压式离合器操纵机构

液压式离合器操纵机构是将驾驶员的踏板力通过液压主缸与工作缸进行转化（放大加强），并传递到离合器轴承上，使离合器分离，切断发动机的动力传递。

（1）组成　液压式离合器操纵机构的液压部件主要由主缸、油管、推杆、工作缸和储液罐等部件组成（图1-27）。

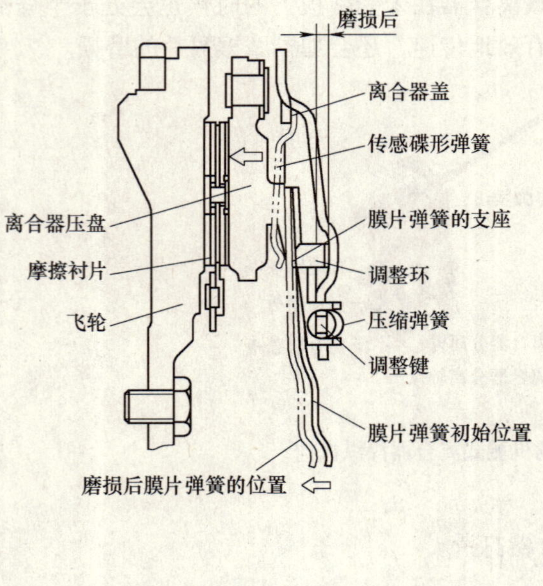

图1-26　可自动调整的膜片弹簧式离合器SAC

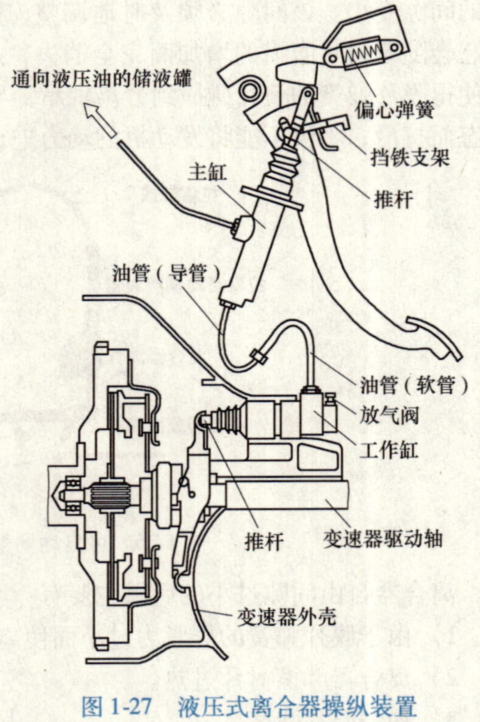

图1-27　液压式离合器操纵装置

（2）工作原理

1）离合器分离。驾驶员踩在离合器踏板上的力通过离合器踏板与推杆传递到主缸的活塞上。其中，分离力需在踏板克服自由行程后才开始产生。踏板的另一侧装有偏心弹簧，当驾驶员放松踏板时，可使踏板回位。在主缸的压缩空间中所产生的液压力通过油管传递到工作缸的活塞上，这个力通过推杆与杠杆操纵分离轴承，使离合器分离。

2）离合器接合。膜片弹簧通过分离轴承、分离叉与推杆将工作缸与主缸的活塞压推回到起始位置。离合器接合，发动机动力传出。

（3）液压式离合器操纵装置相对于机械式离合器操纵装置的优点

1）踏板与离合器之间的远距离动力传递更为简单、可靠。

2）可以通过液压传动来增大踏板力，使驾驶员操纵更省力。

3）在动力传递过程中几乎没有损失，传动效率高。

（4）主缸（图1-28）　主缸的作用是为液压系统产生液体压力。其活塞设计为双活塞，装有一级密封圈和二级密封圈。一级密封圈密封压缩空间，二级密封圈对外密封。两个密封圈之间的空间通过补偿孔与储液罐相连。当活塞处于静止状态时，即放松离合器踏板时，可以通过补偿孔连接主缸的压缩空间与储液罐，此时，液压系统中没有压力油存在。一旦踩下踏板，活塞在推杆的推动下向前移动，当活塞移动超过补偿孔时，活塞前端的压缩空间的容积就会逐渐变小，压缩空间内的液体就会产生压力。

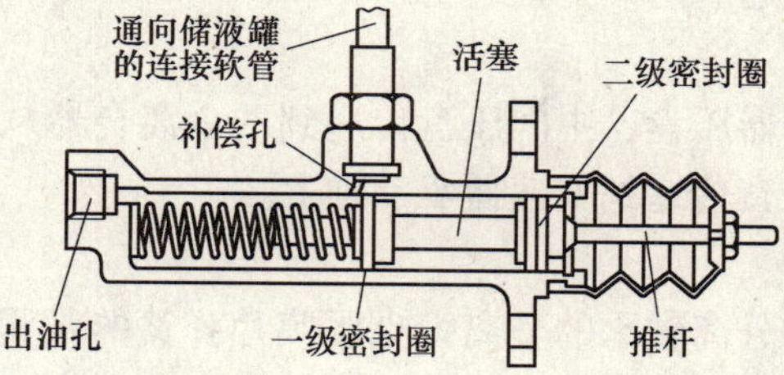

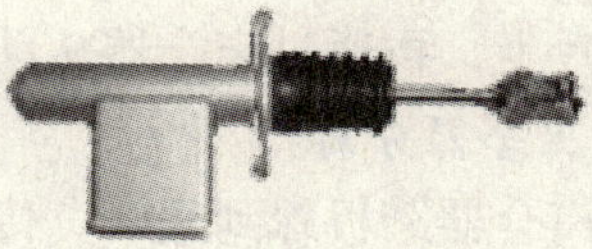

图1-28　主缸

（5）工作缸（图1-29）　工作缸的作用是将主缸中产生的液体压力转化为操纵分离轴承的力。它主要由外壳、放气阀、具有密封圈的活塞和推杆等部件组成。

压力油不断地从主缸通过出油孔进入工作缸进油孔内，工作缸内的液体压力逐渐升高，推动推杆向前移动，从而推动分离轴承，使离合器分离。

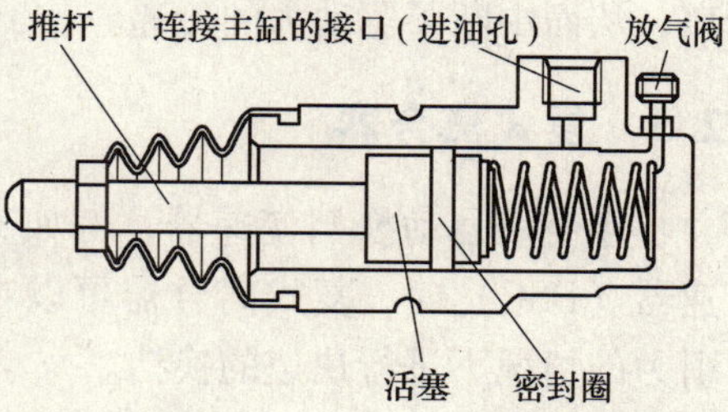

图1-29　工作缸

2.4　双片离合器

在压紧力与摩擦衬片直径大小相同的前提下，双片离合器可以传递相当于单片离合器双倍大小的转矩。一般用于重型载货汽车。

2.4.1　构造

双片离合器由两个连续安装的离合器从动盘、一个离合器压盘、一个中间压盘、一个膜片弹簧和一个分离装置组成（图1-30）。两个离合器从动盘均通过它们中部的花键轴套与变速器驱动轴一起旋转运动，并能相对于变速器驱动轴进行轴向移动。

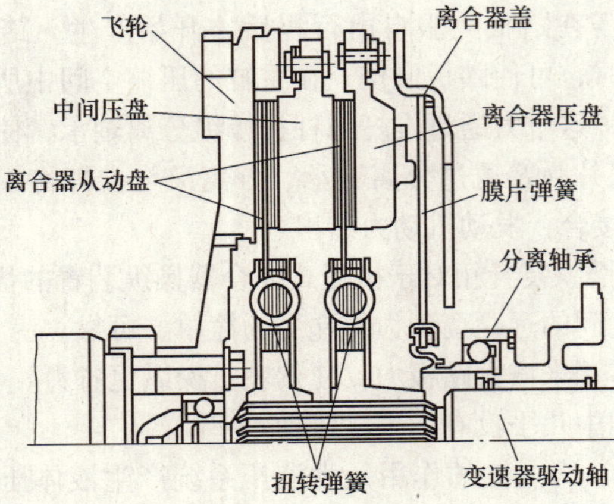

图 1-30　双片离合器

2.4.2　工作原理

1. 离合器接合（图 1-30）

张紧的膜片弹簧的压紧力将离合器压盘的摩擦面、两个离合器从动盘、中间压盘和飞轮相互压紧在一起，将发动机的转矩向外传递。

2. 驱动力的传递

发动机转矩通过飞轮、离合器盖、离合器压盘、中间压盘传递到两个离合器从动盘的摩擦衬片上，再通过离合器从动盘的花键轴套传递到变速器驱动轴上。

3. 离合器分离

将离合器踏板踩到底时，传递到离合器分离轴承的分离力克服膜片弹簧的张紧力，推动膜片弹簧的内侧发生位移，导致膜片弹簧的外侧向相反方向移动，作用在离合器压盘上的张紧力逐渐消失，离合器从动盘的摩擦面和离合器压盘、中间压盘及飞轮的摩擦面分离，从而中断了驱动力的传递。

2.5　复式离合器

在使用自动换挡变速器，例如直接换挡变速器（DSG）时，复式离合器可以在不中断牵引力的情况下进行快速的换挡。

2.5.1　构造（图 1-31）

复式离合器由两个相互独立工作的单个离合器 K_1 与 K_2 组成，它们被安置在同一个壳体内。离合器 K_1 与 K_2 从动盘的轮毂与两个变速器驱动轴 AW_1 与 AW_2 连接在一起。其中，一、三、五挡的固定齿轮位于 AW_1 上，二、四、六挡的固定齿轮位于 AW_2 上。在变速器驱动轴上运行的是利用换挡接合套进行挡位切换的空套

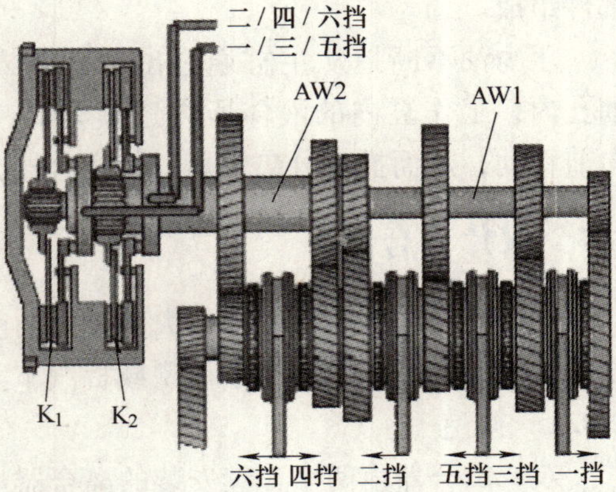

图 1-31　复式离合器（直接换挡变速器）

齿轮，该齿轮只有与换挡接合套接合后，才能进行动力的传递。

2.5.2　工作原理

根据不同的行车要求，电脑控制单元会按照预先所储存的变速器的运行程序来做如下决定：

1）使用哪一挡位来行驶车辆。

2）预选哪个挡位。

3）何时换到预选的挡位上。

行驶中挡位的离合器是被关闭（接合）的，而预选挡位的离合器是打开（分离）的。如果变速器程序决定了将一挡换到二挡，那么主管一挡的离合器 K_1 就会被分离，同时主管所预选的二挡的离合器 K_2 将被接合。在进行挡位切换的过程中，在不中断牵引力的情况下，能够同时接合并分离离合器（重叠控制）。挡位切换过程中的分离装置和换挡接合套的操纵装置可以以液压方式或电动方式控制。

2.6　片式离合器

片式离合器是指多片离合器（图 1-32），通常要求在油槽中运行。它常用于摩托车或自动变速器汽车上，起分离作用，主要用来切断自动变速器换挡时的驱动力或当自动变速器在挡位上时进行动力传递。

图 1-32　片式离合器

2.6.1　构造（图 1-33）

片式离合器主要由多个离合器从动盘（薄片）、外啮合的主动盘（摩擦片（图 1-34））与内啮合的从动盘（钢片）连续相间地安装在一起而组成。大多数情况下它们都在油槽内运行。

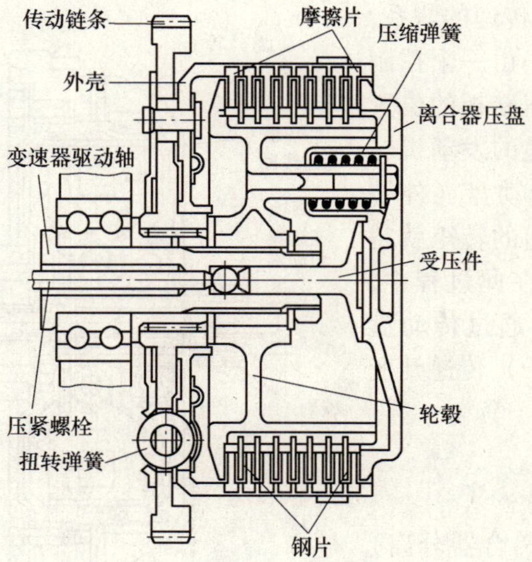

图 1-33　片式离合器结构原理图

图 1-34　片式离合器摩擦片

外啮合的摩擦片扣入离合器外壳的槽口中，内啮合的钢片扣入轮毂的外齿中。离合器压盘内容纳了多个压缩弹簧，并通过轮毂与变速器驱动轴连接在一起。

2.6.2 工作原理

1. 离合器接合

压缩弹簧依靠预紧力压紧离合器压盘、外啮合摩擦片与内啮合钢片。外啮合的摩擦片通过摩擦力带动内啮合的钢片，使离合器外壳与离合器从动盘轮毂相互连接在一起，实现发动机动力的输出。

2. 驱动力的传递

发动机转矩由离合器外壳、外啮合摩擦片、内啮合钢片、离合器压盘、离合器从动盘轮毂传递到变速器驱动轴上。

3. 离合器分离

分离轴承通过压紧螺栓压向离合器压盘，使离合器压盘克服了压缩弹簧的预紧力，从而不再有压力作用在离合器从动盘上，发动机动力的传递被切断。

2.7 磁粉离合器

磁粉离合器又叫电磁式离合器（图 1-35），在具有无级变速器 CVT（例如滑动履带自动装置）的轿车中用作为较小功率的起动离合器。

图 1-35 磁粉离合器

2.7.1 构造（图 1-36）

离合器从动盘中安装着一个励磁线圈，励磁线圈连接在发电机电流回路上。在传动盘（外转子）的内侧与离合器从动盘（内转子）外侧范围的环形槽之间的环状间隙中有细微的铁粉。

2.7.2 工作原理

为了在外转子与内转子之间建立动力传递的联系，励磁线圈中可通上电流，所通电流的大小由一个控制单元根据发动机的转速、行驶速度和加速踏板的位置进行控制。由此可见，磁粉离合器所传递的发动机转矩取决于离合器从动盘（内转子）与传动盘（外转子）之间电磁场的强度。磁力越大，传递的转矩就越大；磁力消失，则动力传递将被切断。在此过程中，驱动力的传递过程为：力从飞轮开始，通过传动盘（外转子）、铁粉、离合器从动盘（内转子）传递到变速器驱动轴上。

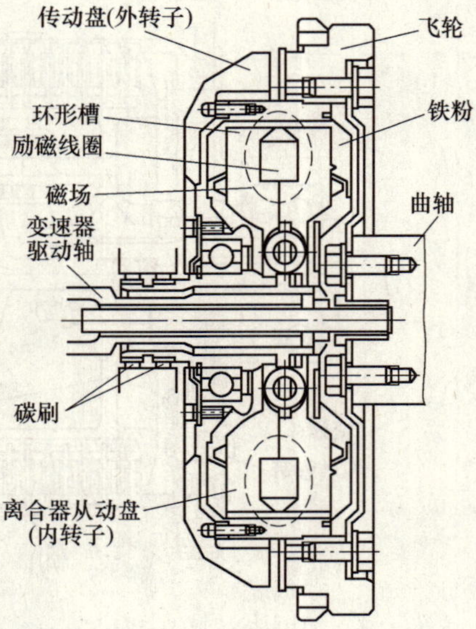

图 1-36 磁粉离合器结构原理图

2.8 自动离合器系统 AKS

自动离合器系统中离合器的断开（离合器分离）与离合器的闭合（离合器接合）都是由专门的电控系统（包括传感器、电控单元、执行器）所完成。离合器的分离和接合过程都无需驾驶员控制，无需使用离合器踏板。

对操纵过程产生影响的传感器信号有：点火开关、加速踏板位置、发动机转速、车速、挡位识别、ABS/ASR信号（ABS：防抱死系统；ASR：防侧滑调节装置）、换挡意图识别、分离速度和分离行程等。

2.8.1　构造（图1-37）

（1）离合器　具有液压中央分离轴承的自动调节膜片弹簧式离合器（SAC）。

（2）传感器　用于换挡意图识别、挡位识别、分离行程与分离速度的信号采集与输出。

1）换挡意图识别：利用变速杆上的传感器（扭转电位计）进行换挡信号采集与输出。

2）挡位识别：通过变速器中换挡拉杆上的两个无接触的旋转角传感器进行信号的采集与输出。

（3）离合器系统的电控单元　用于信号输入、计算比较、发出工作指令。除了接受换挡意图识别与挡位识别的传感器信号外，还接收用于控制发动机与ABS/ASR的电控单元的CAN总线信号。

（4）执行器　按照电控单元发出的指令进行离合器的接合和分离工作，自动接通和切断发动机的动力输出。其主要包括：电动机与蜗轮传动装置、主缸、带工作缸的液压中央分离轴承等部件。

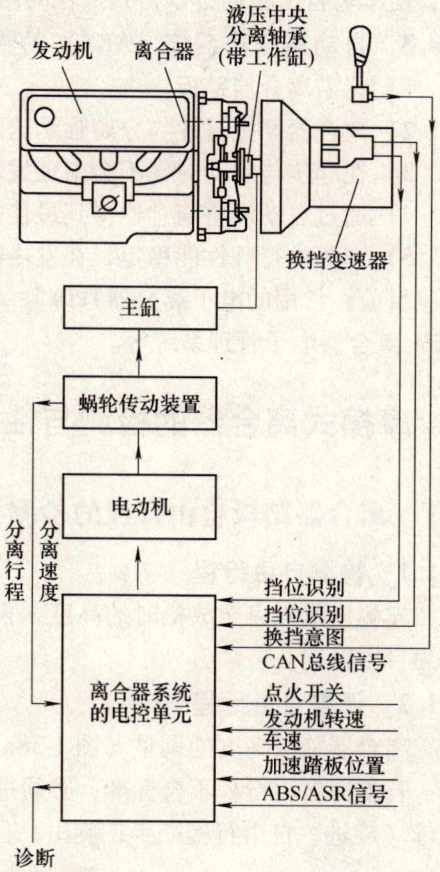

图1-37　AKS自动离合器系统的控制原理图

2.8.2　工作原理

为了了解当前系统的状况，电控单元从传感器中接收输入信号，输入信号再与电控单元内部预先存储的数据进行计算比较后，将控制指令作为输出信号传递给执行器。执行器根据收到的工作指令使离合器接合或分离。

（1）起步　电控单元根据不同的输入信号，如车轮转速、发动机转速和变速器转速计算出起步过程中最优的转差率，保证汽车的平稳起步。

（2）换挡　变速杆上的传感器将驾驶员的换挡意图转变成电信号输出。电控单元通过电动机操纵蜗轮传动装置，使主缸中的液体受压缩而产生压力。这个压力通过液压中央分离轴承（带工作缸）分离离合器。换挡之后，挡位识别传感器会向电控单元报告换到了哪个挡位上。此时电控单元向电动机再发出一个指令信号，使离合器以确定的转速差接合，汽车将得到确定的输出速度。

换挡时，加速踏板不一定要撤回，电控单元会根据汽车行驶的实际情况，先自动降低喷油量，随后再提高。

（3）正常行驶　为了减弱扭转振动，电控单元从发动机转速和变速器输入转速的信号中计算出差值，这样可在需要时调整所控制的转速差，保证汽车的平稳运行。

(4) 加大负荷　在对汽车进行突然加速时，车辆的振动会达到极限，可以在极短时间内分离离合器，以进行平稳而迅速的加速。

(5) 减速或制动　电控单元会处理制动抱死的驱动轮信号，使离合器在制动开始时断开，使车轮自由转动，以得到最佳的制动效果。

2.8.3　自动离合器系统（AKS）的特点

1）无需离合器踏板。

2）离合器摩擦衬片与分离轴承的耐磨性能要求高。

3）在起步与制动时，不会出现发动机自动熄火的现象。

4）通过自动调整离合器得到最佳的转速差，可减轻发动机的扭转振动。

5）车辆的行驶性能稳定，在发生载荷突然变化时，不会出现不良反应 。

目前，常用的电子离合器系统除 AKS 自动离合器系统外还有 EKS 电子离合器系统、EKM 离合器电子管理系统等。

3　摩擦式离合器的检测与性能试验

3.1　离合器踏板自由行程的检测与调整

3.1.1　检测自由行程

先测出踏板完全放松时的高度，再测出踩下踏板感到有阻力时的高度，两高度之差，即为自由行程。

3.1.2　调整自由行程

离合器踏板高度的调整（图 1-38a)，可通过踏板后的调整螺栓进行。

若测得自由行程不合标准，必须进行调整（图 1-38b)。调整时，旋动踏板推杆的锁止螺母（旋进，自由行程减少；旋出，自由行程增大)。注意，自由行程不能过大，也不能

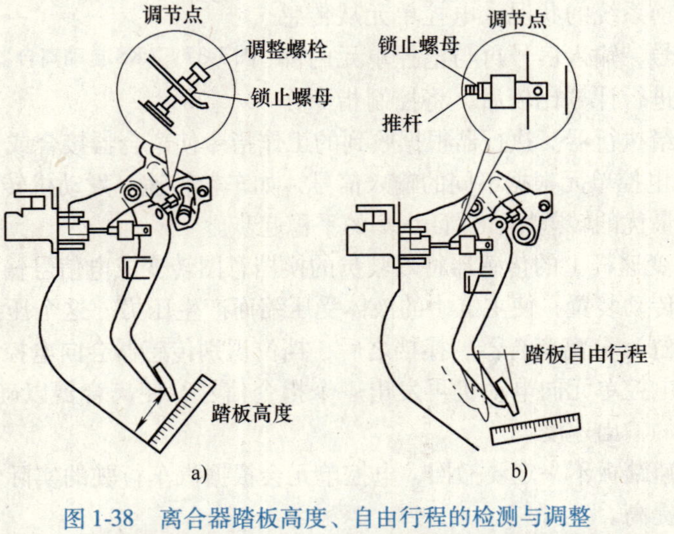

图 1-38　离合器踏板高度、自由行程的检测与调整

a）离合器踏板高度的检查与调整　b）离合器踏板自由行程的检查与调整

过小。若过大，离合器不能完全分离；若过小，分离杠杆与分离轴承不能完全脱离，离合器打滑。

3.2　离合器的性能试验

进行离合器性能试验之前应当在试车中多次进行离合器的接合，以便使离合器处于正常的运转温度状态。为了避免摩擦过热的危险，不允许采用通过摩擦加热离合器使其达到工作温度的方法。

3.2.1　起步时的打滑试验

1）将静止的汽车换到一挡。

2）将发动机转速提高到双倍的空转转速。

3）同时，迅速接合离合器。

此时，汽车加速平稳。如果不是这种情况，说明离合器打滑。

3.2.2　拉起驻车制动器时的打滑试验

1）踩下离合器踏板，换到最高的前进挡。

2）提高发动机转速，直到最大转矩。

3）快速接合离合器，同时将加速踏板踩到底。

该过程中发动机必须停止。如果发动机打滑或者产生了转速上升，则说明离合器的传递能力不正常。

3.2.3　分离性能的试验

1）将离合器踏板踩到底。

2）等待大约3～4s。

3）换好挡位后，注意倾听噪声。

应当不产生任何噪声，否则离合器的分离性能不正常。

或者按以下步骤试验。

1）将车辆举升，使车轮离开地面。

2）分离离合器，并挂上挡位。

此时，驱动轮不应当转动，否则离合器的分离性能不正常。

4　离合器常见故障的诊断与维修

离合器常见故障的诊断与维修见表1-1。

表1-1　离合器常见故障的诊断与维修

故障/缺陷	现　　象	原　　因	维修方法
离合器打滑	汽车起步时，完全放松离合器踏板，不能起步或起步困难；加速行驶时，车速不能随发动机转速的提高而增加，行驶无力；满载上坡时，散发出因摩擦片过热而产生的焦臭味	摩擦力不足（离合器踏板自由行程太小或没有自由行程、摩擦衬片变薄或损坏、离合器与飞轮联接螺栓松动等）	调整离合器踏板自由行程； 更换摩擦片； 拆检离合器

（续）

故障/缺陷	现　象	原　因	维修方法
离合器分离不彻底	起步时挂挡困难，不抬离合器踏板车就前移或发动机熄火；变速时挂挡困难并伴有变速器齿轮的撞击声	离合器踏板自由行程过大、离合器片正反面装反、新换摩擦衬片过厚、离合器内部损坏	调整离合器踏板自由行程； 如新换摩擦衬片，则检测其安装位置和厚度； 拆检离合器
离合器异响	在使用离合器时，发出不正常的响声，一种是在踩下踏板时发生，另一种是在放松踏板时发生	离合器分离轴承工作不良、离合器踏板没有自由行程、回位弹簧损坏、分离叉卡滞、离合器内部损坏	更换回位弹簧； 调整自由行程； 更换分离轴承； 更换分离叉； 拆检离合器

5　摩擦式弹簧离合器的拆装（以捷达车为例）

5.1　摩擦式膜片弹簧离合器的拆装过程

5.1.1　拆卸

1）拆下离合器拉索（参看5.3）。用专用托架将拉索调整机构压缩并固定，拆下分离杠杆紧固件，拆下离合器拉索。在拆卸过程中不得弯曲或拉伸离合器拉索。

2）拆下变速器（参看5.2）。

3）使用专用卡具VW558将飞轮固定，按对角交叉顺序松动飞轮紧固螺栓，拆下飞轮（图1-39）。

注意：从飞轮上拆下离合器总成时，首先检查有无拆装标记，如无拆装标记，应予补做后再进行拆卸，这样在组装后能保持曲轴系统平衡。

4）从离合器上拆下卡环（图1-40），注意卡环末端位置。

5）用专用工具，按对角线交叉松开压盘螺栓，取下压盘及离合器摩擦片（图1-41）。

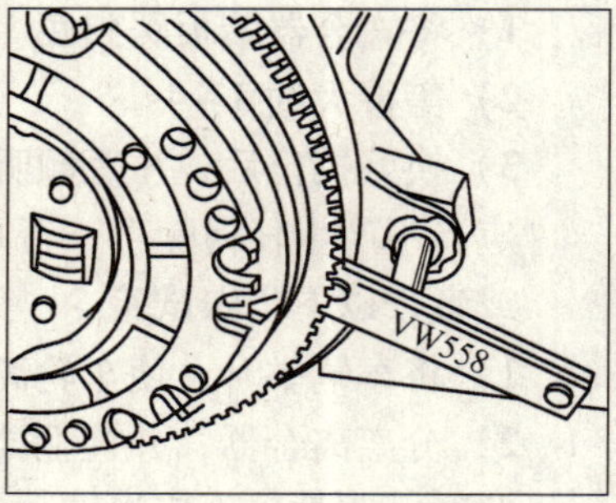

图1-39　拆下离合器飞轮

图1-40　拆下卡环

图1-41　用专用工具松开压盘螺栓

注意：所有拆下的零部件要按原位置套装好，并摆放整齐。

5.1.2 安装

离合器的安装按拆卸的相反步骤进行，在安装过程中应注意以下几个问题：

1）离合器解体后首先要进行清洗，但是摩擦衬片、轴承不能用油或碱水清洗。清洗后，把零部件放置整齐，已备检测。

2）安装前，应将离合器的接触表面擦拭干净。

3）安装前，应检查紧固螺栓，若有损坏应及时更换。

4）用专用卡具固定压盘，拧入固定螺栓，并按对角线拧紧，拧紧力矩为30N·m，拧紧后继续转1/4圈（90°），拧紧后涂防松胶。

5）用专用中心定位工具安装离合器从动盘及飞轮（图1-42）。将从动盘总成装在压盘与飞轮之间，以变速器第一轴为导杆，使离合器与飞轮所做标志对正，并用专用卡具VW547固定从动盘，压盘必须与飞轮完全接触方可插入离合器与飞轮间的固定螺栓，并按对角线均匀地逐渐拧紧，其拧紧力矩为20N·m。

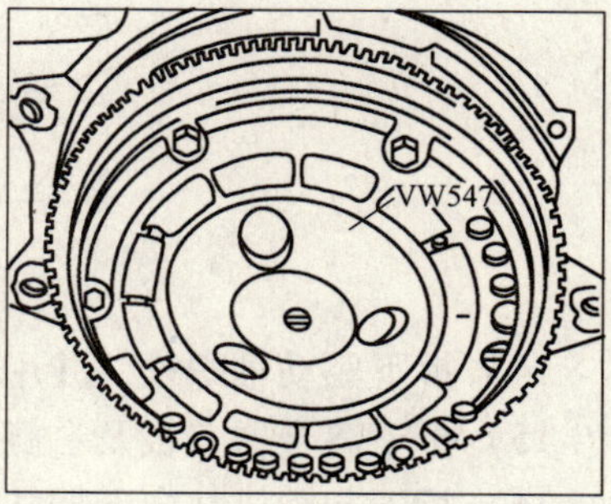

图1-42　安装离合器飞轮及从动盘

6）飞轮与离合器摩擦衬片的接触表面不允许有明显的划痕、油污等杂物，必须擦拭干净。

7）如果是螺旋弹簧式离合器，则在安装过程中需要进行离合器分离杠杆高度的调整。分离杠杆高度是指各分离杠杆上端面至压盘工作面之间的距离。按技术标准调整分离杠杆的高度，各分离杠杆高度差不大于0.25mm。达不到标准值时，可调整分离杠杆外端的调整螺母，使各分离杠杆内端都在同一平面内。调好后，穿上开口销，使螺母固定。

5.2 从车辆上拆装手动变速器的过程

5.2.1 拆卸

1）拆下蓄电池搭铁线。

2）从变速器上断开电器插接头。

3）拆下车速里程表软轴，并用橡胶盖将孔封住，以防拆卸变速器时流出齿轮油。

4）拆下变速器与发动机上部的联接螺栓。

5）拆下离合器拉索（参看5.3）。

6）拆下发动机右支架上的三个螺栓。

7）从选挡轴的杠杆上拆下连接杆和短选挡拉杆，从导向杆上拆下长选挡拉杆，拆卸时首先要松开卡箍。

8）拧下变速器左支架的六角螺母。

9）拧下变速器左侧支架上的六角头螺栓。

10）从变速器上拧下左侧支架上部的两个螺栓。

11）装上带有导轨的吊架，并用其上的螺纹杆轻轻吊起发动机（图1-43）。

12）拆下左侧车轮装饰罩。

13）拆下右侧驱动轴及发动机隔热板。

图 1-43　安装发动机支架

14）拆下驱动轴螺栓，并用钢丝向上吊起驱动轴。

15）拆下离合器盖板及右侧驱动凸缘后面小挡板上的螺栓。

16）拆下起动机并向上捆扎好。

17）拧下变速器前支架螺栓并取下前支架。

18）拆下左侧变速器支架的第三个螺栓，拆下变速器支架。

19）放低变速器，拆下变速器左支架螺栓。

20）尽可能向右推出发动机及变速器（约 40mm）。

21）用变速器千斤顶支起变速器，并拆下发动机与变速器下部的联接螺栓。

22）从定位衬套上压出并拆下变速器。

注意：在将变速器从车上拆下的过程中，一定要做好自身的安全防护工作，以免发生人身伤害。

5.2.2　安装

变速器的安装可按拆卸相反的顺序进行，应保证发动机和变速器支架在无应力状态下安装，并注意以下事项。

1）清洗输入轴花键，并使用少量润滑脂润滑花键。

2）安装变速器时，应注意保证离合器从动盘准确定位。

3）进行离合器拉索功能检查。

4）对于未装自动调节机构的汽车，须检查离合器间隙，离合器踏板自由行程为 15 ~ 20mm。

5）对于装有自动调节机构的汽车，应多次将离合器踏板踩到底。

6）检查变速器油油面高度。

5.3　拆装离合器拉索的过程

5.3.1　拆卸

1）连续数次踏下离合器踏板至极限位置。

2）压紧防护套内的调整机构，装上托架并用夹子固定（图 1-44）。

3）拆下分离轴杠杆上的紧固件。

4）脱开离合器踏板上的吊耳。

5）拆下离合器拉索。

5.3.2　安装

1）通过前围板将拉索钩在离合器踏板上。

2）用手压下离合器踏板，同时（两人）在前面拉紧拉索，压紧防护套内的调整机构，装上托架并用夹子固定，装上分离轴杠杆上的固定件，连续数次踏下离合器踏板至极限位置。

3）功能检查。至少将离合器踏板踩到底五次，按与踏板踏下相反的方向移动分离杠杆 10mm，分离杠杆应运动自如。

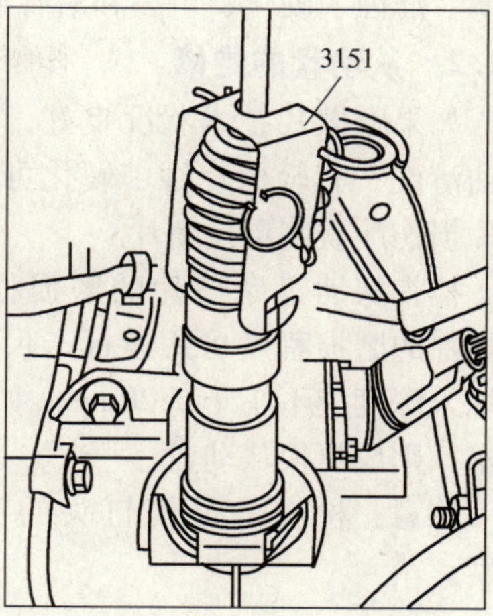

图 1-44　装上并固定托架

5.4　拆装离合器踏板的过程

5.4.1　拆卸

1）拆下转向柱联接螺栓并向左转动，如果已拆下偏心弹簧，则不必再拆下转向柱联接螺栓。

2）用踏板拉紧偏心弹簧。

3）将装配保持架 3113 插在偏心弹簧上。

4）拆下弹性挡圈。

5）将偏心弹簧连同装配保持架一同拆下。

6）从离合器踏板上拆下离合器拉索。

7）从销轴上拆下弹性挡圈。

8）拆下离合器踏板。

9）从装配保持架上，取下偏心弹簧（图 1-45）。

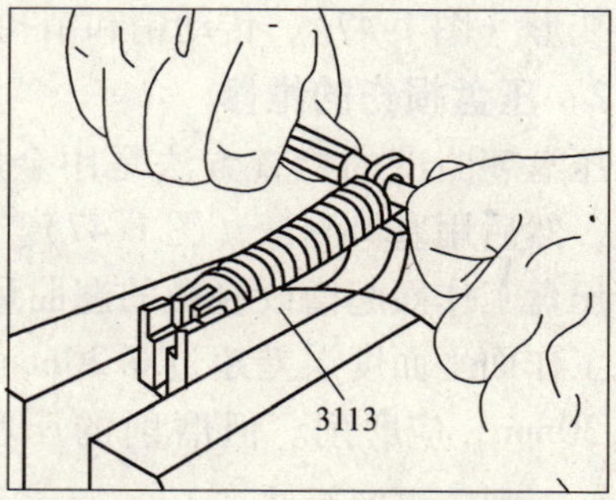

图 1-45　从装配架上取下偏心弹簧

5.4.2　安装

1）装上离合器踏板。

2）安装弹性挡圈。

3）将离合器拉索钩在离合器踏板上。

4）将偏心弹簧压入装配保持架，安装偏心弹簧。

5）用踏板张紧偏心弹簧并拆下保持架。

6）连续数次踏下离合器踏板至极限位置。

7）重新装上转向柱。

6　摩擦式离合器主要部件的检修

6.1　从动盘的检修

6.1.1　从动盘的损伤

从动盘的损伤主要有花键毂、键齿的磨损，铆钉松动，钢片翘曲、裂纹，摩擦片磨损变薄、烧蚀、硬化、龟裂和沾有油污等。

6.1.2 从动盘的维修

如果摩擦片技术状况良好，仅有油污，可用汽油清洗；有轻微烧蚀、硬化可用砂纸打磨；摩擦片损伤严重则更换新片。

检查从动盘摩擦片的磨损程度（图 1-46）。摩擦片的磨损程度可用游标卡尺进行测量。铆钉头埋入深度应不小于0.20mm。如果检查结果超过要求，则应更换从动盘。

注意：检查的是铆钉头的深度，即浅处的深度。

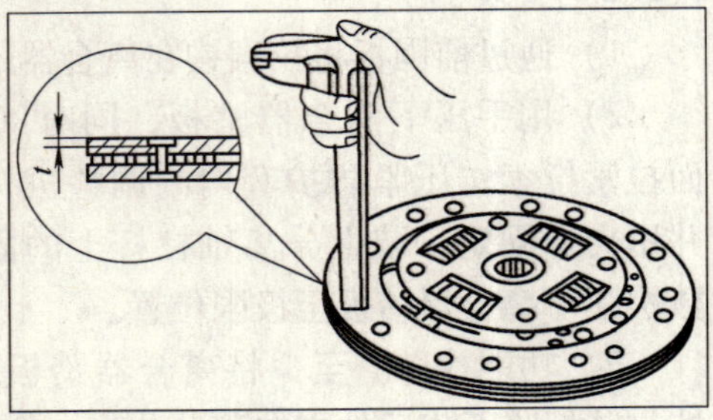

图 1-46 摩擦衬片磨损的检查

6.2 压盘的检修

6.2.1 压盘的主要损伤

压盘的主要损伤是工作面磨损成沟槽、破裂、翘曲变形（图 1-47），传动销和销孔磨损等。

6.2.2 压盘损伤的维修

压盘翘曲度的检查方法是用金属直尺压在压盘上，然后用塞尺测量（图 1-47）。

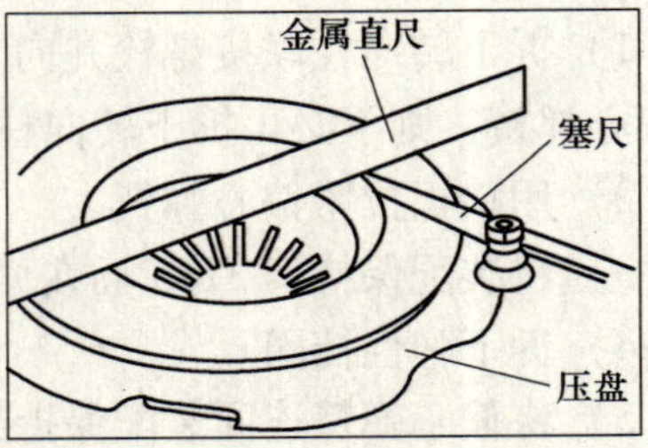

图 1-47 压盘翘曲度的检查

压盘工作面起槽或轻微的翘曲可用油石磨光。如果工作面平面度误差超过 0.20mm，沟槽深度超过 0.30mm，应磨削。但磨削的压盘厚度应小于 2mm，否则应更换新件。

6.3 压盘弹簧的检修

6.3.1 压盘弹簧的损伤

压盘弹簧的损伤主要是自由长度缩短、弹性减弱、弯曲、裂纹、断裂等。

6.3.2 压盘弹簧的维修

离合器在大修时，必须对压盘弹簧进行全面检查，对不符合技术标准的压盘弹簧要进行更换，或者对弹簧进行热处理，使其恢复原有性能。（一般压盘弹簧的自由长度为70mm 左右，压缩长度为43mm 左右）。

自测题

1. 离合器的作用是什么？
2. 为什么在有换挡变速器的汽车中，换挡时必须停止力的传递？
3. 单片摩擦式离合器的主要组成是什么？
4. 分离轴承的作用是什么？

5. 请简述中央导向液压式分离轴承的构造。
6. 膜片弹簧式离合器可传递的转矩与哪四大因素有关？
7. 请简述离合器分离时膜片弹簧式离合器的工作原理。
8. 如何理解摩擦式离合器的自由间隙？
9. 相对于螺旋弹簧式离合器而言，膜片弹簧式离合器有哪些优点？
10. 相对于单片离合器而言，双片离合器在转矩传递方面有哪些优势？
11. 请简述离合器从动盘的构造。
12. 离合器摩擦衬片有哪些要求？
13. 离合器摩擦衬片主要由什么组成？
14. 液压式离合器操纵机构的主要组成包括哪些？
15. 液压式离合器操纵装置有哪些优点？
16. 在磁粉离合器中，转矩是如何传递的？
17. 对于汽车摩擦离合器应当进行哪些性能试验？
18. 自动离合器系统有哪些特点？

学习单元二
换挡时变速器有噪声

1 变速器的作用与分类

在汽车的传动系统中，变速器安装在离合器的后面（图 2-1），它能改变发动机转矩和转速的变化范围以及动力传递的旋转方向，以获得汽车行驶所需要的驱动力和速度。

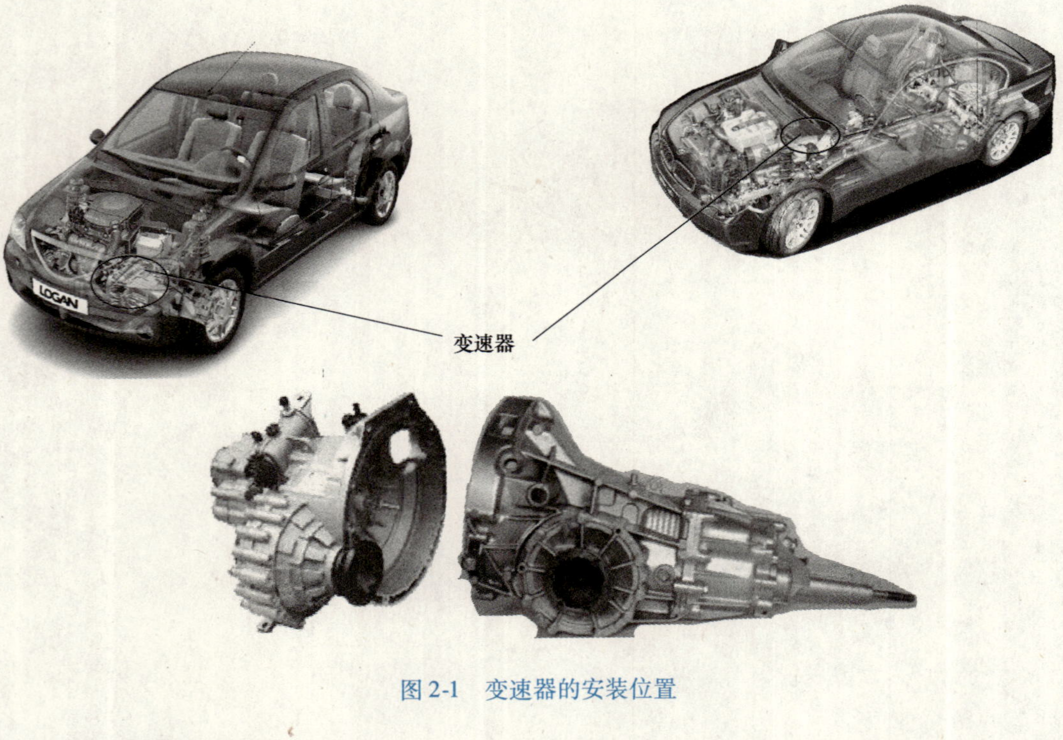

图 2-1 变速器的安装位置

1.1 变速器的作用

1）改变并传递发动机转矩，使汽车获得不同的驱动力以适应复杂变化的路况条件。

2）改变发动机转速，使汽车以不同的车速行驶。

3）实现空挡，中断动力传递，使发动机起动后空转，汽车保持静止。

4）实现倒挡，在发动机旋转方向不变的前提下，改变动力传递的旋转方向，使汽车能够倒退行驶。

1.1.1　内燃发动机的功率与转矩特性曲线

每个发动机都在最低转速与最高转速之间工作，在有效的转速范围内产生有限的转矩（图 2-2）。发动机最大转矩与最大功率之间的转速范围被称为弹性范围。

如图 2-2 所示，当发动机的转速为 2000r/min 时，发动机将获得最大的转矩，即驱动力最大，为 310N · m。随着转速的升高，转矩越变越小，输出功率越来越大，到转速为 4000r/min 时输出功率到达最大值，即发动机的有效功率最大，为 96kW。为了使发动机在整个有效的转速范围内所生产的转矩与转速能更适应于汽车在不同工况下的行驶要求，发动机的输出转矩与转速会被加以改变。通过变速器，我们可以使车辆在一定的发动机转速下获得不同的驱动力和转速。

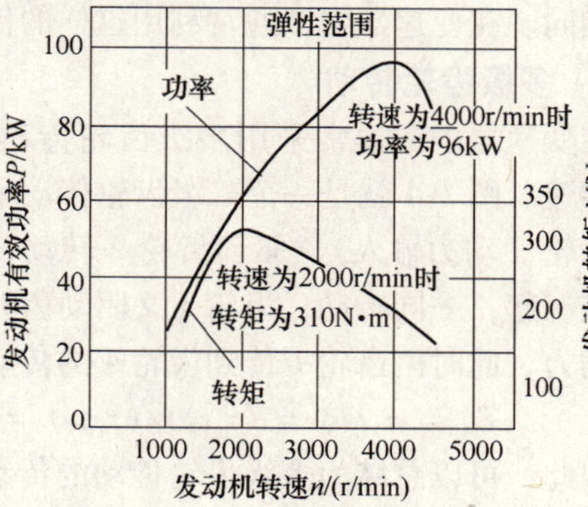

图 2-2　发动机的功率与转矩特性曲线

1.1.2　齿轮传动的基本原理

在变速器中，转矩与转速的改变是利用不同齿数的齿轮啮合传动来（图 2-3）实现的。在一对齿轮副中，在较大的齿轮上（半径较大，齿数较多）总是产生较大的转矩与较小的转速。而且两齿轮的半径与齿数成正比，转速与齿数成反比。所以，半径比 r_2/r_1 等于从动齿轮的齿数 z_2 与主动齿轮 z_1 之比，也等于主动齿轮（即输入轴）的转速 n_1 与从动齿轮（即输出轴）的转速 n_2 之比。这个比被称为传动比 i，即 $i_{12} = n_1/n_2 = z_2/z_1$，传动比反映的是传动中转矩与转速改变的程度。

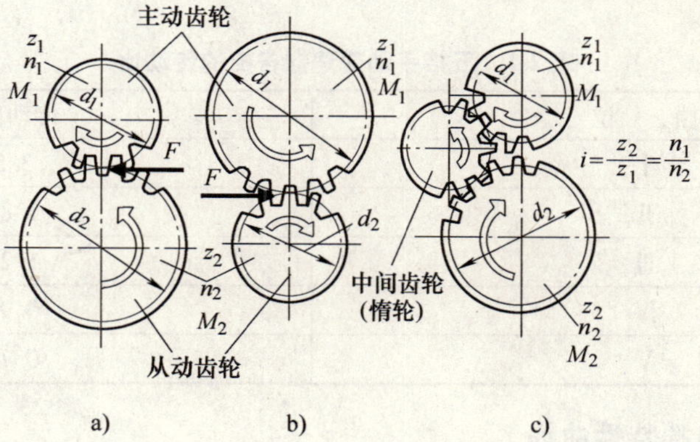

图 2-3　齿轮传动中转矩与转速的改变

a）减速增矩传动　b）增速降矩传动　c）中间齿轮传动

如图 2-3a 所示，当小齿轮为主动齿轮，带动大齿轮转动时，转矩会增大，即 $M_2 > M_1$；输出转速会降低，即 $n_2 < n_1$，称为减速增矩传动，此时传动比 $i > 1$。

如图2-3b所示，当大齿轮驱动小齿轮时，转矩会减小，即 $M_2 < M_1$，输出转速会升高，即 $n_2 > n_1$，称为增速降矩传动，此时传动比 $i<1$。这就是齿轮传动的变速原理。汽车变速器就是根据这一原理利用若干大小不同的齿轮副传动而实现变速。

如图2-3c所示，在两个齿轮之间加了一个中间齿轮，也叫惰轮，在进行传动比计算时，可以将其忽略不算。在传动中，它的作用是改变齿轮最终的旋转方向，即两个齿轮传动时，两齿轮的旋转方向相反，加上一个中间齿轮后，可以使输入齿轮和输出齿轮的旋转方向相同。在变速器中，通常利用这样的传动形式来实现倒挡。

1.1.3 多级齿轮传动

在变速器中，通常采用多级齿轮传动来获得不同的转矩和转速。图2-4就是一个二级齿轮传动示意图，齿轮1为主动齿轮（动力输入），驱动齿轮2转动；齿轮3与齿轮2固连在一起，一同转动；齿轮3又驱动齿轮4转动，并最终输出动力，此时由齿轮1传到齿轮4的传动比为

$$i_{14} = n_1/n_4 = (z_2z_4)/(z_1z_3) = i_{12}i_{34}$$

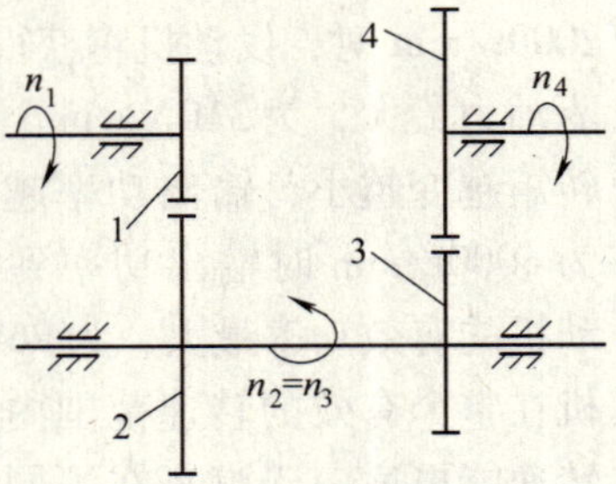

图2-4 二级齿轮传动示意图

因此，可以总结为多级齿轮传动的传动比为

$$i = \frac{\text{所有从动齿轮齿数的连乘积}}{\text{所有主动齿轮齿数的连乘积}} = \text{各级齿轮传动比的连乘积}$$

对于变速器，各挡的传动比 i 就是变速器输入轴转速与输出轴转速之比或变速器输出轴转矩与输入轴转矩之比。即

$$i = n_{输入}/n_{输出} = M_{输出}/M_{输入}$$

当 $i>1$ 时，$n_{输出} < n_{输入}$，$M_{输出} > M_{输入}$，此时实现降速增矩，为变速器的低挡位，且 i 越大，挡位越低；当 $i=1$ 时，$n_{输出} = n_{输入}$，$M_{输出} = M_{输入}$，为变速器的直接挡；当 $i<1$ 时，$n_{输出} > n_{输入}$，$M_{输出} < M_{输入}$，此时实现升速降矩，为变速器的超速挡。

例如，表2-1为五挡手动变速器各挡的传动比 。其中一至三挡为降速挡，四挡为直接挡，五挡为超速挡。

表2-1 五挡手动变速器各挡的传动比

挡　位	传动比 i
Ⅰ	3.5
Ⅱ	1.89
Ⅲ	1.23
Ⅳ	0.93
Ⅴ	0.73

1.1.4 变速器输出端特性曲线

通过不同的传动比，可产生不同的输出转矩与输出转速，以此为依据可绘制成变速器输出端的特性曲线。其曲线点可根据发动机的转矩特性曲线的值和变速器挡位的传动比计算出来。

1. 转矩双曲线（图2-5）

转矩双曲线描述的是使车辆向前行驶所必需的变速器输出转矩随变速器输出转速的

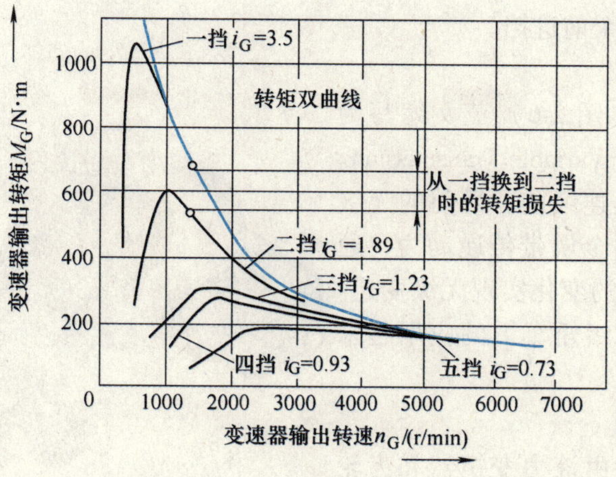

图 2-5　变速器输出端特性曲线

变化。

一辆汽车从静止到开始运动的过程中，需要较高的驱动转矩。这可以通过一挡位的传动比来实现。如此类推，变速器不同挡位的不同传动比，可以满足汽车不同的行驶需要。为了在换挡时使转矩损失尽可能小，发动机输出端特性曲线应当尽量贴近转矩双曲线，这是变速器良好分级的特征。

2. 牵引力双曲线

如果用牵引力代替输出转矩绘制出牵引力随车辆行驶速度变化的曲线图，就可以得到一个反映汽车行驶特性的牵引力双曲线。

1.1.5　切断动力传递，实现怠速

利用变速器实现空挡，中断动力传递，使汽车处于怠速状态，既有利于换挡，又能使发动机运转而车辆处于静止状态，适宜车辆在拥堵的路面上行驶。

1.1.6　转换旋转方向，实现倒挡

根据相关规定，总质量超过 400kg 的汽车必须具有一个可以实现转换旋转方向实现倒挡的装置。这一要求可以通过一个中间齿轮来实现（图 2-3c）。

1.2　变速器的分类

现代汽车上所采用的变速器有多种形式，一般可以按照传动比变化方式或操纵方式进行分类。

1.2.1　按传动比变化方式分类

变速器按传动比变化方式可分为有级式、无级式和综合式三种。

1. 有级式变速器

有级式变速器采用齿轮传动，具有若干个定值传动比。齿轮式变速器具有结构简单、易于制造、工作可靠、传动效率高等优点。轿车和轻、中型货车变速器多采用 3 ~ 5 个前进挡和一个倒挡，每个挡位对应一个传动比。重型汽车行驶的路况复杂，变速器的挡位较多，可有 8 ~ 20 个挡位。

注意：变速器的挡数都是指前进挡的位数。如上海桑塔纳 2000 采用的五挡手动变速

器指的就是其具有五个前进挡。

2. 无级式变速器

无级式变速器（图2-6）英文缩写为CVT，即Continuously Variable Transmission。它的传动比的变化是连续的。目前的无级变速器一般都是采用金属带传递动力，通过主、从动带轮直径的变化实现无级变速。这种变速器在中、高级轿车上的应用越来越多。

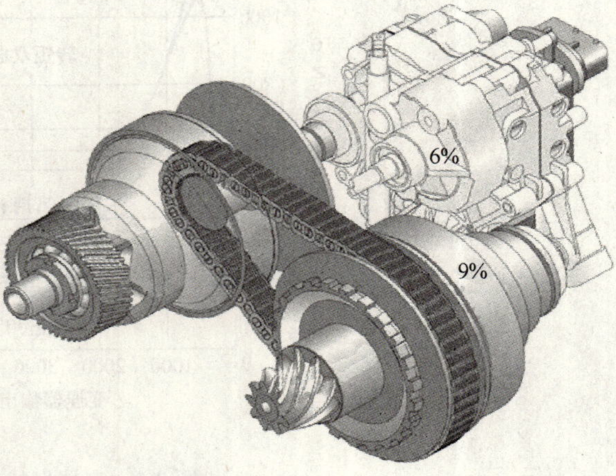

图2-6　无级式变速器

3. 综合式变速器

综合式变速器是由液力变矩器和齿轮式有级变速器组成的，一般都是由电脑来自动实现换挡，所以也多把这种变速器称为自动变速器。这种变速器的传动比可在最大值与最小值之间的几个阶段范围内作无级变化，目前应用较多。

1.2.2　按操纵方式分类

变速器按操纵方式可分为手动变速器、自动变速器和手自一体变速器三种。

1. 手动变速器

手动变速器的英文缩写为MT，即Manual Transmission。通过驾驶员用手操纵变速杆选定挡位，并直接操纵变速器的换挡机构进行挡位变换。齿轮式有级变速器大多数都采用这种换挡方式。

2. 自动变速器

自动变速器的英文缩写为AT，即Automatic Transmission。这种变速器的自动控制系统根据发动机的负荷和车速的变化情况自动地选定挡位，并进行挡位变换，即自动地改变传动比。驾驶员只需要操纵加速踏板控制车速。

3. 手自一体变速器

这种变速器可以自动换挡，也可以手动换挡，驾驶员可以根据需要来选择。比较典型的如奥迪A6的Tiptronic、上海帕萨特1.8T等。目前越来越多的中、高档汽车上装有手自一体变速器。

2　手动变速器

手动变速器是通过操纵变速杆来改变变速器内的齿轮啮合状态，进而改变传动比，从而达到变速目的一种变速器。

2.1　手动变速器的分类

1. 按力的传递过程分类（图2-7）

（1）非同轴变速器　广泛用于发动机前置、前轮驱动的轿车。

（2）同轴变速器　广泛用于发动机前置、后轮驱动的汽车。

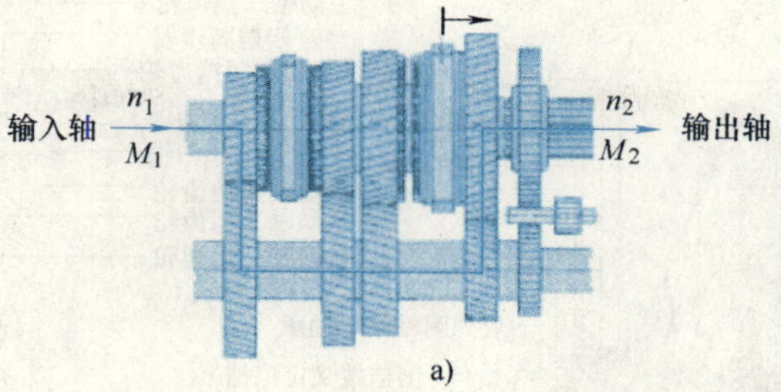

a)

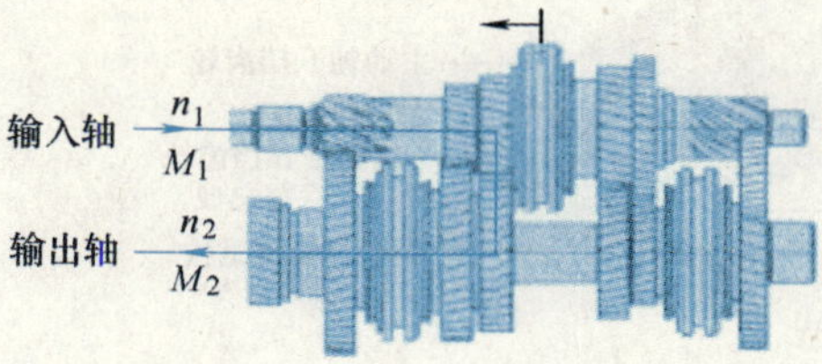

b)

图 2-7　同轴与非同轴变速器

a）同轴变速器　b）非同轴变速器

2. 按在汽车上的位置分类

（1）横向布置变速器（非同轴变速器）

（2）纵向布置变速器（同轴变速器）

3. 按变速器中主要工作轴（不包括倒挡轴）的数量分类

（1）二轴式变速器（非同轴变速器）

（2）三轴式变速器（同轴变速器）

4. 按滑动齿轮与轴连接的部件分类

（1）换挡接合套变速器　在变速器中普遍使用。

（2）直齿滑动齿轮变速器　在部分变速器的倒挡上使用，如桑塔纳 2000 变速器、东风 EQ1092 的倒挡等。

2.2　手动变速器的组成

手动变速器（图 2-8）一般由变速传动机构和操纵机构两大部分组成。

变速传动机构的主要作用是改变转矩的大小和方向，操纵机构的作用是将驾驶员的操纵力传到变速传动机构，实现换挡。

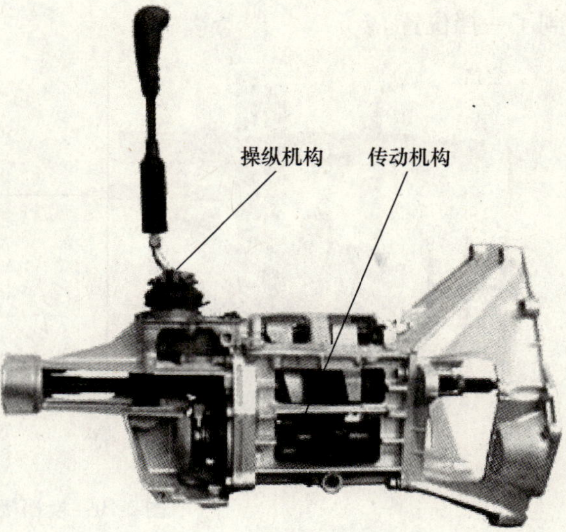

图 2-8　变速器的组成

2.3　手动变速器的变速传动机构

变速传动机构是变速器的主体，主要包括输入轴、输出轴、倒挡轴、各轴上的常啮合齿轮（分为主动齿轮和从动齿轮）、接合套、同步器、倒挡齿轮及变速器壳体等（图 2-9），对于三轴式变速器还应增加中间轴。

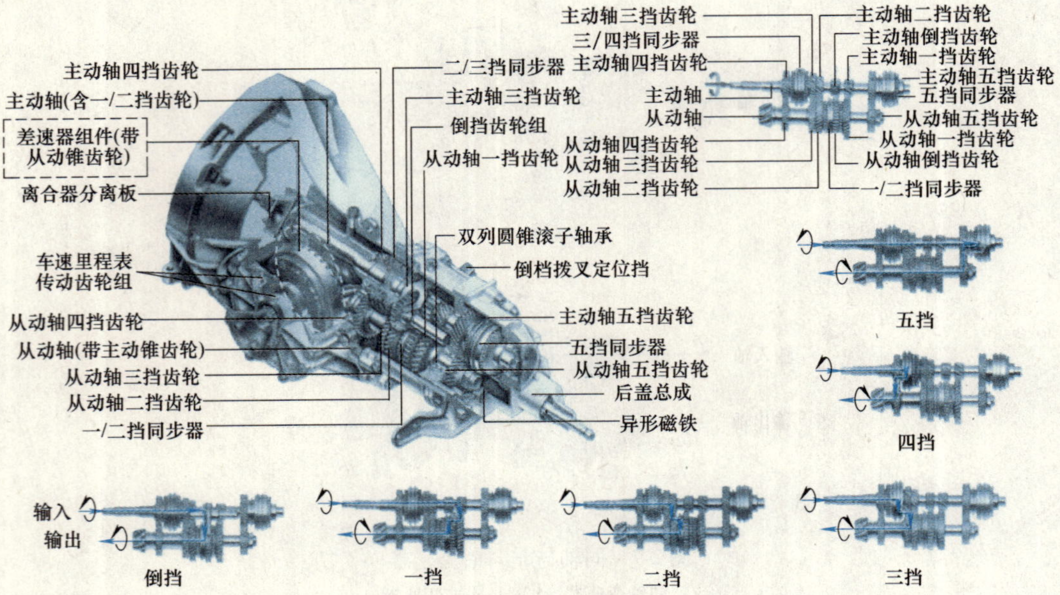

图 2-9　二轴式五挡手动变速器传动机构结构图

注：虚线框内的部件不属于变速器，但是与变速器在同一个壳体内

（1）换挡接合套　传动轴上的滑动齿轮（空套齿轮——齿轮松套在轴上，非工作状态时，轴与齿轮不能同转）与传动轴之间力的传递通过一个换挡接合套（简称接合套）完成，接合套通过同步器外壳与传动轴连接在一起旋转（图 2-10）。前进挡的所有齿轮副均为常啮合斜齿轮，要使这些齿轮副常啮合，每对未在当前挡位上的齿轮副中必须有一个齿轮是空套齿轮，即其在轴上可自由旋转。

（2）换挡过程（图 2-10）　以一挡为例说明：接合套左移，使得接合套的内齿移动到了一挡滑动齿轮的换挡啮合齿上，一挡滑动齿轮带动接合套，接合套带动输出轴，最终使得输出轴上一挡滑动齿轮（空套齿轮）与输出轴连接在一起旋转，挡位便由空挡位置换到了一挡位置。

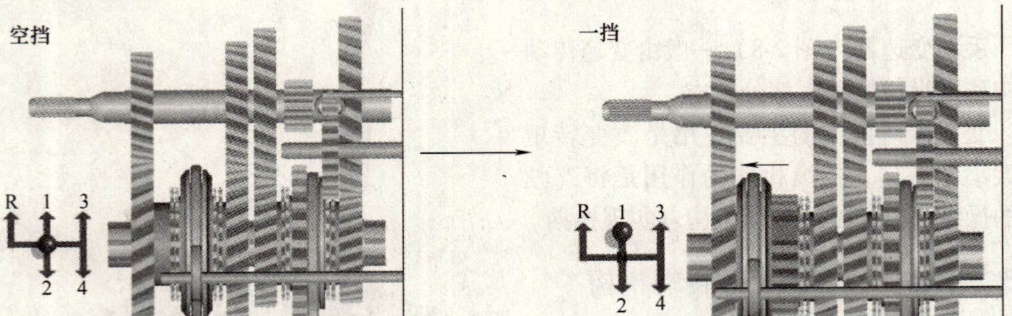

图 2-10　换挡接合套工作过程

2.3.1 非同轴换挡接合套变速器

非同轴换挡接合套变速器可通过不同的齿轮副实现挡位的转换。通常应用于发动机横置的汽车上。其输入轴与输出轴位于不同的平面上（图2-11），输出轴也被称为主轴。

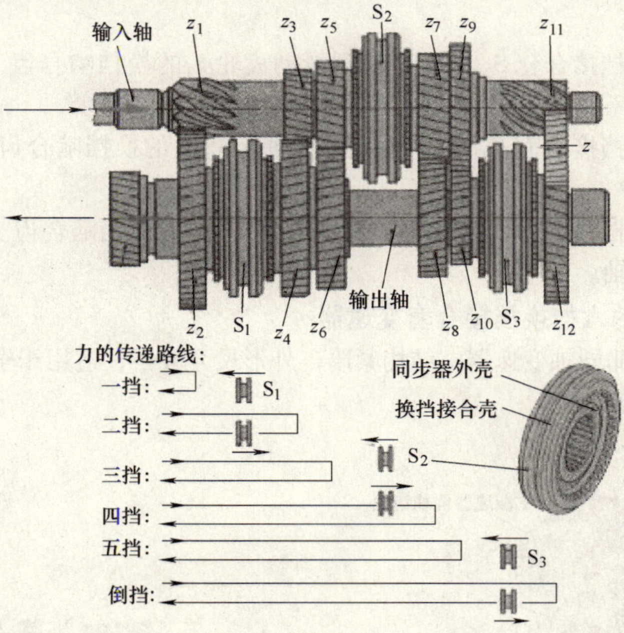

图2-11　非同轴五挡变速器

1. 构造（图2-11）

（1）输入轴　一个输入轴，它具有六个换挡齿轮，均为主动齿轮。其中 z_1、z_3、z_9、z_{11} 是固定齿轮，与输入轴一块转动；z_5、z_7 是滑动齿轮，能在输入轴上自由转动。

（2）输出轴　一个输出轴，它具有六个换挡齿轮，均为从动齿轮。其中 z_2、z_4、z_{10}、z_{12} 是滑动齿轮，能在输出轴上自由转动；z_6、z_8 是固定齿轮，与输出轴一块转动。

（3）倒挡轴　一个倒挡轴，其上有一个倒挡的中间齿轮（惰轮）z，可以使输出方向与其他挡位的输出方向相反，从而实现倒挡。

（4）换挡接合套　三个换挡接合套，S_1、S_2 和 S_3，输入轴上一个，输出轴上两个。

（5）换挡齿轮　换挡齿轮包括以下几部分：

1）固定齿轮：固定在轴上，与轴一同转动，如：齿轮 z_1、z_3、z_9、z_{11} 作为固定齿轮固定在输入轴上，只要输入轴转动，这几个齿轮就转动。

2）滑动齿轮：空套在轴上，可以在轴上自由转动，如：齿轮 z_2、z_4、z_{10}、z_{12} 作为滑动齿轮空套在输出轴上，这几个齿轮在主动齿轮的带动下转动，但是，输出轴却不转动。

3）换挡啮合齿：在每一个滑动齿轮上都有换挡啮合齿，用于与接合套的内齿相啮合，使动力在轴与滑动齿轮间传递，实现轴与滑动齿轮的一同转动。

2. 力的传递路线

（1）一挡　换挡接合套 S_1 向左移动到滑动齿轮 z_2 的换挡啮合齿上。输入轴 → z_1 → z_2 → S_1 → 输出轴。

（2）二挡　换挡接合套 S_1 向右移动到滑动齿轮 z_4 的换挡啮合齿上。输入轴 → z_3→ z_4→ S_1→ 输出轴。

（3）三挡　换挡接合套 S_2 向左移动到滑动齿轮 z_5 的换挡啮合齿上。输入轴 → S_2→ z_5→ z_6→ 输出轴。

（4）四挡　换挡接合套 S_2 向右移动到滑动齿轮 z_7 的换挡啮合齿上。输入轴 → S_2→ z_7→z_8→ 输出轴。

（5）五挡　换挡接合套 S_3 向左移动到滑动齿轮 z_{10} 的换挡啮合齿上。输入轴 →z_9→ z_{10}→ S_3→输出轴。

（6）倒挡　换挡接合套 S_3 向右移动到滑动齿轮 z_{12} 的换挡啮合齿上。输入轴 → z_{11} → z →z_{12} →S_3→ 输出轴。

2.3.2　结构紧凑的六挡换挡接合套变速器

该变速器也是非同轴变速器，结构紧凑，外形尺寸较小，适用于全轮驱动与前轮驱动的发动机横置的车辆。

1. 构造（图 2-12）

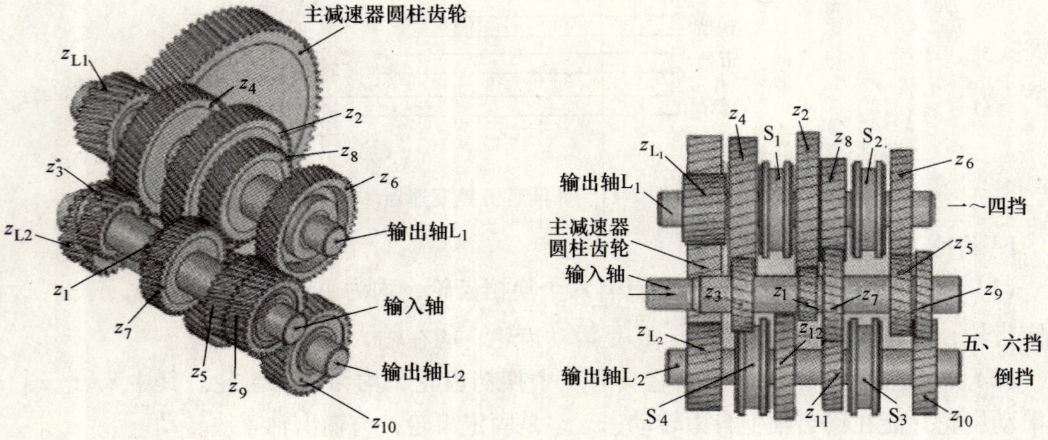

图 2-12　横向放置的六挡变速器

1）一个输入轴，具有五个换挡齿轮（固定齿轮）。

2）两个具有滑动齿轮的输出轴 L_1 与 L_2，以及两个从动齿轮 z_{L_1}、z_{L_2}，它们作用于相同的主减速器圆柱齿轮上。

3）四个换挡接合套，S_1、S_2、S_3 和 S_4，每个输出轴上各两个。

2. 换挡齿轮

1）z_1、z_3、z_5、z_7、z_9 是固定齿轮，安装在输入轴上。

2）一到四挡的滑动齿轮 z_2、z_4、z_6、z_8 空套在输出轴 L_1 上。

3）五、六挡与倒挡的滑动齿轮 z_{10}、z_{11}、z_{12} 位于输出轴 L_2 上。

3. 换挡接合套

输出轴上的换挡接合套 S_1、S_2、S_3、S_4 使各挡滑动齿轮在该挡位时与输出轴 L_1 或 L_2 接合，共同转动。

4. 力的传递路线

1）一挡：输入轴→z_1→z_2→S_1→输出轴 L_1→z_{L_1}。

2）二挡：输入轴→z_3→z_4→S_1→输出轴 L_1→z_{L_1}。

3）三挡：输入轴→z_5→z_6→S_2→输出轴 L_1→z_{L_1}。

4）四挡：输入轴→z_7→z_8→S_2→输出轴 L_1→z_{L_1}。

5）五挡：输入轴→z_9→z_{10}→S_3→输出轴 L_2→z_{L_2}。

6）六挡：输入轴→z_7→z_{11}→S_3→输出轴 L_2→z_{L_2}。

2.3.3　同轴换挡接合套变速器

同轴变速器，其输入轴与输出轴在同一平面上（图 2-13），适用于具有与行驶方向相同的发动机前置后轮驱动的汽车中，又被称为“三轴式变速器”（输入轴、中间轴、输出轴）。

1. 输入轴

与离合器从动盘连接在一起，并通过固定齿轮（也叫常啮合齿轮）z_1 驱动中间轴。

2. 中间轴

与齿轮 z_2、z_3、z_5、z_7、z_9、z_{11} 一起组成一个齿轮组。其上齿轮一般都是固定齿轮。

3. 输出轴（主轴）

在输出轴上的是滑动齿轮（空套齿轮）z_4、z_6、z_8、z_{10}、z_{12}。换挡时，换挡接合套 S_1、S_2 与 S_3 会向左或向右移动，使一个滑动齿轮（空套齿轮）通过接合套和同步器外壳连接到输出轴上，使其与输出轴一起转动。每个挡位的传动，除了直接挡外，都要通过两对齿轮副来完成。其传动比 i 也需要通过两组齿轮副的传动比来计算。其中 z_1/z_2 齿轮副是每一个挡位（直接挡除外）的传动都要经过的，在所有挡位上（包括空挡）都一直处于转动状态。

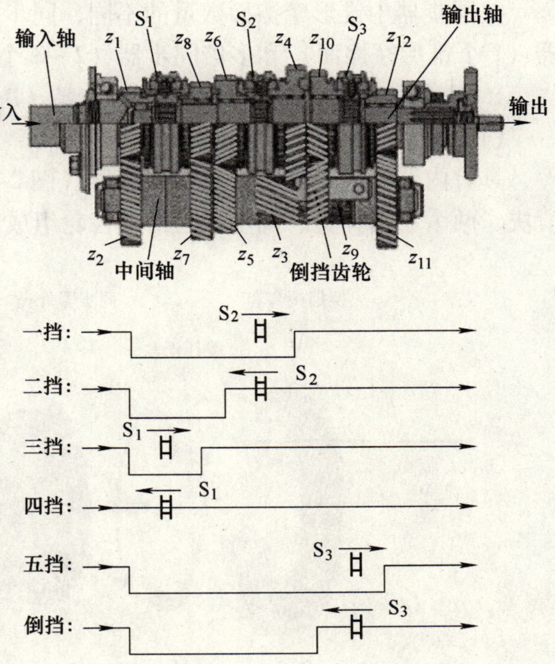

图 2-13　同轴五挡变速器

4. 力的传递路线

1）一挡：输入轴→z_1→z_2→z_3→z_4→S_2→输出轴。

2）二挡：输入轴→z_1→z_2→z_5→z_6→S_2→输出轴。

3）三挡：输入轴→z_1→z_2→z_7→z_8→S_1→输出轴。

4）四挡：也叫直接挡，换挡接合套 S_1 向左移动，输入轴与输出轴直接连接在一起共同转动。此处没有任何的转矩变化与转速变化，传动比为 1。其力的传递路线为：输入轴→S_1→输出轴。

5）五挡：输入轴→z_1→z_2→z_{11}→z_{12}→S_3→输出轴。

6）倒挡：输出方向与前进挡位相反。其力的传递路线为：输入轴→z_1→z_2→z_9→

倒挡齿轮→ z_{10}→S_3→ 输出轴。

2.3.4 换挡接合套变速器的同步器

汽车在换挡过程中，要顺利的挂上挡，必须使接合套的内花键与滑动齿轮上的换挡啮合齿齿圈的圆周速度相等，如果不相等，将会在换挡时产生冲击力和噪声。将能够建立换挡接合套与滑动齿轮（空套齿轮）之间的同步运转、实现无噪声迅速换挡的部件叫做同步器。同步器中不同转速之间的调整是通过同步环与滑动齿轮之间的锥形摩擦面的滑动摩擦来完成的，这种调整过程被称为同步。

按同步器中锥形摩擦面数量的不同，同步器可分为：具有内同步或外同步的单倍同步器（1 个锥形摩擦面）和多倍同步器（2 ~ 3 个锥形摩擦面）。

1. 具有内同步或外同步的单倍同步器（Borg-Warner 系统）

（1）构造

具有内同步或外同步的单倍同步器（图 2-14）由换挡接合套、同步器外壳、三个受压滑块、两个止动弹簧、同步环与滑动齿轮组成。

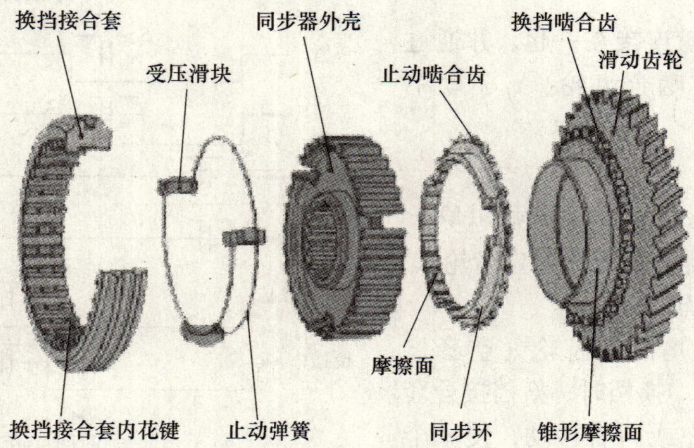

图 2-14　具有内同步或外同步的单倍同步器（Borg-Warner 系统）

1）换挡接合套。在其内侧有内花键，内花键扣在同步器外壳的外部槽沟中。三个受压滑块由同步器外壳进行导向，并通过两个止动弹簧将其压向换挡接合套的内花键。借此可使换挡接合套顶压在同步器外壳上。

2）同步器外壳。其通过花键与安装滑动齿轮（换挡齿轮）的轴联结在一起，始终一同旋转。

3）同步环。其内部有一个锥形的摩擦面，外面有止动啮合齿。同步环内的三个槽沟限制了其相对于受压滑块的旋转。

4）滑动齿轮。其朝向同步环的一面外有锥形摩擦面，摩擦面的后面是换挡啮合齿。

（2）工作原理

1）中间位置（图 2-15）。在空挡位上，换挡接合套通过受压滑块顶压在同步器外壳上，与传动轴一起运动。滑动齿轮空套在传动轴上，自由转动。

2）止动位置与同步过程（图 2-16）。换挡时，换挡接合套在换挡拨叉的作用下移向

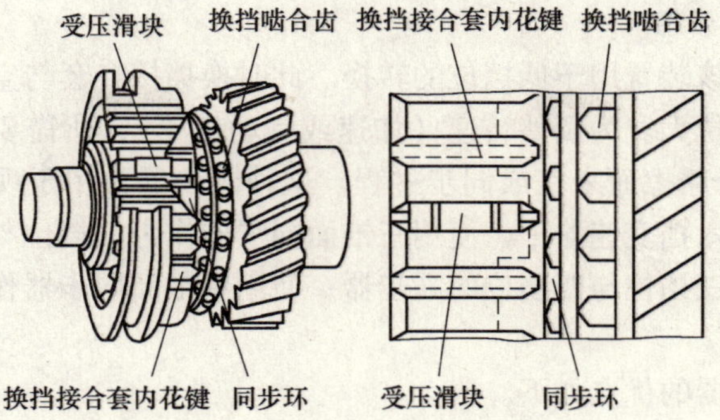

图 2-15　中间位置

所要换的挡位。三个受压滑块压向同步环，受压滑块使同步环向滑动齿轮方向轴向移动，并将同步环压向滑动齿轮的锥形摩擦面。

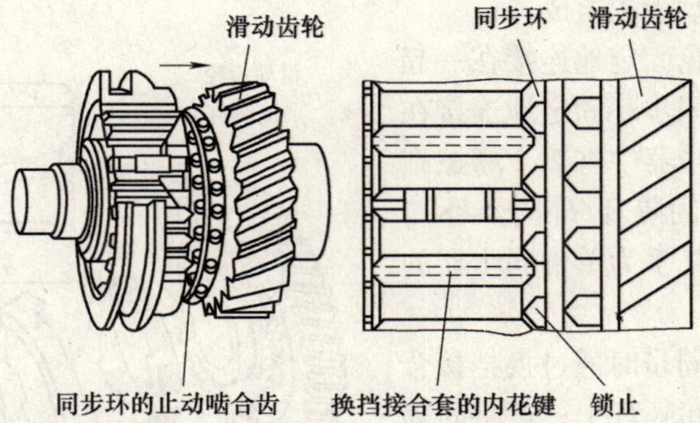

图 2-16　止动位置与同步过程

只要换挡接合套与滑动齿轮以不同的转速转动，就会在摩擦面上产生一个摩擦转矩，它会扭转同步环，直到同步环的槽沟移动到受压滑块上，这可使同步环上的止动啮合齿在与换挡接合套的内花键接触之前就被锁止，并锁住换挡接合套的移动。

通过同步环与滑动齿轮摩擦面之间的摩擦，可以加速或制动滑动齿轮，并借此建立滑动齿轮、换挡接合套与传动轴之间的同步运转。

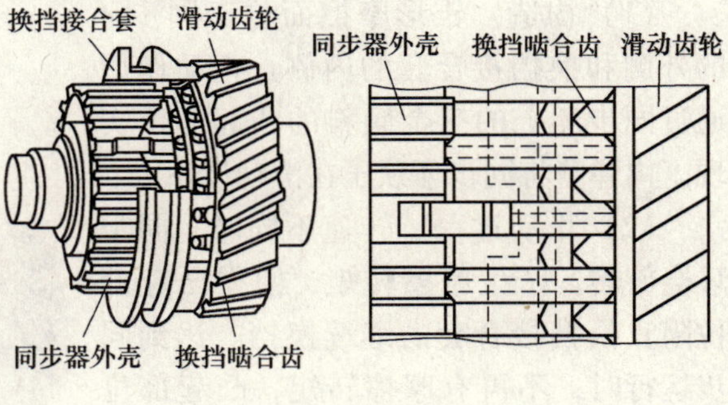

图 2-17　换挡位置

3）换挡位置（图 2-17）。在建立了滑动齿轮与换挡接合套之间的同步运转之后，就不再有摩擦转矩作用在同步环上。通过内花键前端的倾斜角可以使同步环作微量的回旋，使换挡接合套不再被锁住，可以继续向换挡滑动齿轮方向移动，进而使换挡接合套内花键与同步环上的止动啮合齿、滑动齿轮上的换挡啮合齿实现键联结，最终使传动轴与滑动齿轮之间建立连接，一起转动。

2. 多倍同步的同步器

大多数情况下，该装置用于低挡位的转换。此时换挡接合套与空套运转的滑动齿轮之间的转速差值比高挡位大。为调整转速（加速或制动齿轮），所需要的摩擦力要大于高挡位，所以需要 2 ~3 个摩擦面来完成同步过程。这种同步器常用于现代轿车变速器中低速挡位间的切换，例如六挡变速器中，使用三锥面同步器作为一挡位与二挡位的同步器；使用双锥面同步器作为三挡位与四挡位的同步器；使用单锥面同步器作为五、六挡位与倒车挡位间的同步器。

多倍同步的同步器的优点如下。

1）换挡力相同时，摩擦力更大，使换挡更快、更容易。

2）因为对摩擦面的表面压力较小，所以摩擦锥面的磨损小。

3. 双倍同步的同步器

（1）构造（图 2-18）　双倍同步器主要由内同步环、换挡接合套、外同步环、同步器外壳、间隔环和滑动齿轮组成。

间隔环与滑动齿轮固定地连接在一起旋转，内同步环与外同步环固定地连接在一起旋转。在双倍同步器中有 2 个摩擦副（内同步环/间隔环、间隔环/外同步环），这样使得总传动面积几乎为单倍同步器的两倍。

（2）工作原理　同步时通过换挡接合套将外同步环推移到间隔环上，再将间隔环推移到内同步环上，通过摩擦使内同步环与外同步环旋转，使得外同步环的止动啮合齿阻止换挡接合套的继续移动，直到达到同步为止。

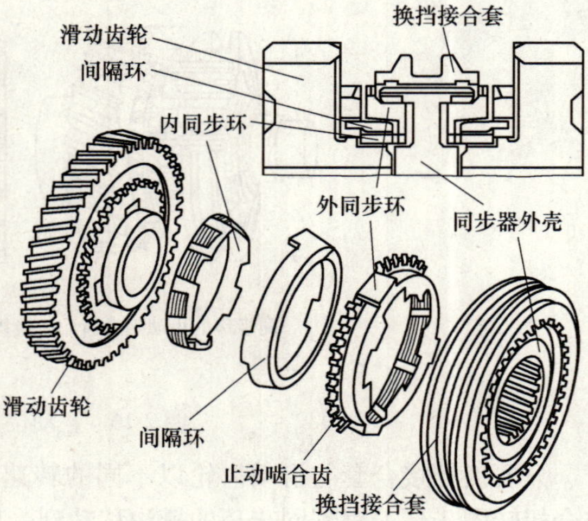

图 2-18　双倍同步的同步器

4. 外锥面同步器（图 2-19）

（1）构造　锥形摩擦面位于同步环的外侧和换挡接合套的内侧。止动作用通过同步环上的三个倾斜的凸起部位实现。内弹簧将同步环顶压在滑动齿轮上。

（2）止动过程　转速不同时，同步环会旋转，产生摩擦转矩，使得凸起部位阻止换挡接合套的继续换挡。达到同步运行时，不再有摩擦转矩，凸起部位可以被压入换挡啮合齿的沟槽中，使换挡接合套继续被推移至换挡啮合齿中。由于摩擦半径较大，可实现轻松快速的换挡。

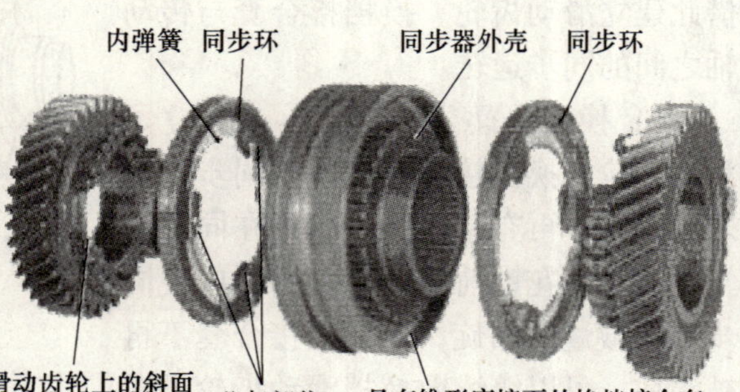

图 2-19　外锥面同步器

2.4　手动变速器的操纵机构

手动变速器操纵机构的功用是保证驾驶员能准确可靠地将变速器挂入所需要的挡位，并可随时退至空挡。变速器操纵机构主要由两大部分组成，一部分是用来将操纵力从驾驶室传到变速器的外部操纵组件；一部分是位于变速器壳体内，用来推动换挡接合套运动从而实现换挡操作的内部操纵组件。

2.4.1　变速器的外部操纵组件

变速器操纵机构按照变速器操纵杆（变速杆）位置不同，可分为直接操纵式和远距离操纵式两种类型（图 2-20）。

1. 直接操纵式（图 2-20a）

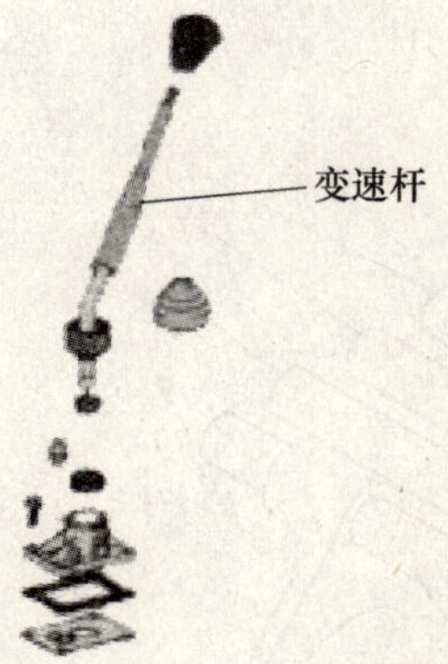

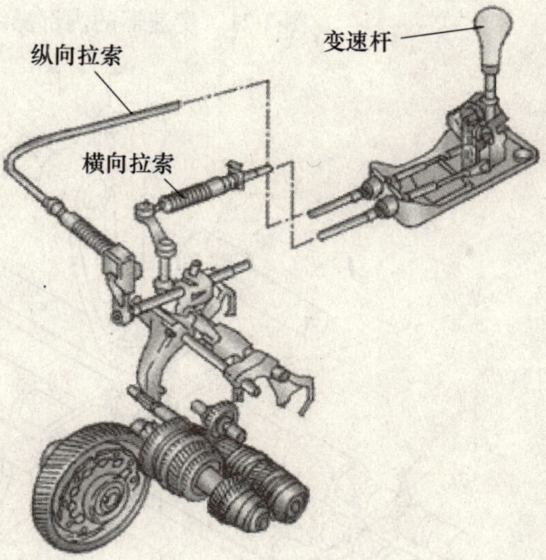

图 2-20　变速器操纵机构

a）直接操纵式　b）远距离操纵式

直接操纵式变速机构一般由手柄、变速杆、铰链、限位块、中间连接杆件构成，此种形式的变速器布置在驾驶员座椅附近，变速杆由驾驶室底板伸出，驾驶员可以直接操纵。

2. 远距离操纵式（图 2-20b）

在有些汽车上，由于变速器离驾驶员座位较远，则需要在变速杆与变速器之间加装一些辅助杠杆或一套传动机构，构成远距离操纵机构。

2.4.2　变速器的内部操纵组件

变速器的内部操纵组件位于变速器壳体内，主要用来推动换挡接合套移动而实现换挡操作。其主要由拨叉、拨块、拨叉轴、拨杆、锁止装置等组成（图 2-21）。

1. 结构（图 2-22）

拨叉轴 7、8、9 和 10 的两端均支承于变速器盖的相应孔中，可以轴向滑动。所有的拨叉和拨块都以弹性销固定于相应的拨叉轴上。三、四挡拨叉 2 的上端具有拨块。拨叉 2 和拨块 3、4、14 的顶部制有凹槽。变速器处于空挡时，各拨叉和拨块的凹槽在横向平面内对齐，叉形拨杆 13 下端的球头即伸入这些凹槽中。

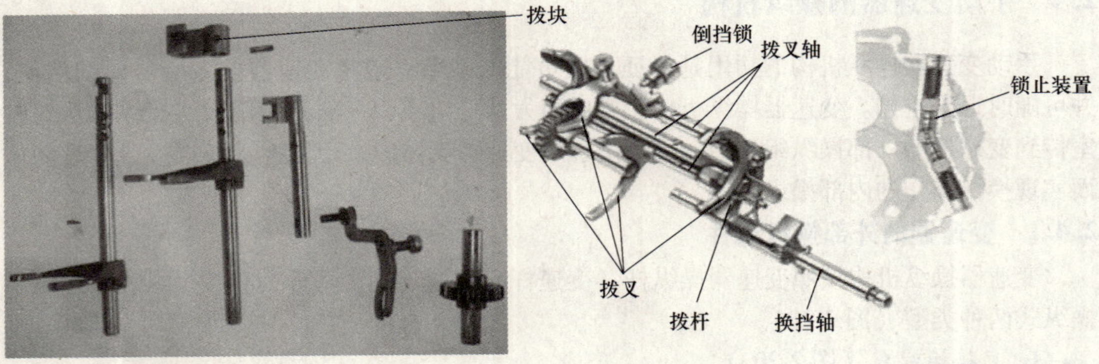

图 2-21　变速器的内部操纵组件

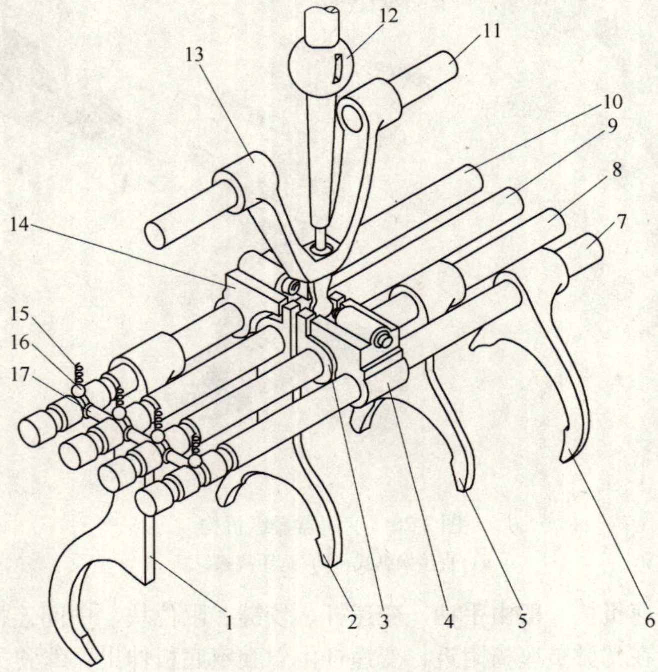

图 2-22　六挡变速器的内部操纵组件

1—五、六挡拨叉　2—三、四挡拨叉　3—一、二挡拨块　4—倒挡拨块　5—一、二挡拨叉　6—倒挡拨叉　7—倒挡拨叉轴　8—一、二挡拨叉轴　9—三、四挡拨叉轴　10—五、六挡拨叉轴　11—换挡轴　12—变速杆　13—叉形拨杆　14—五、六挡拨块　15—自锁弹簧　16—自锁钢球　17—互锁柱销

各种变速器由于挡位数及挡位排列位置不同，其拨叉和拨叉轴的数量及排列位置也不相同。

2. 工作原理

换挡时，使变速杆绕其中部球形支点横向摆动，则其下端推动叉形拨杆 13 绕换挡轴 11 的轴线摆动，从而使叉形拨杆下端球头对准与所选挡位对应的拨块凹槽，然后使变速杆纵向摆动，带动拨叉轴及拨叉向前或向后移动，即可实现挂挡。

例如：横向摆动变速杆使叉形拨杆下端球头深入拨块 3 顶部凹槽中，拨块 3 连同拨叉轴 8 和拨叉 5 即沿纵向向前移动一定距离，便可挂入二挡；若向后移动一段距离，则挂入一挡。当使叉形拨杆下端球头深入拨块 14 的凹槽中，并使其向前移动一段距离时，便挂入倒挡。

2.4.3　换挡锁止装置

为了保证变速器在任何情况下都能准确、安全、可靠地工作，变速器操纵机构一般都具有换挡锁止装置，包括自锁装置、互锁装置和倒挡锁装置。

1. 自锁装置

自锁装置用于防止变速器自动脱挡或自动挂挡，并保证轮齿以全齿宽啮合。大多数变速器的自锁装置都是采用自锁钢球对拨叉轴进行轴向定位锁止。如图 2-23 所示，在变速器盖中钻有深孔，孔中装入自锁钢球和自锁弹簧，其位置正处于拨叉轴的正上方，每根拨叉轴对着钢球的表面沿轴向设有三个凹槽，槽的深度小于钢球的半径。中间的凹槽对正钢球时为空挡位置，前边或后边的凹槽对正钢球时则处于某一工作挡位置，相邻凹槽之间的距离可以保证齿轮处于全齿宽啮合或是完全退出啮合。凹槽对正钢球时，钢球便在自锁弹簧的压力作用下嵌入该凹槽内，拨叉轴的轴向位置便被固定，不能自行挂挡或自行脱挡。当需要换挡时，驾驶员通过变速杆对拨叉轴施加一定的轴向力，克服自锁弹簧的压力而将自锁钢球从拨叉轴凹槽中挤出并推回孔中，拨叉轴便可滑过钢球进行轴向移动，并带动拨叉及相应的接合套或滑动齿轮轴向移动，当拨叉轴移至其另一凹槽与钢球相对正时，钢球又被压入凹槽，驾驶员具有很强的手感，此时拨叉所带动的接合套或滑动齿轮便被拨入空挡或被拨入另一工作挡位。

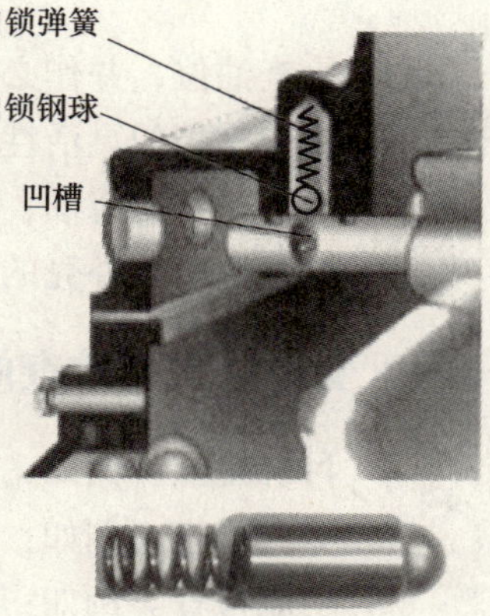

图 2-23　变速器的自锁装置

2. 互锁装置

互锁装置用于防止变速器同时挂入两个挡位。如图 2-24 所示，互锁装置主要由互锁钢球和互锁销组成。

当变速器处于空挡时，所有拨叉轴的侧面凹槽同互锁钢球、互锁销都在一条直线上。当移动中间拨叉轴时，中间拨叉轴两侧的内钢球从其侧凹槽中被挤出，而两外钢球则分别嵌入两侧拨叉轴的侧面凹槽中，因而将两侧拨叉轴刚性地锁止在其空挡位置。若欲移动两侧拨叉轴，则必须先将中间拨叉轴退回到空挡位置。在移动一侧拨叉轴时，该侧的钢球便从该轴的凹槽中被挤出，同时通过互锁销和其他钢球将中间轴和另一侧轴均锁止在空挡位置。由此可知，互锁装置工作的原理是当驾驶员用变速杆推动某一拨叉轴时，自动锁止其余拨叉轴，从而防止同时挂上两个挡位。

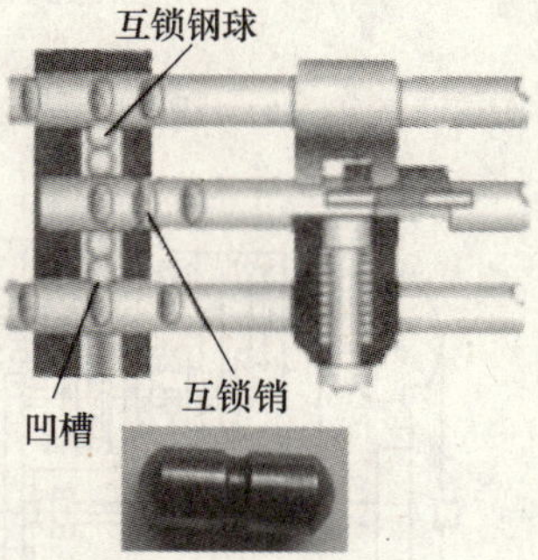

图 2-24　变速器的互锁装置

3. 倒挡锁装置

倒挡锁装置用于防止驾驶员在汽车前进时误挂倒挡。如图 2-25 所示，当驾驶员想挂倒挡时，必须用较大的力作用在变速杆下端压缩弹簧上，才能使变速杆进入倒挡拨叉轴上的拨块凹

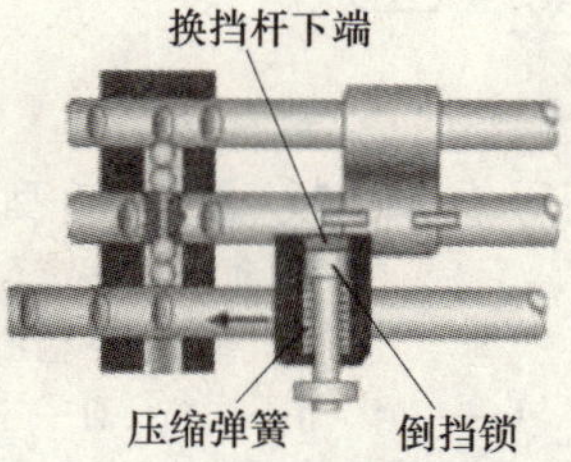

图 2-25　变速器的倒挡锁装置

槽中进行换挡。由此可见，倒挡锁的作用是使驾驶员必须对变速杆施加较大的力，才能挂入倒挡，以起到警示注意作用，防误挂倒挡，损坏零部件。

3 手动变速器的检查

3.1 变速器常规检查的内容

1. 检查油位，并作必要的修正。
2. 检查换挡的灵活性及功能。
3. 换变速器润滑油，若有规定，则根据维修手册的规定进行。
4. 检查变速器外壳的密封性。

3.2 变速器常规检查的方法

1. 目视检查。例如：检查变速器的密封性、支架装置和变速杆等。
2. 噪声检查。例如：检查空载或载重运转时的齿轮噪声与轴承噪声。
3. 功能检查。例如：换挡时对同步性进行检查，查看是否有换挡冲击等。

3.3 捷达020型五挡变速器的保养

捷达020型五挡变速器如图2-26所示，发动机/变速器总成安装时通常需向左倾斜2°，这样，在检查油面高度时，尽管油量正常，润滑油也会从观察孔中溢出，可能会造成剩余润滑油润滑效果不理想。为保证020五挡变速器润滑油量正常，必须注意下述几点。

1）举升汽车，检查变速器标记和其密封性（图2-27），细箭头所指为其密封性的检查处。

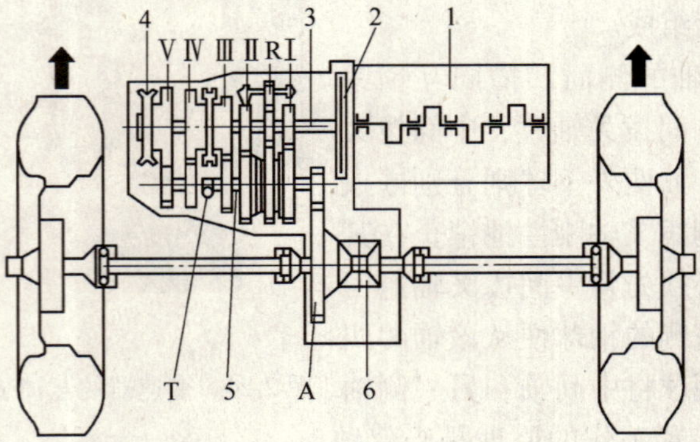

图2-26 捷达020型五挡变速器传动系统示意图

1—发动机 2—离合器 3—输入轴 4—变速器

5—输出轴 6—差速器

Ⅰ—一挡 Ⅱ—二挡 Ⅲ—三挡 Ⅳ—四挡 Ⅴ—五挡 R—倒挡

A—主传动 T—转速表传动（注意：箭头为汽车前进方向）

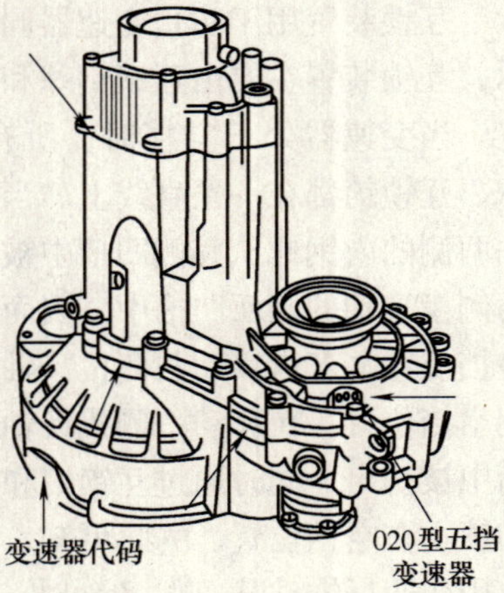

图2-27 检查变速器标记及密封性

2）变速器外壳密封，不必检查润滑油面高度，只需检查密封性即可。

3）变速器在分解修理后，在重新装到车上前，按维修手册加注相应级别和数量的变速器润滑油（表2-2）。

表2-2　捷达020型五挡变速器润滑油类型及油量表

变速器	020/02K
代码	DQF
润滑油量/L	2.0
润滑油型号	变速器油 G50 SAE75　W90（合成油）
离合器操纵方式	机械式
离合器从动盘直径/mm	210
驱动轴法兰直径/mm	100
最高挡总传动比	3.349

4）在已经拆下的变速器上检查油面高度。对于新变速器或更换变速器时，应将变速器置于水平位置，拧下润滑油加油螺栓，油面应与加油孔平齐。

5）如果需要检查油面高度，如更换密封环后，则须小心旋出加油螺栓。加油螺栓只能短时取下，如需要，应马上再装上。

6）若润滑油从观察孔涌出（图2-28），应迅速装上加油螺栓，以保证油量正常。

7）若润滑油仍从观察孔流或滴出，应先将润滑油放干，然后拧紧加油螺栓，从变速器上拆下车速里程表输入轴，用漏斗和软管补加0.5L变速器润滑油（图2-29），以保证油量正常。

图2-28　润滑油从观察孔涌出

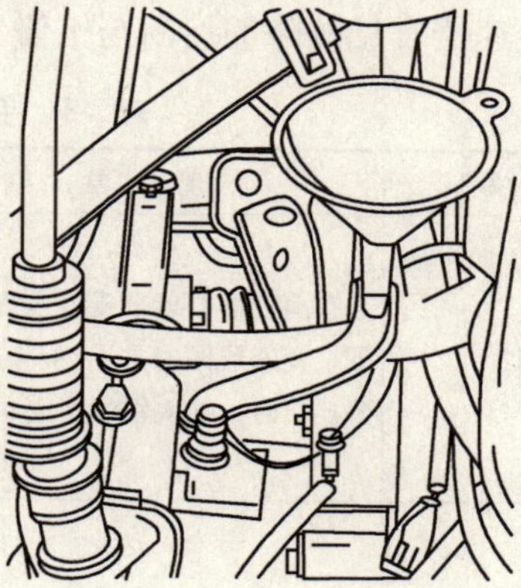

图2-29　从车速表输入轴孔加注润滑油

8）观察孔处无润滑油。从观察孔加注变速器润滑油，一直加到孔边，拧紧加油螺栓。按第二步所述，通过车速里程表输入轴孔补加0.5L变速器润滑油，以保证油量正常。

附：丰田威驰汽车变速器保养

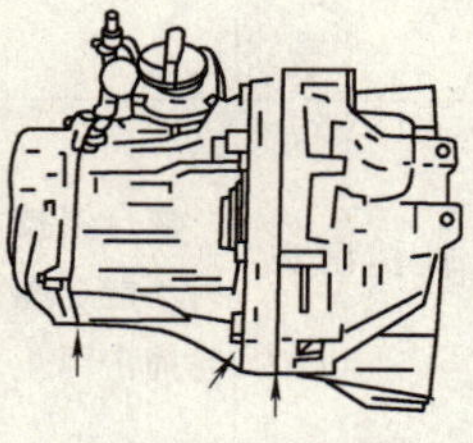

图2-30　润滑油渗漏检查

1）检查密封性（图2-30）。

2）拧下加油螺栓检查其润滑油（变速器油）油面高度（图2-31）。

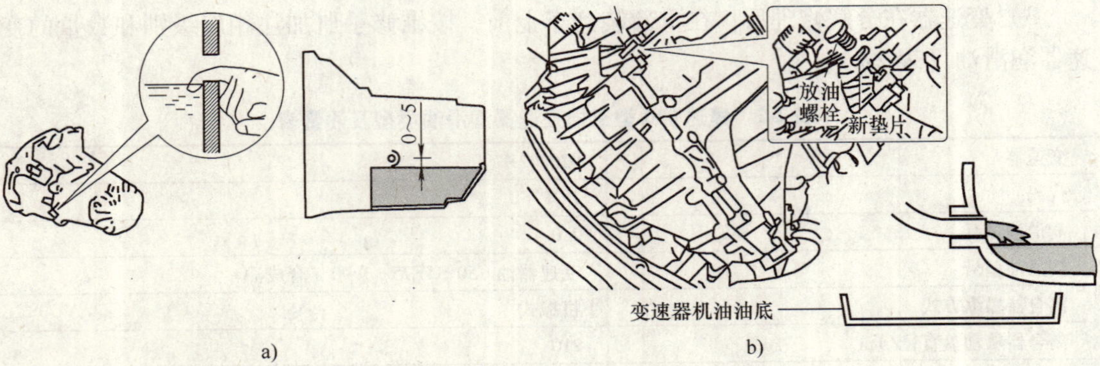

图 2-31 润滑油油面高度检查及加注

a）润滑油油面高度检查 b）润滑油加注

3）如需更换，则需拧掉变速器放油螺栓，并将油放到指定的接油盘中，更换垫片后，重新将放油螺栓按规定力矩拧回。

4）再从注油口加入规定类别和数量的润滑油，再次检查油面高度。

4 手动变速器常见故障的诊断与维修

手动变速器常见故障的诊断与维修见表 2-3。

表 2-3 手动变速器常见故障的诊断与维修

故障/缺陷	现象	原因	维修方法
1. 乱挡	在离合器技术状况正常的情况下，变速器同时挂上两挡或挂需要挡位时，挂入别的挡位	变速杆弯曲、磨损 互锁装置失效 操纵机构失效 变速器支架装置损坏	检查磨损情况 更换损坏部件
2. 跳挡	汽车在加速、减速、爬坡或汽车剧烈振动时，变速杆自动跳回空挡位置	换挡拨叉弯曲 自锁装置失效 换挡啮合齿磨损 换挡锁止装置损坏 发动机支架装置或变速器支架装置有问题 轴承磨损过大	更换自锁装置 更换换挡拨叉 更换齿轮 更换轴承 更换支架部件
3. 挂挡困难，有噪声	离合器技术状况良好，但挂挡时不能顺利挂入挡位，常发出齿轮撞击声	同步器磨损 注入了错误的变速器润滑油 油量不足 拨叉轴弯曲	更换同步器 使用规定的变速器润滑油 添加变速器润滑油 更换拨叉轴

（续）

故障/缺陷	现　　象	原　因	维修方法
4. 变速器异响	变速器工作时发出不正常的响声，载重行驶时尤为明显	变速器轴承损坏 啮合齿损坏 变速器润滑油不足、变质 紧固螺栓松动	更换变速器轴承 更换齿轮 检查并更换变速器润滑油 按规定力矩紧固螺栓
5. 变速器漏油	变速器周围出现齿轮润滑油，变速器齿轮箱的油量减少	变速器润滑油选用不当或油量过多 密封环、垫圈、油封损坏漏气 放油螺栓松动 壳体破损	更换变速器润滑油 更换损坏部件 按规定力矩拧紧放油螺栓

5　手动变速器的拆装、清洁与检测

（以桑塔纳2000为例，具体要求需参考车辆维修手册）

5.1　拆卸变速器并清洁

拆卸变速器并清洁见学习单元一。

5.2　分解变速器并清洁

5.2.1　变速器总成分解（图2-32）

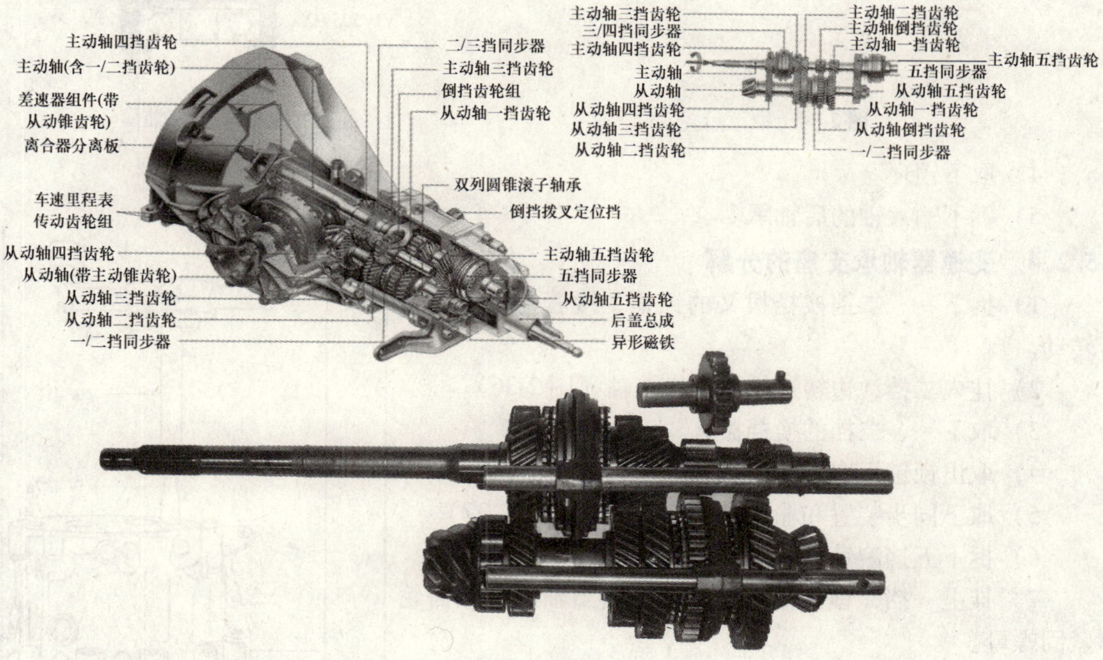

图2-32　桑塔纳2000变速器总成

从车上拆下变速器，首先将其固定在支架上，将润滑油放空。然后将其组成的各部件参照下列顺序进行分解：变速器后盖总成→输入轴后轴承（双列圆锥滚子轴承）→变速器轴承支座→输入轴总成→输出轴总成→差速器组件→变速器壳体。

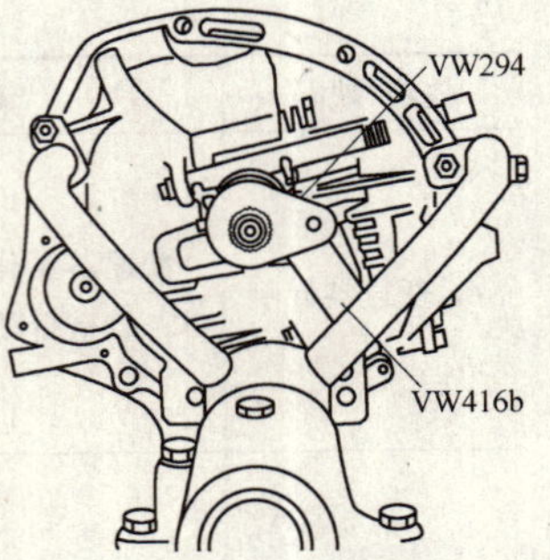

图 2-33　锁住输入轴

5.2.2　变速器后盖总成的分解

1）拆下后轴承盖。

2）锁住输入轴（图 2-33）。

3）拆下输入轴的固定螺栓。

4）取下后盖（图 2-34）。

5.2.3　输入轴后轴承的分解

1）拆下后盖内变速杆的密封圈。

2）拆下内变速杆的衬套。

3）取下挡油圈（图 2-35）。

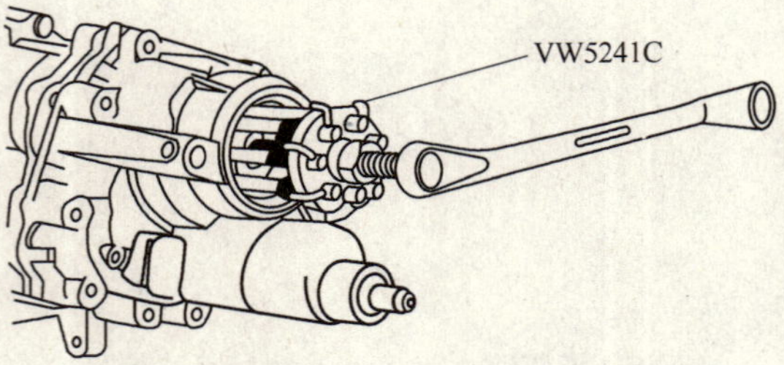

图 2-34　取下后盖

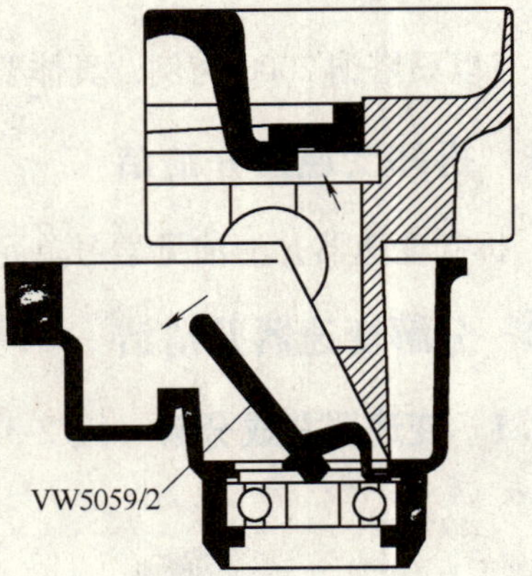

图 2-35　取下挡油圈

4）取下锁环。

5）拆下输入轴的后轴承。

5.2.4　变速器轴承支座的分解

1）拆下一、二挡换挡拨叉的锁销，接着把拖钩向左转动。

2）挂入二挡，边转边拉取下换挡轴（图 2-36）。

3）取下一、二挡的换挡拨叉。

4）取出锁销，取下换挡轴和五挡齿轮的管套。

5）取下同步装置和输入轴的五挡齿轮（图 2-37）。

6）拆下五挡滚针轴承内环和固定垫圈（图 2-38）。

7）挂上一挡，锁住输出轴，取下输出轴的五挡齿轮紧固螺母。

8）拆下五挡齿轮（图 2-39）。

9）分开导向锁，不用取下（图 2-40）。

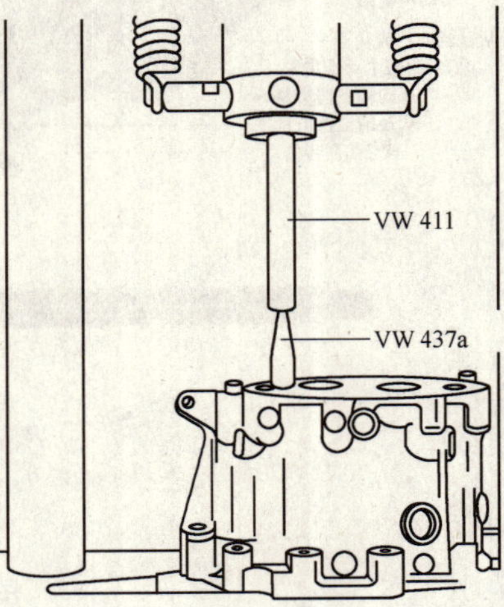

图 2-36　取下换挡轴

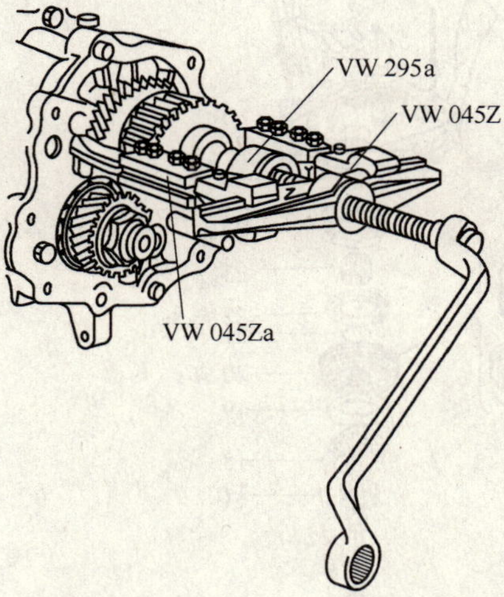

图 2-37　取下输入轴五挡齿轮

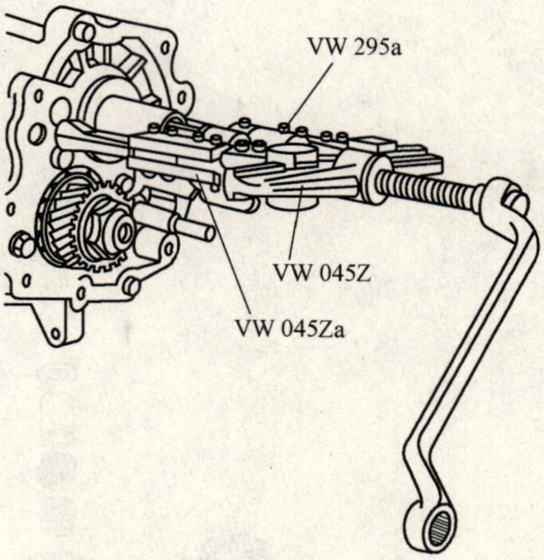

图 2-38　拆下五挡滚针轴承内环

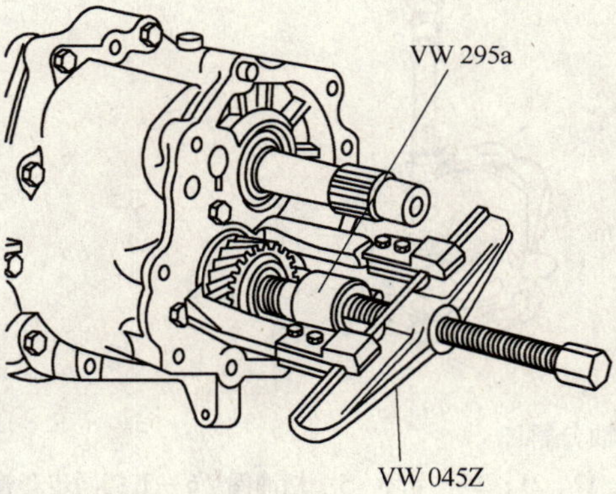

图 2-39　拆下五挡齿轮

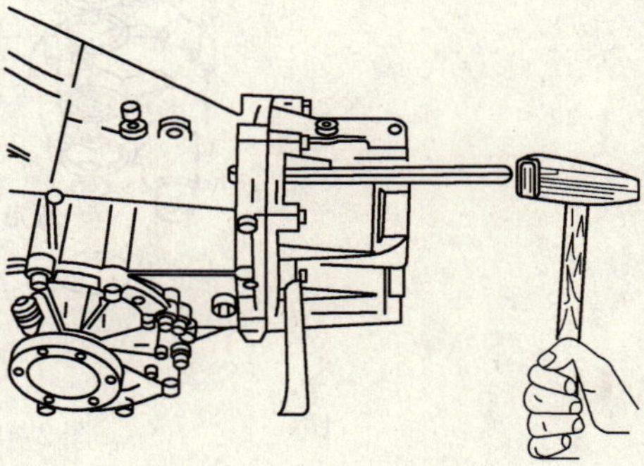
图 2-40　分开导向锁

10）拆下变速器轴承支座。

5.2.5　输入轴的分解（图 2-41）

1）拆下四挡齿轮的卡环。

2）取下四挡齿轮、同步环和滚针轴承。

3）拆下同步器锁环（图 2-42）。

4）取下三挡和四挡同步器、三挡同步环和齿轮（图 2-43）。

5）取下三挡齿轮的滚针轴承。

6）取下输入轴的中间轴承内座圈（图 2-44）。

5.2.6　输出轴的分解（图 2-45）

1）拆下输出轴内后轴承和一挡齿轮（图 2-46）。

2）取下滚针轴承和一挡同步环。

3）取下滚针轴承的内座圈、同步器和二挡齿轮（图 2-47）。

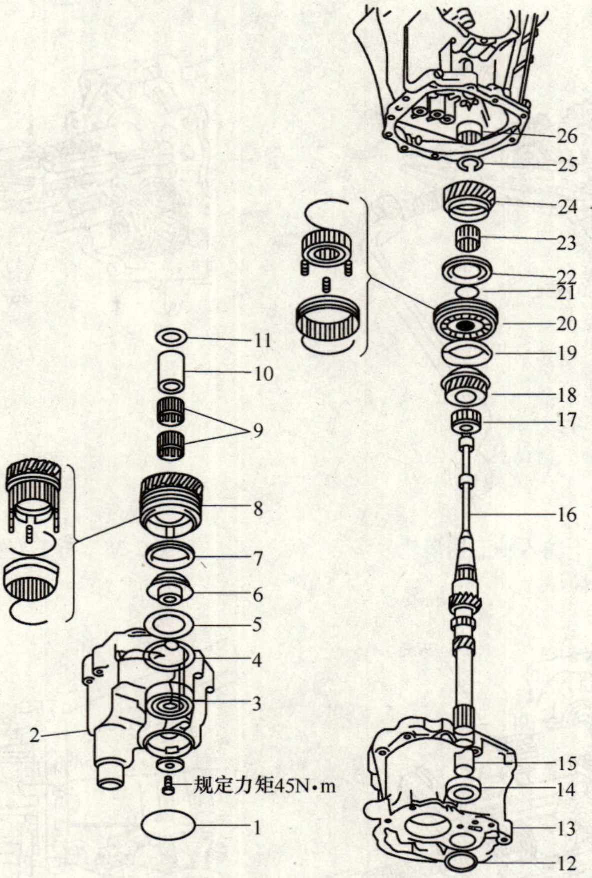

图 2-41　输入轴分解图

1—后轴承的罩盖　2—变速器后盖　3—输入轴后轴承　4、12、21、25—卡环　5—挡油圈　6—五挡同步套管　7—五挡同步环　8—五挡同步器和齿轮　9—五挡齿轮滚针轴承　10—五挡齿轮滚针轴承内座圈　11—固定垫圈　13—轴承支座　14—中间轴承　15—中间轴承内座圈　16—输入轴　17—三挡齿轮滚针轴承　18—三挡齿轮　19—三挡同步环　20—三挡和四挡同步器　22—四挡同步环　23—四挡齿轮滚针轴承　24—四挡齿轮　26—输入轴滚针轴承

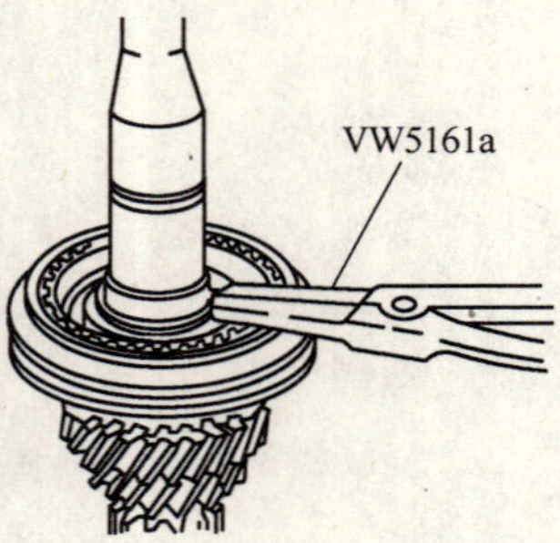

图 2-42　拆下同步器锁环

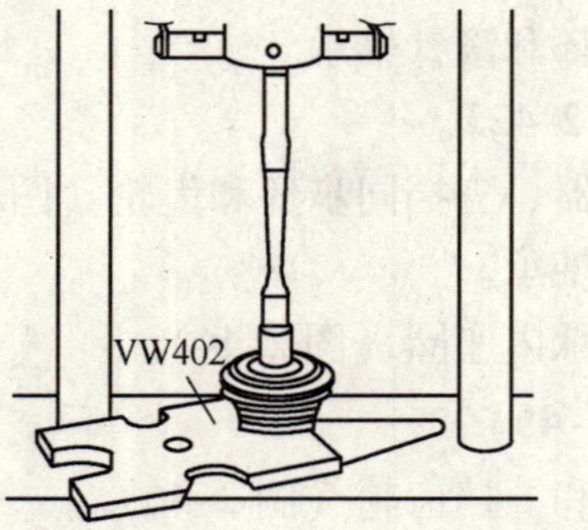

图 2-43　取下三挡和四挡同步器、三挡同步环和齿轮

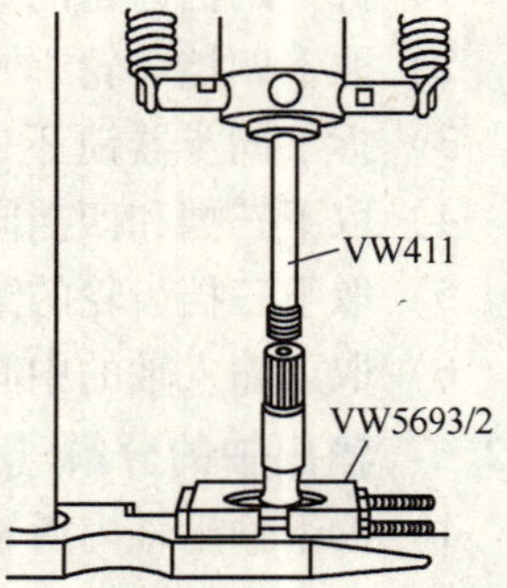

图 2-44　取下输入轴的中间轴承内座圈

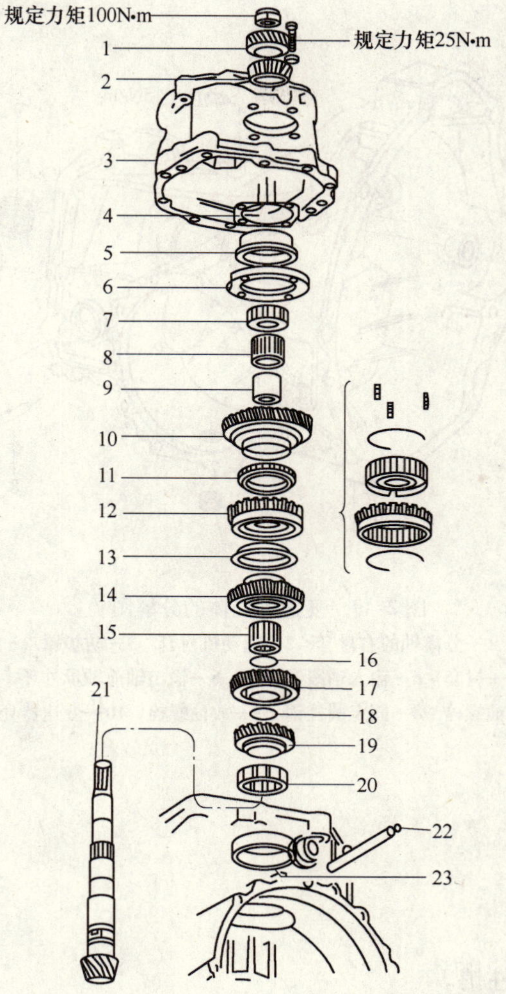

图 2-45 输出轴分解图

1—五挡齿轮 2—输出轴外后轴承 3—轴承支座
4—调整垫片 5—后轴承外圈 6—轴承保持架 7—输出轴内后轴承
8—一挡齿轮滚针轴承 9—一挡齿轮滚针轴承内座圈 10—一挡齿轮
11—一挡同步环 12—一挡和二挡同步器 13—二挡同步环
14—二挡齿轮 15—二挡齿轮滚针轴承 16、18—卡环
17—三挡齿轮（凸缘应转向四挡齿轮）
19—四挡齿轮（凸缘应转向主动锥齿轮） 20—输出轴前轴承
21—输出轴 22—圆柱销 23—输出轴前轴承外圈

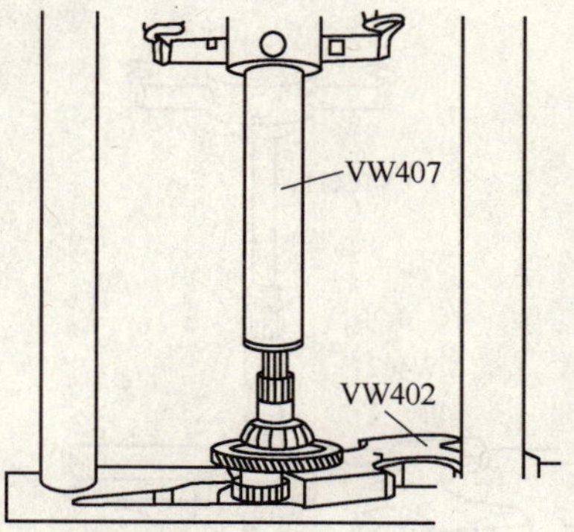

图 2-46 拆下输出轴内后轴承和一挡齿轮

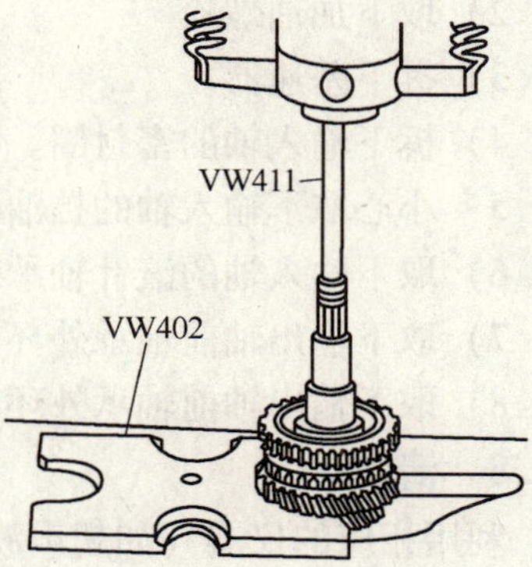

图 2-47 取下二挡齿轮的滚针轴承

4）取下二挡齿轮的滚针轴承。

5）拆下三挡齿轮的卡环、三挡齿轮（图 2-48）。

6）拆下四挡齿轮的卡环、四挡齿轮。

7）拆下输出轴的前轴承。

5.2.7 变速器壳体的分解（图 2-49）

1）拆下分离轴。

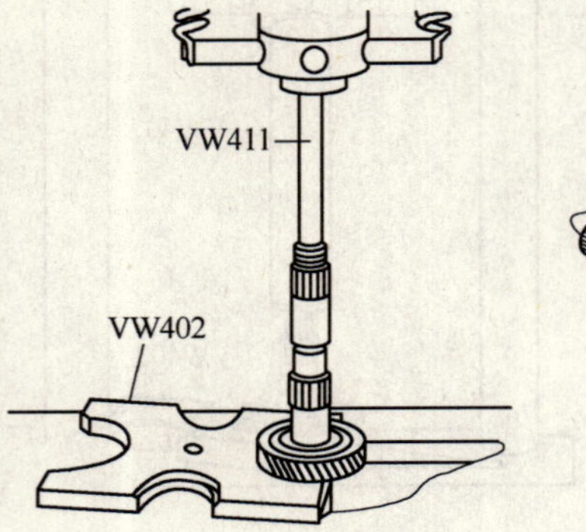

图 2-48　拆下三挡齿轮

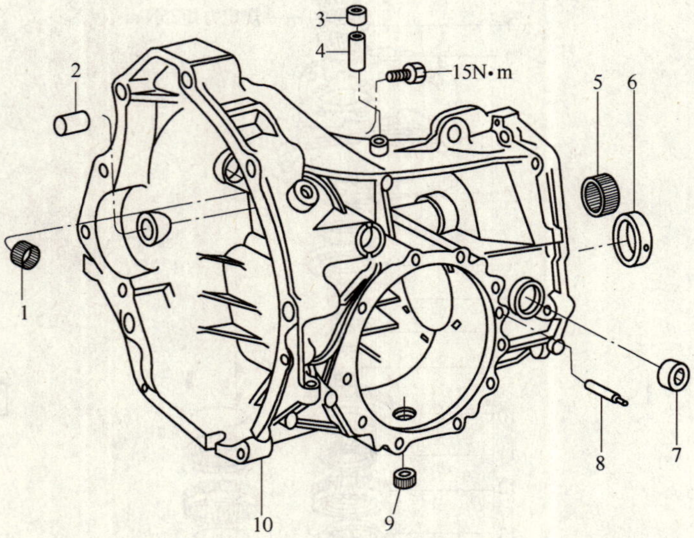

图 2-49　变速器壳体的分解图

1—分离轴的右衬套　2—起动机衬套　3—防护罩
4—衬套　5—输入轴滚针轴承　6—输出轴前轴承外环
7—加油螺栓　8—固定圆柱销　9—放油螺栓　10—变速器壳体

2）取下加油螺栓。

3）拆下差速器。

4）拆下输入轴的密封圈。

5）小心取下输入轴的挡油圈。

6）取下输入轴的滚针轴承。

7）取下输出轴前轴承外环的固定圆柱销。

8）取下输出轴前轴承外环。

5.2.8　清洗

利用相应的仪器（如超声波清洗机），采用专业的清洗剂对分解后的零部件进行清洗，狭小通道要用压缩空气吹干净，以防堵塞。确保各零部件清洗干净后再进行检测。

5.3　主要零部件的检测

5.3.1　检查变速器的内部操纵组件

若变速杆下端球头、拨块凹槽磨损，球头从凹槽中脱落出来；变速杆、拨叉轴、拨叉发生弯曲、变形、损坏，不能实现正常的增减挡；锁止装置磨损，失去锁止作用，出现乱挡、自动跳挡等现象，则应更换损坏零部件。

5.3.2　检查所有齿轮和轴承的损坏情况

齿面有轻微斑点，在不影响使用的情况下可以用油石修磨。当齿厚磨损超过 0.2mm、齿长磨损超过原齿长的 15% 或斑点面积超过齿面 15% 以上时，则应更换齿轮。装好滚针轴承和内座圈后，用百分表检查齿轮与内座圈之间的间隙（图 2-50），标准间隙为0.009 ~ 0.060mm，极限间隙为 0.15mm，超过极限间隙时应更换轴承。

注意：齿轮应成对更换。

5.3.3　检查输入轴和输出轴

轴上不应有裂纹，轴径及花键不应有严重磨损情况，轴上的齿轮不应有断齿或严重磨损情况，否则应更换。检查轴的径向圆跳动（图2-51），不应超过0.05mm，否则应更换或找正。

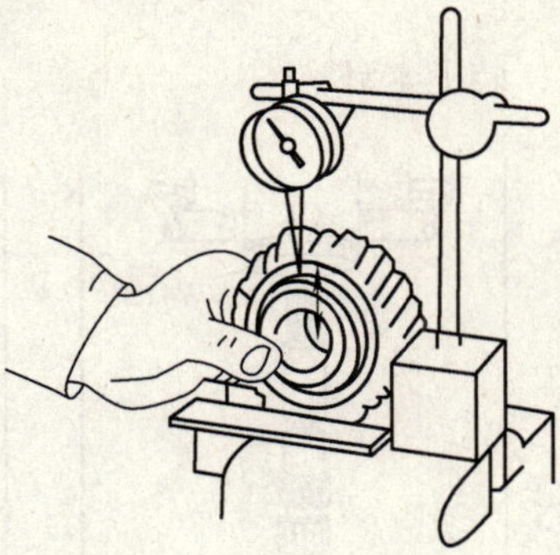

图2-50　检查齿轮与内座圈之间的间隙

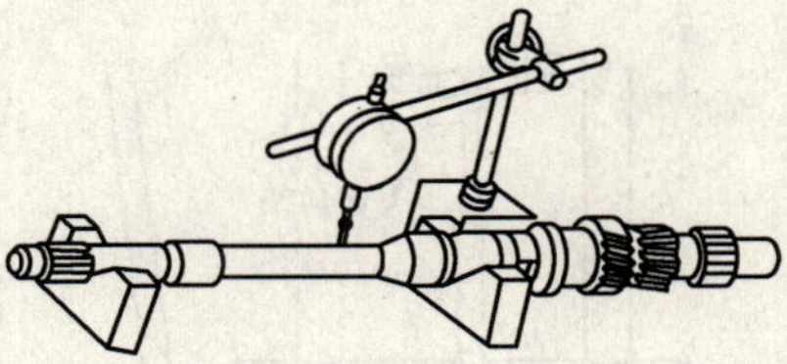

图2-51　检查轴的径向圆跳动

5.3.4　检查同步器

用钢丝刷清洗同步环的内锥面。在更换一挡齿轮滚针轴承的内座圈或输出轴的后轴承时，计算输出轴的调整垫片厚度。

将同步环压在各自齿轮的锥面上，（按压转动同步环时要有阻力）用塞尺测量环齿与轮齿之间的间隙 a（图2-52）。间隙 a 的规定值见表2-4。如果不符合规定，应更换同步环。

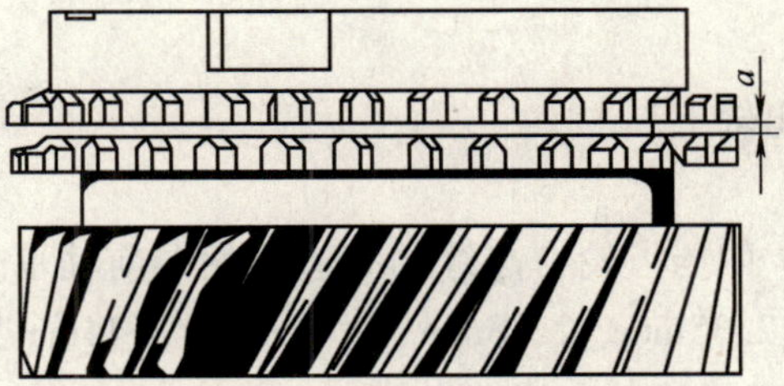

图2-52　检查环齿与轮齿之间的间隙

表2-4　同步器环齿与轮齿之间的间隙 a　（单位：mm）

同步环	间隙 a	
	新的零件	磨损的限度
一挡和二挡	1.10～1.17	0.05
三挡和四挡	1.35～1.90	0.05
五挡	1.10～1.70	0.05

5.4　组装变速器

组装变速器可按分解的相反顺序来完成，即按下列部件顺序进行装合。

输入轴齿轮的装合→输出轴与齿轮的装合→变速器轴承支座的装合→变速器后盖的装

合→变速器整体的装合。

5.4.1 组装顺序

1）装上中间轴承的内座圈（图2-53）。

2）将预先润滑过的三挡齿轮滚针轴承装上，把油槽转向二挡齿轮。

3）组装三挡、四挡同步器。

4）装上三挡齿轮和三挡、四挡同步器（图2-54），装上卡环。

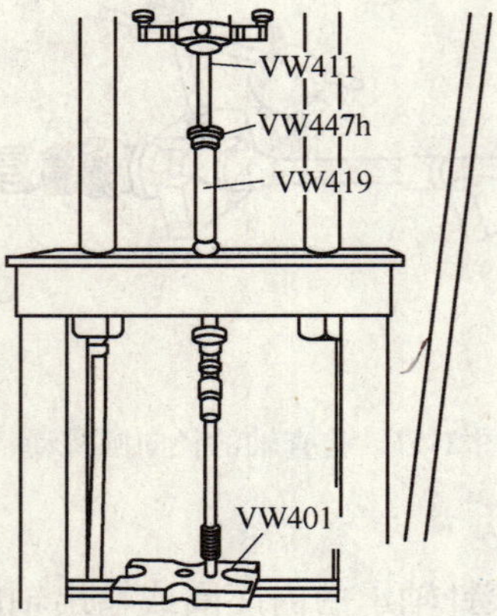

图2-53 装上中间轴承的内座圈

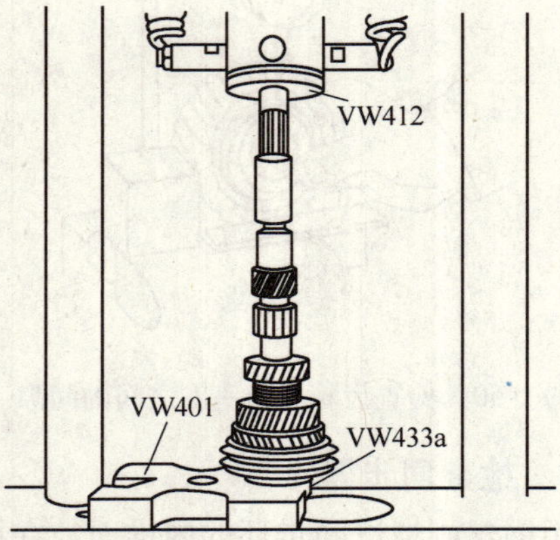

图2-54 装上三挡齿轮和三挡、四挡同步器

5）装上同步环、滚针轴承和四挡齿轮（图2-55），再装卡环。

6）用2kN的力将三挡齿轮、同步器和四挡齿轮紧紧压在一起，并用卡环将总成固定好。

7）将前轴承装在输出轴上。

8）装上四挡齿轮。

9）用手扶住前轴承，四挡齿轮有凸缘的一边应朝向前轴承。用卡环将四挡齿轮固定好，可选用卡环的厚度有2.35mm、2.38mm、2.41mm、2.44mm、2.47mm等。

10）安装三挡齿轮，凸缘应朝向四挡齿轮。

11）用塞尺测量卡环的厚度（图2-56），根据测量结果，选择适当的卡环装上，见表2-5。

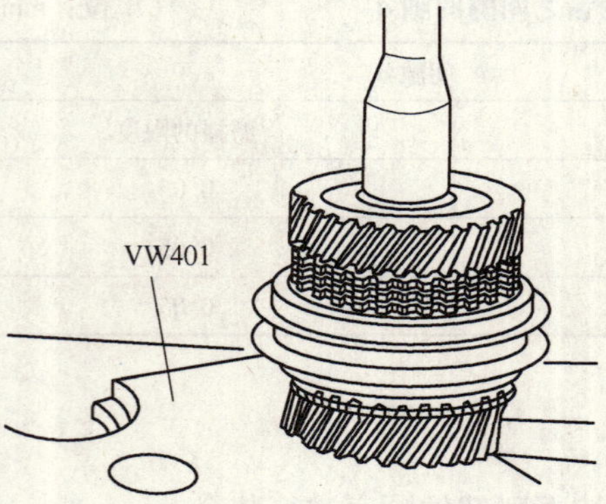

图2-55 装上同步环、滚针轴承和四挡齿轮

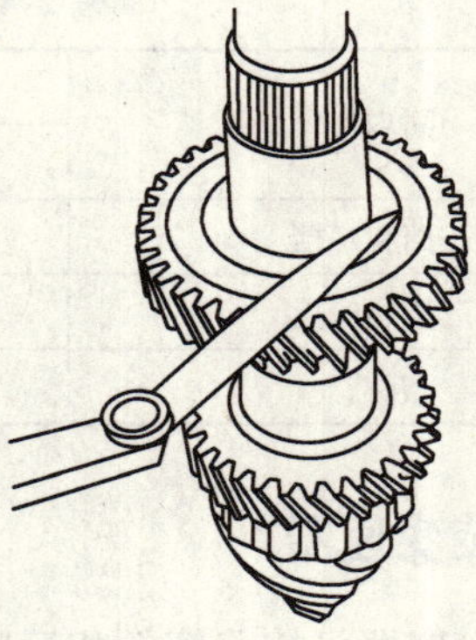

图2-56 测量卡环的厚度

表 2-5　卡环的厚度　　　　单位：mm

测得尺寸	卡环的厚度
<1.6	1.5
≥1.6	1.6

12）安装滚针轴承、齿轮和二挡同步环。

13）装配一挡和二挡同步器（图 2-57）。

14）装上一挡和二挡同步器，同步器壳体的槽应朝一挡齿轮。

15）装上一挡齿轮滚针轴承的内座圈（图 2-58）。

16）装上一挡同步环、一挡齿轮、一挡齿轮滚针轴承。

17）装上内后轴承（图 2-59）。

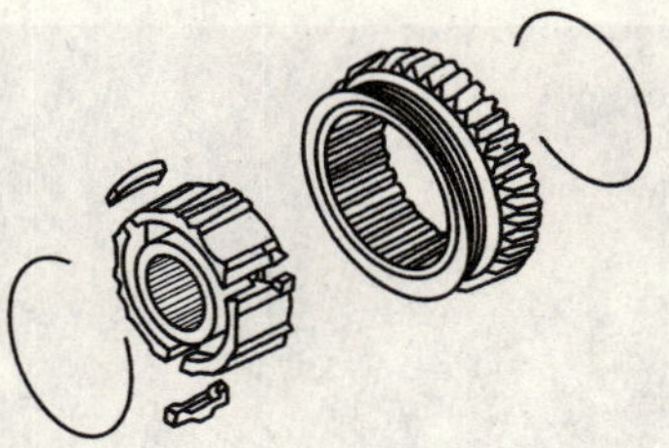

图 2-57　装配一挡和二挡同步器

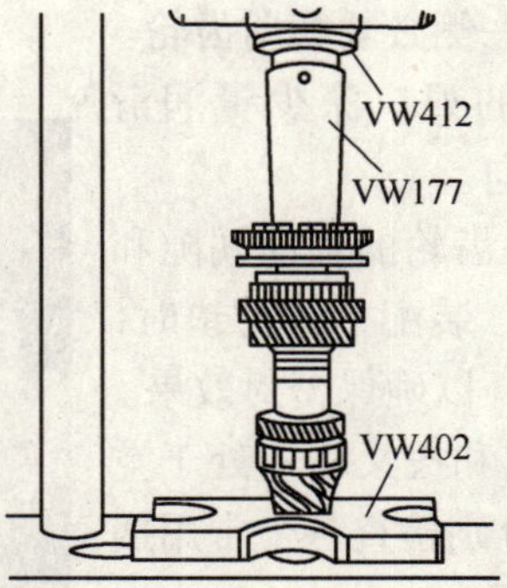

图 2-58　装上一挡齿轮滚针轴承的内座圈

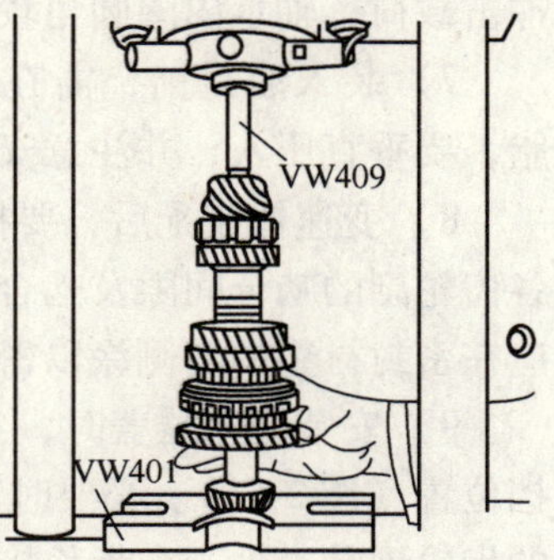

图 2-59　装上内后轴承

18）将输入轴和输出轴装在轴承支座上，将轴承支座装在变速器壳体上。

19）将变速器后盖装在变速器轴承支座上。

5.4.2　同步器的装配要点

1）在装配同步器时，花键毂的细槽应朝向接合套拨叉槽的对面一侧（图 2-60a）。

2）花键毂上有三个凹口（图 2-60b），接合套上有三个凹陷的内齿（图 2-60c）。安装时，三个凹口应与三个凹陷的内齿相吻合，这样可以安装滑块。

3）再装止动弹簧，相互间隔 120°，弯的一端应嵌入一个滑块中（图 2-60d）。

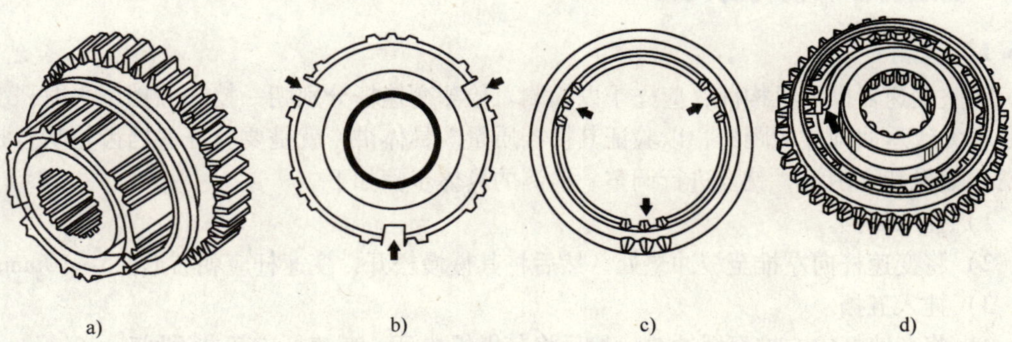

a)　b)　c)　d)

图 2-60　同步器的装配

5.4.3 变速器变速传动机构的装配要点

1）装配前，必须对零件进行认真的清洗，除去污物、毛刺和铁屑等。尤其要注意各润滑油孔的畅通。

2）装配各部分轴承及键槽时，应涂质量优良的润滑油进行预润滑。总成修理时，应更换所有的滚针轴承。

3）对零件的工作表面不得用硬金属直接锤击，避免齿轮出现运转噪声。

4）注意同步器锁环的装配位置。装配过程中，如有旧件时应原位装复，以保证两元件的接触面积。因此，在变速器解体时，应对同步器各元件做好装配记号，以免装错。

5）组装中间轴和第二轴时，应注意各挡齿轮、同步器花键毂、推力垫圈的方向及位置，以保证齿轮的正确啮合位置。

6）安装第一轴、第二轴及中间轴的轴承时，只许用压套垂直压在内圈上，禁止施加冲击载荷，轴承内圈圆角较大的一侧必须朝向齿轮。

7）装入油封前，需在油封的刃口涂少量润滑脂，要垂直压入，并注意安装方向。

8）变速器装配后，要检查各齿轮的轴向间隙和各齿轮副的啮合间隙及啮合印痕；装配密封衬垫时，应在密封衬垫的两侧涂以密封胶，以确保密封效果。

9）安装变速器盖时，各齿轮和拨叉均应处于空挡位置（图2-61）。必要时，可分别检查各个常用挡的齿轮副是否处于全齿长接合位置。

图2-61 空挡位置

10）四挡齿轮有凸缘的一边应朝向前轴承。

11）三挡齿轮有凸缘的一边应朝向第四挡齿轮。

12）一挡和二挡同步器壳体的槽应朝向一挡齿轮。

13）应按规定力矩拧紧全部螺栓。

5.5 将变速器装回车上

将变速器装回车上步骤见学习单元一。

5.6 变速器操纵机构的调整

5.6.1 检测

调整变速器操纵机构前，应先予以检测。检测变速杆分别朝一挡和五挡压去时，变速杆是否大致返回同样的距离，以验证其换挡质量。具体讲，就是要验证各挡齿轮啮合是否平滑，如果啮合困难，就要进行调整。检测的具体步骤如下。

1）挂入一挡。

2）将变速杆向左推至缓冲垫处，然后将其慢慢松开，变速杆应朝右返回5～10mm。

3）挂入五挡。

4）将变速杆向右推至缓冲垫，然后将其慢慢松开，变速杆应朝左返回5～10mm。

5）如果达到上述要求的距离，且两种距离大致相等时，再调节操纵机构，变速质量也不会再有任何改善。否则可通过移动变速杆支架的椭圆形孔进行调整。

5.6.2　调整

如果返回行程不等或行程达不到5～10mm，则需调整操纵机构，调整的具体步骤如下。

1）将变速杆置于极限位置上。

2）旋松夹箍螺母（图2-62），移动变速杆，要求变速杆在连接时自由滑动。

3）取下变速杆手柄和防尘罩，将变速杆支架孔与变速杆罩壳的孔对准（图2-63）。

4）在变速杆支架前孔中嵌入一物（图2-64），并将变速杆放在最右边位置上。

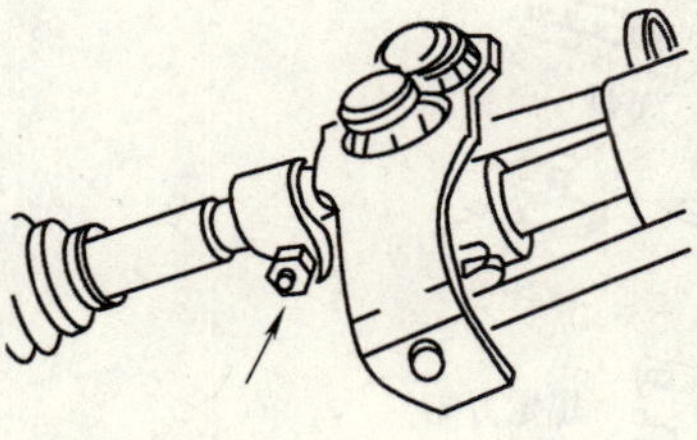

图2-62　旋松夹箍螺母

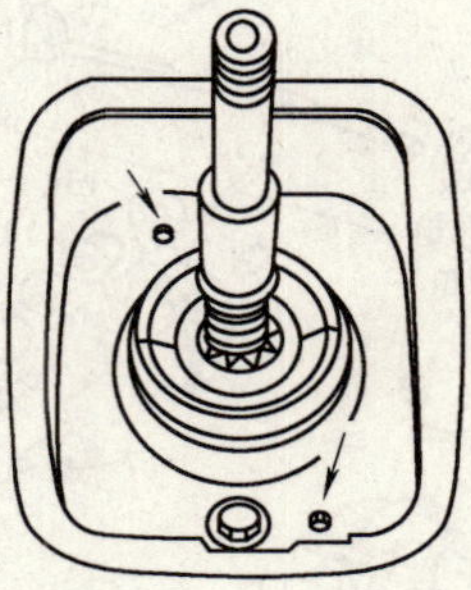

图2-63　对准支架孔与罩壳上的孔

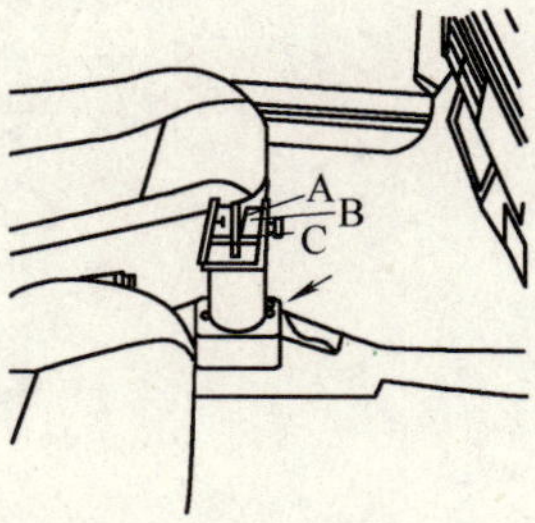

图2-64　在变速杆支架前孔中嵌物

5）轻轻地旋紧下面的螺栓（图2-65），将嵌入物固定好。

6）将变速杆放到最右面（图2-66），直至缓冲垫后，旋紧定位螺栓。

7）将变速杆放在中间位置上（图2-67），用20N·m的力矩旋紧夹箍螺母。

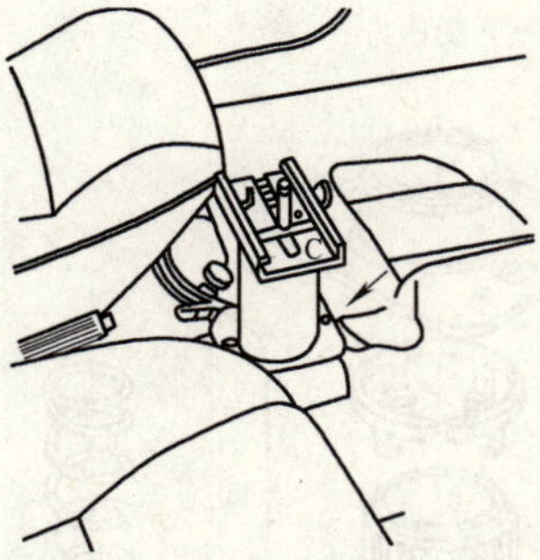

图2-65　旋紧下面的螺栓

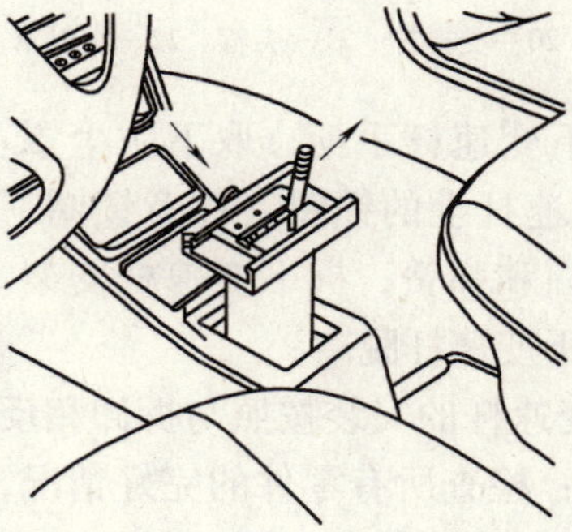

图2-66　变速杆靠至最右边

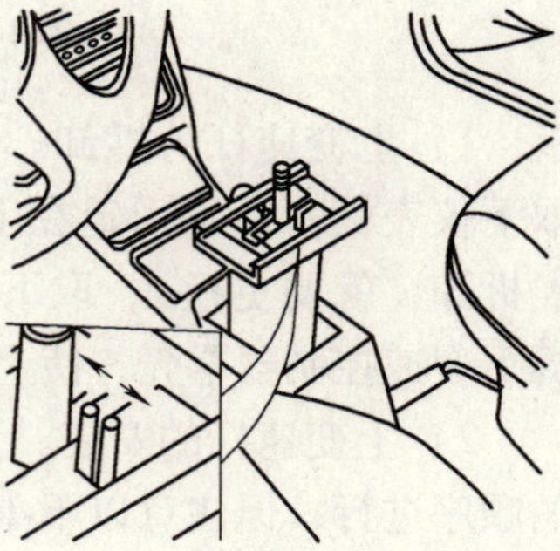

图2-67　变速杆置于中间位置

8）取下嵌入物。

9）重复检查步骤，如果未达到要求，可继续移动变速杆支架上的椭圆形孔来修正。

10）先后挂入所有的挡位，特别要注意倒挡的锁止功能。

附：变速器操纵机构的拆装

拆装时要参看图2-68。

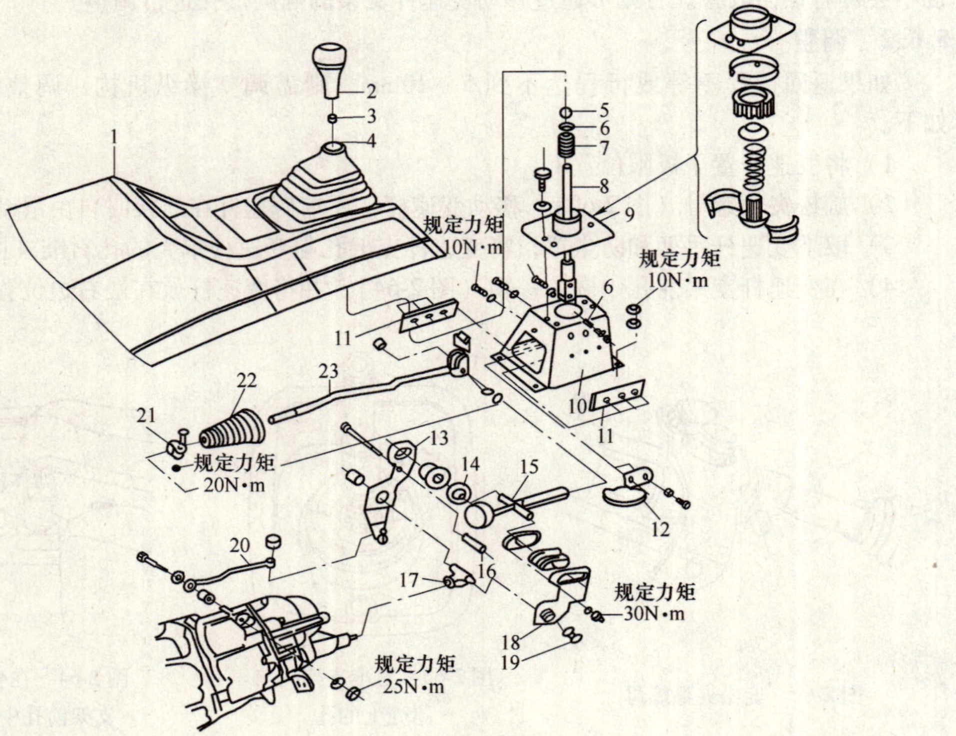

图 2-68　桑塔纳 2000 轿车五挡手动变速器操纵机构分解图

1—仪表板　2—变速杆手柄　3—防尘罩衬套　4—防尘罩　5—锁圈　6—挡圈　7—弹簧　8—上变速杆　9—变速杆支架　10—变速杆罩壳　11—缓冲垫　12—倒挡缓冲垫　13—轴承右侧压板　14—罩盖　15—换挡连接套　16—支撑轴　17—离合块　18—轴承左侧压板　19—塑料衬套　20—支撑杆　21—夹箍　22—密封罩　23—下变速杆

1）上变速杆的拆卸。拆下变速杆手柄，取下防尘罩。取下仪表板。拆下固定在上变速杆上的锁圈（注意锁圈一经拆卸，就要更换），取下挡圈和弹簧，拆下变速杆支架。拆下变速控制器罩壳，使上、下变速杆脱离。

2）上变速杆的安装。上变速杆的安装按照与拆卸相反的顺序进行，但注意以下事项：检查所有零件的完好情况，更换已经损坏的零件；润滑防尘罩衬套和挡圈；调整上变速杆；用快干胶固定变速杆手柄。

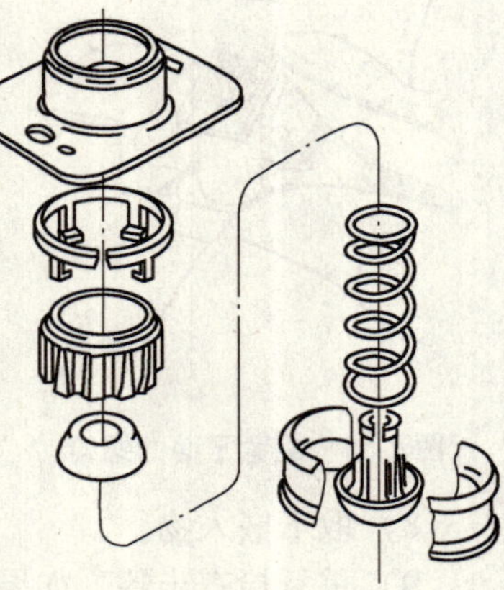

图 2-69　变速杆支架零件分解图

3）变速杆支架的拆卸。取下变速杆手柄和防尘罩。拆下锁圈、挡圈和弹簧（锁圈一经拆卸，就要更换），拆下变速杆支架的固定螺栓，取下变速杆支架。用手取下变速杆支架，变速杆支架零件分解如图 2-69 所示。变速杆支架只有加润滑油后才分解，一旦发现任何零件损坏，就要全部更换。

4）变速杆支架的安装。用润滑脂润滑变速杆支架内部件，装上变速杆支架，螺栓不用旋紧，将变速杆支架上的孔与变速操纵机构罩壳上的孔对准，用 10N · m 的力矩旋紧螺栓。装上弹簧、挡圈和新的锁圈。检查各挡的啮合情况。装上防尘罩和变速杆手柄。

自测题

1. 汽车为什么需要变速器？

2. 变速器在汽车中有哪些作用？

3. 如何理解内燃发动机的弹性范围？

4. 请以一个简单的齿轮副为例解释传动比这个概念。

5. 若传动比 i 大于 1，变速器中的转速和转矩该如何改变？

6. 同轴与非同轴的变速器的区别在哪里？

7. 一个变速器一挡位的传动比 i 为 3.5，五挡位的传动比 i 为 0.73，通过这些传动，100N · m 的发动机转矩和 1000r/min 的发动机转速会发生怎样的改变？

8. 手动变速器如何进行分类？

9. 在何种条件下，一个变速器中的多个齿轮副能够持续共同转动？

10. 在换挡接合套变速器中，滑动齿轮和传动轴之间的力的传递是如何完成的？

11. 在同轴变速器中，力的传递通过几个齿轮副完成？在非同轴的变速器中通过几个齿轮副完成？

12. 在换挡接合套变速器中，同步器的作用是什么？

13. 请说出单倍同步器（Borg-Warner）的组成部分。

14. 请解释单倍同步器（Borg-Warner 系统）中的同步过程与止动过程。

15. 相对于单倍同步器而言，多倍同步器有哪些优点？

16. 请说明双倍同步器的结构。

17. 单倍同步器常用于哪个单位，双倍同步器呢？三倍同步器呢？

18. 变速器常见的维修工作有哪些？

19. 如何确定变速器中故障点的位置？

20. 当变速器发生跳挡故障时，可能是哪些原因导致的？

21. 一个变速器挂挡困难的原因可能有哪些？

学习单元三

自动变速器换挡时有冲击

1 自动变速器概述

1.1 自动变速器的发展

自动变速器的发展，主要经历了 AT—EAT—MAT—CVT 几个过程。

1）AT——液力自动变速器。各大公司早期的车型，如宝马、奔驰、丰田等都曾采用液力自动变速器，实现了变速器挡位的自动切换。

2）EAT——电控液压自动变速器。EAT 是在 AT 的基础上加装了一套电控系统，极大地提高了换挡品质和挡位切换的精确度。

3）MAT——手/自动一体自动变速器。新款宝马、奔驰、大众、奥迪都采用 MAT，能够满足不同使用者和使用环境的驾驶需求。

4）CVT——无级变速器，奥迪 A4 汽车上就安装了全时四轮驱动 CVT 及托森差速器，进一步提高了乘坐的舒适性。

1.2 自动变速器的优缺点

1.2.1 自动变速器的优点

1）操作简单、省力，提高了运行的安全性和乘坐的平稳性。

2）提高了汽车的适应和动力性。

3）提高了汽车的通过性。

4）使发动机处于最佳工作状态，有利于控制汽车排放污染。

5）防止系统过载，延长机件寿命。

1.2.2 自动变速器的缺点

1）结构复杂、成本高、维修困难。

2）传动效率较低，约为 82% ~86%。

1.3 自动变速器的分类

自动变速器依其改变传动比与旋转方向的换挡过程的操纵方式不同，可分为半自动变速器和全自动变速器两大类。

1. 半自动变速器

半自动变速器是介于手动变速器与自动变速器之间的一种变速器，其传动结构与手动的齿轮变速器的相似，其改变传动比与旋转方向的换挡过程全部通过驾驶员的手动操作来实现，只是驾驶员的所有操作在换挡过程中均由电子控制的执行器来完成。

1）只需前后移动其变速杆，便可进行升挡或降挡（以“+”和“-”表示）；或是通过方向盘后方的换挡拨片实现升挡和降挡。

2）力的传递必须通过离合器自动脱开而中断，通过离合器自动接合而接通。

3）主要用于长途货运车、长途公共汽车，近年来也用于小型轿车、赛车和运动汽车。

4）主要优势是实现了自动分离配合，提高了变速器人工换挡操作的便捷性，但同时变速器快速的响应时间又让驾驶者仿佛置身于手动挡驾驶的环境。

2. 全自动变速器

全自动变速器改变传动比和旋转方向的换挡过程是通过自动的电动液压或电控系统完成的，不需要驾驶员的参与。

1）驾驶员只需将变速杆固定在D/L等位置，自动变速器就能根据实际需要自动进行挡位的切换。

2）力的传递是根据需要自动中断或接通的。

3）用于切断动力传动会显著减低舒适性的车辆（如加速性强的车辆）、不宜切断动力传输的车辆（如越野车）、有操纵方便需求的车辆。

4）其传动效率稍低于手动变速器和半自动变速器，但操纵简单、换挡平顺、通过性强。

全自动变速器按其传动方式的不同可分为：

（1）自动换挡变速器　自动换挡变速器具有膜片弹簧离合器和圆柱齿轮传动器，其传动比分级改变。例如：自动换挡变速器ASG、直接换挡变速器DSG。

（2）自动转换变速器　自动转换变速器（行星齿轮自动变速器）具有液力变矩器和行星齿轮组，其传动比分级改变。例如：五挡、六挡、七挡行星齿轮自动变速器。

（3）CVT自动变速器　CVT自动变速器具有一级锥形盘与二级锥形盘、钢滑动履带或扁环节链，其传动比无级改变。例如：Ecotronic、Multitronic、CVT变速器。

2　自动换挡变速器

自动换挡变速器是一种全自动变速器，一般为具有离合器的五挡或六挡自动换挡变速器。在图3-1中所描绘的自动换挡变速器中，离合器的操纵与挡位转换都是通过电子液压控制单元完成的。挡位可以在自动控制与手动控制之间自由地转换，可通过操纵转向盘控制摇杆或Tiptronic（手/自一体自动变速器）功能中的变速杆来完成。

2.1　自动换挡变速器（ASG）

自动换挡变速器的主要控制参数为：行驶速度、变速杆位置、所选择的行驶状态和加速踏板的位置。可通过Toptronic的变速杆或转向盘控制摇杆进行手/自动操纵的转换。

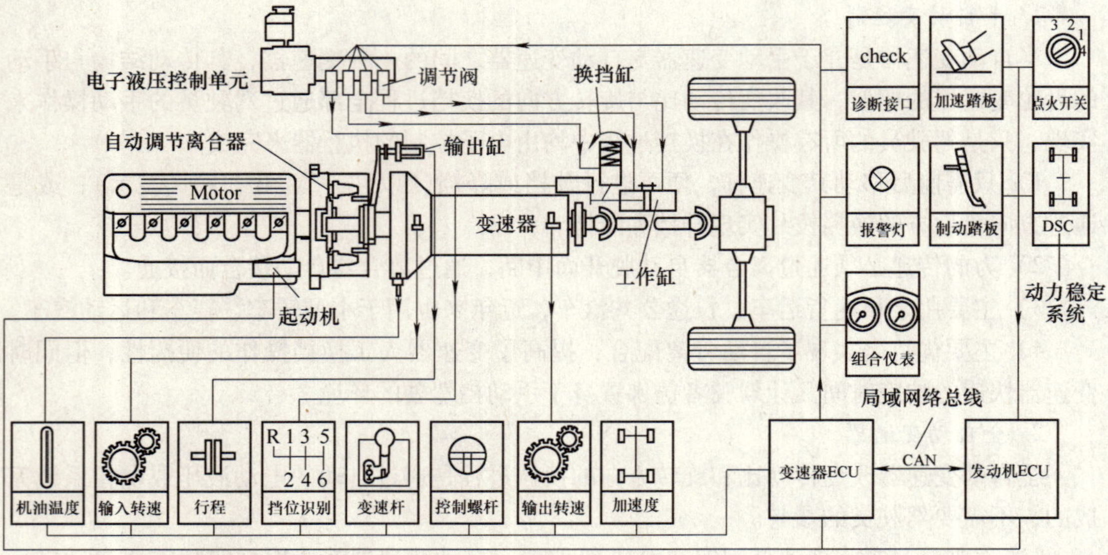

图 3-1　具有液压元件的自动换挡变速器

自动换挡变速器的控制系统使用传感器精确记录发动机转速、变速器输入转速以及离合器的工作行程，从而计算出离合器的最佳接合与分离时刻；加速度传感器用于识别行驶时上升或下降的斜面，从而确定加速或减速；挡位的切换通过换挡缸与工作缸来完成，换挡缸与工作缸的位置由传感器确定；变速器油温传感器则会对换挡时刻产生影响。

2.1.1　控制系统

ASG 的控制系统利用一个变速器/离合器的控制单元（ECU）对传感器的输入信号进行分析，它根据储存的发动机综合特性曲线，确定用于控制离合器输出缸、换挡缸与工作缸的输出信号。换挡过程可分为三个阶段：断开离合器、换挡、接合离合器。

为了得到良好的换挡平滑性和尽可能短的换挡时间，这三个阶段都将根据不同的行驶状况而改变。为了行车安全，在制动踏板和车门触点处均装有相应传感器。

自动换挡变速器的整个换挡过程按顺序进行，也就是说，每次只能提高或降低一个挡位，所以这种变速器也被称为顺序变速器。

2.1.2　离合器与离合器驱动装置

ASG 所用离合器为自动调整离合器（SAC，见学习单元一）。离合器驱动装置由具有行程传感器的输出缸（液压缸）组成。

2.1.3　变速器与变速器操纵机构

自动换挡变速器的齿轮传动机构与手动变速器相同，但在操纵机构上添加了一个换挡缸与工作缸（Add-On-System），可通过液压传动进行换挡操纵，使换挡轴与换挡拨叉在需要换挡时运动到相应的挡位。

2.1.4　电子液压控制单元

电子液压控制单元通过油泵产生工作压力，其阀门再根据变速器控制单元中所储存的换挡缸、工作缸与离合器输出缸的综合特性曲线来控制工作压力。

2.1.5　自动变速器控制单元与其他控制单元的连接

自动换挡变速器 ASG 的控制单元（ECU）通过 CAN 总线（局域网络总线）与车辆中其他系统的控制单元（ECU）连接在一起，以实现信息共享。例如发动机控制单元与动力稳定系统控制单元。

2.2　直接换挡变速器（DSG）

直接换挡变速器（图 3-2）也是一种全自动变速器，其通过电子液压控制单元自动对六挡变速器和双离合器进行换挡操纵。DSG 既可在自动方式下运行，也可在 Tiptronic 方式下手动运行。

2.2.1　构造（图 3-3）

1）具有双离合器的六挡变速器。

2）油泵、冷却器、ATF（自动变速器油）滤清器。

3）变速器控制单元（ECU）。

4）用于获得输入信号的传感器。

5）电子液压控制单元，用于操纵离合器 K_1 与 K_2，并用于换挡。

双离合器：由两个液压离合器 K_1（图 3-4）与 K_2（图 3-5）组成，其压力由液压系统产生。离合器 K_1 用于接通和切断奇数挡位（一/三/五挡）与倒车挡位，它与挡位中位于空心轴上的齿轮连接在一起。离合器 K_2 则负责偶数挡位（二/四/六挡）。

图 3-2　大众出产的 DSG 变速器

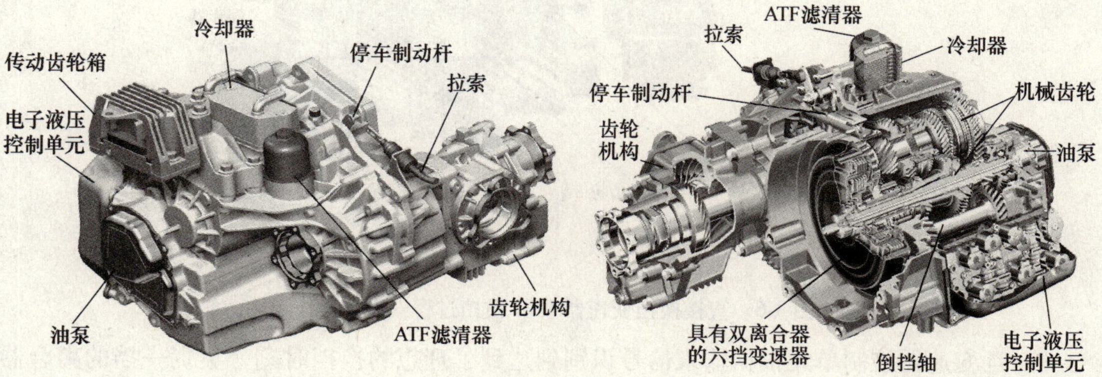

图 3-3　DSG 变速器的构造

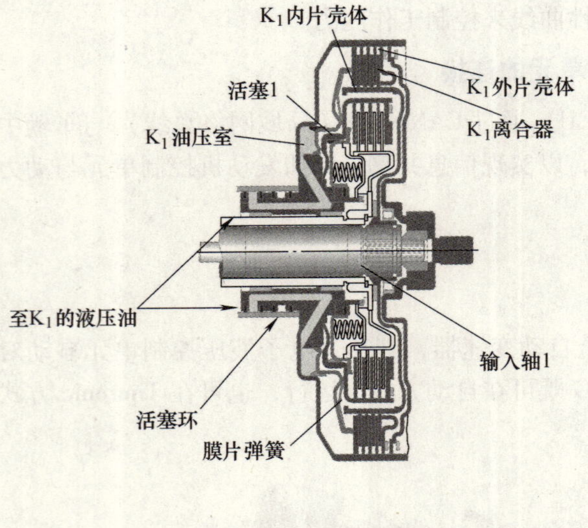

图 3-4　离合器 K_1

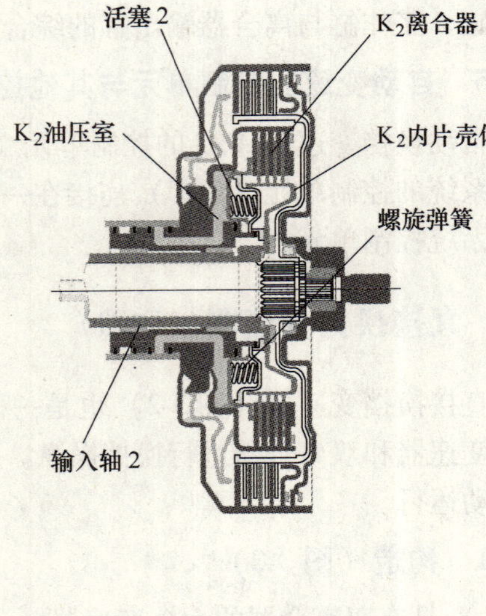

图 3-5　离合器 K_2

2.2.2　换挡过程

以一挡换到二挡为例。

在一挡位置时加速（图 3-6），离合器 K_1 接合，离合器 K_2 断开，一挡齿轮锁环被压到位置 1，二挡齿轮锁环被预压到位置 2，此时的动力传递路线为：发动机→离合器 K_1 →输入轴 1 →一挡齿轮→同步器→输出轴→输出齿轮。

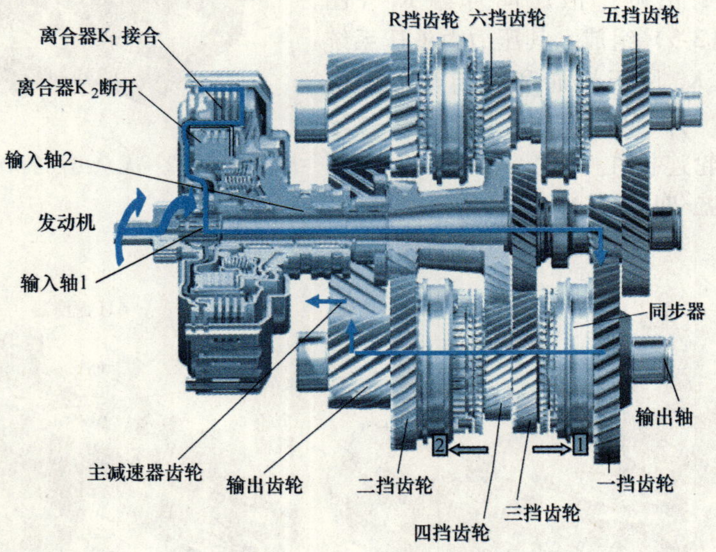

图 3-6　直接换挡变速器 DSG 换挡过程（在一挡上）

一旦变速器控制单元根据输入信号识别到达到了理想的换挡时刻，负责一挡的离合器 K_1 就会断开，同时负责二挡的离合器 K_2 接合（图 3-7），变速器从一挡转换到二挡，发动机输出转矩传递到二挡齿轮，此时，三挡齿轮锁环被预压到位置 3。此时的动力传递路线为：发动机→离合器 K_2 →输入轴 1 →二挡齿轮→同步器→输出轴→输出齿轮。

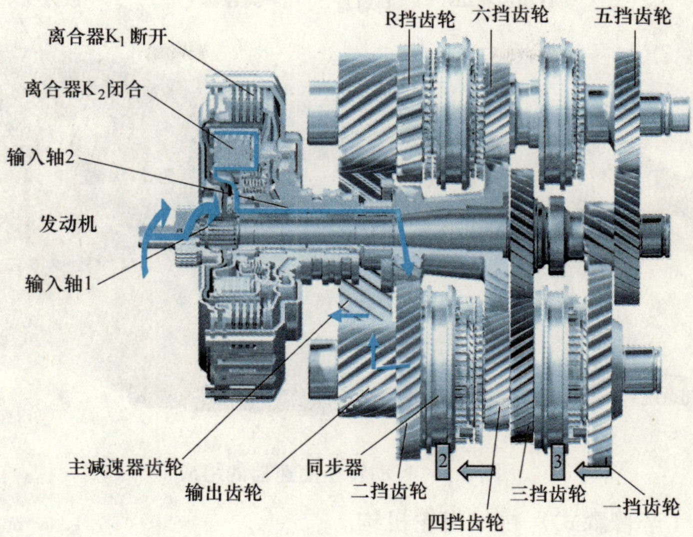

图 3-7　直接换挡变速器 DSG 换挡过程（在二挡上）

其中两个离合器的断开与接合在时间上是重叠的（图 3-8），总体换挡过程在 0.03 ~ 0.04s 内完成，力的传递过程几乎没有中断，整个换挡过程平稳而迅速。

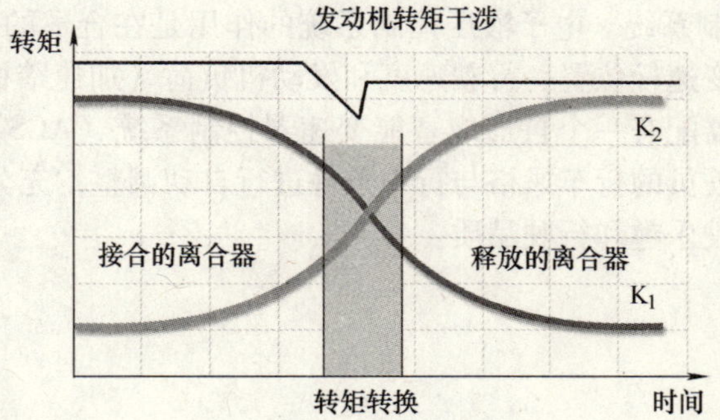

图 3-8　双离合器重叠

3　自动转换变速器

3.1　组成

自动转换变速器是具有液力变矩器的自动变速器，其主要由液力变矩器、行星齿轮变速器（行星齿轮组、制动器、离合器）、电子液压控制系统、输入轴、输出轴、油泵等部分组成，如图 3-9 所示。

（1）液力变矩器　安装在飞轮之后，用作起动离合器，可在发动机的转速范围内增大转矩，并将动力传递给行星齿轮组。

（2）行星齿轮变速器　连接在液力变矩器之后，用于改变变速器输出转矩与转速，并在倒车挡中改变旋转方向。作为行星齿轮变速器使用的行星齿轮机构有：

1）Ravigneaux（拉维娜式）行星齿轮机构。

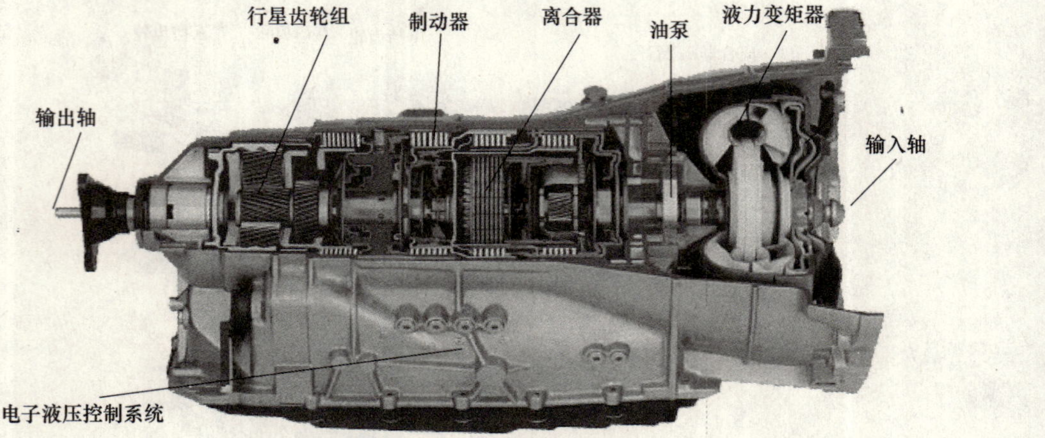

图 3-9　自动转换变速器的组成

2）Simpson（辛普森式）行星齿轮机构。

3）Wilson（威尔森式）行星齿轮机构。

4）Lepelletier（拉普莱提尔式）行星齿轮机构。

在 Ravigneaux 行星齿轮机构或 Simpson 行星齿轮机构之前或之后还可连接一个单排行星齿轮机构。

（3）电子液压控制系统　电子液压控制系统的作用是在合适的时机提高或降低挡位。其主要控制参数为：变速杆位置、行驶速度和发动机负荷（加速踏板位置）。

现代的自动变速器配有一个自适应智能变速器控制系统（AGS），其作用是将变速器自动换挡时机根据驾驶员的行车风格与行车条件进行自动调整，充分体现现代轿车的人本设计理念，提高了驾驶乐趣和行驶品质。

3.2　液力变矩器

3.2.1　作用

1）起到离合器的作用，切断发动机与变速器传动机构之间的动力传递，实现柔和舒适地起动。

2）在一定范围内无级变速、变扭、将发动机的转矩增大两倍输出。

3）起到飞轮的作用，减弱发动机的扭转振动，使发动机运转平稳。

3.2.2　液力变矩器的特点

1）无机械磨损。

2）具有更柔和、更顺畅的起动过程。

3）起动时发动机不会熄火。

4）转矩能在一定转速范围内无级变化，能自动进行调整以适应不同的行车状况。

5）在起动时，输出转矩可以增大到最大值。

6）通过液压油可以减弱发动机的扭转振动与扭转振动。

7）运行时无噪声。

3.2.3　构造

液力变矩器（图 3-10）主要由泵轮、涡轮、具有单向离合器的导轮、锁止离合器

（跨接耦合器）等部件组成。

其中，泵轮、涡轮和导轮都设计为弯曲的叶轮，并在一个充满了压力油的封闭外壳内运动。

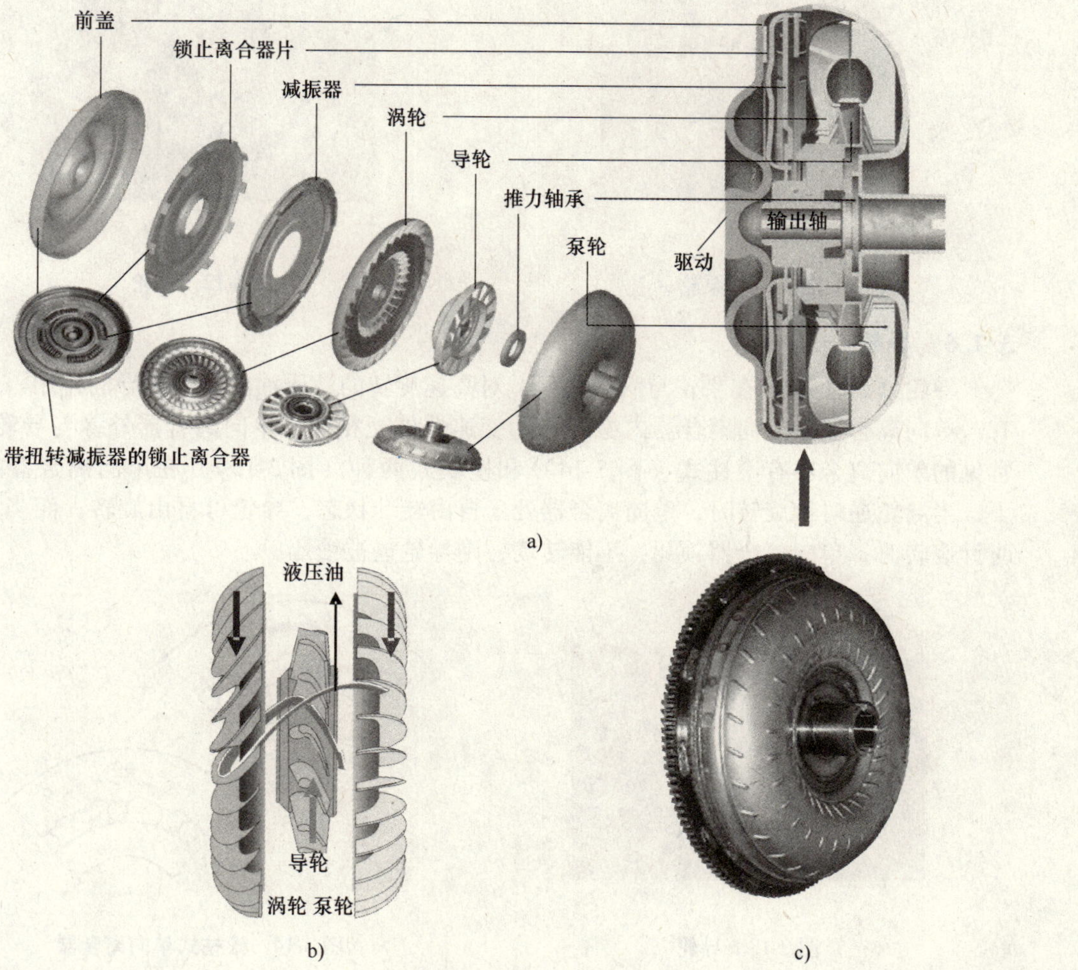

图 3-10　液力变矩器

a）分解图　b）传动图　c）外观图

3.2.4　泵轮

泵轮（图 3-11）是液力变矩器的主动件，其叶片与变矩器外壳焊接在一起，由飞轮通过液力变矩器外壳驱动，其转速与旋转方向与发动机一致。其可以把高压静止的液压油变成高速旋转的液压油。在部分无飞轮的车上，如本田、三凌太空、日产风度等，飞轮齿圈被直接安装在液力变矩器外壳上。

3.2.5　涡轮

涡轮（图 3-12）是液力变矩器的从动件，与泵轮相对，但叶片方向相反。其在高速旋转的液压油的带动下转动，并通过与其花键联结的变速输入轴将动力传输给齿轮传动机构。

图 3-11　泵轮

图 3-12　涡轮

3.2.6　导轮

导轮（图 3-13）在泵轮与涡轮之间，对高速旋转的液压油的流动起导向作用。其内装有一单向离合器，单向离合器内缘与自动变速器外壳相连，单向离合器外缘与导轮相连。常见的单向离合器有滚柱式（图 3-14）和楔块式两种（图 3-15）。在单向离合器的作用下，当导轮逆时针旋转时，单向离合器处于自由转动状态，导轮可自由旋转；而当导轮顺时针旋转时，单向离合器锁死，不能转动，则导轮也被锁死。

图 3-13　导轮

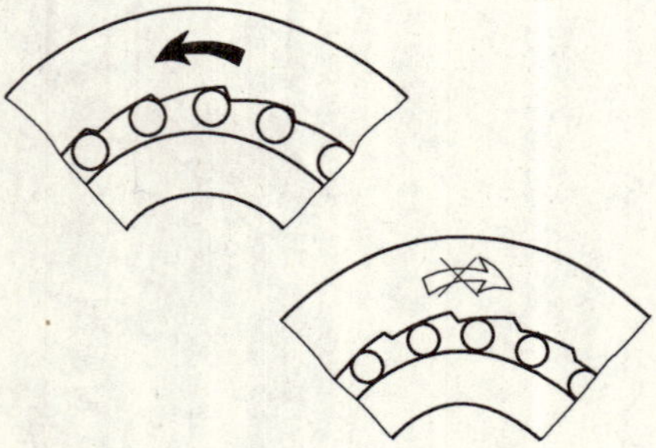

图 3-14　滚柱式单向离合器

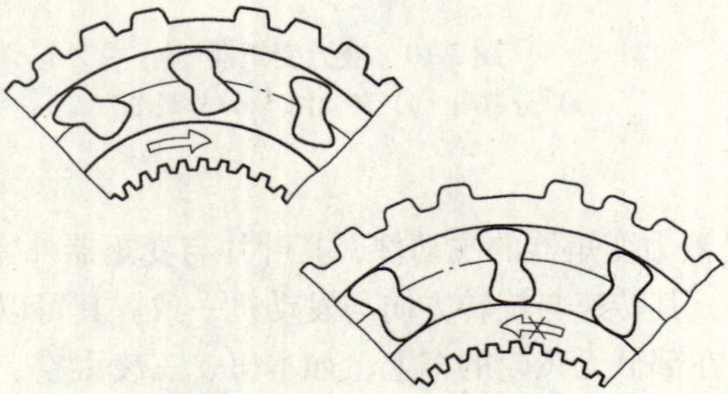

图 3-15　楔块式单向离合器

3.2.7　液压油（图 3-16）

变矩器的泵轮驱动一个安装在变速器壳体内的油泵（图 3-17），在油泵的作用下，变矩器内产生 3 ~4Pa 压力的液压油，并通过节流阀、冷却器和机油储存箱使机油不断地循环、冷却，使液力变矩器中的液压油保持一定的压力，可以阻止液压油内产生气穴（产生气泡），气泡的形成会使得变矩器的传动效率降低。使液力变矩器中的液压油保持一定的温度，可以保持液压油良好的工作特性，保证变矩器工作可靠。

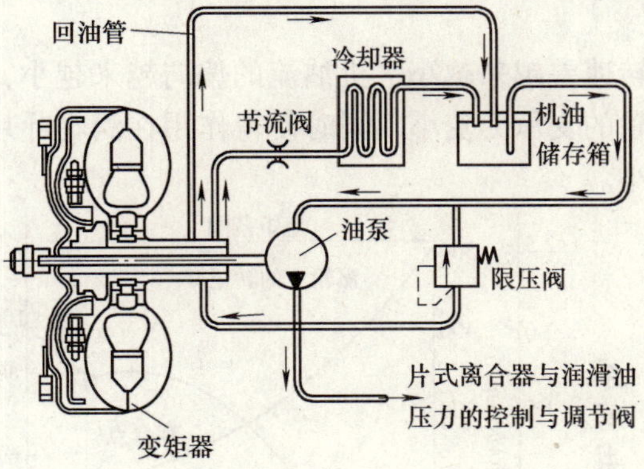

图 3-16　液压油循环路线

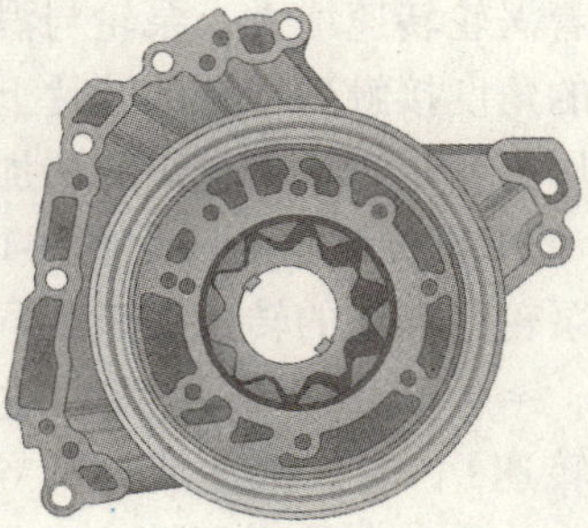

图 3-17　转子式油泵

3.2.8　工作原理

1. 变矩器的变矩范围（图 3-18a、b）

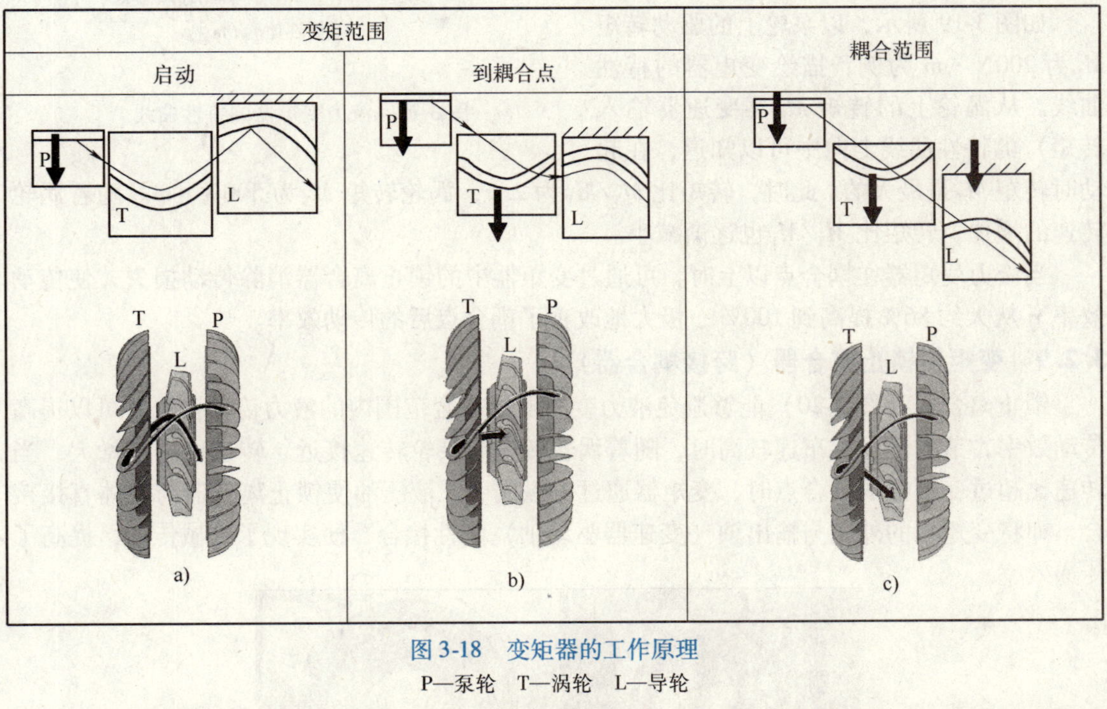

图 3-18　变矩器的工作原理

P—泵轮　T—涡轮　L—导轮

在发动机起动时，泵轮与发动机的转速相同，与飞轮一起旋转，涡轮和导轮则保持静止状态。此时，机油在泵轮的作用下从泵轮流向涡轮，并将能量传递给涡轮，机油同时也在旋转。

当传递到涡轮上的转矩大于变速器驱动轴上的阻力矩时，涡轮开始旋转。从涡轮中流出的机油流到导轮的叶片上，促使导轮的叶片尝试逆着泵轮和涡轮的旋转方向旋转，但该扭转方向被单向离合器锁止，使导轮不能旋转。此时，机油流作用在约 90° 弯曲的导轮的叶片上，产生强烈的倒流，倒流作用在涡轮的叶片上，加强了输出转矩。输出转矩的加强使得涡轮轴（变速器驱动轴）上的转矩大于被输入到变矩器中的发动机转矩。导轮将机油流引导到有利于泵轮叶片旋转的角度上，并借此使得机油在泵轮→涡轮→导轮→泵轮中不断循环。

随着涡轮转速增大，泵轮与涡轮之间的转速差越来越小，机油流的偏向越来越小，并以较小的角度接触到导轮的叶片上，使得导轮的支承力变小，同时使得作用在涡轮叶片上的反作用力变小，输出转矩的增加也逐渐变小。

2. 变矩器的耦合范围（图3-18c）

当泵轮与涡轮的转速接近相同［转速比 $n_T/n_P \approx 0.85 \sim 0.9$（$n_T$ 为涡轮转速，n_P 为泵轮转速）］时，机油流会从导轮的背面流入，单向离合器不再锁止，导轮开始转动。从这一点开始，不再有倒流力作用在涡轮的叶片上，从而使发动机的转矩不再增大。这一点被称为“耦合点”。

3. 液力变矩器的特性曲线

如图3-19所示，以泵轮上的驱动转矩 M_P 为200N · m为例，描绘变矩器的特性曲线。从涡轮上的转矩 M_T（变速器输入转矩）的特性曲线走向中可以知道，在起动时转矩 M_T 是最大的。此时，转矩比 M_T/M_P 为2.5，涡轮转矩 M_T 为500N · m。随着涡轮转速的增加，转矩比 M_T/M_P 也逐渐减小。

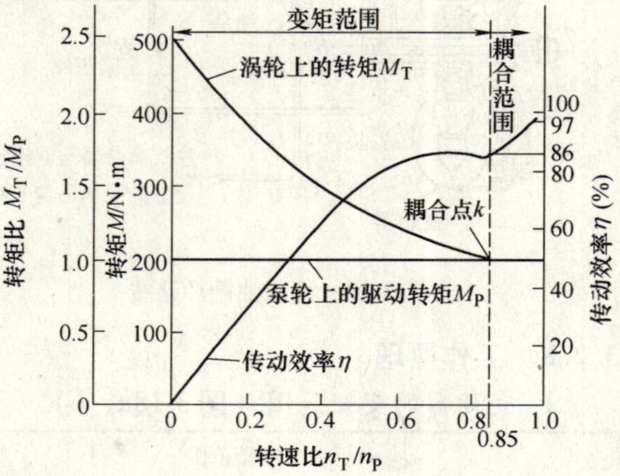

图3-19 液力变矩器的特性曲线

当液力变矩器在耦合点以上时，可通过变矩器中的锁止离合器消除传动损失，使传动效率 η 从大约86%提高到100%，极大地改善了耦合点后的传动效率。

3.2.9 变矩器锁止离合器（跨接耦合器）

锁止离合器（图3-20）能够避免液力变矩器在耦合范围内的液力传动损失，可以提高传动效率，节省燃油。车速较高时，随着涡轮转速与泵轮转速接近，转速比逐渐增大，当转速比超过变矩器的耦合点时，变矩器通过电磁阀引入液压油使锁止离合器与壳体直接接合，即将变矩器的外壳与输出轴（变速器驱动轴）刚性接合，便实现了机械传动，提高了传递效率。

图3-20 锁止离合器

1. 构造（图 3-21a）

锁止离合器外摩擦片支座与泵轮（变矩器外壳）连接在一起，其内摩擦片支座与涡轮连接在一起。片式离合器由液压油控制，在锁止离合器活塞的作用下接合或断开。

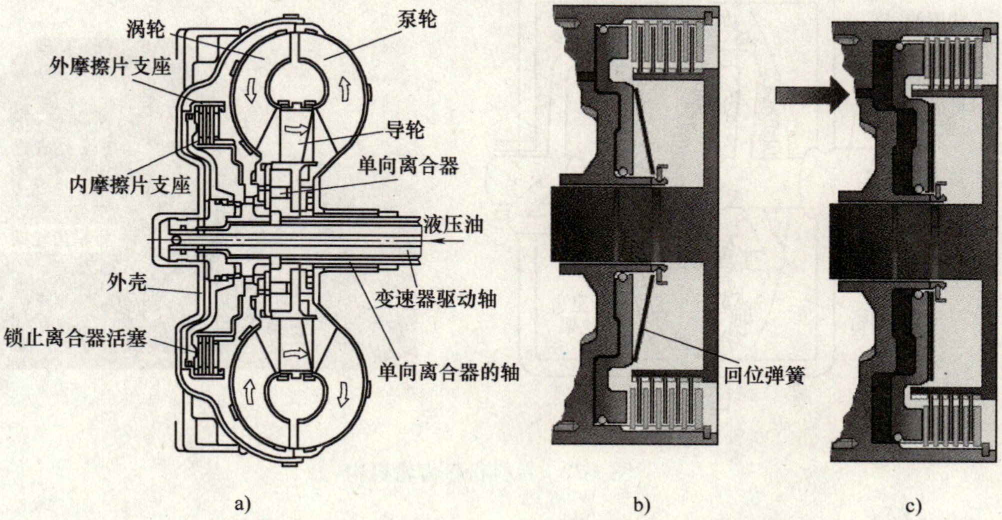

图 3-21　锁止离合器构造和工作原理

a）锁止离合器的构造　b）锁止离合器断开　c）锁止离合器接合

2. 工作原理

（1）锁止离合器断开（图 3-21b）　液压油通过驱动轴的内径流到锁止离合器活塞的右侧（或在回位弹簧的作用下），将锁止离合器活塞压向左方，片式离合器被断开。

（2）锁止离合器接合（图 3-21c）　液压油流向锁止离合器活塞的左侧，将锁止离合器活塞推向右侧，并压紧摩擦片组，使片式离合器接合。

此时，泵轮与涡轮刚性连接，转速相同。根据发动机负荷与车速的变化，变速器锁止离合器会在高速挡，例如三挡、四挡或五挡时自动接通，实现无损失传动。注意，锁止离合器接合时，自动变速器必须达到相应的运转温度，且在加速和制动时都会自动断开锁止离合器。

3. 可调节的锁止离合器

在这种锁止离合器中会出现三种状态：断开状态、有转速差（即泵轮与涡轮的转速差）的传动状态和接合状态。

对于转速差可调整的锁止离合器，在特定的发动机运转状态下，可根据储存在变速器控制单元（ECU）中的综合特性曲线来实现泵轮与涡轮之间有限的转速差。这种转速差使得发动机的扭转振动无法传递到变速器中，故在这种系统中，离合器从动盘上没有扭转减振器。除变速器控制单元（ECU）中的综合特性曲线外，还应考虑以下几个会产生影响的变量，其分别是加速踏板位置、上坡/下坡、换挡功能、发动机温度和变速器油温。

3.3　自动变速器的行星齿轮传动机构

3.3.1　单排行星齿轮机构的组成

一个单排行星齿轮机构（图 3-22）主要由四部分组成，分别是太阳轮、行星齿轮、齿圈和行星齿轮架。

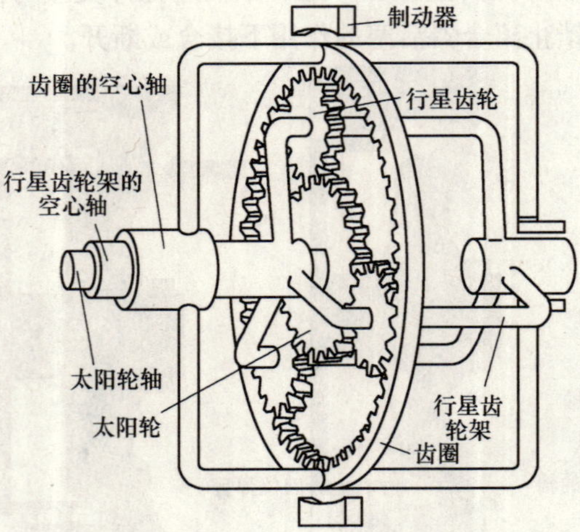

图 3-22　单排行星齿轮机构

行星齿轮通过行星齿轮轴安装在行星齿轮架上，可以在齿圈与太阳轮之间滚动，与齿圈是内啮合，与太阳轮是外啮合，所有的齿轮都一直啮合在一起。太阳轮、齿圈或行星齿轮架都可以被驱动或被停止。动力输出是通过齿圈或通过行星齿轮架来完成。

3.3.2　单排行星齿轮机构的工作原理

通过驱动太阳轮、齿圈或行星齿轮架，单排行星齿轮机构都可以得到不同的传动比，但三个部件中必须有一个未被驱动的部件被制动住，另一个既非被驱动，也非被制动的部件则是输出端。

1. 变速级

图 3-22 中的单排行星齿轮机构可以达到相同旋转方向上的四个变速级，以及相反旋转方向上的一个变速级。

2. 驱动

单排行星齿轮机构中的部件可以通过片式离合器（驱动离合器）与驱动轴连接在一起，并随驱动轴一起旋转，以达到驱动的目的。

3. 制动

需要制动的部件通过制动器（片式离合器/制动带）与变速器外壳连接在一起，以达到制动的目的。

4. 齿数关系

如果太阳轮的齿数是 z_1，齿圈的齿数是 z_2，那么，行星架的齿数 $z_c = z_1 + z_2$，即，如果将太阳轮、齿圈、行星齿轮架都看做是齿轮，其齿数的大小关系应该是：$z_1 < z_2 < z_c$。

5. 三挡行星齿轮变速器的工作原理

（1）一挡（图 3-23）　太阳轮是驱动轮，齿圈被制动住。行星齿轮在齿圈的内啮合齿上滚动。行星齿轮架和与其固定相连的驱动轴的旋转方向与驱动的太阳轮的旋转方向相同。变速器产生一个进入慢速的大变速比。

（2）二挡（图 3-23）　齿圈为驱动轮，太阳轮被制动住。行星齿轮在太阳轮的外啮合齿上滚动。行星齿轮架和驱动轴的旋转方向与驱动的齿圈的旋转方向相同。变速器产生一个进入慢速的较小变速比。

（3）三挡（图 3-24）　通过太阳轮和齿圈的驱动，行星齿轮组被锁止，行星齿轮不再转动，起卡子的作用。输出与驱动的方向一致，并且在该情况下可由行星齿轮架进行输出。

（4）倒车挡（图 3-24）　太阳轮为驱动轮，行星齿轮架被制动。行星齿轮使得齿圈的旋转方向与驱动的方向相反。变速器产生一个进入慢速的反向的大变速比。

（5）换挡执行元件工作状态　表 3-1 展示了一个单排行星齿轮机构中三个前进挡和一个倒车挡的挡位要求。变速器中的片式离合器或制动器就是按照此要求，在适当的时机对太阳轮、齿圈和行星齿轮架进行驱动或制动，从而达到不同转速的输出要求。

表 3-1　三挡行星齿轮变速器换挡执行元件表

挡　位	驱　动	被制动住	输　出
一挡	S	H	PT
二挡	H	S	PT
三挡	S、H	– –	PT
倒车挡	S	PT	H

S—太阳轮　H—齿圈　PT—行星齿轮架

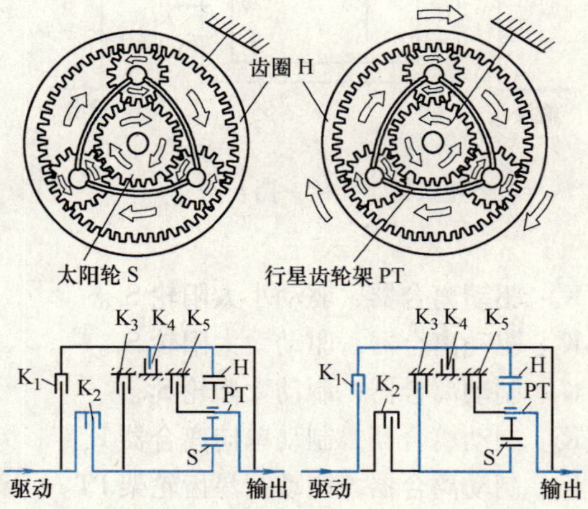

一挡	运动状态	二挡
太阳轮 S 由 K_2 驱动	驱动	齿圈 H 由 K_1 驱动
齿圈 H 由 K_4 制动	制动	太阳轮 S 由 K_3 制动
行星齿轮架 PT	输出	行星齿轮架 PT

图 3-23　一挡与二挡

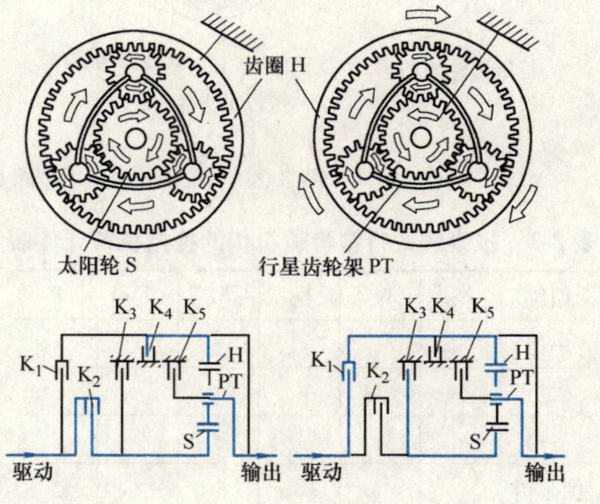

三挡	运动状态	倒车挡
太阳轮 S 由 K_2 驱动	驱动	太阳轮 S 由 K_2 驱动
齿圈 H 由 K_1 驱动	制动	行星齿轮架 PT 由 K_5 制动
行星齿轮架 PT	输出	齿圈 H

图 3-24　三挡与倒车挡

一个简单的单排行星齿轮机构是不能满足一个实际应用的自动变速器的挡位要求，因为它无法为实际的自动变速器提供足够多的、可使用的变速比，而且还需要两根输出轴，所以在自动变速器中经常将两个或三个单排行星齿轮机构相互连接在一起使用。

3.3.3 Ravigneaux（拉维娜式）行星齿轮机构

它主要由以下部件组成。

1）一个总的齿圈 H。

2）一个总的行星齿轮架 PT。

3）两个不同大小的太阳轮 S_1、S_2。

4）两个不同长短的行星齿轮 PL、PK。

与单排行星齿轮机构一样，不同的变速级通过特定部件的驱动和制动，或者通过整个行星齿轮机构的锁止而实现；输出可由齿圈或行星齿轮架实现。图 3-25 中的 Ravigneaux（拉维娜式）行星齿轮机构可实现三个前进挡和一个倒车挡。其具体挡位要求见表 3-2。

以一挡为例说明其传动过程。

K_1 与 K_4 接合，K_4 通过单向离合器 F 使行星齿轮架 PT 只能保持一个旋转方向。此时力的传递过程为：输入（驱动）→K_1→S_1 →PK →PL →H →输出。

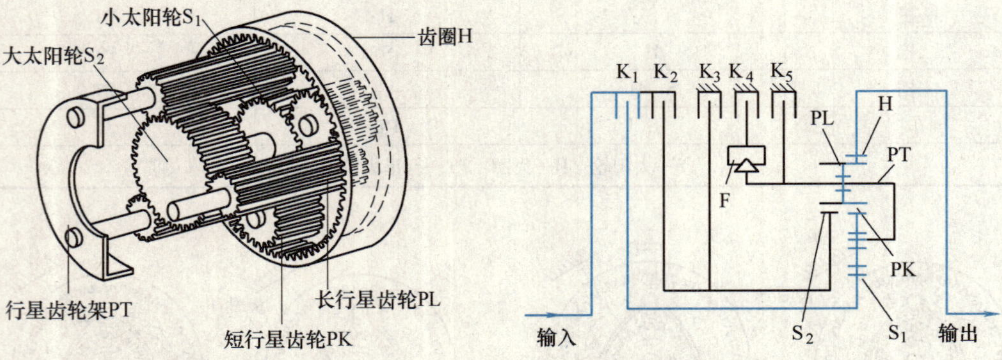

图 3-25 Ravigneaux（拉维娜式）行星齿轮机构，挂接一挡

表 3-2 拉维娜式行星齿轮机构的换挡执行元件表

挡位	K_1	K_2	K_3	K_4	K_5	F
一挡	·			·		·
二挡	·		·			
三挡	·	·				
倒车挡		·			·	

注：·—元件处于工作状态。

K_1：驱动离合器，驱动小太阳轮 S_1。

K_2：驱动离合器，驱动大太阳轮 S_2。

K_3：制动离合器，制动太阳轮 S_2。

K_4：制动离合器，制动单向离合器 F。

K_5：制动离合器，制动行星齿轮架 PT。

F：单向离合器，支撑行星齿轮架 PT。

3.3.4 Simpson（辛普森式）行星齿轮机构

1. Simpson 行星齿轮机构的组成

Simpson 行星齿轮机构由以下部件组成。

1）一个总的太阳轮。

2）两个直径相同的齿圈 H_1/H_2，可实现动力输出。

3）两个均具有行星齿轮（齿数相同）的行星齿轮架。

图 3-26 中的 Simpson（辛普森式）可实现三个前进挡和一个倒车挡。其具体挡位要求见表 3-3。

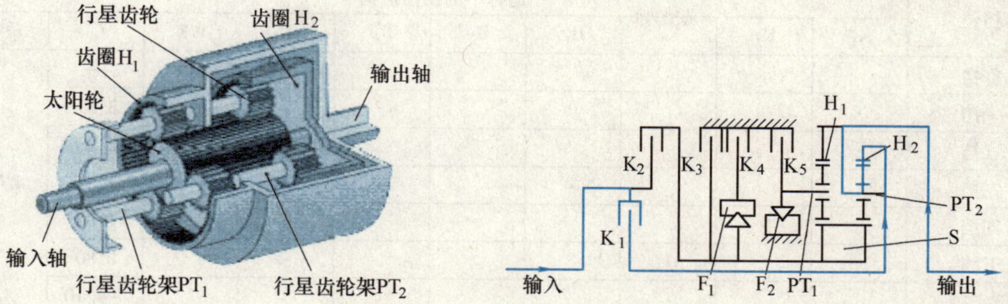

图 3-26 Simpson（辛普森式）行星齿轮机构，挂接一挡

表 3-3 辛普森式行星齿轮机构的换挡执行元件表

挡位	K_1	K_2	K_3	K_4	K_5	F_1	F_2
一挡	·						·
二挡	·		·1)	·		·	
三挡	·	·		·			
倒车挡		·			·		

注：1）一在变速杆位置 S 进入二挡时，有发动机制动的作用。在变速杆位置 D 进入二挡时，无发动机制动作用。

·一元件处于工作状态。

K_1：驱动离合器，驱动 H_2。

K_2：驱动离合器，驱动 S。

K_3：制动离合器，制动 S。

K_4：制动离合器，制动 F_1。

K_5：制动离合器，制动 PT_1。

F_1：单向离合器，支撑 S 。

F_2：单向离合器，支撑 PT_1。

2. 行星齿轮机构的组合

通过行星齿轮机构的连接组合，例 Ravigneaux（拉维娜式）行星齿轮机构与一个单排行星齿轮机构连接，或是 Simpson（辛普森式）行星齿轮机构与一个单排行星齿轮机构连接，可达到一个四挡或五挡的自动变速器的效果。

3.3.5 Wilson（威尔森式）行星齿轮机构

Wilson（威尔森式）行星齿轮机构（图 3-27）是由三个相互连接在一起的单排行星齿轮机构组成的，所有挡位的输出都是通过后齿轮组的行星齿轮架实现的。其具体挡位要求见表 3-4。

例如：一挡时，B_3 制动 H_3，其动力传递路线为：输入 →P→T→K_1→S_3→PT_3→输出 。

S_1、S_2、S_3：太阳轮。

F：单向离合器。

H_1、H_2、H_3：齿圈。

PT_1、PT_2、PT_3：行星齿轮架。

P_1、P_2、P_3：行星齿轮。

K_1、K_2、K_3：驱动离合器。

B_1、B_2、B_3：制动离合器。

WK：变矩器锁止离合器。

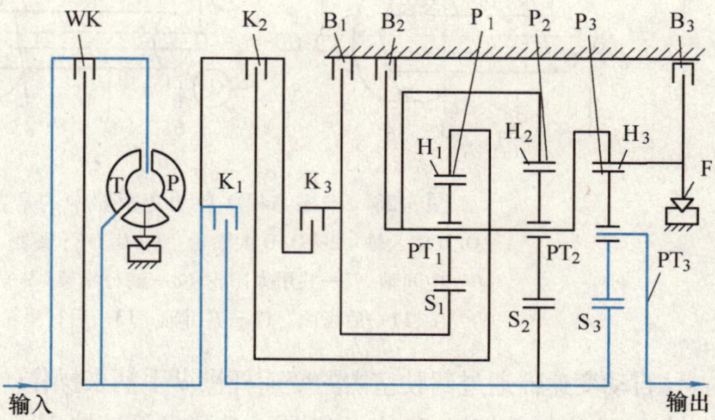

图 3-27 Wilson 行星齿轮机构，挂接一挡

表 3-4　Wilson（威尔森式）的换挡执行元件表

挡位	运行中的换挡机构[1]									
	K_1	K_2	K_3	B_1	B_2	B_3	F	WK	i_G	i_S[3]
空挡						·			—	
一挡	·					·[1]	·		3.57	
二挡	·				·			·[2]	2.20	
三挡	·			·				·[2]	1.51	4.46
四挡	·	·						·[2]	1.00	
五挡	·		·				·	·[2]	0.80	
倒车挡			·						-4.10	

注：·— 接合变速杆位置 D。

1）— 加速中必须接合。

2）—进行转差调整的换挡。

3）— 转速比 $i_S=\dfrac{i_{G1}}{i_{G5}}$。

3.3.6　Lepelletier（拉普莱拉尔式）行星齿轮机构

它由一个已经预接的行星齿轮机构和一个接在其后的 Ravigneaux（拉维娜式）行星齿轮机构组成。这样在汽车变速器上可以实现六个可使用挡位之间的转换。

3.3.7　行星齿轮变速器的特点

1）可在不中断力传动的情况下换挡。

2）因为转矩通过了多个齿轮啮合传动，所以齿轮力更小。

3）运行无噪声。

3.3.8　丰田 A43D 自动变速器齿轮传动机构

丰田 A43D 自动变速器（图 3-28）是辛普森式双排行星齿轮机构与一个单排行星齿轮机构组合而成的四速自动变速器的行星齿轮变速传动机构。

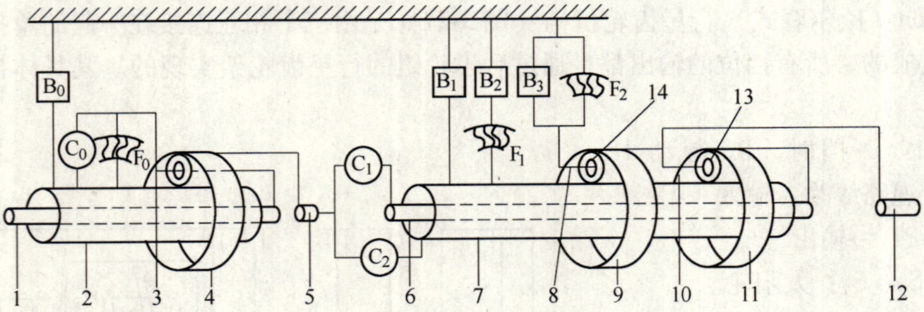

图 3-28　丰田 A43D 自动变速器中的辛普森行星齿轮机构

1—O/D 输入轴　2—O/D 太阳轮　3—O/D 行星架　4—O/D 齿圈　5—轴入轴　6—中间轴　7—共用太阳轮　8—前行星架　9—前齿圈　10—后行星架　11—后齿圈　12—输出轴　13—后行星轮　14—前行星轮

自动变速器通过驾驶室内的变速杆操纵手柄来操作。这个手柄一般有六个位置：P 位（停车挡）、R 位（倒挡）、N 位（空挡）、S 位（低速挡 2）、L 位（低速挡 1）、D 位（前进挡）。

当变速杆操纵手柄处于不同的位置时，换挡执行机构使行星排处于不同的传动状态，输出不同的传动比和旋转方向。A43D 在各挡位时换挡执行元件的具体状态见表 3-5。

表 3-5　A43D 换挡执行元件表

位置	挡位	C_0	C_1	C_2	B_0	B_1	B_2	B_3	F_0	F_1	F_2
P	停车挡	●	○	○	○	○	○	●	○	○	○
R	倒挡	●	○	●	○	○	○	●	●	○	○
N	空挡	●	○	○	○	○	○	○	●	○	○
D	一挡	●	●	○	○	○	○	○	●	○	●
	二挡	●	●	○	○	○	●	○	○	●	○
	三挡	●	●	●	○	○	●	○	○	○	○
	超速挡		●	●	●	○	●	○	○	○	○
S	一挡	●	●	○	○	○	○	○	●	○	●
	二挡	●	●	○	○	●	●	○	●	●	○
L	一挡	●	●	○	○	○	○	●	●	○	●

注：●—工作；○—不工作。

1. P 位和 N 位

当变速杆操纵手柄置于 P 位或 N 位，而发动机又没有起动时，由于油泵没有旋转，整个液压系统没有工作。

但当在 P 位或 N 位点火时，情况就不一样了。在 P 位点火时，液压控制系统使 O/D 挡直接离合器 C_0 和第三制动器 B_3 动作；在 N 位点火时，液压控制系统使 O/D 挡直接离合器 C_0 和 O/D 挡单向离合器 F_0 动作。

C_0 动作，使 O/D 行星排的 O/D 太阳轮和 O/D 行星架连为一体，O/D 行星排就以直接传动（传动比为 1）的方式输出，但由于 C_1、C_2 均未工作，故动力未能输出。

2. D 位或 2 位一挡

动作元件 C_0、F_0、C_1、F_2（图 3-29）。C_0 动作，使 O/D 行星排的 O/D 太阳轮和 O/D 行星架连为一体，O/D 行星排就以直接传动（传动比为 1）的方式输出。此时，O/D 输入轴顺时针旋转，带动 O/D 行星架顺转，通过 C_0 带动 O/D 太阳轮顺转，由于太阳轮和齿圈同时被驱动，行星齿轮组被锁止，行星齿轮不再转动，起卡子的作用，动力经 O/D 齿圈输出，大小和方向均不发生变化。C_1 动作连接输入轴及中间轴，中间轴顺转，带动后排

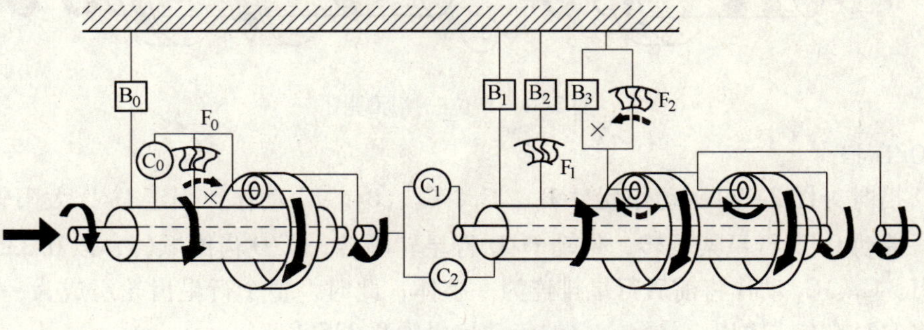

图 3-29　D 位或 2 位一挡原理图

齿圈顺转，带动后行星轮顺转，带动共用太阳轮逆转，带动前行星轮顺转，带动前行星架逆转，此时，F_2 动作，处于锁止状态，固定前行星架，使前行星架不能逆转，因而带动前齿圈顺转，动力经前齿圈、后行星架传给输出轴输出。

3. D位二挡

动作元件 C_0、F_0、C_1、F_1、B_2（图3-30）。C_0 动作，使O/D行星排的O/D太阳轮和O/D行星架连为一体，O/D行星排就以直接传动（传动比为1）的方式输出。C_1 动作连接输入轴及中间轴，此时，输入轴顺转，中间轴顺转，带动后排齿圈顺转，带动后行星轮顺转，带动共用太阳轮逆转，此时，B_2 动作，固定共用太阳轮，故后行星架顺转，带动前齿圈顺转，带动前行星轮顺转，带动前行星架顺转，动力经前齿圈、后行星架传给输出轴输出，传动比1.5:1。

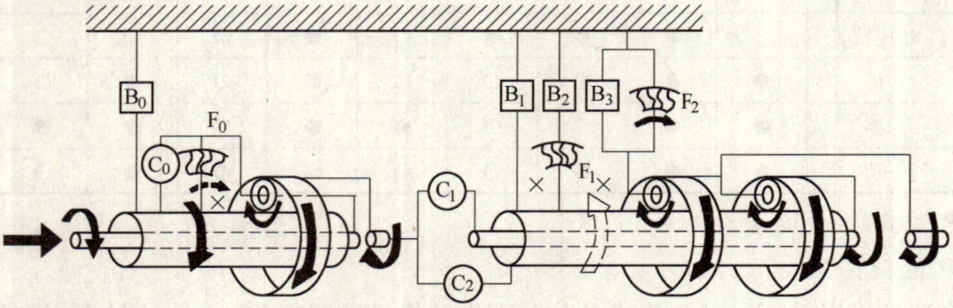

图3-30　D位二挡原理图

4. D位三挡

动作元件 C_0、C_1、C_2、B_2、F_0、F_1（图3-31）。C_0、F_0 动作，使O/D行星排的O/D太阳轮和O/D行星架连为一体，O/D行星排就以直接传动（传动比为1）的方式输出。C_1、C_2 动作将前后行星排连为一个整体，此时，整个行星齿轮组成为一个整体，以传动比1:1的方式输出，最终总的传动比仍为1:1。

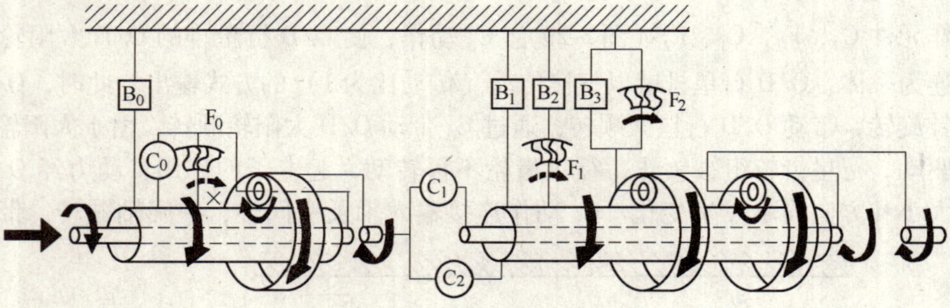

图3-31　D位三挡原理图

5. O/D挡

O/D挡时（图3-32），动作元件 B_0、C_1、C_2、B_2。B_0 动作，固定O/D太阳轮，输入轴顺转，带动O/D行星架顺转，带动O/D行星轮顺转，O/D齿圈顺转，以0.335:1的传动比输出。C_1、C_2 动作将前后行星排连为一整体，此时，整个行星齿轮组成为一个整体，以传动比1:1的方式输出，最终，总的传动比仍为0.335:1。

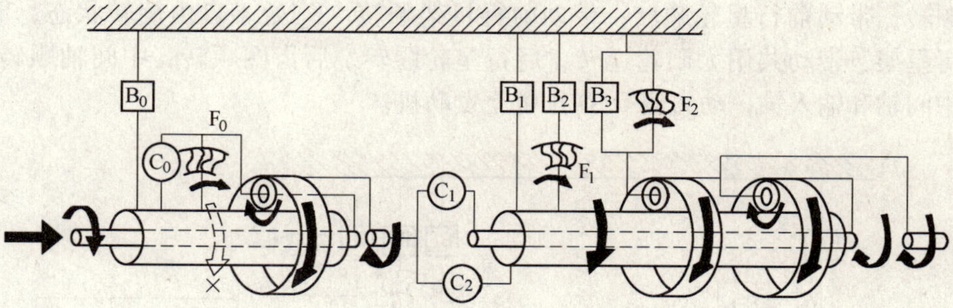

图 3-32　O/D 挡原理图

6. S 位或 2 位二挡

动作元件 C_0、C_1、B_1、B_2、F_0、F_2（图 3-33）。C_0 动作，使 O/D 行星排的 O/D 太阳轮和 O/D 行星架连为一体，O/D 行星排就以直接传动（传动比为 1）的方式输出。C_1 动作连接输入轴及中间轴，输入轴顺转，带动中间轴顺转，带动后排齿圈顺转，带动后行星轮顺转，带动共用太阳轮逆转。此时，B_2 动作，固定共用太阳轮，后行星架顺转，带动前齿圈顺转，带动前行星轮顺转，带动前行星架顺转，动力经前齿圈、后行星架传给输出轴输出。

当车辆下坡行驶时，为避免车速越来越快而导致危险，自动变速器应挂入 S 位（2 位二挡）或 L 位，利用发动机产生制动功能，避免车辆越走越快，即此挡位的自动变速器具有发动机制动功能（图 3-33）。此时，后行星架顺转，后齿圈暂固定，带动后行星轮逆转，带动共用太阳轮顺转，F_1、B_2 处于自由旋转状态，B_1 动作，固定太阳轮，所以带动后齿圈顺转，中间轴顺转，C_1 动作连接中间轴和输入轴，动力经 O/D 行星排传至发动机。

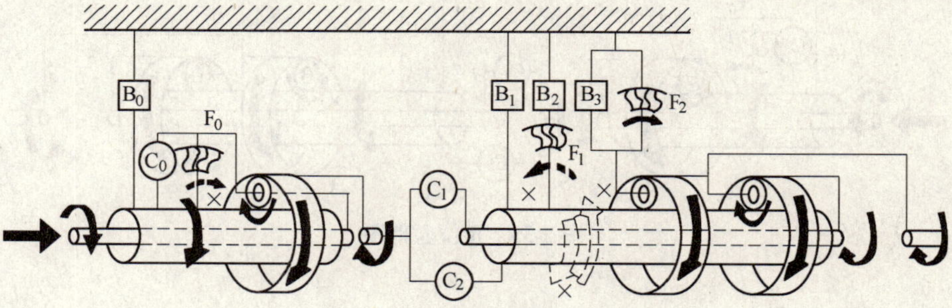

图 3-33　S 位或 2 位二挡原理图

7. L 位一挡

动作元件 C_0、C_1、B_3、F_0、F_2（图 3-34）。C_0 动作，使 O/D 行星排的 O/D 太阳轮和 O/D 行星架连为一体，O/D 行星排就以直接传动（传动比为 1）的方式输出。输入轴顺转，C_1 动作连接输入轴及中间轴，中间轴顺转，带动后齿圈顺转，带动后行星轮顺转，带动共用太阳轮逆转，带动前行星轮顺转，带动前行星架逆转，此时，F_2 动作，固定前行星架，使前行星架不能逆转，因而带动前齿圈顺转，动力经前齿圈、后行星架传给输出轴输出。

此外，L位一挡又称具有发动机制动功能的锁止一挡（图3-34），输出轴顺转，带动前齿圈顺转，带动前行星轮顺转，带动前行星架顺转，F_2 处于自由旋转状态，B_3 动作，固定前行星架，带动共用太阳轮逆转，后行星轮顺转，后齿圈顺转，中间轴顺转、C_1 动作连接中间轴和输入轴，动力经O/D排传至发动机

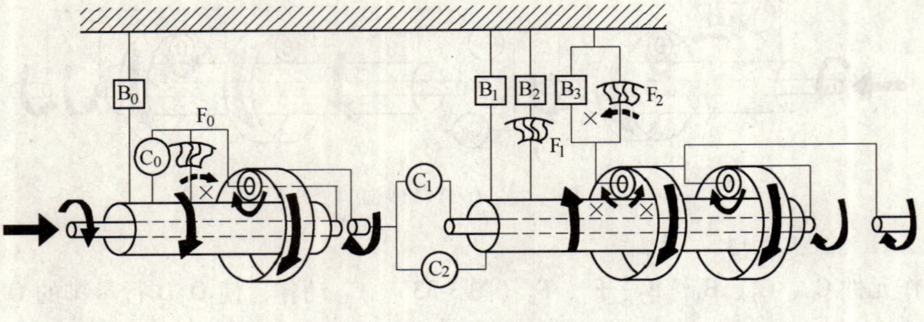

图3-34　L位一挡原理图

8. R位

R位时（图3-35），动作元件 C_0、C_2、B_3、F_0（图3-34）。C_0 动作，使O/D行星排的O/D太阳轮和O/D行星架连为一体，O/D行星排就以直接传动（传动比为1）的方式输出。C_2 动作，连接输入轴及共用太阳轮，输入轴顺转，带动共用太阳轮顺转，带动前行星轮逆转，带动前行星架顺转，B_3 动作固定前行星架，所以带动前齿圈逆转，动力经前齿圈传给输出轴输出，传动比2:1。

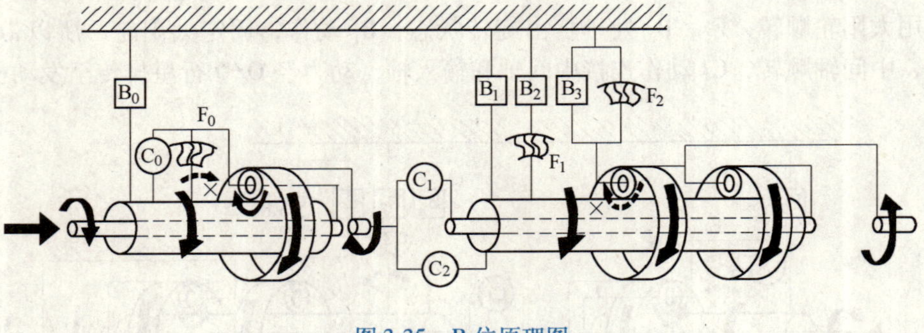

图3-35　R位原理图

4　自动变速器的电子液压控制系统

在自动变速器的电子液压控制系统中，传感器可获知车辆的运行情况，并将这些信息传到变速器的控制单元进行处理，再根据行车情况的不同对电磁阀进行电子控制。电磁阀先控制液压阀，再通过液压阀控制每个控制部件。

4.1　电子液压控制系统的特征

1）换挡更平顺。

2）换挡时间更短。

3）能对全车传感器信号进行系统地分析和利用。

4）废气排放和能量消耗得到优化。

5）可实现换挡特性曲线（车辆行驶模式）的选择，例如 Economic（经济）、Sport（运动）、Winter（冬季）、Manuell（手动）等。

6）可根据驾驶员的驾驶习惯实现换挡程序的自动调整（AGS——自适应变速器控制系统，或 DSP——动态换挡程序选择）。

7）能够简单、方便地实现不同的安全驾驶，例如：变速杆锁止。

4.2　电子液压变速器的电控系统

4.2.1　电控系统的组成

电控系统（图 3-36）主要组成部件如下。

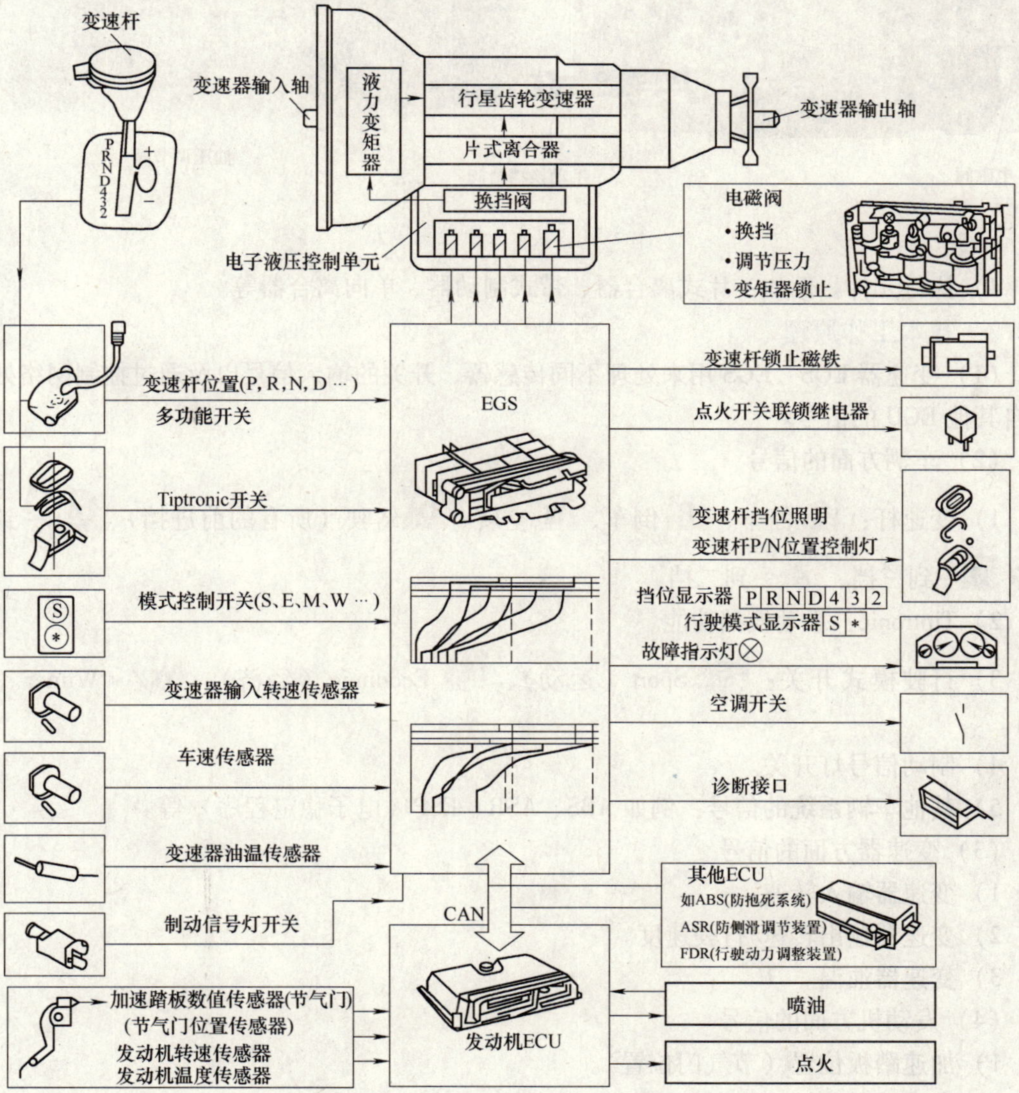

图 3-36　自动变速器电子液压控制系统

1）传感器。例如：具有多功能开关的变速杆、加速踏板数值传感器（负载信号）、车速传感器（该传感器获取的是主要控制参数）。

2）变速器 EGS，通过控制网络总线（CAN）与其他控制 ECU 进行交流，例如：发动机 ECU。

3）电子液压控制单元，具有电磁阀、液压换挡阀和油压调节阀，通常也叫做自动变速器阀体（图 3-37）。

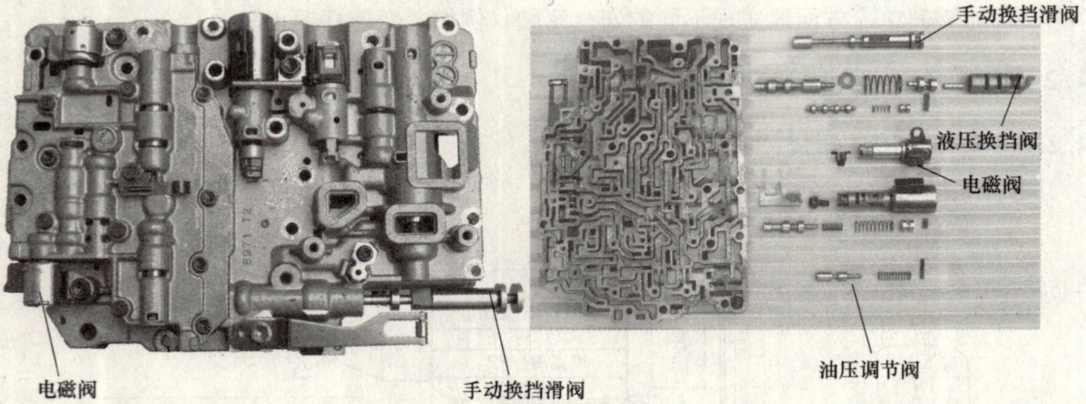

图 3-37　电子液压控制单元

4）执行元件。例如：片式离合器、带式制动器、单向离合器等。

4.2.2　基本工作原理

（1）变速器 EGS　EGS 用来处理不同传感器、开关的输入信号以及通过控制网络处理来自其他 ECU 的信号。

（2）车辆方面的信号

1）变速杆：P 停车、R 倒车、N 空转、D 驾驶（所有的前进挡）、4 一到四挡、3 一到三挡、2 一到二挡。

2）Tiptronic：手动换挡功能。

3）行驶模式开关：S Sport（运动）、E Econimic（经济）、W/＊ Winter（冬季）。

4）制动信号灯开关。

5）其他车辆系统的信号：例如 ABS、ASR、ESP（电子稳定程序）等。

（3）变速器方面的信号

1）变速器输入转速。

2）变速器输出转速/行驶速度。

3）变速器油温。

（4）发动机方面的信号

1）加速踏板位置（节气门位置）。

2）发动机负荷（喷油时间）。

3）发动机转速。

4）冷却液温度。

EGS根据储存的综合特性曲线，会选择与当前车辆运行状况相适应的换挡过程。每个换挡过程，以及变速器锁止离合器的调整，都可以通过控制电子液压控制单元中电磁阀的动作来完成。

4.2.3　EGS的其他功能

（1）控制组合仪表的显示屏　挡位显示、行驶模式显示和故障显示。

（2）控制发动机负荷　为了提高换挡质量，延长控制零件（片式离合器）的使用寿命，在汽油发动机中，可通过短时的控制点火滞后，来减小换挡时的发动机转矩。在柴油发动机中，可短暂降低喷油量。

（3）降挡安全保证　只有当降挡不会产生过高的发动机转速时，才可以对变速杆进行降挡操作。

（4）变速杆锁止——Shift-Lock（移位锁定）　只有在点火后，变速杆才可以在踩下制动踏板时从P位或N位移动到一个新的位置，这样可避免车辆在非有意的情况下起动，这可由EGS中的一个调节磁铁控制。

（5）R/P锁止　通常在车速大于10km/h的时候，变速杆不可以从R位移动到P位，这样是为了避免变速器产生机械损坏。

（6）点火开关联锁　发动机起动时，变速杆必须位于P或者N位，而且必须踩下制动踏板，否则将不能控制EGS的起动-停止继电器。

4.3　电子液压变速器的液压控制系统

4.3.1　液压控制系统的组成（图3-38）

1）油泵，用于产生压力。

2）液压调压阀，可进行工作压力调整。

3）液压调节阀，可进行换挡压力调节。

4）手动换挡滑阀，可将机油分配到不同的阀门。

5）液压换挡阀，用于控制片式离合器、带式制动器、液力变矩器。

4.3.2　液压系统的控制

1）换挡点控制：电子液压单元中的电磁阀控制液压换挡阀，以进行挡位转换。

2）换挡质量控制：EGS根据不同的工作参数，例如负荷、转速等，通过液压调节阀对换挡压力进行控制，以保证舒适平顺的换挡。

3）变矩器锁止离合器控制：EGS根据综合特性曲线，通过调压电磁阀来控制液压调节阀切断或接合液力变矩器的锁止离合器，进而控制液力变矩器进行转差调整的运转，以便减弱发动机产生的扭转振动。

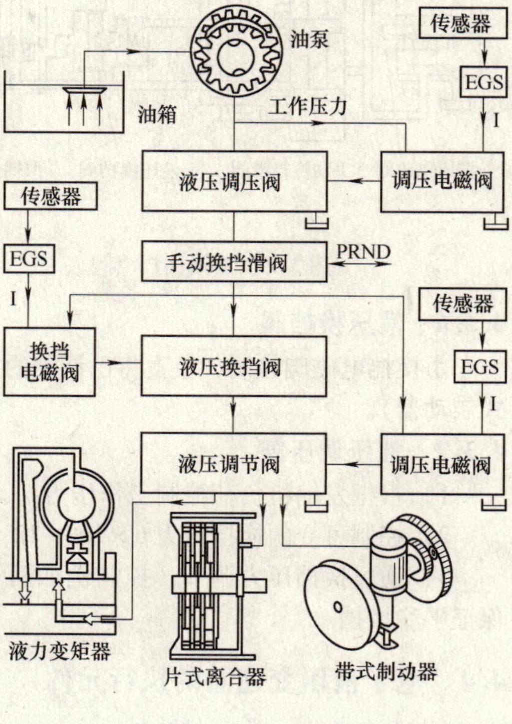

图3-38　液压控制系统的方框图

4.3.3 液压控制系统压力的产生

1）油泵：由变矩器的泵轮驱动，使机油产生工作压力（主压力）。工作压力是液压系统内的最高压力（最高至 25×10^5Pa）。从工作压力中分流出所有其他压力，如换挡压力、调节压力、变矩器所需压力和润滑油压力等。

2）润滑油压力：在润滑油压力的作用下，机油流过变矩器和冷却器，并润滑变矩器和行星齿轮变速器的轴颈。

4.3.4 手动换挡滑阀

手动换挡滑阀（图 3-39）安装于电子液压控制单元的配气机构盖内，由驾驶员通过变速杆进行操纵。手动换挡滑阀中存在工作压力，根据其所处位置，手动换挡滑阀可将调节过的工作压力分配到相应的阀门上。如在 D 位上时，可以挂接所有的前进挡。

4.3.5 驻车制动装置

在 P 位上时，自动变速器的驱动轴由一个驻车制动爪进行机械制动，并将车辆相对于转动车轮固定（图 3-40）。

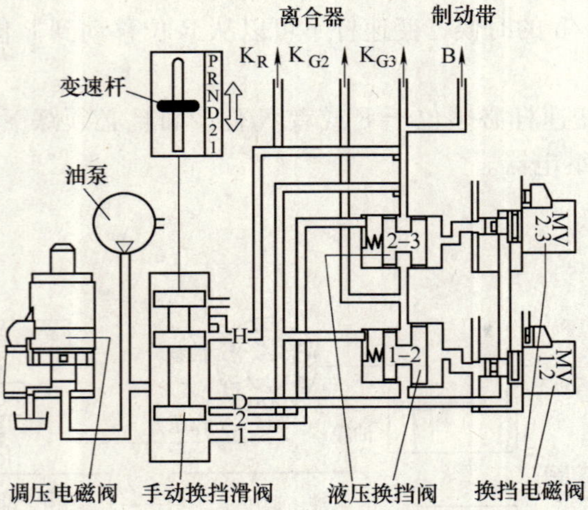

图 3-39 手动换挡滑阀

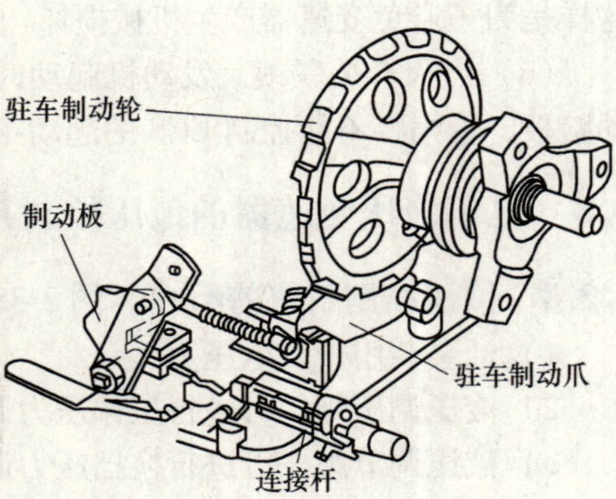

图 3-40 驻车制动装置构造

4.3.6 液压换挡阀

由换挡电磁阀控制，负责将已调整的工作压力分配到执行元件上（如片式离合器、带式制动器）。

4.3.7 液压调压阀

1）根据发动机负荷控制工作压力。

2）控制可变的换挡压力 $6 \times 10^5 \sim 12 \times 10^5$Pa，实现舒适平顺的换挡。

3）通过换挡压力调节，控制例如两个片式离合器的接合与断开，以实现重叠控制，保证平稳换挡。

4.4 电子液压变速器的执行元件

执行元件按驱动或制动行星齿轮机构的相应部件可分为：

1）驱动离合器（片式离合器）。

2）单向离合器。

3）制动离合器（片式制动器以及带式制动器）。

4.4.1　驱动离合器

驱动离合器结构如图 3-41 所示，其工作过程如下。

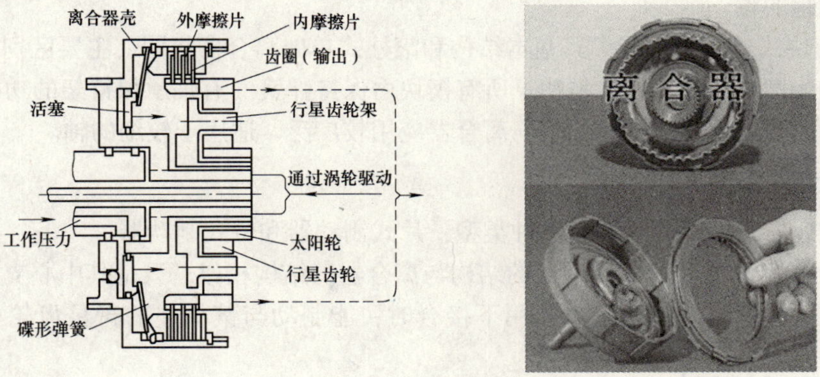

图 3-41　驱动离合器

（1）离合器接合　工作压力由换挡阀控制，作用于活塞上。活塞推动碟形弹簧，而碟形弹簧则压紧摩擦片组，使离合器接合，将驱动轴与行星齿轮机构的某个部件连接，成为主动件。

（2）离合器断开　没有任何工作压力，活塞被碟形弹簧压回原处，离合器断开，驱动力的传递被中止。

通过对换挡压力进行相应的控制，离合器既可以完全接合，也可以有转差地运行，这样可以提高换挡质量。在换挡过程的最后，换挡压力会被工作压力所替代。

4.4.2　单向离合器

单向离合器又称自由轮离合器，在液力变矩器和行星排中均有应用。其作用是与行星齿轮机内的某个特定部分连接，使其只有一个旋转方向，另一个方向则被锁止。

单向离合器由外环、内环和一个安装在内外环间的夹紧件组成（图 3-42）。若内环被

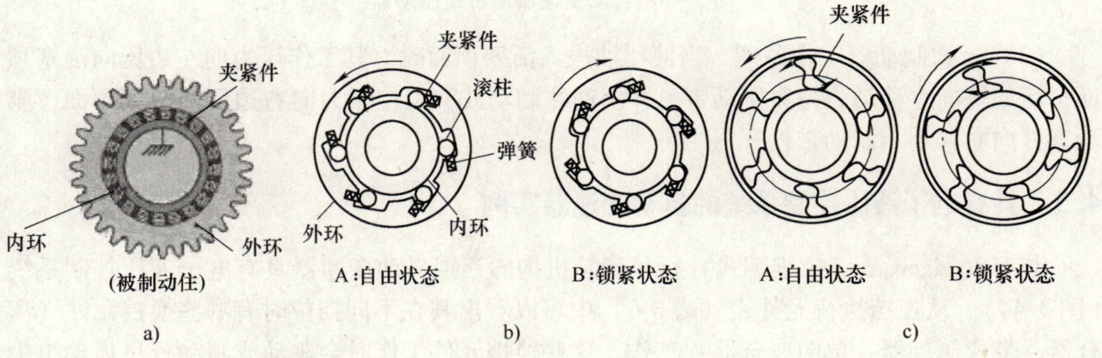

图 3-42　单向离合器

a）单向离合器组成　b）滚柱式单向离合器　c）楔块式单向离合器

制动住，外环向右旋转，则夹紧件支起并建立固定连接，单向离合器被锁紧；外环向左旋转，则连接松开，单向离合器处于自由状态。单向离合器的锁止和自由状态完全由与之相连元件的受力方向来控制。常见的单向离合器有滚柱式和楔块式两种。

（1）滚柱式单向离合器　其内环和外环，一个连接旋转件，另一个连接固定件，滚柱弹簧安装在外环（或内环）的斜槽内，弹簧的弹力将滚柱推向较窄的一端。滚柱式单向离合器用于较粗的轴。

（2）楔块式单向离合器　其基本结构和滚柱式单向离合器相同，主要区别在于锁紧元件由滚柱变为楔块，并且没有斜槽。所有楔块由保持弹簧（有轴承保持架的功能）连为一体，安装在内外环之间。楔块式单向离合器应用较广泛，适用于较细的轴。

4.4.3 制动离合器

自动变速器的制动离合器有两种类型：片式制动器和带式制动器。

（1）片式制动器　片式制动器的结构与离合器的结构相似，只是其中心支承与变速器壳体固定在一起，制动器在液力作用下接合时，能制动与其相连的行星齿轮机构的相关部件。

（2）带式制动器（图3-43）　由制动带（上面装有摩擦衬面）、制动鼓、活塞杆、活塞、外壳、分离弹簧和制动带固定销组成。

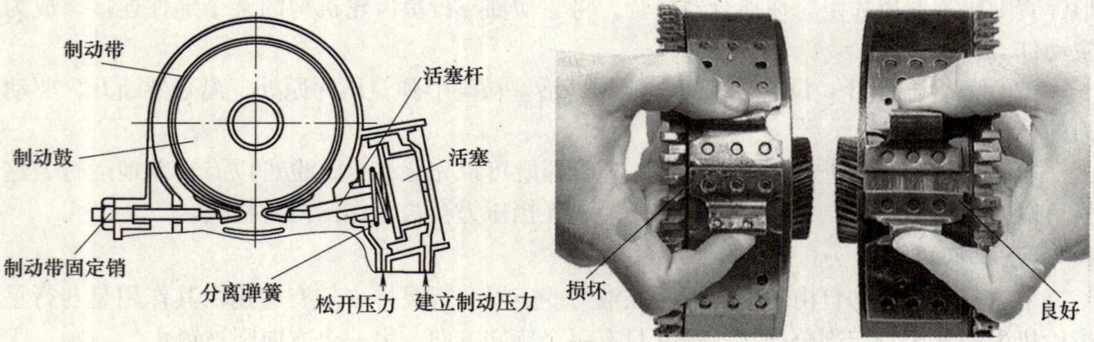

图3-43　自动变速器的带式制动器

（3）带式制动器工作原理　当液压油进入活塞顶面时，其工作压力向左边压向活塞顶面，活塞杆向左移动，拉紧制动带，并制动住制动鼓；工作压力向右边压向活塞顶面，则活塞杆向右移动，制动带松开。

4.5 具有电子液压控制系统的自动变速器实例

装有Ravigneaux（拉维娜式）行星齿轮机构的三挡自动变速器具有电子液压控制系统（图3-44）。从换挡执行元件表（表3-6）中可以看出其在不同挡位时有哪些换挡元件（离合器、带式制动器、单向离合器）工作，这些换挡元件工作时会驱动或制动行星齿轮组中的哪些部分。

表 3-6　换挡执行元件表

挡位	驱动	被制动	输出	带式制动器	离合器 K_{G2}	离合器 K_{G3}	单向离合器 F	离合器 KR
一挡	S_1	S_2	PT	·			·	
二挡	H	S_2	PT	·				·
三挡	S_1 + H	—	PT		·	·		
倒车挡	S_1	H	PT			·		·

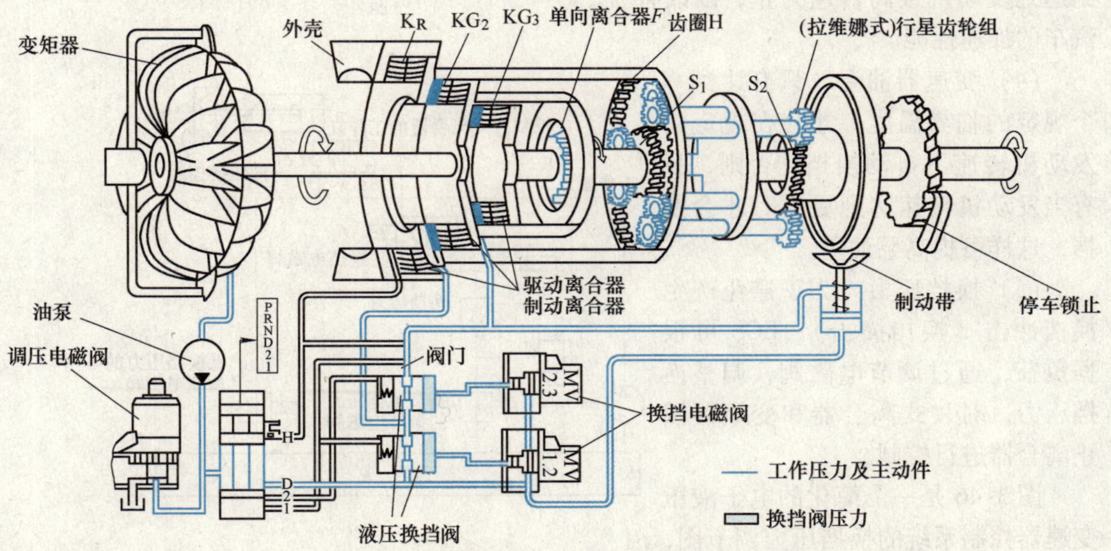

图 3-44　具有电子液压控制系统的三挡自动变速器

4.6　换挡程序与换挡点的控制

为实现自动换挡，必须以某种（或某些）工作参数作为控制的依据，而且这种（或这些）工作参数应能用来描述车辆对动力装置各项性能和使用的要求，能作为合理选挡的依据。对于一般的提高挡位与降低挡位的基本换挡程序主要以变速杆位置、加速踏板位置和车速作为控制参数。对于其他换挡程序的选择，还应参考其他工作参数，例如变速器油温、冷却液温度、行驶模式开关、加速踏板、换挡压力、运行方式、上坡/下坡、挂车运行、自动速度运行、路况等。另外，自动变速器通过重叠控制可实现平稳换挡。

（1）加速踏板位置与车速　换挡点主要由这两个主要控制参数决定（图 3-45）。例如：加速踏板踩得越深，换挡时的车速也就越高。一般来说，降低挡位的车速比提高挡位的车速要低。这样可避免持续在两个挡位之间转换（摆动换挡）。

（2）行驶模式开关　包括 Economy（经济）、Sport（运动）、Winter（冬季）、Manuell（手动）等，与 Economy（经济）相比，在 Sport（运动）程序中，车速更高时才换挡，这样使得车辆的加速性能更好，但是要以增加的燃油消耗量为代价。在 Winter（冬季）程序中，会以更高的挡位，（例如二挡）起动，以便减低驱动转矩，避免轮胎原地空转。在 Manuell（手动）程序中，驾驶员可以通过特殊的变速杆位置，通过轻击变速杆提高挡位

（M+）或降低挡位（M-），这些挡位都是无法自动挂接的挡位。

（3）加速踏板　将加速踏板完全踩到底时，一个自动跳合开关会开动，或者该信号可通过加速踏板数值传感器加以确定。在此情况下，这一动作会使自动变速器降低一个或者两个挡位。所转换的挡位会一直被使用，直到达到发动机最高转速为止，以改善汽车的加速性能。

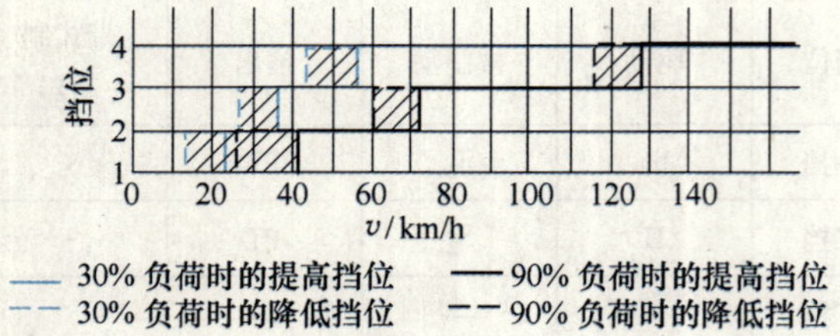

图3-45　变速杆位于D位时，不同负荷和车速下的换挡图

（4）变速器油温　只有达到一个规定的临界温度，才会在规定的发动机转速下自动换挡，否则，只有当发动机转速达到更高时才会换挡，这样可提高泵油量。

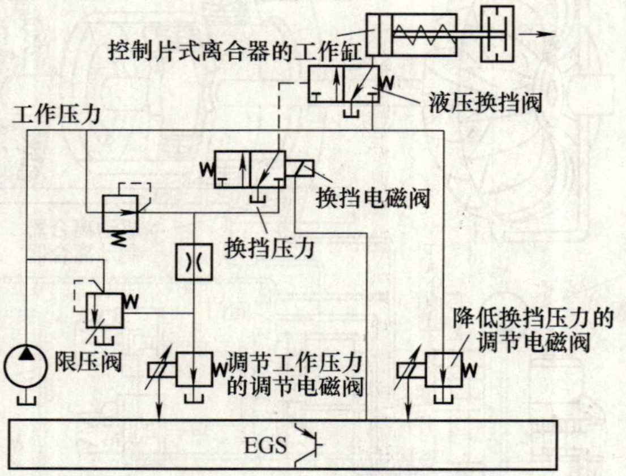

图3-46　换挡压力调节图

（5）换挡压力　为了避免产生换挡冲击（换挡撞击），EGS可根据负荷，通过调节电磁阀，调整换挡压力，对片式离合器和变矩器锁止离合器进行控制。

图3-46是一个简化的电子液压变速器控制系统的换挡压力调节图，其描绘了对换挡压力的控制。在换挡时间点上，EGS对换挡电磁阀进行电子控制。随后液压换挡阀受到换挡电磁阀压力的冲击，并接通。液压换挡阀操纵一个工作缸，假设这个工作缸控制片式离合器。为了使工作缸不会立即受到整个工作压力的冲击，EGS所控制的一个调节电磁阀在换挡过程中会降低换挡压力。随后EGS以一个预接的限压阀对调整工作压力的调节电磁阀进行控制，根据负荷将工作压力调整到当前所需的最高压力。

（6）重叠控制　如图3-47所示，在自动变速器由一挡切换成二挡时，原本闭合的离合器 K_1 中压力降低，使 K_1 逐渐断开，同时在断开的离合器 K_2 中将会逐渐形成压力，使 K_2 逐渐闭合，这样可以在力的传递不中断的情况下有转差地进行换挡，实现换挡平稳。

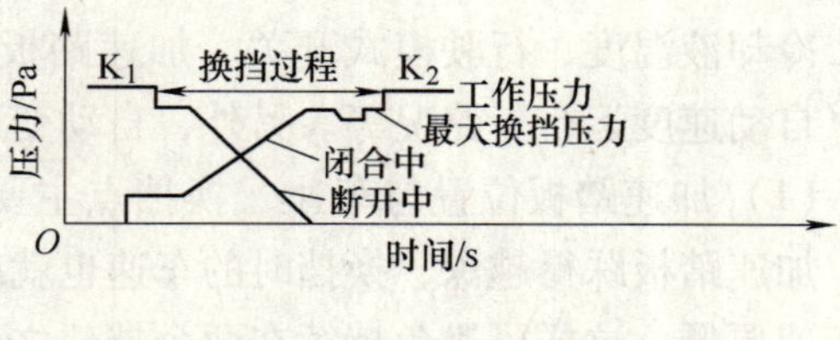

图3-47　重叠控制中的压力控制

4.7　控制锁止离合器

EGS根据变速器输出转速（车速）、发动机转速、变速器输入转速、制动信号灯开关和发动机温度等工作参数，通过一个电磁阀对变矩器锁止离合器进行控制，这样可使液力

变矩器有转差调整地进行运转，在改善变矩器传动效率的同时，避免传动系中的振动。

液力变矩器的锁止离合器在通常情况下是断开的，其目的是：

1）在低挡位时获得较高的起动转矩。

2）在发动机温度较低、车速较低的情况下，避免传动系统中的振动。

3）在踩下制动踏板时，避免发动机熄火。

4.8　特殊功能

（1）点火开关锁定［Inter-Lock（联锁）］　只有当变速杆位于P位时，点火开关钥匙才可以从点火开关中拔出。这种锁定功能可通过一个绳索传动装置以机械方式来实现，可以避免拔出钥匙后车辆继续向前移动。

（2）自适应变速器控制系统（AGS）　AGS系统可从EGS预存的多个不同的换挡程序中自动选择出适合驾驶员习惯的换挡程序，例如：油耗最优或者运动性最佳等。

4.9　自动变速器控制系统的电路图

图3-48中所描绘的自动变速器控制系统电路图是一个简化过的例子，它是一个没有CAN总线的四挡自动变速器控制系统，该系统具有两个换挡电磁阀、一个液力变矩器锁止离合器和一个工作压力的调压控制装置。其各部分工作情况如下。

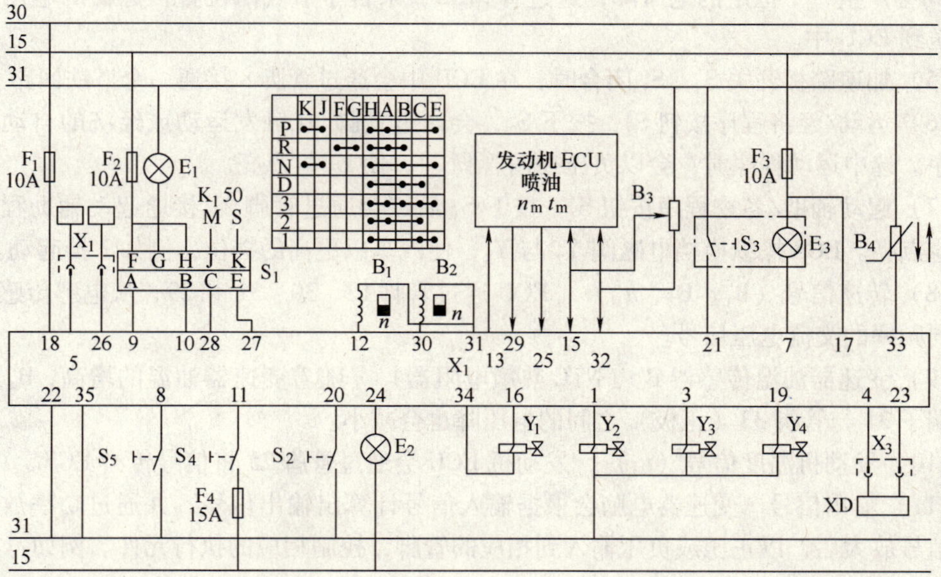

图3-48　自动变速器控制系统的电路图

B_1—电感传感器，测量变速器输入转速　B_2—电感传感器，测量变速器输出转速　B_3—节气门位置传感器

B_4—变速器油温传感器　E_1—倒车指示灯　E_2—运动程序的变速杆指示灯　E_3—起动辅助程序指示灯

F_1～F_4—保险装置　S_1—变速杆位置开关　S_2—运动/经济程序按钮

S_3—起动辅助/冬季程序按钮　S_4—制动信号灯开关　S_5—加速踏板开关　Y_1—工作压力调节电磁阀

Y_2—换挡电磁阀（一、二挡/三、四挡）　Y_3—换挡电磁阀（二、三挡）　Y_4—液力变矩器电磁阀

X_1—变速器电脑插头　X_2—连接仪表板插座　X_3—诊断插头的插座　XD—诊断插头

（1）供电　通过管脚17，由端子30向EGS提供持续正压，通过管脚18由端子15（+）向ECU提供电压。管脚22与35和端子31（接地线）相连。

（2）起动过程　只有在变速杆位于P或者N位时，汽车才可以发动。通过S_1上的J端子与K端子对起动停止继电器进行操控，同时必须踩下制动器，闭合制动信号灯开关S_4，通过管脚11用正压给ECU一个信号，才能起动车辆，这样可避免无意中发动汽车。

（3）变速杆位置　变速杆位置开关S_1通过管脚9、10、27、28与ECU相连，各挡位的控制管脚连接情况见表3-7。根据其不同的位置，端子A、B、C、E会将脉冲信号接入到每个管脚上。

表3-7　电压正极（+）的控制管脚

挡位 / 管脚	P	R	N	D	3	2	1
9	+	+			+	+	
10		+	+	+	+		
27	+		+		+		+
28				+	+	+	+

（4）节气门位置传感器B_3的负荷信号　管脚32由脉冲信号控制，在端子31和管脚32之间会产生一个恒定的电压降，通过管脚15，来自于节气门位置传感器的电压信号会被传送到ECU中。

（5）加速踏板开关S_5　S_5闭合时，在ECU中会通过管脚8接通一个搭铁回路。

（6）运动/经济程序按钮S_2：按下S_2，会通过管脚20触发运动或经济的自动调整换挡程序。选中运动程序时，会以负压控制管脚24，使E_2灯点亮。

（7）起动辅助/冬季程序按钮S_3　按下S_3后，会通过管脚21接通起动辅助程序，E_3会相应点亮。EGS操纵换挡电磁阀Y_2与Y_3，使汽车以更高的挡位，例如2挡起动。

（8）转速信号（B_1、B_2、n_M）　ECU通过管脚12、30、31和29，从电感传感器中获得不同频率的交流电压信号。

（9）变速器油温传感器B_4（NTC热敏电阻器）　随着变速器油温的增高，B_4电阻减小，端子31与管脚33（正极）之间的电压降也会减小。

（10）发动机温度信号（t_M）　发动机ECU会通过管脚25将信号传给EGS。

（11）输出信号　变速器电脑会根据输入信号计算出输出信号，并通过功率放大器将输出信号放大后，以正压或负压输入到相应的管脚，控制相应的执行元件。例如：

1）换挡电磁阀Y_2（管脚1）和Y_3（管脚3）。

2）工作压力调节电磁阀Y_1（管脚16/34）。

3）液力变矩器电磁阀Y_4（管脚19）。

（12）检验　自动变速器控制系统也可以完成自身部件检验。例如，可通过一个管脚盒与万用表，在与EGS插头的连接处检测以下部件：

1）Y_1：检测管脚16和管脚34。

2）Y_2：检测管脚1和管脚22/35。

3）Y_3：检测管脚3和管脚22/35。

4）Y_4：检测管脚 19 和 管脚 22/35。

5）B_1：检测管脚 12 和管脚 31。

6）B_2：检测管脚 30 和管脚 31。

7）S_2：检测管脚 20 和管脚 22/35。

8）S_3：检测管脚 21 和管脚 22/35。

另外，也可借助于一个诊断仪通过插头连接 X_3 确定故障，并进行调整元件诊断。

4.10　自适应变速器控制系统（AGS）

自适应变速器控制系统（AGS）根据不同权重的参数值自动选择运动程序、油耗优化程序（图 3-49）等，原则上这一系统可以在所有的全自动电子控制变速器中使用。

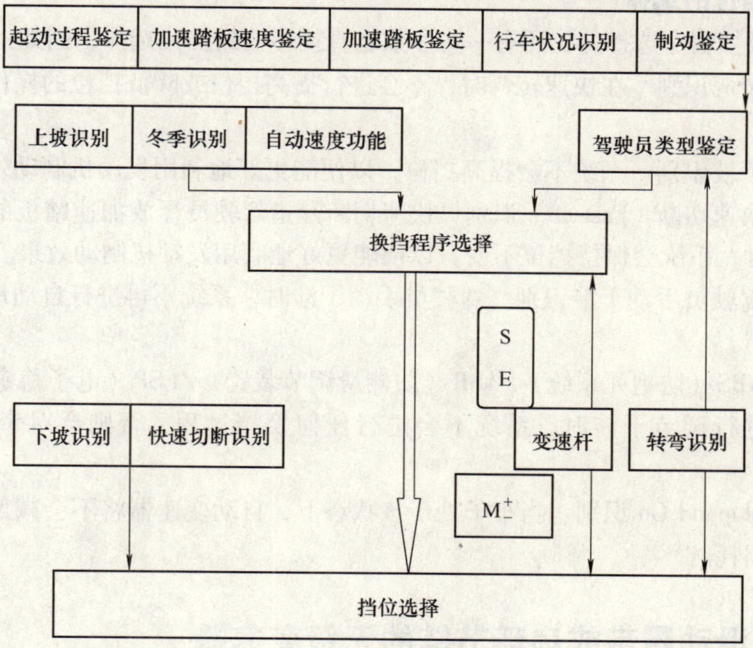

图 3-49　自适应变速器控制系统的程序结构

4.10.1　换挡程序的选择

换挡程序的选择基本上是根据驾驶员类型评价、环境识别和行车状况识别来进行的。此外，换挡程序选择也受到驾驶员手动干涉识别的影响，例如：选择模式选择开关（如果存在）或者选择手动换挡。

1. 驾驶员类型鉴定

通过动态参数对驾驶员的驾驶行为进行鉴定，并选择出合适的换挡特性曲线。在确定动态参数时，会受到以下因素的影响。

（1）起动过程鉴定　在初次踩下加速踏板时，根据所踩力度的大小会选择相应的换挡程序。

（2）加速踏板速度鉴定　鉴定加速踏板以多大的速度被踩下。如果加速踏板被快速踩下，就会从油耗优化程序转换到运动程序。

（3）加速踏板鉴定　如果在短时间内连续踩下加速踏板，就会从运动程序转换到油耗优化程序，并且换到最高挡。

（4）制动鉴定　鉴定制动时速度降低的快慢，将对减低挡位点有影响。

2. 环境识别

例如冬季识别。系统会首先选择一个减低行驶功率的换挡程序，并以一个较高的挡位起动。可通过对驱动轴的车轮转速与非驱动轴的车轮转速之间的比较来进行环境识别。

3. 行车状况识别

例如上坡识别、挂车运行识别。系统会选择转矩优化的换挡程序，以避免在两个挡位之间来回地换挡。

4.10.2　挡位的选择

除了换挡程序选择外，还有一些参数也直接影响到挡位选择，例如：

（1）转弯识别　在快速转弯时，不会进行提高挡位或降低挡位的操作，以避免负荷变化反应。

（2）下坡识别　系统不会提高挡位，以便能更好地利用发动机制动效果。

（3）快速切断（Fast-off）识别　快速切断是指驾驶员释放加速踏板的速度。快速放开加速踏板时，系统会保持挡位不变，以便能更好地利用发动机制动效果。

（4）驾驶员手动干涉识别　驾驶员手动干涉时，系统不再进行自动地提高挡位或降低挡位的操作。

（5）ABS（防抱死系统）/ASR（防侧滑调节装置）/ESP（电子稳定程序）识别　在这些系统进行调节干涉时，系统不会进行任何换挡过程，否则会对牵引调整产生不利影响。

（6）Stopand Go 识别　当车子处于该状态下，自动变速器将不会减低到一挡，这样可减少燃油损耗。

5　具有滑动履带或扁环节链的无级变速器

无级变速器（图3-50）也被称为CVT变速器［Continously Variable Transmission（连续

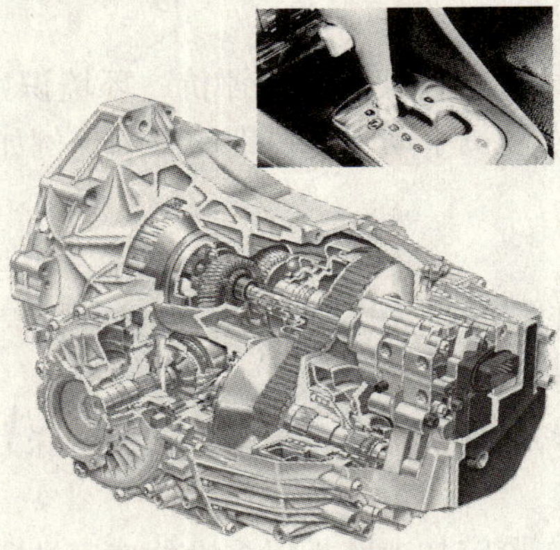

图3-50　CVT变速器

变速器)]，在汽车的整个行驶过程中，其传动比都会通过一级锥形轮摩擦对和二级锥形轮摩擦对实现无级连续地改变。

5.1　结构

CVT 变速器主要由一级锥形轮、片式离合器、二级锥形轮、滑动履带和行星齿轮组等组成（图 3-51）。

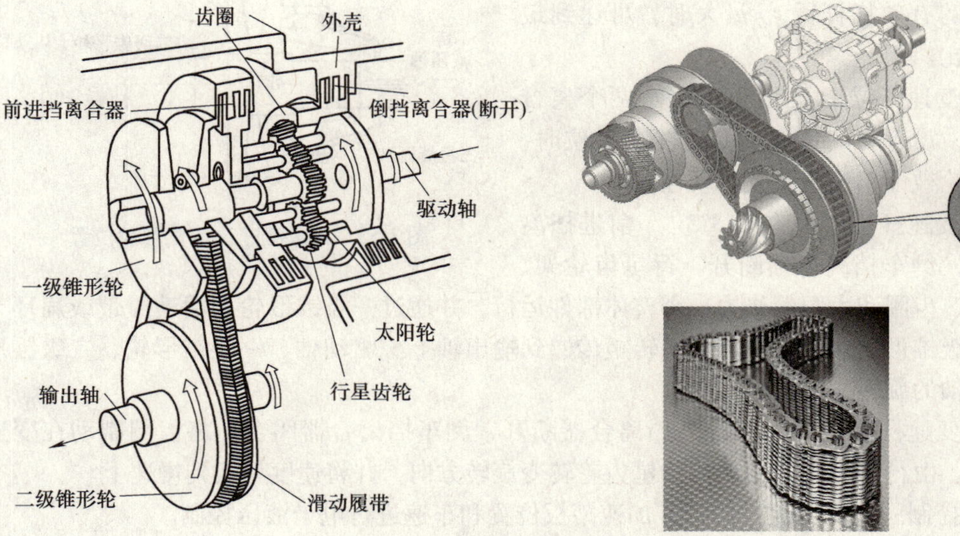

图 3-51　具有滑动履带的 CVT 变速器

5.2　工作原理

在前进挡或倒挡离合器接合时，一级锥形轮由行星齿轮变速器驱动，它通过一条滑动履带或扁环节链（图 3-52）驱动二级锥形轮。

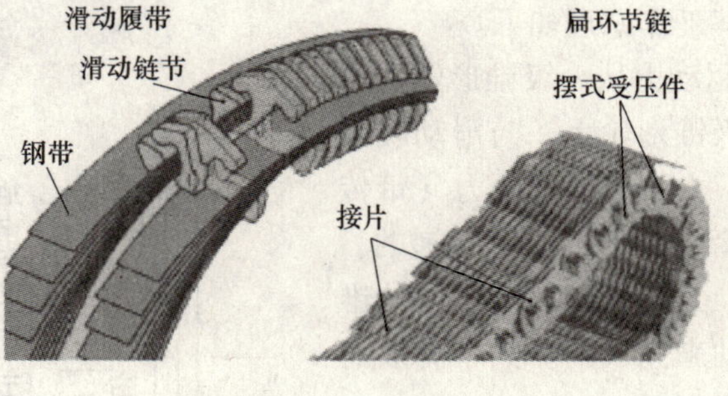

图 3-52　滑动履带、扁环节链

在 CVT 变速器中，一级锥形轮和二级锥形轮均由两个锥形盘组成 V 形结构，这两个锥形盘被分成可以活动的左右两半，可以相对地接近或分离。液压油可以通过控制一级压力缸和二级压力缸来推动锥形盘收紧或张开，进而挤压滑动履带，以此来调节 V 形槽的宽度。当一级锥形轮（驱动轮）的锥形盘向内侧移动收紧时，滑动履带在锥形盘的挤压下向圆心以外的方向（离心方向）运动，此时二级锥形轮（从动轮）上的滑动履带会向圆心以内的方向运动，这样便可使有效的杠杆力臂 r_{w1} 和 r_{w2} 无级地对向改变，也就是变大及变小（图3-53）。每个有效的传动比 i 均为二级锥形轮的杠杆臂 r_{w2} 与一级锥形轮杠杆臂 r_{w1} 的比值，这样传动比也就发生了变化。当滑动履带中一级锥形轮的有效杠杆臂 r_{w1} 最小，二级锥形轮的有效杠杆臂 r_{w2} 最大时，可达到最大的传动比。

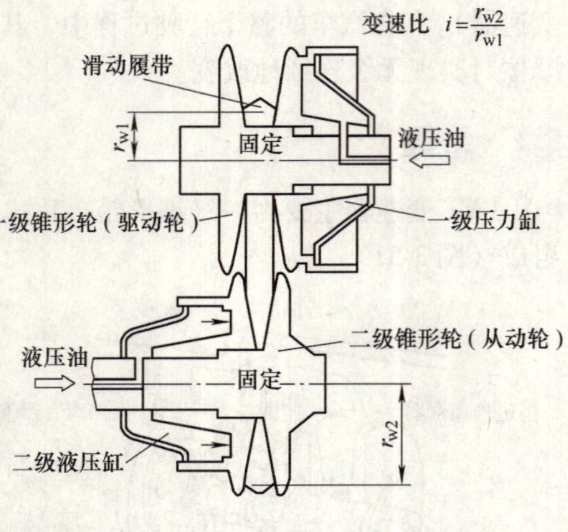

图3-53　最大变速比的锥形轮位置

（1）变速杆位于N位和P位　两个离合器均断开，没有力的传递。变速杆在P位时，二级锥形轮被停车锁止装置制动住。

（2）变速杆位于D位和L位　前进挡离合器闭合，倒车挡离合器断开。行星齿轮架、行星齿轮、齿圈和太阳轮作为一个整体部件运行，并通过一级锥形轮和滑动履带或扁环节链驱动二级锥形轮。二级锥形轮将转矩传递到输出轴上。驱动轴、一级锥形轮、二级锥形轮和输出轴的旋转方向相同。

（3）变速杆位于R位　前进挡离合器断开，倒车挡离合器闭合，将齿圈制动在变速器外壳上。由行星齿轮架驱动的行星齿轮转变旋转方向，并将速度切换到慢速上。

（4）控制　根据变速杆位置、加速踏板位置和车速进行电子液压控制。

（5）起动　采用磁粉离合器、液力变矩器或转差调整的片式离合器来完成。

5.3　无级变速器Ecotronic

无级变速器Ecotronic（图3-54）是具有两个锥形轮对和扁环节链的无级变速器，可无级连续地改变传动比。其工作原理如下。

（1）力的传递　驱动力从一级锥形轮，通过扁环节链传递到二级锥形轮上。与滑动履带不同，在扁环节链中，力不是通过压力（带传动）传递的，而是靠牵拉（链传动）传递的。

（2）改变传动比　通过锥形轮可活动的锥形盘作相对的轴向移动来完成的。其中有效的杠杆臂会对向地变长或变短。

（3）变速器控制　主要是通过电子液压控制单元控制引起锥形轮锥形盘轴向移动的液压油的压力来实现对变速器的控制。主要控制参数为：变速杆位置、所选择的行驶模式、车速和加速踏板位置（负荷）等。变速器控制是自适应的，它会自动选择正确的传动比。

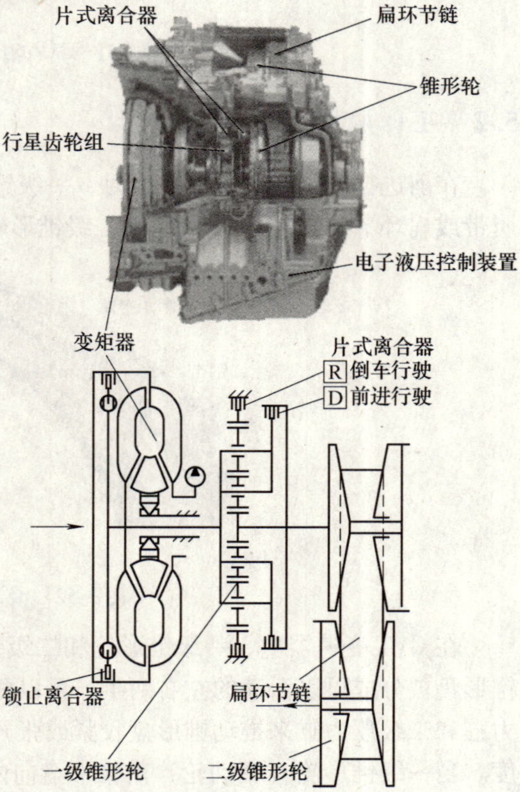

图3-54　无级变速器Ecotronic

（4）起动　使用带有锁止离合器的变矩器。

5.4　无级变速器 Multitronic

在无级变速器 Multitronic（图 3-55）的锥形轮之间使用的是带有摆式受压件的扁环节链，以进行力的传递。其工作原理如下。

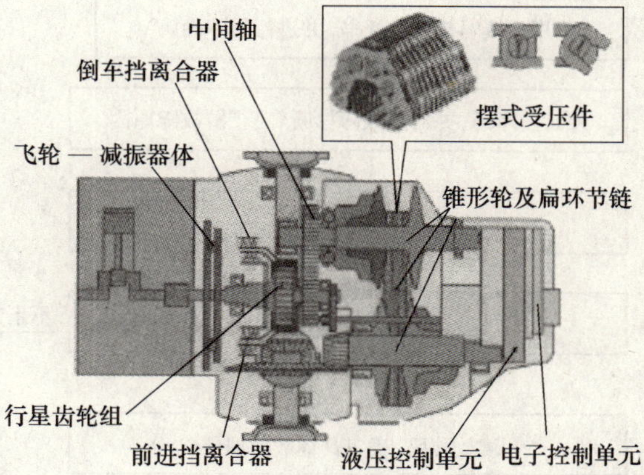

图 3-55　无级变速器 Multitronic 扁环节链的构造

（1）力的传递　发动机转矩通过飞轮、减振器体、片式离合器、行星齿轮组、中间轴梯度传递到一级锥形轮上，通过具有摆式受压件的扁环节链，可以几乎无损失地将转矩传递到二级锥形轮上。

（2）改变传动比　通过锥形轮可活动的锥形盘作相对的轴向移动，无级连续地进行传动比的改变。

（3）变速器控制　变速器控制通过电子液压控制单元来实现，能自适应（智能）地从特性曲线中选择正确的传动比。

（4）变速器特性曲线图表（图 3-56）　在无级变速器特性曲线图表中，由最经济的特性曲线与最运动的特性曲线所围成的区域，就是无级变速器 Multitronic 的所有可能传动比的调整特性曲线范围。而对于 Tiptronic 手动换挡的有级传动比来说，可使用 6 个挡位的特性曲线。

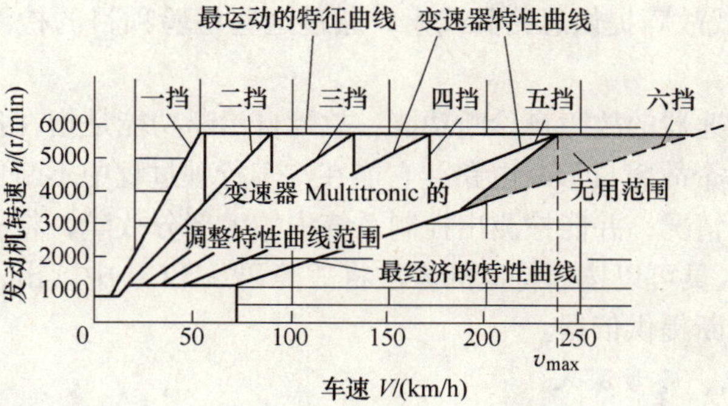

图 3-56　Multitronic 的变速器特性曲线图表

6 自动变速器故障检测与诊断的流程

进行自动变速器故障检测与诊断时，应按照图 3-57 所示流程进行，并遵循以下三点要求。

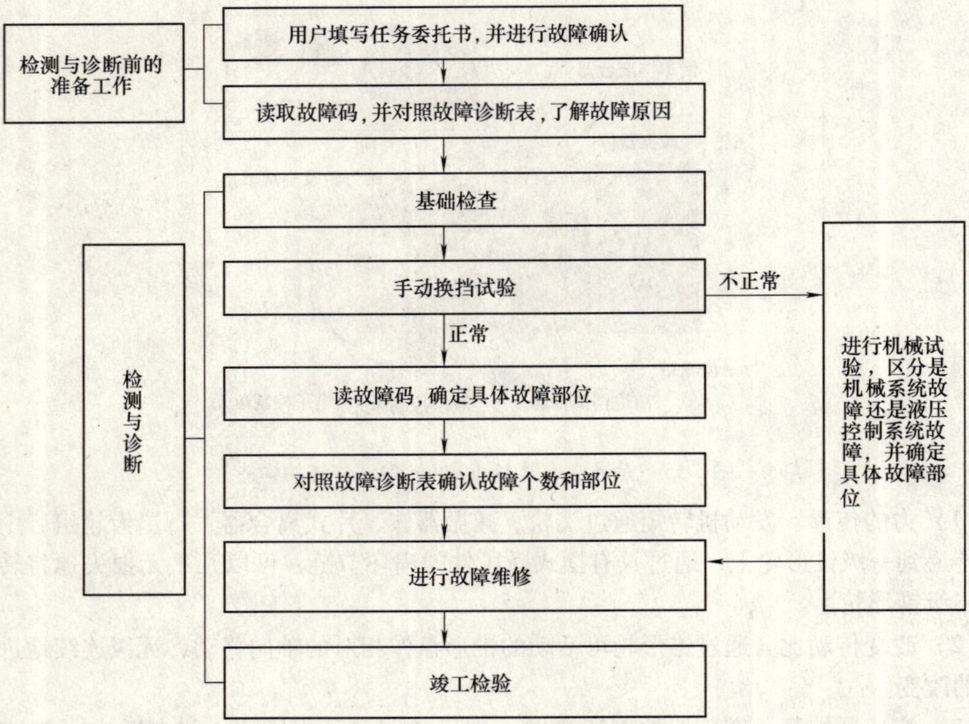

图 3-57　自动变速器故障检测与诊断流程图

1. 区分故障部位、明确故障性质

要分清故障部位是发动机电控系统还是自动变速器液压控制系统，是机械部分的，还是液压系统的；是只需维护就可排除，还是需要拆卸自动变速器彻底修理才能排除。

充分利用自动变速器各检验项目（基础检验、手动换挡试验、液压试验、失速试验、时滞试验等），为查找故障提供思路和线索。通过这些检验项目的检测，一般可以发现自动变速器的故障所在。

充分利用自动变速器的故障自诊断功能。故障自诊断功能是指在自动变速器的电控单元（ECU）内部有一个故障自诊断电路，它能在汽车行驶过程中不断地监测自动变速器控制系统各部分的工作情况，并能检测出控制系统中的大部分故障，将故障以代码的形式记录在 ECU 中。维修人员可以按照特定的方法将故障码从 ECU 中读出，为自动变速器控制系统的检修和故障诊断提供依据。

2. 坚持先易后难、逐步深入

先从最简单、最容易检查的部位入手，如开关、拉杆、自动变速器油状况等。

3. 必须在拆检之后才能确诊的故障，应是故障诊断的最后步骤

例如自动变速器电控系统一般是不允许轻易分解的，所以，要最后才进行需拆检才能确诊的故障诊断。

注意：在进行检测与诊断前，应先阅读有关故障检测指南、使用说明书和该车型的《自动变速器维修手册》，掌握必要的结构原理图、油路图、电控系统电路图等有关技术资料。

7　自动变速器的检查

为了正确诊断出自动变速器的故障，在自动变速器拆开前应当进行如下检查。

1）检查油位。油位过高会导致换挡困难，并可能导致密封不严而渗漏。油位过低会导致动力啮合不足，并使换挡点磨损。补充机油时请注意正确的 ATF（自动变速器油）种类。

2）检查机油质量。若有燃烧的气味，则表明片式离合器或制动带有磨损。

3）使用诊断仪进行故障诊断。

4）按规定检查变速杆位置，负荷，车速提高、降低时的升、降挡位点。

5）检查并调整变速杆。

6）对于比较旧的自动变速器还要检验并调整节气门位置。

7）检查液压控制系统是否漏油。

8）必要时，检查控制阀外壳内的机油滤网。

9）检查制动转速（stall speed）。在这项检查中，需要完全遵循制造商的规定，因为，由于油温剧烈升高，存在损害变速器的危险，例如机油渗漏、离合器磨损等。

自动变速器基本检查的目的是检验自动变速器是否具备正常工作的能力，也是维护保养中的检查和调整项目，其包括：自动变速器油的检查（油面高度检查、油品质量检查、油温检查、液压控制系统漏油检查）、节气门拉索的检查和调整、停车/空挡位置开关的检查与调整、故障码的检查和发动机怠速检查等。基本检查的前提条件是发动机工作正常、底盘性能良好，特别是汽车制动系统工作正常。

7.1　自动变速器油的检查

7.1.1　自动变速器油油面高度检查

在做自动变速器检测或故障诊断前，首先要进行油面高度检查。其方法如下（具体方法请查找厂家维修手册）。

1）将汽车停放在水平地面上，并拉紧驻车制动器，让发动机怠速运转（至少 1min）。

2）踩住制动踏板，将变速操纵手柄依次拨至倒挡（R 位）、前进挡（D 位）、前进低挡（S、L 或 2、1 位）等位置，并在每个挡位上停留数秒，使液力变矩器和所有换挡执行元件中都充满自动变速器油。最后将操纵手柄拨至停车挡（P 位）（图 3-58）。

3）从加油管内拔出机油尺，擦净后插入加油管内再拔出，检查机油尺上的油面高度。

4）如果自动变速器处于冷态（即冷车刚刚起动，自动变速器油的温度较低，为室温或低于 25℃），油面高度应在机油尺刻线上 C（cool）刻度范围的中间偏上的位置；如果自动变速器处于热态（如低速行驶 5min 以上，自动变速器油温度已达 70～80℃），油面

高度应在机油尺刻线上 H（hot）刻度范围的中间偏上的位置（图 3-59）。

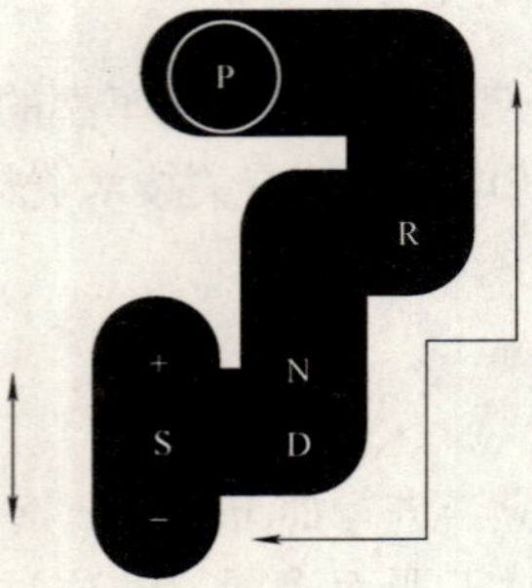

图 3-58　变速杆操作位置

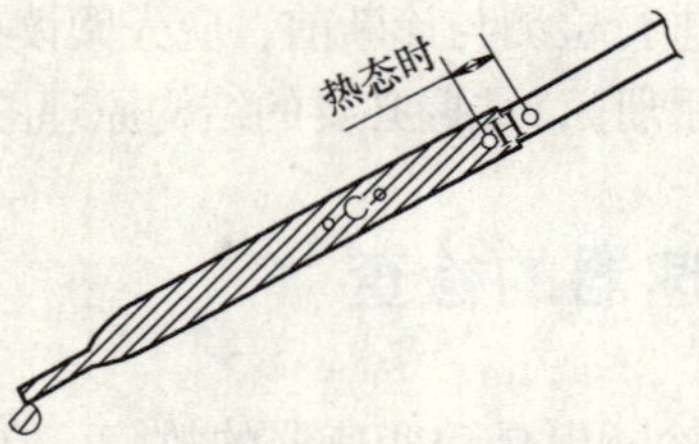

图 3-59　变速器机油尺

5）若油面过低，应向加油管中补充自动变速器油，直至油面高度符合标准为止。继续运转发动机，检查自动变速器油底壳、油管接头等处有无漏油。如有漏油，应立即予以修复。

7.1.2　自动变速器油油品质量检查和更换

1. 油品质量检查

在检查油面高度的同时，应同时进行油品质量的检查。将机油尺上的自动变速器油滴在干净的白纸上（图 3-60），从油的颜色（看）、油的气味（闻）、油的杂质（摸）三个方面来判断变速器油的质量。正常变速器油为鲜红色，油质清澈纯净；如变速器油颜色变黑、有烧焦味且含有杂质或气泡，则应更换。

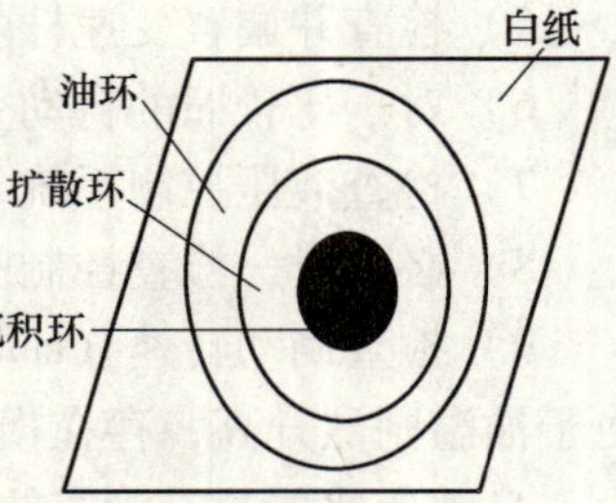

图 3-60　变速器油的检查

机油质量是分析变速器内部问题的重要依据。正常情况下的变速器油液是鲜红色的液体。如果油液的颜色、粘度发生了变化，说明变速器油已经氧化变质，此时必须更换变速器油，并将变速器散热器彻底清洗。如果油液的气味发生变化，有明显的烧焦味；或油液状态发生变化，如变成乳状；或油中含有大量粉末状物，这都说明变速器内部已经严重损坏，此时变速器必须进行解体大修。表 3-8 列出了变速器油变质的状态及原因。

表 3-8　变速器油变质的状态及原因

油的状态	变质原因
透明、呈粉红色	正常
油变成深棕色或棕褐色	没及时换油或由于重负荷运转，某些部件打滑或损坏造成变速器过热
油变成粉白色，且有气泡	有水进入油中
油有烧焦味道	油温过高，油面过低，冷却器或管路堵塞导致离合器或制动器摩擦片烧蚀
油中有胶状油膏胶质	变速器油温长期过热
油中有黑色粉末	离合器离合片磨损或烧片
油中有金属屑	单向离合器或轴承严重损坏
油液从加油管溢出	油面过高，通气塞堵塞

2. 自动变速器油的更换

自动变速器油（Automatic Transmission Fluid）简称 ATF（图 3-61），由于其工作环境比较恶劣，所以要求自动变速器油具有良好的抗氧化安定性、良好的抗泡沫性、良好的抗磨性能和良好的高温稳定性。

图 3-61　ATF

（1）更换　由于自动变速器工作环境恶劣会导致 ATF 温度过高、品质变坏，而 ATF 在高温中氧化会产生油泥，变速器的正常磨损也会导致 ATF 产生杂质。在美国每年大约有 1300 万个自动变速器发生故障，其中 90% 以上是由于自动变速器油清洗或更换不及时造成的，所以需要定期更换自动变速器油。

更换自动变速器油时主要依据：

1）根据行驶的公里数进行更换，一般车型要求 5 万 ~6 万公里进行更换，具体要求见车辆使用手册。

2）根据 ATF 的品质进行判断。

（2）选用　在进行 ATF 的更换之前，我们首先要选择适合的 ATF。自动变速器型号很多，各国用油规定也不同。我国的自动变速器油，按运动粘度分为 6 号、8 号两种规格，其中 8 号油用于各种轿车、轻型客车的液力变速器，可以替代国外的同类产品。目前世界各国主要使用通用公司的 Dexron、Dexron-I、Dexron-II 型 ATF 和福特公司的 E、F 型 ATF。

在选择 ATF 时，应该首先采用随车使用手册推荐使用的指定专用 ATF（图 3-61）。

在此基础上也可以按照以下方法选用通用型 ATF（图 3-61）：中国车系的自动变速器，可以选用 8 号油，也可以用 Dexron-Ⅱ；对于日本、欧洲车系，推荐使用 Dexron 或Dexron-Ⅱ；美国车系大多使用 Dexron-Ⅱ，福特轿车则通常应选用 ATF-F。

7.1.3　自动变速器油油温的检查

油温是影响自动变速器油和自动变速器使用寿命的又一重要因素。而影响油温的主要原因有液力变矩器故障，离合器、制动器打滑或分离不彻底，单向离合器打滑及冷却器堵塞等。油温过高将使油液粘度下降、性能变坏、产生油膏沉淀物和积炭、堵塞细小量孔、阻滞控制滑阀、降低润滑冷却效果、破坏密封件等，最终导致故障。自动变速器油温可通过汽车诊断仪或专用温度计进行检查。

7.1.4　液压控制系统的漏油检查

液压控制系统的各连接处都有油封和密封垫，这些部位是经常发生漏油的地方（图 3-62），应对这些部位进行重点检查。液压控制系统漏油会引起油路压力下降及油位下降（是换挡打滑和延迟的常见原因）。

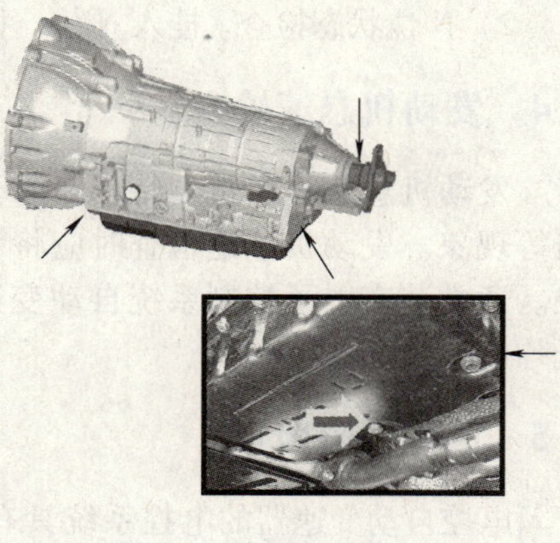
图 3-62　自动变速器漏油点

7.2 节气门拉索的检查与调整

节气门开度影响着自动变速器的换挡时间，发动机熄火后，节气门应全闭；当加速踏板踩到底时，节气门应全开。节气门拉索的索芯不应松弛，索套端和索芯上限位杆之间的距离应在0～1mm之间。检查与调整方法如下。(具体方法及参数请查找维修手册)。

1）推动加速踏板连杆，检查节气门是否全开，如果节气门不能全开，则应该调整加速踏板连杆。

2）将加速踏板踩到底，将调整螺母拧松。

3）调整节气门拉索，拧动调整螺母，使索套端和索芯上限位杆之间的距离为0～1mm。

4）拧紧调整螺母，重新检查调整情况。

7.3 停车/空挡位置开关的检查与调整

7.3.1 停车/空挡位置开关的检查

1）拉上驻车制动器，并旋转点火开关到ON位置。

2）踩下制动踏板，检查是否只有当变速杆放到N或P位时发动机可以起动，在其他挡位时则不能起动。如发现故障，应检查空挡起动开关的导通状况。

7.3.2 停车/空挡位置开关的调整

1）松开停车/空挡位置开关上的螺栓，将变速杆操纵手柄放到N位。

2）用直尺，使空挡位置平行于空挡基准线（图3-63）。

3）保持开关的位置，并按规定力矩紧固螺栓。

4）调整后，需重新进行检查。

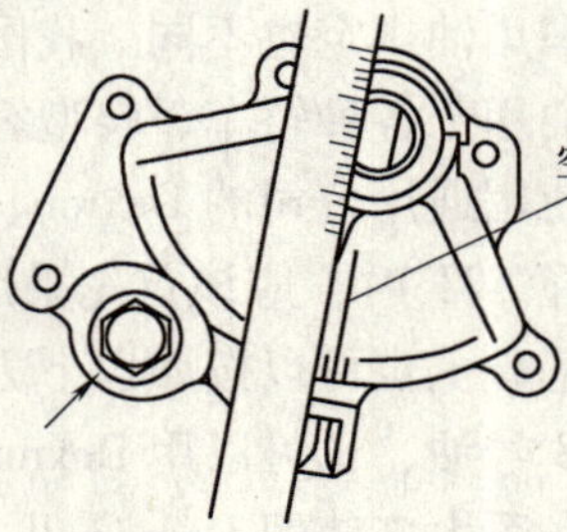

图3-63　空挡的基准线

7.3.3 停车/空挡的性能试验

1）P位制动检查。挂入P位，松开驻车制动，应不能推动车辆；

2）N位状态检查。挂入N位，松开驻车制动，应能推动车辆。

7.4 发动机怠速检查

发动机怠速不正常，特别是怠速过高，会使自动变速器工作不正常，出现换挡冲击等现象。发动机怠速检查时应将自动变速器变速杆操纵手柄置于停车挡P或空挡N位。通常装有电子控制系统自动变速器的汽车发动机怠速为750r/min，怠速过高或过低均应调整。

7.5 故障码的检查

电控自动变速器的电控系统具有故障自诊断功能，可以通过专用诊断仪对其进行检查。此项检查，必须在蓄电池电压正常时方可进行，否则将引起故障自诊断系统误诊断。

检查时，用专用插头连接诊断仪和车辆上相应的诊断接口，将点火开关置于ON位置，打开诊断仪，进入相应界面，按维修手册中指定的步骤读取故障码及其他相关数据，并根据该车型的故障码表查出故障原因及做进一步的检测。

7.6　自动变速器的变速杆

自动变速器的变速杆如图 3-64 所示。

图 3-64　变速杆

7.6.1　变速杆上的各挡位功能

（1）P 位　又称停车挡，当变速杆位于 P 位的时候，变速器内各离合器、制动器处于分离状态，无动力输出，同时自动器内的锁车爪固定锁车棘轮，将输出轴固定，此时车辆不能移动。另外，只有在 P、N 位时发动机才能起动。

（2）R 位　当变速杆置于 R 位时，拉动拉索，自动变速器内的手动阀接通倒挡油路，同时发动机提速。

（3）N 位　又称空挡，N 位可用于拖车或在行车时起动车。

（4）S/2 位　又称具有发动机制动功能的锁止二挡。2 位时，自动变速器可在一挡和二挡自由变换，但无论发动机的转速有多高，变速器都不会升三挡。

（5）M 位　把变速杆放在 M 位，即进入手动换挡模式，此时，可根据驾驶员意愿换挡。只有手自一体变速器具有此功能。

（6）L/1 位　又称锁止一挡，具有发动机制动功能，此时变速器无论节气门有多大，都不会升二挡。2 位、L 位主要在爬坡时使用，其可以避免变速器频繁的升降挡，损坏变速器。

（7）D 位：D 位时，自动器可根据车速的变化在一、二、三、四挡之间自由变化。

1）一挡：发动机转速 2000r/min，车速 20km/h。

2）二挡：发动机转速 2000r/min，车速 40km/h。

3）三挡：发动机转速 2000r/min，车速 60km/h。

4）四挡：发动机转速 2000r/min，车速 80km/h。

如能达到以上标准说明汽车升挡正常。

7.6.2 O/D 开关

O/D 开关用来控制变速器超速挡，当 O/D 开关打开时，位于仪表板上的“O/D OFF”指示灯（图 3-65）熄灭，此时变速器能进入超速挡。关闭 O/D 开关“O/D OFF”指示灯点亮，此时变速器无 O/D 挡。O/D 开关用于汽车在市区行驶时，防止因频繁地进入四挡而损坏变速器。

图 3-65　O/D 指示灯

7.6.3 锁止按钮

主要作用是防止误操作，R 位时不能直接进入 D 位，D 位时不能直接进入 R 位。这样可以在行车中，避免损坏变速器。

7.6.4 解除开关

装有自动变速器的车，都设计有一变速杆锁止电磁阀和锁芯电磁阀。挂挡时打开点火开关，先踩制动踏板，电磁阀通电时才能挂挡，避免发生危险；停车时，必须将变速杆置于 P 位，才能取出钥匙。

解除开关就是当蓄电池断电时，可以通过开关解除锁止状态，部分车无解除开关，如日产 A32。

8 自动变速器的试验与故障诊断

8.1 自动变速器手动换挡试验与故障诊断

所谓手动换挡试验就是将自动变速器的所有换挡电磁阀的线束插头全部脱开由测试人员手动进行各挡位的试验，此时 ECU 不能通过换挡电磁阀来控制换挡，自动变速器的挡位取决于变速杆操纵手柄的位置。不同车型的自动变速器，在脱开换挡电磁阀线束插头后，挡位和变速杆操纵手柄的关系都不完全相同。丰田轿车自动变速器在脱开换挡电磁阀线束插头后的挡位和变速杆操纵手柄的关系见表 3-9。

表 3-9　丰田自动变速器在脱开换挡电磁阀线束插头后的挡位和变速杆操纵手柄的关系

变速杆位置	挡　位	变速杆位置	挡　位
P	停车挡	D	超速挡
R	倒挡	2	三挡
N	空挡	1	一挡

8.1.1 手动换挡试验的目的

手动换挡试验是为了区分故障是在自动变速器电控系统还是在机械和液压系统，这是在读取故障码和完成基础检查之后首先要进行的试验项目。

8.1.2 手动换挡试验的步骤

1）脱开电控系统中自动变速器的所有换挡电磁阀线束插头。

2）起动发动机，将变速杆操纵手柄拨至不同位置，然后做道路试验（也可以将驱动轮悬空进行台架试验）。

3）观察发动机转速和车速的对应关系，以判断自动变速器所处的挡位。不同挡位时发动机转速和车速的关系可以参考表3-10。由于液力变矩器的减速作用与传递的转矩有关，因此表3-10中所示的车速只能作为参考，实际车速将随着行驶中节气门开度的不同而产生一定的变化。

表3-10 手动换挡试验中发动机转速与车速的对应关系

挡位	发动机转速（r/min）	车速（km/h）
一挡	2000	18～22
二挡	2000	34～38
三挡	2000	50～55
超速挡	2000	70～75

4）若变速杆操纵手柄位于不同位置时自动变速器所处的挡位与规定挡位相同，则说明自动变速器电控系统的阀体及换挡执行元件基本上工作正常。否则说明阀体或换挡执行元件有故障。

5）试验结束后，接上所有换挡电磁阀的线束插头。

6）清除ECU中的故障码，防止因脱开换挡电磁阀线束插头，而使产生的故障码储存在ECU中，进而影响故障自诊断系统的工作。

8.1.3 试验结果分析

如果车辆故障发生变化，则说明故障发生在电控系统；如果车辆故障没有变化，则说明故障发生在机械和液压系统，应进行机械试验。

8.2 自动变速器的失速试验与故障诊断

在诊断自动变速器时，失速试验是应用最广泛的试验。失速试验可以快捷地判断引起故障现象的是发动机还是自动变速器本身，是判断发动机功率大小、变矩器性能及换挡执行元件是否打滑的一种常用方法。

8.2.1 失速试验的目的

1）检查发动机功率大小、液力变矩器性能好坏及自动变速器中有关换挡执行元件的工作是否正常。

2）诊断可能的机械故障部位，如离合器、制动器的磨损情况等。

8.2.2 失速试验的步骤

1）将车停放在宽阔的水平路面，拉紧驻车制动器。

2）起动发动机将车预热到正常工作温度后，将变速杆从P位挂入前进挡，此时左脚用力踩住制动踏板，同时右脚将加速踏板踩到底。在发动机转速不再升高时，迅速读取此时的发动机转速，此时的发动机转速即为失速转速，然后立即松开加速踏板。

3）由于在试验时发动机功率全部在变矩器内损耗掉了，因此会产生大量的热，所以失速时间不要过长，一般在5s之内，即读完数据后立即放松加速踏板。

4）将变速杆移至空挡，怠速运转数分钟，以便让自动变速器油温降至正常。

5）挂入倒挡重复上述步骤。

注意：如果在试验中发现驱动轮因制动力不足而转动，应立即松开加速踏板，停止试验。

8.2.3 试验结果分析

失速试验结果分析见表3-11。

表3-11 失速试验结果分析

变速杆手柄位置	失速转速	故障原因
所有位置	过高	主油路油压过低、前进挡和倒挡的换挡执行元件打滑、低挡及倒挡制动器打滑
	过低	发动机动力不足、液力变矩器导轮的单向离合器打滑
仅在D位	过高	前进挡油路油压过低、前进挡离合器打滑
仅在R位	过高	倒挡油路油压过低、倒挡及高速挡离合器打滑

1）如果所有挡位失速转速均低于标准范围，通常为发动机问题，即发动机功率不足，基本可排除自动变速器问题。

2）若所有挡位失速转速均高，如果油压正常，则说明液力变矩器损坏。

3）若某一挡位失速转速偏高，如果油压正常，则说明该挡液压执行元件打滑。

8.3 自动变速器的液压试验与故障诊断

自动变速器在做完失速试验后，如果发现失速转速与标准值偏差较大，或者在试车时发现换挡感觉粗暴，此时应该马上进行自动变速器油压力的测量，以便进一步发现故障的根源。

8.3.1 液压试验的目的

液压试验是在自动变速器工作时，通过测量液压控制系统各回路的压力来判断各元件的功能是否正常，其目的是检查液压控制系统各管路及元件是否漏油及各元件（如液力变矩器、蓄压器等）是否工作正常，并判别故障在液压控制系统还是在机械传动系统。

8.3.2 液压试验的方法

具体方法及标准值请参看维修手册，此处主要介绍主油路油压测试方法，测试主油路油压时，应分别测出前进挡和倒挡的主油路油压。

（1）前进挡主油路油压测试方法

1）拆下自动变速器壳体上的主油路测压孔或前进挡油路测压孔上的螺塞，接上油压表。

2）起动发动机，将变速杆操纵手柄拨至前进挡D位。

3）读出发动机怠速运转时的油压，该油压即为怠速工况下的前进挡主油路油压。

4）用左脚踩紧制动踏板，同时用右脚将加速踏板完全踩下，在失速工况下读取油压，该油压即为失速工况下的前进挡主油路油压。

5）将变速杆操纵手柄拨至空挡N位或停车挡P位，让发动机怠速运转1min以上。

6）将变速杆操纵手柄拨至各个前进低挡S、L或2、1位，重复上述3）~5）的步骤，读出各个前进低挡在怠速工况和失速工况下的主油路油压。

（2）倒挡主油路油压测试方法

1）拆下自动变速器壳体上的主油路测压孔或倒挡油路测压孔上的螺塞，接上油压表。

2）起动发动机，将变速杆操纵手柄拨至倒挡R位。

3）在发动机怠速运转工况下读取油压，该油压即为怠速工况下的倒挡主油路油压。

4）用左脚踩住制动踏板，同时用右脚将加速踏板完全踩下，在发动机失速工况下读取油压，该油压即为失速工况下的倒挡主油路油压。

5）将变速杆操纵手柄拨至空挡N位，让发动机怠速运转1min。

8.3.3　试验结果分析

1）若所有挡位油压均高，则是主油路调压阀故障。

2）若所有挡位油压均低，则是油泵或主油路调压阀故障。

3）若某一挡位油压偏低，则是该挡油路堵塞或泄漏。

4）若各工况下怠速油压偏低，则是发动机怠速过低、节气门阀调整不当、油泵泄压严重。

5）若各工况下怠速油压均偏高，则是发动机怠速过高、拉索调整不当或卡滞、节气门阀调整不当、主油压增压阀磨损。

6）若各工况下的失速状态油压均异常，则是由于拉索调整不当或阀体增压阀磨损造成的。

8.4　自动变速器的时滞试验与故障诊断

失速试验与油压试验是自动变速器检测的基本试验，一般用于诊断自动变速器较明显的影响行驶性的故障。但自动变速器除了行驶性的故障外，还有一类故障，即舒适性故障，如挂入前进位后，车辆的动作迟缓，不能立即进入行驶状态，对于这类故障可用时滞试验来进行进一步的分析。

在发动机怠速运转时将变速杆操纵手柄从空挡N位拨至前进挡D位或倒挡R位后，需要有一段短暂时间的迟滞或延时才能使自动变速器完成挡位的结合（此时汽车会产生一个轻微的振动），这一短暂的时间称为自动变速器换挡的迟滞时间。因为自动变速器在进入某一个挡位时，要有一个消除间隙和建立油压的过程，所以时滞时间是不可避免的。

时滞试验就是测出自动变速器的迟滞时间的试验，根据迟滞时间的长短来判断主油路油压及换挡执行元件的工作是否正常。迟滞时间的大小取决于自动变速器油路油压、油路密封情况以及离合器和制动器的磨损情况。

8.4.1　时滞试验的目的

正常的迟滞时间应在1.2～1.5s内。如果迟滞时间过长，说明自动变速器油压过低或执行元件的供油通道有泄压现象，此时必须解体自动变速器进行检修；如果迟滞时间过短，说明工作油压过高，或换挡执行元件的工作间隙调整不当。

8.4.2　时滞试验的步骤

时滞试验的具体方法和标准值请参看维修手册。

1）让汽车行驶，使发动机和自动变速器达到正常工作温度。

2）将汽车停放在水平地面上，拉紧驻车制动器。

3）检查发动机怠速。如不正常，应按标准予以调整。

4）将自动变速器变速杆操纵手柄从空挡N位拨至前进挡D位，用秒表测量从拨动变速杆操纵手柄开始到感觉到汽车震动为止所需的时间，其为N→D迟滞时间。

5）将变速杆操纵手柄拨至空挡N位，让发动机怠速运转1min之后，再重复做一次同样的试验。

6）做三次试验，取其平均值。

7）按照上述方法，将变速杆操纵手柄由空挡 N 位拨至倒挡 R 位，以测量 N→R 迟滞时间。

8.4.3 时滞试验结果分析

1）大部分自动变速器 N→D 迟滞时间小于 1.0 ~1.2s，N→R 迟滞时间小于 1.2 ~1.5s。

2）若 N→D 迟滞时间过长，则说明主油路油压过低、前进挡离合器摩擦片磨损过甚或前进挡单向离合器工作不良。

3）若 N→R 迟滞时间过长，则说明倒挡主油路油压过低，倒挡离合器或倒挡制动器磨损过甚或工作不良。

8.5 自动变速器车辆的道路试验与故障诊断

8.5.1 道路试验的目的

道路试验用以检验各制动器、离合器是否打滑，并观察换挡情况。道路试验是诊断、分析自动变速器故障的最有效的手段之一。

此外，自动变速器在修复之后，也应进行道路试验，以检查其工作性能，检验自动变速器的维修质量。道路试验的内容主要有：检查换挡车速、换挡质量以及换挡执行元件有无打滑。

8.5.2 道路试验的方法与故障分析

在道路试验之前，应先让汽车以中低速行驶 5 ~10 min，让发动机和自动变速器都达到正常工作温度。在道路试验中，如无特殊要求，通常应将超速挡开关置于“ON”位置（即超速挡指示灯“O/D OFF”熄灭），并将模式选择开关置于普通模式或经济模式位置。

1. 升挡检查

将变速杆操纵手柄拨至前进挡 D 位，踩下加速踏板，使节气门保持在 1/2 开度左右，让汽车起步加速，检查自动变速器的升挡情况。自动变速器在升挡时发动机会有瞬时的转速下降，同时车身有轻微的冲动。在正常情况下，汽车起步后随着车速的升高，试车者应该能感觉到自动变速器能顺利地由一挡升入二挡，随后再由二挡升入三挡，最后升入超速挡。

若自动变速器不能升入高挡（三挡或超速挡），说明自动变速器电子液压控制系统或换挡执行元件有故障。

2. 升挡车速的检查

将变速杆操纵手柄拨至前进挡 D 位，踩下加速踏板，并使节气门保持在某一固定开度，让汽车起步加速。当察觉到自动变速器升挡时，记下升挡车速。一般三挡自动变速器在节气门开度保持在 1/2 开度时，由一挡升至二挡的升挡车速为 25 ~35 km/h，由二挡升至三挡的升挡车速为 55 ~70 km/h，由三挡升至四挡（超速挡）的升挡车速为 90 ~120 km/h。由于升挡车速和节气门开度有很大的关系，即节气门开度不同时，升挡车速也不同，而且不同车型自动变速器各挡位的传动比大小都不尽相同，其升挡车速也不完全一样，因此，只要升挡车速基本保持在上述范围内，而且汽车行驶中加速良好，无明显的换挡冲击，都可认为其升挡车速基本正常。

若汽车行驶中加速无力，升挡车速明显低于上述范围，说明升挡车速过低（即过早升挡）；若汽车行驶中有明显的换挡冲击，升挡车速明显高于上述范围，则说明升挡车速过高（即太迟升挡）。

升挡车速太低一般是控制系统的故障所致，升挡车速太高则除了可能是控制系统的故障外，也可能是换挡执行元件的故障所造成的。

大部分《自动变速器维修手册》中都有该自动变速器升挡（或降挡）车速标准值表，但表中通常只列出节气门全开或全关时的升挡（或降挡）车速。然而，在道路试验中，让汽车以节气门全开行驶，往往会因道路条件的限制而无法实施，而且以节气门全开行驶也容易加剧自动变速器内摩擦元件的磨损，一般不宜采用，因此表中的数据只能作为参考。有些《自动变速器维修手册》中给出了该自动变速器的换挡图，从这种换挡图中可以得出不同节气门开度下自动变速器的升挡车速，这可作为判断换挡车速是否正确的标准。图3-66为丰田A43D自动变速器的换挡图。图中实线为升挡曲线，虚线为降挡曲线。自动变速器的升挡车速和节气门开度的变化曲线呈阶梯状折线。

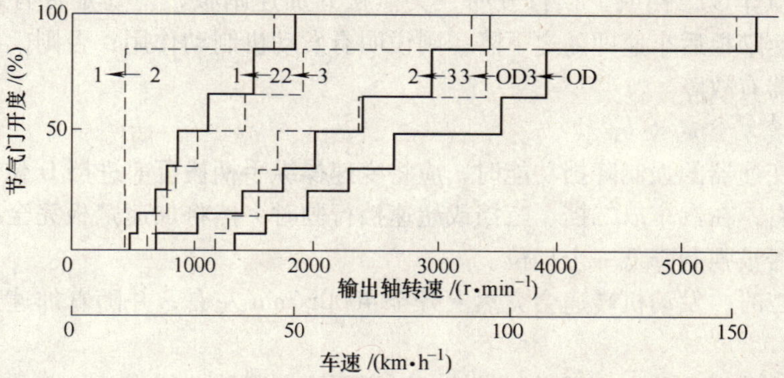

图3-66　丰田A43D自动变速器经济模式换挡图

3. 升挡时发动机转速的检查

有发动机转速表的汽车在做道路试验时，应注意观察汽车行驶中发动机转速的变化情况，它也是判断自动变速器工作是否正常的重要依据之一。

在正常情况下，若自动变速器处于经济模式或普通模式，节气门保持在低于1/2开度范围内，则在汽车由起步加速直至升入高速挡的整个行驶过程中，发动机转速都将低于3000 r/min。通常在加速至即将升挡时发动机转速可达到2500～3000r/min，在刚刚升挡后的短时间内发动机转速将下降至2000r/min左右。

如果在整个行驶过程中发动机转速始终过低，加速至升挡时仍低于2000r/min，则说明升挡时间过早或发动机动力不足。

如果在行驶过程中发动机转速始终偏高，升挡前后的转速在2500～3000r/min之间，而且换挡冲击明显，说明升挡时间过迟。

如果在行驶过程中发动机转速过高，经常高于3000r/min，在加速时达到4000～5000r/min，甚至更高，则说明自动变速器的换挡执行元件（离合器或制动器）打滑，应拆修自动变速器。

4. 换挡质量的检查

换挡质量的检查内容主要是检查有无换挡冲击。正常的自动变速器只能有不太明显的换挡冲击。若换挡冲击太大，说明自动变速器的控制系统或换挡执行元件有故障，其原因可能是油路油压过高或换挡执行元件打滑，应作进一步检查。

5. 锁止离合器工作状况的检查

自动变速器的液力变矩器中的锁止离合器工作是否正常也可以采用道路试验的方法检查。试验中，让汽车加速至超速挡，以高于 80km/h 的车速行驶，并让节气门开度保持在低于 1/2 开度的位置，使液力变矩器进入锁止状态。此时，快速将加速踏板踩下至 2/3 开度，同时检查发动机转速的变化情况。

若发动机转速没有太大的变化，说明锁止离合器处于接合状态；反之，若发动机转速升高很多，则表明锁止离合器没有接合，其原因通常是锁止控制系统有故障存在。

6. 发动机制动作用的检查

检查自动变速器有无发动机制动作用时，应将变速操纵手柄拨至前进低挡（S、L 或 2、1）位，在汽车以二挡或一挡行驶时，突然松开加速踏板，检查是否有发动机制动作用。若松开加速踏板后车速即随之下降，则说明有发动机制动作用；否则，说明控制系统或前进挡离合器有故障。

7. 强制降挡功能的检查

检查自动变速器的强制降挡功能时，应将变速操纵手柄拨至前进挡 D 位，保持节气门开度为 1/3 左右，在汽车以二挡、三挡或超速挡行驶时突然将加速踏板完全踩到底，检查自动变速器是否被强制降低一个挡位。

在强制降挡时，发动机转速会突然上升至 4000r/min 左右，并随着加速升挡，转速逐渐下降。

若踩下加速踏板后没有出现强制降挡，则说明强制降挡功能失效；若在强制降挡时发动机转速升高反常，达 5000 ~ 6000 r/min，并在升挡时出现换挡冲击，则说明换挡执行元件打滑，应拆修自动变速器。

8.6 液力变矩器起动试验

液力变矩器起动试验，用来测试液力变矩器及其单向离合器的工作状况。在液力变矩器起动试验中，要同时使用驻车制动器（不是自动变速器的停车挡 P 位）和制动踏板，还要安放好车轮挡块，不允许任何人站在汽车的前方。

8.6.1 起动试验的目的

起动试验在于检验液力变矩器导轮的单向离合器的工作情况、自动变速器离合器的工作性能以及液力变矩器与发动机的共同工作性能。

8.6.2 起动试验的方法

首先应检查自动变速器油面高度，运转发动机使之达到规定的工作温度。确定自动变速器在 D 位，节气门全开时发动机的工作转速。在试验时，发动机节气门全开的时间应≤5s，发动机最大转速读出之后应立即放松加速踏板。

如果要求再一次做液力变矩器起动试验，应在空挡将发动机在 1000r/min 左右的转速下运转 2s，使自动变速器冷却下来。

如果发动机转速已超过最大限值，应立即将加速踏板松开，因为这表明自动变速器内的离合器已经打滑失效。

8.6.3　起动试验结果分析

1）起动转速比规定的最大转速值高200r/min左右，说明自动变速器中的离合器打滑。

2）发动机调整正常，而起动转速低，则说明液力变矩器导轮的单向离合器有问题。

3）起动转速比规定的最小值低250～350r/min，且汽车在高速公路上工作正常，但是各挡加速性均不良，说明液力变矩器的单向离合器在打滑。

4）若起动转速和加速性都是正常的，但必须反复地加大节气门开度才能维持在高速公路上行驶的速度，说明液力变矩器导轮单向离合器已卡死不能自由脱开。

5）若导轮发生以上这些故障要求必须更换液力变矩器。

9　自动变速器的拆装

自动变速器可按以下步骤进行拆装（以丰田A45D自动变速器为例，具体步骤请参看维修手册），但需注意以下几点。

1）严格按操作步骤和要求进行拆装，正确使用工具，不可随意用锤子敲击。

2）平面上的螺栓按要求按对角分2～3次拧松或拧紧。

3）所有零部件（特别是摩擦钢片等）要按拆卸时的位置摆放。可用细铁棍或铁丝将一组零部件穿在一起摆放，避免其安装位置发生错误。最后，再按原位置安装。

4）注意相关轴承的拆装，以免损坏。

5）所有零部件必须清洗干净，用压缩空气吹干净所有油道后，方可进行检测和安装。安装时注意润滑油的涂抹。

6）不同位置的螺栓大小、长短均有不同，一定要记住拆装的位置。

7）各摩擦片和摩擦钢片在安装时要保证将其上花键齿对齐后，再安装。如不易对齐时，可左右旋转安装，直到完全安装到位。

8）各部件安装到位后才能按要求拧紧螺栓，否则应重新分解后再安装。

9.1　分解

自动变速器的分解步骤见表3-12。

表3-12　自动变速器的分解步骤

序号	步　骤	分　解	图　解
1	拆油底壳	放油螺栓：用17号套筒拆卸放油螺栓1个。 外壳：用10号套筒拆卸螺栓14个	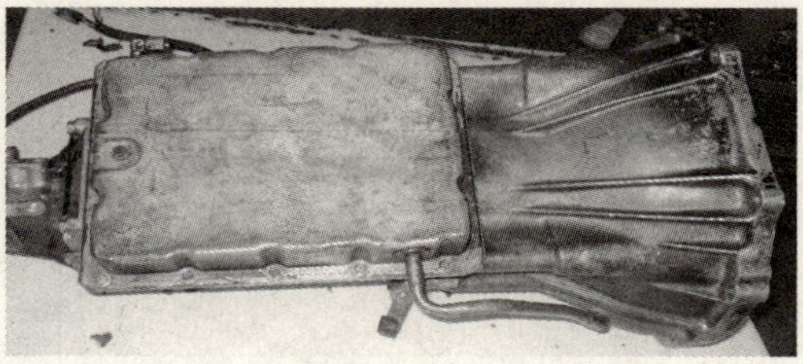

（续）

序号	步　骤	分　解	图　解
2	拆油管	将油管用锤子把垫起，然后用一字螺钉旋具撬起，依次拆下两个油管	
3	拆滤网	用8号套筒拆卸滤网上的5个螺栓	
4	松开阀体和变速器壳体螺栓	用10号套筒拆下阀体和变速器壳体上的17个螺栓，这些螺栓共有四种长度，注意不同长度螺栓的位置	
5	抬起阀体取下节气门拉索		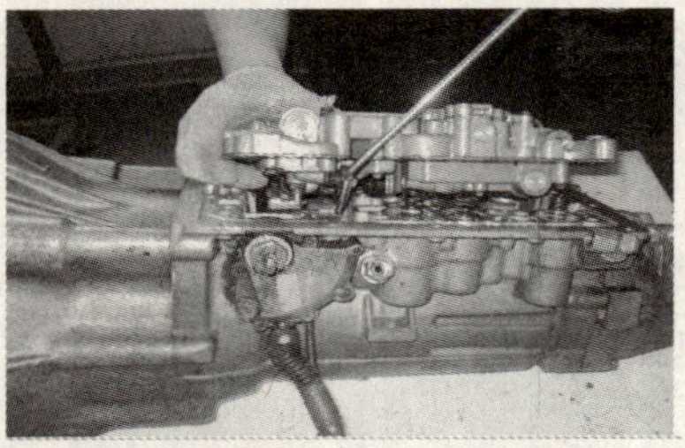 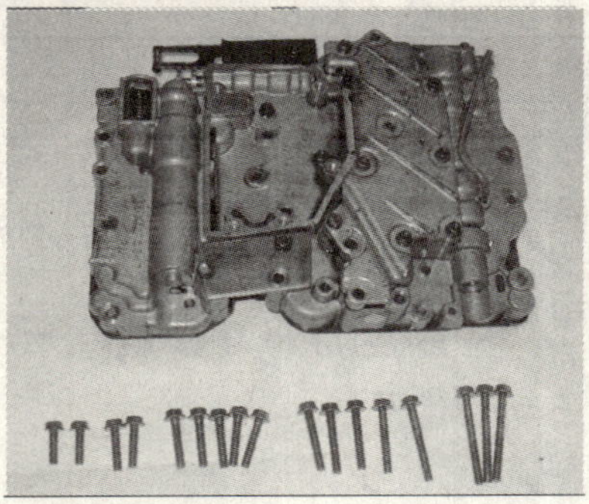

（续）

序号	步骤	分解	图解
6	用压缩空气检查离合器和制动器的工作情况	检查后制动器 B_3 和离合器 C_2（中间）。用短吹枪，向其油孔中吹入压缩空气，观察其工作时的动作和声音	
7	取下蓄压减振器的活塞和弹簧	向油孔中吹压缩空气，吹出活塞。 注意：一手捂住弹簧、一手加压，压力不能太大，避免弹簧弹出伤人	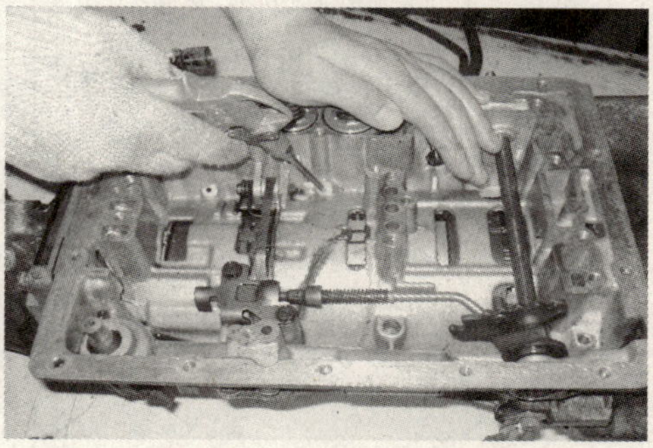
8	取下油泵	用12号套筒将油泵上7个螺栓拆下，取下油泵 注意：如果油泵拆不下来，应先拆变速器前壳，然后一手推住输入轴，慢慢拆下油泵，避免将输入轴一同拆下	
9	取下超速挡离合器 C_0 总成		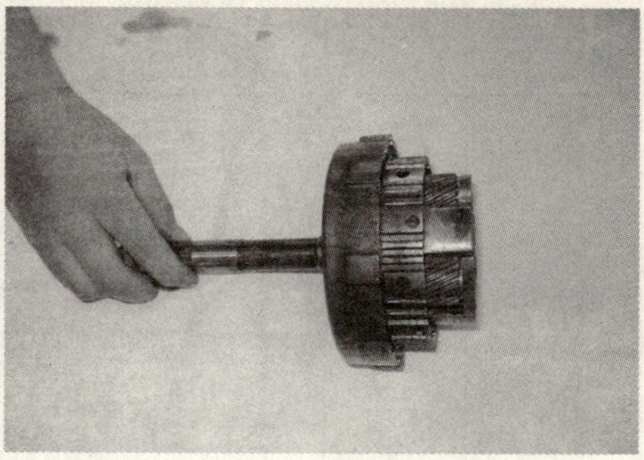

（续）

序号	步　骤	分　解	图　解
10	拆变速器前壳	先装上油泵螺栓后，再拆卸变速器前壳。用14号套筒拆下变速器前壳上的4个螺栓，用17号套筒拆下变速器前壳上的2个螺栓	
11	取下超速挡制动器 B_0 总成	用手轻轻转动超速挡制动器 B_0 总成，并将其拆下	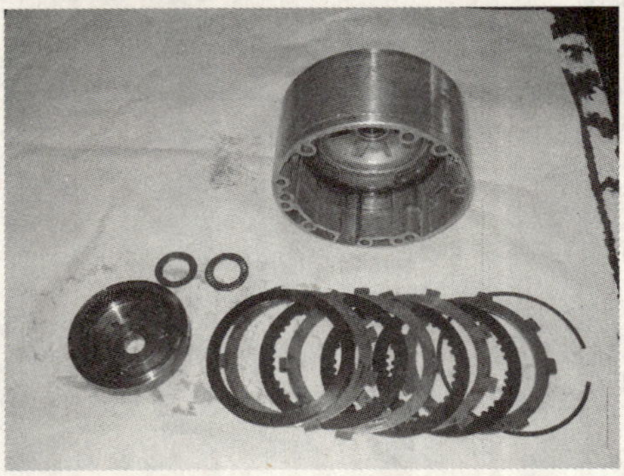
12	拆离合器 C_1、C_2 总成		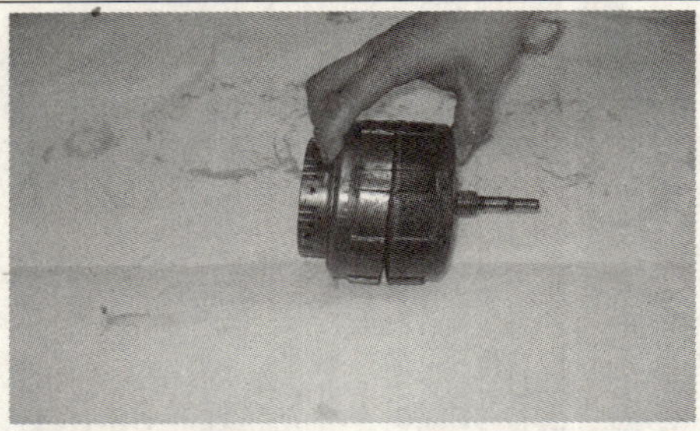
13	拆下 B_1、B_2 支架的固定螺栓	取下 B_1、B_2 制动器总成	
14	取下卡环		

（续）

序号	步　骤	分　解	图　解
15	拆车速里程表驱动轴	用12号套筒拆下螺栓，并拆下卡片、轴及齿轮	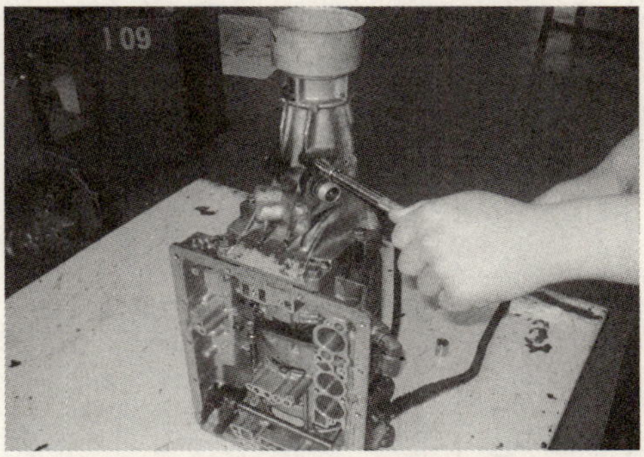 
16	拆变速器后壳	用14号套筒拆下变速器后壳上6个螺栓	
17	拆车速里程表驱动齿轮	依次拆下卡环、车速里程表驱动齿轮、钢珠	 

（续）

序号	步　骤	分　解	图　解
18	拆速控阀	依次拆下螺栓（注意其锁止垫片）、钢丝卡子	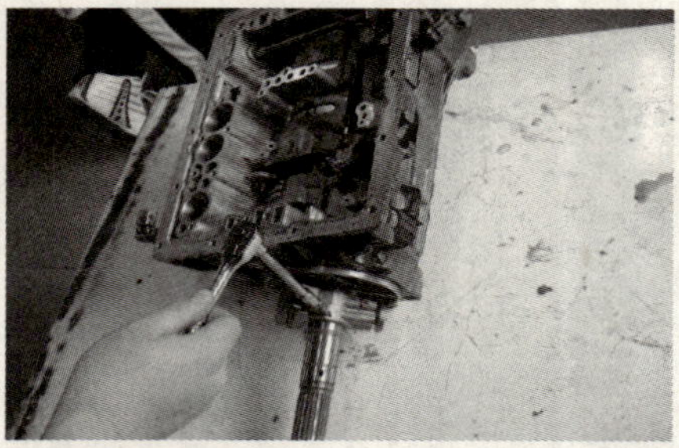 
19	取出中间轴、输出轴，及制动器 B_3 总成	拆中间轴、输出轴（从前面拿出）	 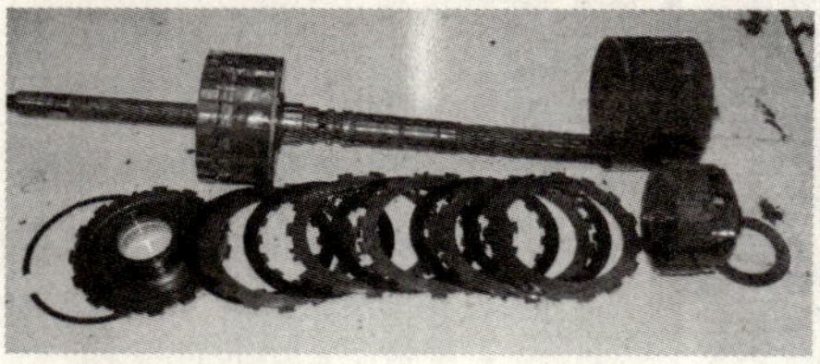
		拆内卡簧，使中间轴和输出轴分离	
20	拆卸行星齿轮传动机构总成		

9.2　安装

按分解的相反步骤安装即可。

自测题

1. 全自动变速器分为哪三种？
2. 直接换挡变速器的构造如何？
3. 直接换挡变速器如何换挡？
4. 自动换挡变速器由哪些部件组成？
5. 请简述直接换挡变速器 DSG 换挡时的工作原理。
6. 液力变矩器有哪些作用？
7. 液力变矩器由哪些组件组成？
8. 请简述液力变矩器在起动时的转矩改变。
9. 如何理解变矩器中的耦合点？
10. 在液力变矩器中，转矩的增大处于哪个范围内？
11. 液力变矩器有哪些特点？
12. 变矩器锁止离合器有哪些作用？
13. 请简述锁止离合器在闭合状态下的工作原理。
14. 在变矩器锁止离合器的综合特性曲线中会考虑到哪些因素？
15. 一个单排行星齿轮机构由哪些部件组成？
16. 在一个单排行星齿轮机构内如何得到不同的变速级？
17. 在一个单排行星齿轮机构中如何实现一挡与倒车挡？
18. 在构造上，Ravigneaux（拉维娜式）行星齿轮机构与 Simpson（辛普森式）行星齿轮机构有什么区别？
19. Wilson 行星齿轮机构的构造是怎样的？
20. 在行星齿轮变速器中，哪些部件是驱动太阳轮、齿圈和行星齿轮架的？哪些部件是制动它们的？
21. 具有电子液压控制系统的自动变速器的控制系统由哪些部分组成？
22. EGS 能处理哪些信号？
23. 在自动变速器中，机油泵、手动换挡滑阀、换挡阀、调压阀和执行元件有哪些作用？
24. 在自动变速器中，有哪些主要控制参数影响换挡点？
25. 什么是重叠控制？
26. 对于变矩器锁止离合器的控制取决于哪些参数？
27. 什么是 Shift-Lock（移位锁定）、Inter-Lock（联锁）？
28. 在自适应变速器控制系统中，换挡程序选择取决于哪些参数？

学习单元四

转弯行驶或加速时车辆发出噪声

1　传动轴、驱动轴（半轴）和万向节

1.1　三者的作用

1）传递转矩。

2）实现动力传递过程中的角度变换。

3）允许长度变化（轴向移动）。

4）减小扭转振动。

5）将变速器改变的转矩和转速经主减速器进一步降速增矩后传递给驱动轮。

1.2　三者的相互位置关系

1.2.1　发动机前置后轮驱动车辆上的位置关系

在发动机前置后轮驱动的传动系中（图 4-1），驱动力从变速器输出，通过万向传动装置（前、后传动轴，十字轴式万向节及中间支承轴承）传递到主减速器，再继续通过驱动轴（半轴）和等角速万向节传递到驱动轮上。

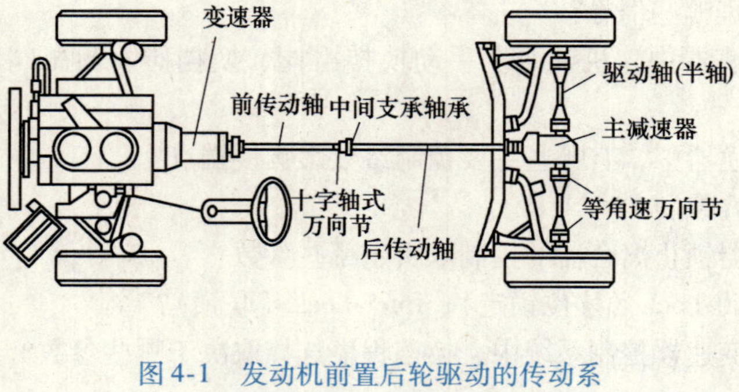

图 4-1　发动机前置后轮驱动的传动系

1.2.2　发动机前置前轮驱动或发动机后置后轮驱动车辆上的位置关系

传动轴、驱动轴（半轴）和万向节，在发动机前置前轮驱动车辆和发动机后置后轮驱动车辆的传动系中的位置关系大致相同，现以发动机前置前轮驱动的传动系为例加以介绍。在发动机前置前轮驱动的传动系中（图4-2），驱动力从变速器输出，通过主减速器、等角速万向节和驱动轴（半轴）传递到驱动轮上。此处不需要传动轴，变速器、主减速器和差速器安装在同一个壳体内。

图4-2　发动机前置前轮驱动的传动系

1.3　传动轴

传动轴常用于发动机前置后轮驱动的车辆，安装在变速器与主减速器之间的汽车纵向方向上。传动轴和万向节组成万向传动装置来传递动力。若传递动力时，两万向节之间的距离会发生变化，而万向节又没有伸缩功能时，则还要将传动轴做成两段，用滑动花键相联结，例如具有两个十字轴式万向节的传动轴（图4-3）。通过将传动轴分为两部分，可以实现平滑、安静的行驶，并且可减小噪声。另外，为了在变速器和主减速器之间实现轴向位移，可配备十字轴式万向节；为了减少振动，可配备挠性万向节。

在发动机前置后轮驱动的车辆上，由于变速器和主减速器之间要越过较长的距离，所以需要使用前后两部分传动轴，其中部需设置中间支承轴承（图4-4）。中间支承轴承用来支承传动轴的一端，其中间是一个球轴承，装在一个轴承支架内，支架通过橡胶垫固定在汽车底板上。

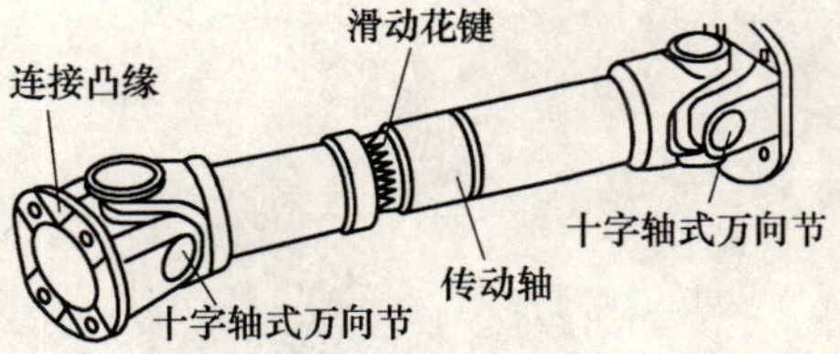

图4-3　具有两个十字轴式万向节的传动轴

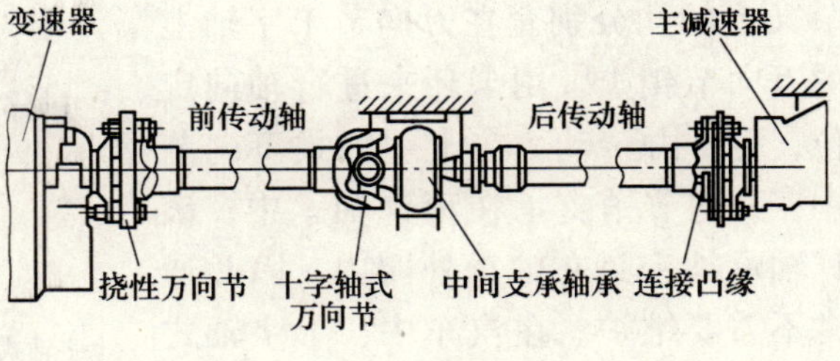

图4-4　具有前后传动轴的传动系

1.4　驱动轴（半轴）

驱动轴（半轴）（图4-5）安装于传动系中主减速器和驱动轮之间。在主减速器的一侧，驱动轴通过一个三销式万向节与其连接；在驱动轮的一侧，驱动轴通过一个球笼式万向节与其连接。

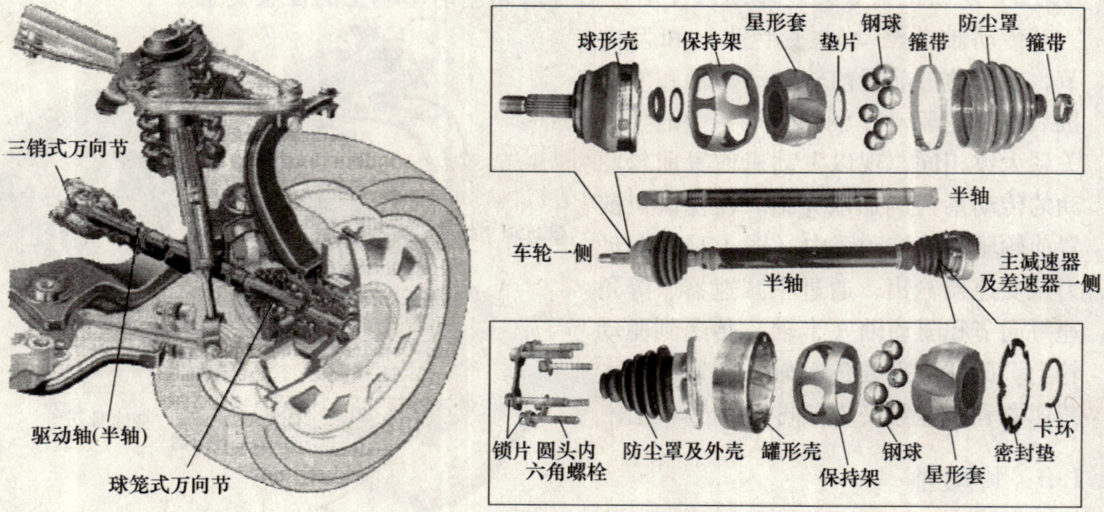

图 4-5　前轮驱动的驱动轴（半轴）

1.5　万向节

万向节是实现变角度动力传递的机件，它在汽车上的功用等同于人体上的关节。为了实现一些轴线相交或相对位置经常变化的转轴之间的动力传递，必须采用万向节。

1.5.1　万向节的分类

万向节按其在扭转方向上是否有明显的弹性分为刚性万向节和挠性万向节两类。刚性万向节按其传动是否等速，又可分为不等速万向节（十字轴式万向节）和等速万向节。

1.5.2　不等速万向节（十字轴式万向节）

十字轴式万向节（图4-6）的万向节叉上的孔分别套在万向节十字轴上的万向节销上，用卡环来进行轴向定位，可自由转动。在十字轴式万向节中，万向节销支承在滚针轴承中，滚针轴承被密封在轴承外圈内，因此通常不需要维护。在汽车中，十字轴式万向节用于进行两轴间夹角 β 小于 8°的传递。在特殊情况下，如用于辅助驱动时，也允许进行更大夹角的传递。

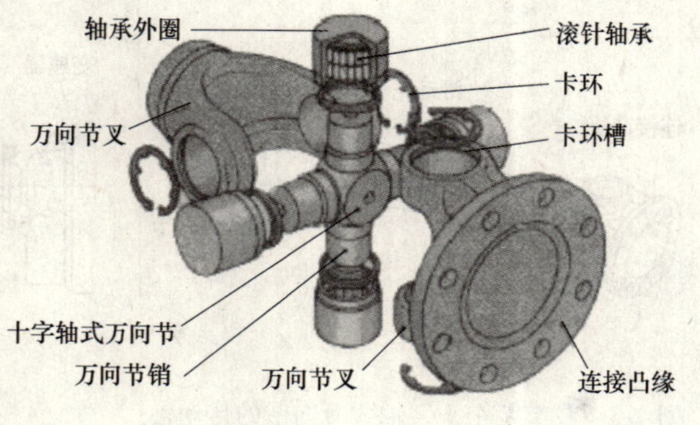

图 4-6　十字轴式万向节

使用具有夹角的十字轴式万向节时，会在输出轴产生不同的运动。如果在十字轴式万向节的输入轴和输出轴之间存在一个夹角 β（图 4-7），输入轴的旋转速度保持不变，为 ω_1，则输出轴的运动就会不同，其旋转速度 ω_2 会按正弦曲线发生变化。当输入轴转动一圈，输出轴的转速会出现两次超前，两次滞后这种现象就是万向节转速差（图4-7）。

具有一个十字轴式万向节的传动轴或驱动轴，只能在两轴间夹角 β 较小的情况下使用。如果出现了较大的轴间夹角，譬如在具有实心轴的车辆中，那么传动轴或驱动轴就必须装备两个十字轴式万向节（图 4-8），以实现等速传动。

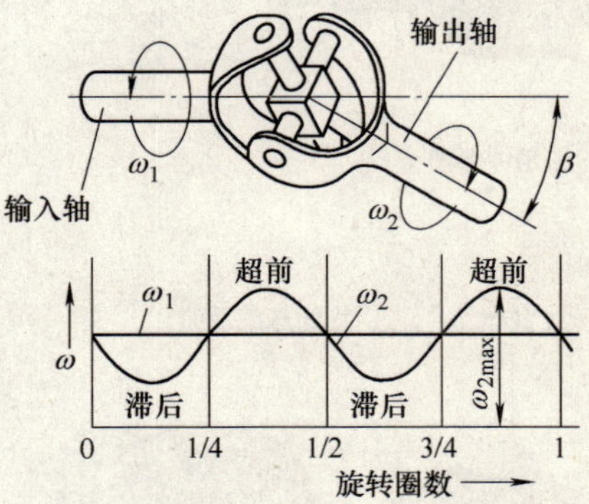

图 4-7　有弯曲角度的十字轴式万向节

ω_1—输入轴的旋转速度　ω_2—输出轴的旋转速度

β—输入轴与输出轴的轴间夹角

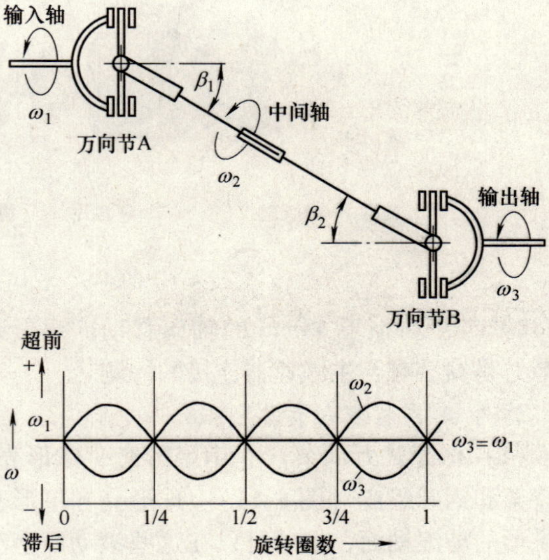

图 4-8　具有两个轴间夹角的十字轴式万向节的传动轴

ω_1、ω_2、ω_3—各轴的旋转速度

β_1、β_1—轴间夹角

此时，万向节 A 上的所谓万向节转速差就可以通过万向节 B 上同样大小、但是相反的转速差加以平衡。最终实现输入轴与输出轴间的等速传动。实现等速传动的条件（即平衡转速差的条件）是：

1）万向节 A 的轴间夹角 β_1 和万向节 B 的轴间夹角 β_2 必须相等。

2）连接轴的万向节叉必须在同一个平面上。这在组装中间轴叉套（滑动花键）时必须特别注意。

在弹性压紧和舒张时十字轴式万向节中所产生的距离变化可通过一个叉套（可轴向移动的滑动花键）来平衡。

十字轴式万向节可用于变速器和主减速器之间的传动轴，在货车中也可用在驱动轴（半轴）上。

1.5.3　等速万向节

等速万向节即等角速万向节，即使在弯曲角很大时也能传递相同的旋转运动。

1. 等速-滑动万向节

（1）三销式万向节（图 4-9）　在独立悬架中，三销式万向节既可以用于驱动的前轴（前轮驱动），也可用于驱动的后轴（后轮驱动），还可用于轴间夹角小于 26°和轴向移动小于 55mm 的动力传递。三销式万向节总是装在与主减速器连接的一侧。

（2）罐形万向节（图 4-10）　罐形万向节属于球笼式万向节，其中的钢球通过一个保持架导向，并在星形套的球滚动面和罐形壳间运转。罐形万向节可用于轴间夹角小于

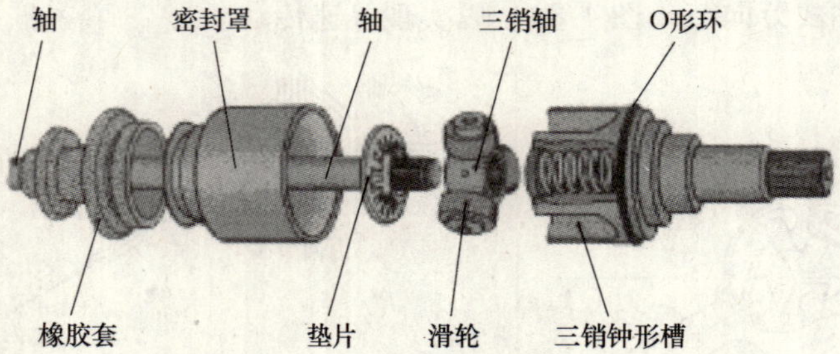

图 4-9　三销式万向节

22°和轴向移动小于 45mm 的轴向移动。罐形万向节总是安装在与主减速器连接的一侧。

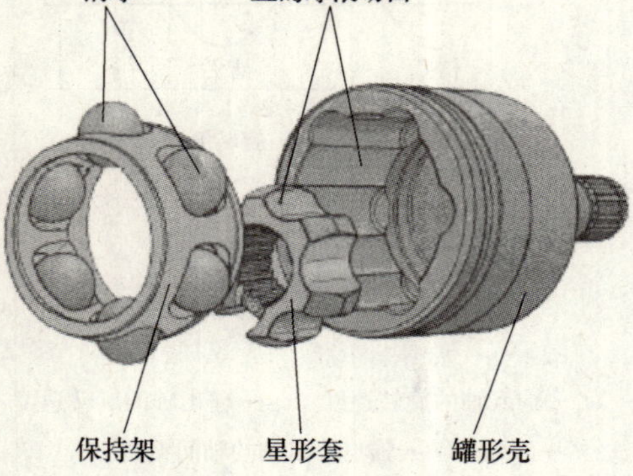

图 4-10　罐形万向节

2. 等速-固定万向节

（1）球笼式万向节　它由星形套、球形壳、保持架和钢球组成（图 4-11）。球形壳和星形套有拱形的球滚动面，钢球可以在这些滚动面上滚动。标准结构的球笼式万向节可实现轴间夹角小于 38°的动力传递，特殊结构的可实现轴间夹角小于 47°的动力传递。该装置不允许有轴向的移动。

（2）复式万向节　将两个十字轴式万向节组合在一起便形成复式万向节（图 4-12）。为了保证无故障运行，所连接的轴的端部在万向节内要中心对齐。该装置用于货车中，可实现轴间夹角不超过 50°的动力传递，不允许任何轴向移动。

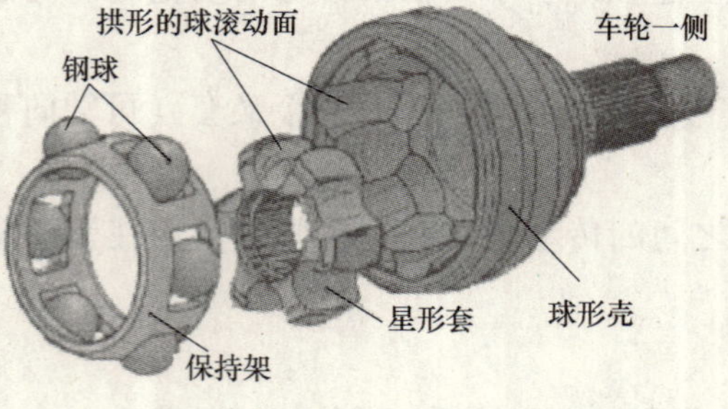

图 4-11　球笼式万向节

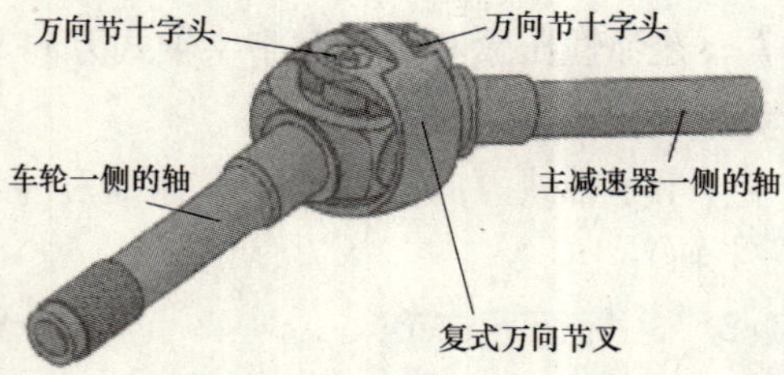

图 4-12　复式万向节

1.5.4　挠性万向节

以上所讲万向节均属于刚性万向节，而挠性万向节则是免维修的弹性万向节。它只允许很小的弯曲角度和长度变化。在传动系统中，其主要用作有弹性的链节，用来减弱所出现的振动和噪声。使用挠性万向节的车辆主要是主减速器与车身或车架固定连接在一起的车辆。挠性万向节可分为：织布板万向节和吸声板万向节。

1. 织布板万向节

织布板万向节（图4-13）有多个钢衬套，其先通过纺织线缠绕在一起，使得每两个相邻的衬套都有一个绕线捆经过，然后再将纺织线和钢衬套硫化在橡胶中。

织布板万向节（Hardy 板）在传动系统中作为弹性连接件，可用于前后两部分的万向传动装置中，以实现轴间夹角不超过5°和轴向移动不超过1.5mm的动力传递。

2. 吸声板万向节

吸声板万向节（图4-14）的吸声板是由橡胶件和套筒导轨组成，多个吸声板被组合在一个钢板外壳中，在两面均用三耳凸缘以螺钉拧紧，便组成了吸声板万向节。

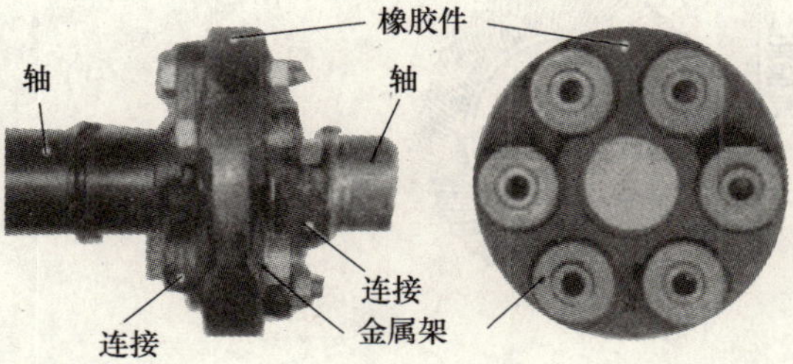

图4-13　织布板万向节

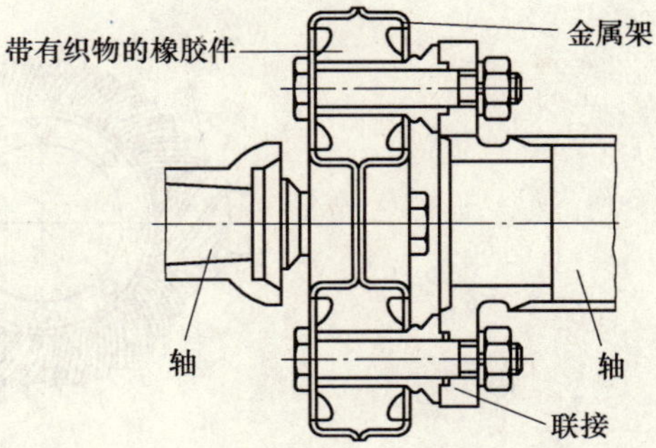

图4-14　吸声板万向节

2　主减速器

2.1　作用

1）传递并增大转矩：经过变速器改变的转矩必须由主减速器加以放大，使驱动轮在所有的行驶状态下都具有足够的转矩。

2）降低转速：主减速器以恒定的传动比降低经过变速器改变的转速。

3）必要时改变力的传递方向：如果发动机安装在车辆纵轴线上，驱动力的传递方向需要通过一个锥齿轮-主减速器来改变90°。此时，传动轴总是与车辆的纵轴线垂直（图4-15）；如果发动机安装在垂直于车辆纵轴线的方向上，那么驱动力的传动方向不需要改变，此时，可使用圆柱齿轮-主减速器。

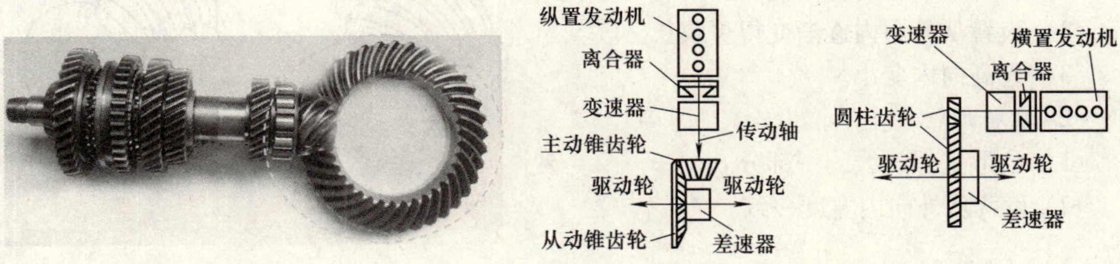

a)　b)　c)

图4-15　锥齿轮－主减速器、圆柱齿轮-主减速器

a）锥齿轮—主减速器实物图　b）锥齿轮—主减速器传动示意图　c）圆柱齿轮—主减速器传动示意图

2.2 锥齿轮-主减速器

锥齿轮-主减速器由主动锥齿轮（主传动轮）和从动锥齿轮组成。其中，从动锥齿轮是大齿轮，主动锥齿轮是小齿轮，驱动力从小齿轮传到大齿轮的过程，就是一个降速增矩的过程，最终使驱动轮在所有的行驶状态下都具有足够的转矩和必要的转速。按锥齿轮相对位置的不同，其可分为（图4-16）：轴不偏离的主减速器和轴偏离的（准双曲面齿轮驱动）主减速器两种。

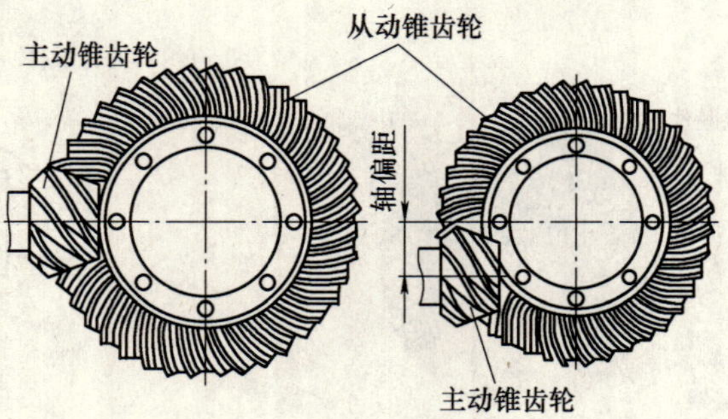

图4-16 轴不偏离的主减速器和轴偏离的（准双曲面齿轮驱动）主减速器

2.2.1 准双曲面齿轮传动的特点

1）运转更平稳，因为相互啮合的齿轮数量更多。

2）负荷能力更高，因为主动锥齿轮的直径和齿宽更大。

3）占用面积更小，因为相同负荷下从动锥齿轮的直径更小，发动机前置后轮驱动的汽车中可使万向传动装置放得更深。万向传动装置通道更低，重心也更深。

4）需要使用准双曲面齿轮润滑油。由于轴偏离的作用，在滚动时，相互碰触的齿面之间会出现比轴不偏离主减速更大的滑动，这就需要使用非常抗压的准双曲面齿轮润滑油。

2.2.2 准双曲面齿轮的啮合齿轮

准双曲面齿轮的啮合齿轮包括圆弧齿轮（从动锥齿轮）和螺旋齿轮（主动锥齿轮）。

1. 圆弧齿轮（从动锥齿轮）（图4-17）

1）从动锥齿轮的齿形是圆弧的一部分。

2）齿背从外向内逐渐变得更狭长。

3）齿高向内变小。

2. 螺旋齿轮（主动锥齿轮）（图4-17）

1）齿形是螺旋线的一部分。

2）齿背从外向内宽度一致。

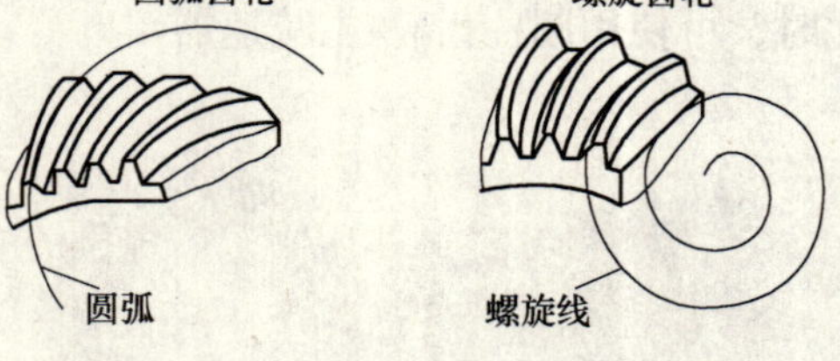

图4-17 圆弧齿轮与螺旋齿轮

2.3 圆柱齿轮-主减速器

圆柱齿轮-主减速器（图4-18）由一个比较小的主动圆柱齿轮和一个比较大的从动圆柱齿轮组成。两个齿轮都具有斜齿，而制造斜齿比制造弧齿的成本更低。

2.4　主减速器的诊断与维修

2.4.1　诊断与维修前的注意事项

主动锥齿轮和从动锥齿轮之间正常的啮合是无噪声运转和主减速器保持较长使用寿命的前提条件，因此对主减速器故障的诊断，主要是检测主动锥齿轮和从动锥齿轮之间的啮合情况，并根据啮合情况进行维修或调整。

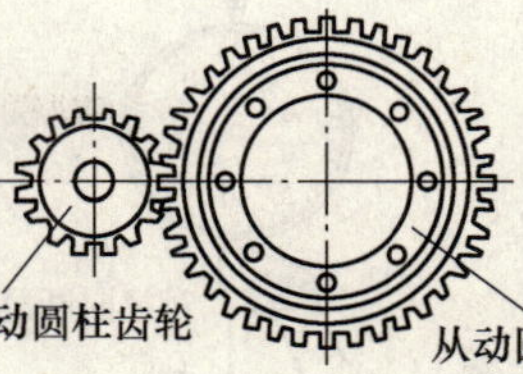

图 4-18　圆柱齿轮－主减速器

主动锥齿轮和从动锥齿轮必须两两相对地调整，并且必须配对使用，成对更换。制造商会对其进行标记（图 4-19）。其中 p 为配对号码，标记在主动锥齿轮的圆柱端上和从动锥齿轮的凸缘端上；R 与 T 为结构尺寸，结构尺寸的偏差 r 与 t 由制造商在对车轮进行试车运转时确定，在该偏差内，车轮的运转是最安静的，所以在调整主动锥齿轮和从动锥齿轮时，需要考虑到偏差 r 与 t，偏差 t 标记在从动锥齿轮上，偏差 r 标记在主动锥齿轮的圆柱端上；偏差 z 用来表示主动锥齿轮和从动锥齿轮上齿的齿隙，标记在从动锥齿轮上。

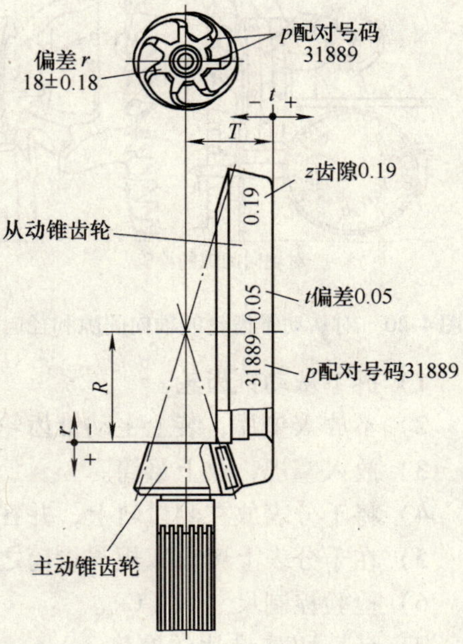

图 4-19　主动锥齿轮与从动锥齿轮图的检验

2.4.2　对轴向间隙和径向圆跳动的检测

主动锥齿轮和从动锥齿轮之间的每个距离变化都会导致齿隙和齿顶间隙（齿顶与齿根之间的距离）的变化，这样将导致锥齿轮之间无法进行精确的啮合运动。另外即使是对锥齿轮的侧面冲击，也会造成齿隙的改变。因此，从动锥齿轮在装上凸缘后，首先必须用千分表检验其轴向间隙和径向圆跳动（图 4-20）。

2.4.3　轴偏离的锥齿轮-主减速器的调整

在组装锥齿轮-主减速器之前，必须首先确定主动锥齿轮和从动锥齿轮的正确位置，因此要对主动锥齿轮和从动锥齿轮进行调整。

1. 主动锥齿轮的调整

将从动锥齿轮拆下，把要安装的新的主动锥齿轮（主传动轮）装入，不加调整垫片。在放上塞规和量筒（需用制造商提供的专门的塞规和量筒）后，使用放在测量轨上的千分表测量塞规和量筒之间的高度差（图 4-21）。高度差为所显示的测定值 M。

单个调整垫片的厚度 S 可根据测定值 M 和主动锥齿轮圆柱端所标记的偏差 r（控制尺寸 K）计算。

$$\text{厚度 } S = \text{测定值 } M - \text{控制尺寸 } K \tag{4-1}$$

从一组调整垫片中选择出与计算结果相符合的调整垫片。将主动锥齿轮拆下，放入调整垫片后再重新装入。进行控制测量时，千分表必须显示出控制尺寸 K（偏差 r）。

测量过程举例（图 4-21）如下。

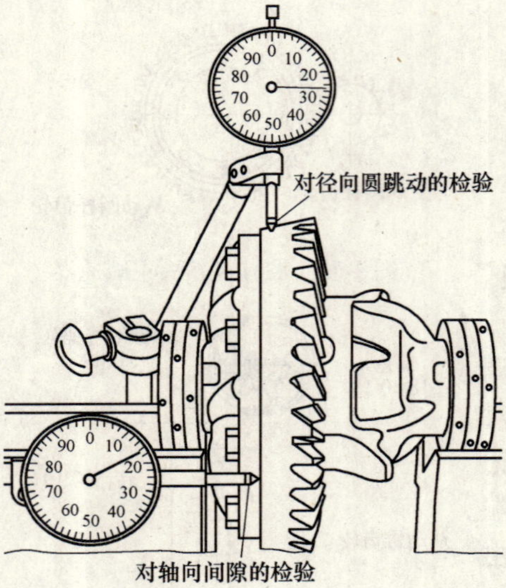

图 4-20 对从动锥齿轮的轴向间隙和径向圆跳动

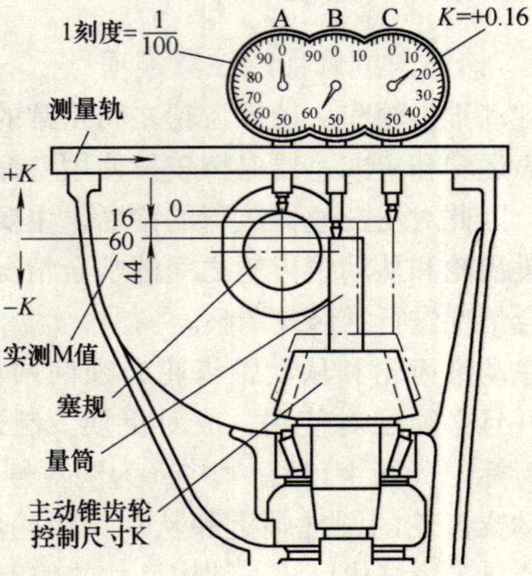

图 4-21 装入主动锥齿轮时的测量

1）拆下从动锥齿轮。

2）不放入垫片，装上主动锥齿轮。

3）放入塞规，放上量筒。

4）将千分表放在测量轨上，并在塞规的最高点上调零（A）。

5）在千分表上读出塞规与量筒之间的高度差（B），此处读数为：60 单位 =0.6mm。

6）检验控制尺寸 K（C）。

7）计算调整垫片的厚度：$S = M - K = 0.60\text{mm} - 0.16\text{mm} = 0.44\text{mm}$，放入垫片厚度 $S=0.44\text{mm}$。

8）拆下主动锥齿轮，放入 0.44mm 厚度的调整垫片，重新装上主动锥齿轮。

9）进行控制尺寸测量时，千分表必须显示读数为：控制尺寸 $K=0.16\text{mm}$。

2. 从动锥齿轮的调整

从动锥齿轮的调整可通过放入调整垫片（图 4-22），或通过旋转调整螺母来完成，并可通过对齿隙的测量来检验调整的正确与否。

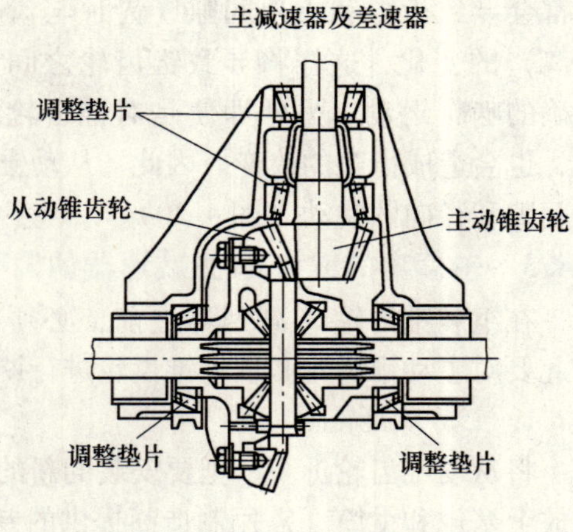

图 4-22 以调整垫片进行的调整

2.4.4 齿轮啮合印痕的检查与修正

（1）齿轮啮合印痕的检查　主减速器在完成主动锥齿轮和从动锥齿轮的调整之后可进行齿轮啮合印痕的检查，并对其啮合印痕进行修正，直到获得正确的啮合印痕位置，否则，不仅会增大其工作时的噪声，还会严重影响其使用寿命。而在采用准双曲面齿轮（即从动锥齿轮是圆弧齿轮，主动锥齿轮是螺旋齿轮）时，则必须作齿轮啮合印痕的检查。

（2）齿轮啮合印痕的修正　正确的啮合印痕其形状为长圆形，位于受压齿形的中间（图4-23）。如果啮合印痕出现以下4种情况，则应对其进行调整，直至其啮合印痕形状达到标准为止。

1）齿顶接触：啮合印痕在齿顶范围中。修正时，必须通过较厚的调整垫片将主动锥齿轮垫高。

2）齿根接触：啮合印痕在齿根范围中。修正时，必须通过较薄的调整垫片将主动锥齿轮放低。

3）齿前接触：啮合印痕在齿前范围内。修正时，必须移动从动锥齿轮，使其更靠近主动锥齿。

4）齿后接触：啮合印痕在齿后范围内。修正时，必须移动从动锥齿轮，使其远离主动锥齿轮。

正确的啮合印痕	错误的啮合印痕			
位于中部的长圆形	齿顶接触	齿根接触	齿前接触	齿后接触
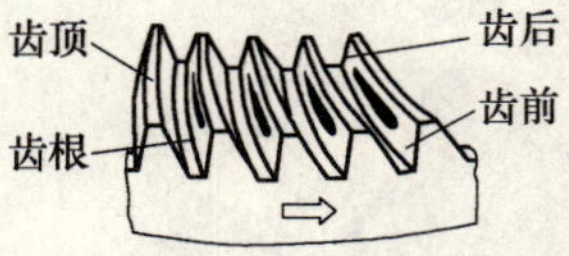	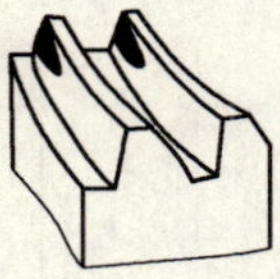			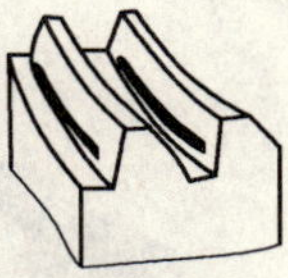

图4-23　正确的和错误的啮合印痕举例

3　差速器

3.1　作用

差速器的作用是差速不差矩，即：

1）平衡两驱动轮间的转速差，使两个驱动轮以不同的转速行驶，以满足不同行驶状态的要求。当汽车行驶在转弯路线上时，汽车的外圈车轮必须经过比内圈车轮更长的路程，另外，不同的道路表面也会造成路程差，所以一根轴上的车轮会产生不同的车轮转速。差速器可以平衡驱动轮之间的转速差，使外圈车轮转速加快的量与内圈车轮转速减慢的量相同。

2）将转矩平均分成两份，分配给左右两个驱动轮。即使是在转弯行驶时，一个车轮转得比另一个车轮快，差速器也可保证向两个驱动轮传递相同大小的转矩，所传递的转矩的大小由与道路的附着力较差的驱动轮确定。

3.2　类型

按结构和用途的不同，差速器可分为：

1）锥齿轮-差速器：与主减速器安装在同一个外壳（差速器壳体）中。

2）蜗轮-差速器（托森差速器）：安装于全轮驱动汽车中，作为驱动轴之间的分动器，并具有自动闭锁作用。

3.3 锥齿轮-差速器

3.3.1 构造

锥齿轮-差速器具体构造如图4-24所示。其中，主动锥齿轮与万向传动装置相连，用来驱动从动锥齿轮，从动锥齿轮则以螺栓联接在差速器壳上。在差速器壳中装有可旋转的行星齿轮（差速锥齿轮）。行星齿轮与半轴齿轮啮合，半轴齿轮与驱动轴（半轴）相连。

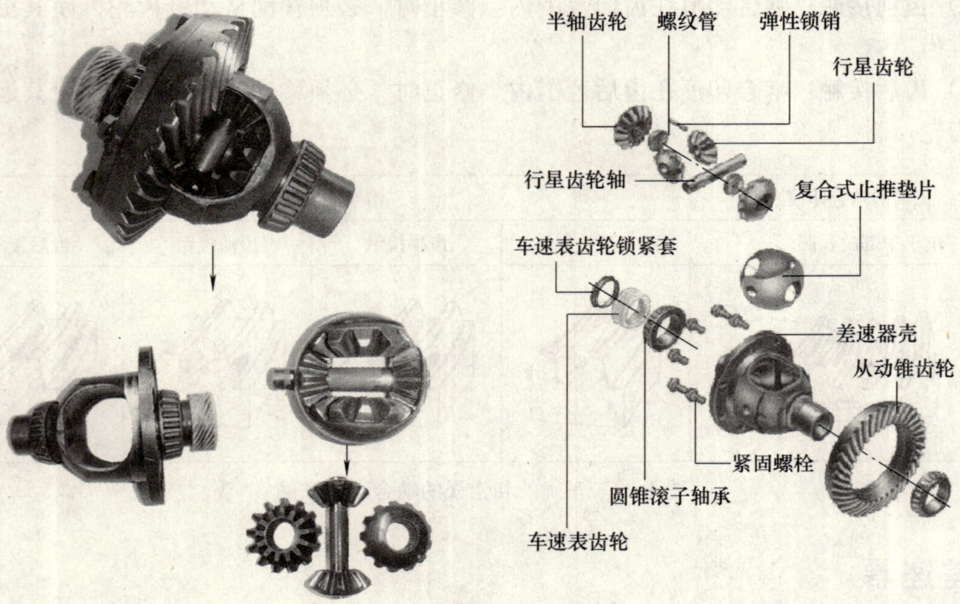

图4-24 锥齿轮-差速器

3.3.2 工作原理

（1）直线行驶（图4-25） 两个驱动轮和半轴齿轮以相同的速度旋转。行星齿轮并不会绕着行星齿轮轴旋转，只起传动作用。驱动转矩被分成相同的两个部分传递到左右两个半轴齿轮上。

（2）一轮旋转，另一轮保持静止 旋转车轮的半轴齿轮推动行星齿轮围绕行星齿轮轴旋转，同时行星齿轮在静止车轮的半轴齿轮上滚动。此时，旋转的车轮以从动锥齿轮两倍的速度旋转，可平衡转速差。转矩则分成相同的两部分，传递到半轴齿轮上，并传导给地面附着力较差的那个车轮。在该情况下，要推动汽车前进是不可能的。这种情况就类似车辆原地打滑，无法向前行驶时的情况。

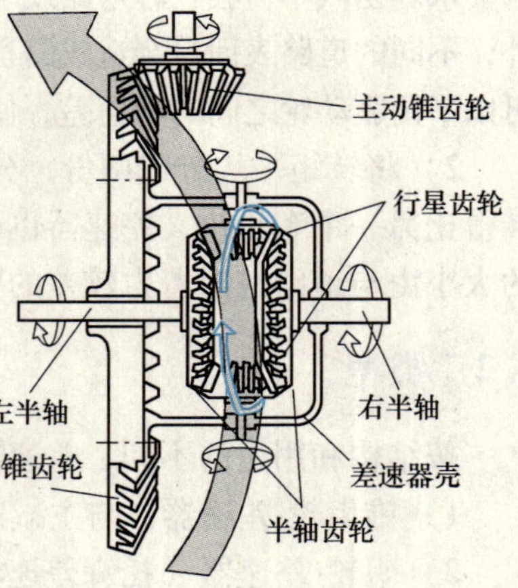

图4-25 锥齿轮-差速器工作原理图

（3）转弯行驶（以左转弯为例，图4-25）

转弯时的外圈驱动轮需要经过较大的路程，所以比内圈的车轮旋转得快，这一功能是通过行星齿轮的自转来实现的。向左转弯时位于差速器壳中的行星齿轮围绕着行星齿轮轴进行旋转，平衡左右两个半轴齿轮的转速差，使内圈的左驱动轮旋转减慢的量与外圈右驱动轮旋转加快的量相同，并使每个驱动轮都能获得相同大小的转矩。

4　轴承

轴承是一个支承轴的零件，可以引导轴的旋转，也可以承受轴上空转的负荷。

根据作用在轴承上力的方向的不同，可将轴承分为：径向轴承和轴向轴承，如图4-26。

1）径向轴承，指用来承受径向力的轴承，如图 4-26 所示。

2）轴向轴承，指用来承受轴向力的轴承，如图 4-26 所示。

按轴承工作时的摩擦性质不同可分为：滑动轴承和滚动轴承，如图 4-26 所示。

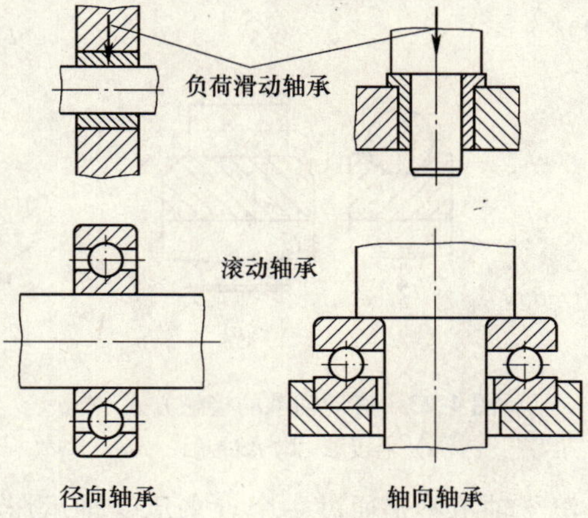

图 4-26　轴承

4.1　滑动轴承

利用轴和轴承间的滑动运动来承受载荷的轴承叫滑动轴承，即在滑动摩擦下工作的轴承。滑动轴承工作平稳、可靠、无噪声。因其靠平滑的面来支承转动轴，故其接触部位是一个面。滑动轴承一般应用在低速重载工况条件下，或者是维护保养及加注润滑油困难的运转部位。在液体润滑条件下，滑动轴承的滑动表面被润滑油分开而不发生直接接触，可以大大减小摩擦损失和表面磨损，故可应用在高速重载的工作条件下。对于滑动轴承来说，轴在轴承衬、轴套内运动或直接在轴承内运动。如果缺少润滑油，在轴承力的影响下轴和轴承之间会直接发生金属接触，这种接触所产生的热量会使轴承很快卡死，导致轴承和轴的损坏。

4.2　滚动轴承

将运转的轴与轴承座之间的滑动摩擦变为滚动摩擦，从而减少摩擦损失的一种精密的机械元件，叫滚动轴承。滚动轴承使用维护方便，工作可靠，起动性能好，在中等速度下承载能力较强。滚动轴承是靠滚动体的转动来支撑转动轴的，因而接触部位是一个点，所以滚动体越多，接触点就越多。与滑动轴承比较，滚动轴承的径向尺寸较大，减振能力较差，高速时寿命低，声响较大。

滚动轴承主要由两个滚动圈（内圈和外圈）、滚动体和保持架组成。滚动体在滚动圈的滚动道上滚动。以这样的方式用滚动摩擦来代替滑动摩擦。保持架使相邻的两个滚动体间保持一定的距离。滚动轴承几乎不需要什么维护。

根据滚动体的基本形状，可以将滚动轴承分为球轴承和滚子轴承（图 4-27）。

4.2.1 球轴承

球轴承的旋转速度很高（深沟球轴承转速可达100000r/min）。因为球轴承的压力是由一个点来承担（点接触）（图4-28a）的，所以球轴承的负荷能力低。

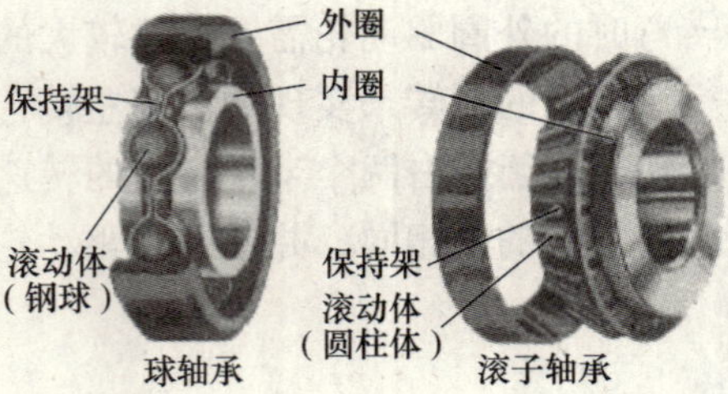

图4-27 滚动轴承

4.2.2 滚子轴承

人们根据滚子形状把滚子轴承分为圆柱滚子轴承、滚针轴承、圆锥滚子轴承和桶形滚子轴承（图4-29）。

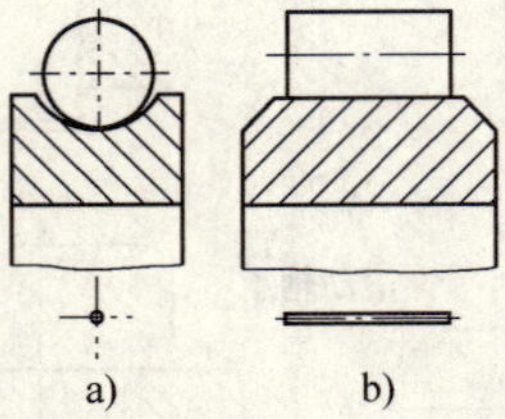

图4-28 滚动轴承的接触方式

a）点接触 b）线接触

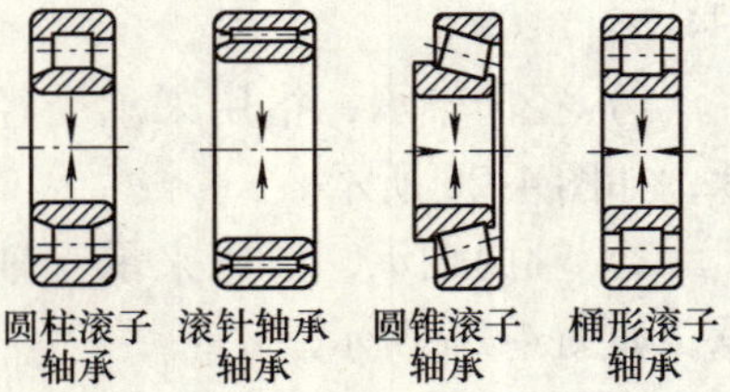

图4-29 滚子轴承的类型

滚子轴承不是通过一个点来承受轴承压力的，而是通过一条线来承受压力的（线接触）（图4-28b），因此它能承受的压力比球轴承大得多，同时在运行时也增加了轴承的相互摩擦和热量的产生。

4.3 轴承的配置

对于用多个轴承支承的轴来说，轴向力主要由一个轴承，即固定轴承来承担，固定的轴承是不能移动的。而在工作中产生的热膨胀引起的转动轴长度的变化则必须由另一个轴承，即可移动轴承来平衡，以防止滚动轴承卡死在滚动圈里。固定轴承的内圈和外圈均固定在轴上或壳体上。而对于可移动轴承来说，则只能固定内圈或外圈中的任意一个，也就是说必须使一个滚动圈在轴向上是可移动的（图4-30）。

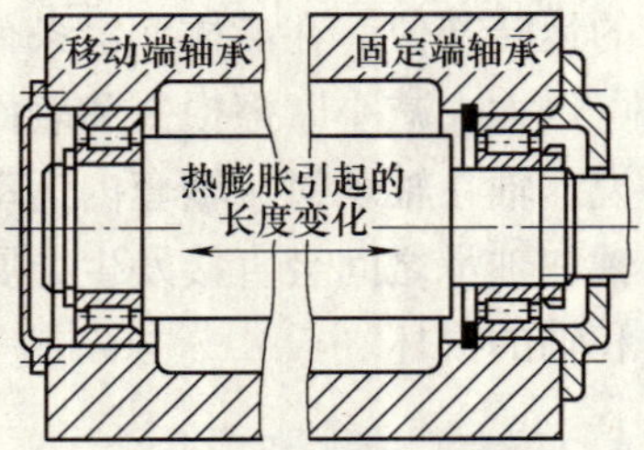

图4-30 轴承的配置

4.4 车轮轴承

4.4.1 类型

目前车上采用的车轮轴承有锥形滚柱轴承、滚珠轴承及高挡边组合滚珠轴承。虽然锥形滚柱轴承（图4-31）的制造成本较高，但它比其他两种轴承所能承受的轴向负荷和应力更大，使用寿命也较长，能允许更多的中心偏差，即更易于安装，所以，目前在汽车上被广泛采用。

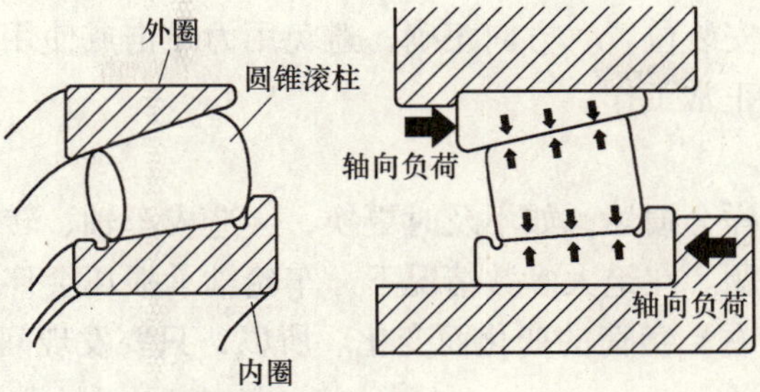

图 4-31　锥形滚柱轴承

4.4.2　安装位置

车轮轴承都是成对安装的，两个轴承共用一个轴承座，从而成为一个密封的组件（图 4-32）。此外，常用的还有两种安装方式，一种是将轴承压入转向节，轮毂压入轴承的内圈，驱动轴则插入轮毂；另一种是将轮毂和轴承制成一个总成，固定在转向节上。

图 4-32　锥形滚柱轴承的安装位置

车轮轴承要选用规定的、符合或超过 NLGI 2 和 ASTM D 4950 标准的优质润滑脂来进行润滑。（注：NLGI 是美国润滑脂学会，ASTM 是美国材料试验学会，这两个组织共同制定了汽车维护保养润滑脂分类和规格标准。GB/T　5671—1995 是中国的汽车通用锂基润滑脂标准）车轮轴承每次拆装后均应更换油封，并按规定朝向和深度安装油封，安装时油封的内唇要抹点润滑脂，以便使其与轮毂一起旋转。轴承座腔内必须留有一定的空间，用来储存轴承旋转时甩出的多余润滑脂。通常情况下，轴承座腔内只可涂抹大约 1/3 ~ 1/2 量的润滑脂，超过这个量有可能使轴承的工作温度升高，从而导致轴承的早期损坏。

部分车轮轴承上装有充当轮速传感器磁轮组的磁条，在更换和安装时要注意使用同型号的轴承组件，并保证安装位置、方向正确，避免用力敲击或使用磁铁等磁性工具，这样才能保证轮速传感器的正常工作。

4.4.3 检测

密封的车轮轴承照样会损坏，如不及时更换，会造成车轴、转向节、车轮甚至轮胎的损坏，转向也会出现问题。在绝大多数情况下，车轮轴承损坏会伴有低沉的轰鸣声，且声音会随车速和轴向（左右）负荷的变化而变化。所以，只要发现问题及时更换，就不会造成其他部件的损坏。

检测车轮轴承时，可以用机械式听诊器来判定轴承的好坏，具体做法是：将车用举升机举起，让一位助手发动车辆并挂挡使车轮旋转，这时可将听诊器的探头放在转向节或轴承座上，检查两边的车轮轴承，这样就可以确定是哪边的车轮轴承响。记住：如果一边的车轮轴承出现磨损的迹象，另一边的车轮轴承因也行驶了大致相同的里程，所以也会存在磨损。合理的做法是将两边的轴承都换掉，除非轴承的损坏是由明显的外因造成的。

4.4.4 车轮轴承损坏的原因

大多数车轮轴承损坏的原因是由于磨损、疲劳和受热熔接。车轮轴承预加载荷的不正确是造成金属疲劳和受热熔接的原因，通常情况下预加载荷不正确是由轴头螺母旋得过紧造成的。所以，在安装轴头螺母时一定要按维修手册的要求旋紧，以达到规定的轴承预加载荷，即轴承预紧力。

此外，断掉的接地线缆也会造成车轮轴承的不正常损坏。如：一辆轿车，缸体接地电缆是好的，但车身的接地电缆断了。因为任何不通过缸体接地的用电器都得找到自身通往蓄电池或发电机的接地回路，所以，大功率用电器，如刮水器、车窗电动机等将通过车身经转向柱到转向器、横拉杆、转向节、车轮轴承、传动轴，最后通过变速器到缸体构成回路。驱动这些大功率电器所用的电流足以在车轮轴承座圈和滚子之间造成电弧，如果接地电缆的问题不解决，电弧将很快使轴承损坏。

5 常见故障的诊断与维修

常见故障的诊断与维修见表4-1。

表4-1 常见故障的诊断与维修

故障现象	故障原因	维修方法
1. 车轮噪声	车轮松动 车轮轴承损坏	紧固松动的螺母 更换轴承
2. 半轴噪声	半轴桥管定位失准 半轴弯曲或跳动 主动齿轮轴承有端隙 从动齿轮和主动齿轮之间的间隙过大 主动齿轮轴承调整不当 主动齿轮节叉螺母松动 齿轮的齿啮合表面擦伤	根据维修手册拆检受损部位，并按要求进行相关的检查、更换、调整

（续）

故障现象	故障原因	维修方法
3. 驱动桥噪声	润滑油不足 从动齿轮与主动齿轮调整不当 从动齿轮与主动齿轮不匹配 从动齿轮与主动齿轮上的齿磨损 主动齿轮轴承松动 差速器轴承松动 从动齿轮定位失准或跳动 差速器轴承盖螺栓松动 桥壳机加工不准确	按规定加注润滑油 按维修手册拆检、调整、更换相关部件
4. 驱动桥过热	润滑油渗漏、油面过低 润滑油等级不正确 轴承预紧力太大 从动齿轮间隙不足	按规定加注润滑油 按维修手册拆检、调整相关部件

6　驱动桥总成的拆装

6.1　发动机前置后轮驱动的驱动桥的拆装

发动机前置后轮驱动的汽车的主减速器和差速器安装在同一个壳体内，通常称为驱动桥总成。

6.1.1　分解主减速器

解体前应对齿轮啮合间隙、轴承轴向间隙作初步检查，检查后按以下步骤进行分解操作。

1）松开并取下差速器轴承盖紧固螺母，取下差速器壳轴承预紧度调整螺母。

2）取下差速器轴承盖做上标记放好。

3）将轴承外圈、差速器总成及从动锥齿轮，与轴承盖放置在一起。

4）取下主动锥齿轮轴前端开口销。

5）松开并取下主动锥齿轮轴前端固定螺母，用手托住主动锥齿轮，避免主动锥齿轮自动掉下。

6）从主减速器壳体中轻轻取出主动锥齿轮轴。

7）取下轴承。

6.1.2　分解差速器

敲平差速器壳紧固螺栓锁片、拆除左右差速器壳紧固螺栓，使左右壳体分开，取出复合式止推垫片、半轴齿轮、行星齿轮，行星齿轮轴及螺纹管。

6.1.3　组装差速器

将复合式止推垫片、行星齿轮轴、半轴齿轮、行星齿轮及螺纹管装入差速器壳体，利用紧固螺栓、锁片使左右壳体装配在一起。注意按对角线均匀地拧紧，并达到规定的拧紧力矩。

6.1.4 组装主减速器

组装主减速器要按分解的相反顺序进行。但是要注意：

1）组装前要按要求对各零部件进行清洗和检测。

2）安装过程中要按要求对各安装位置进行检查和调整。

3）具体安装要求请参看维修手册。

6.2 发动机前置前轮驱动的驱动桥的拆装

这类发动机的主减速器和差速器均与变速器安装在同一个壳体内，统称为前驱动桥（图4-33）。

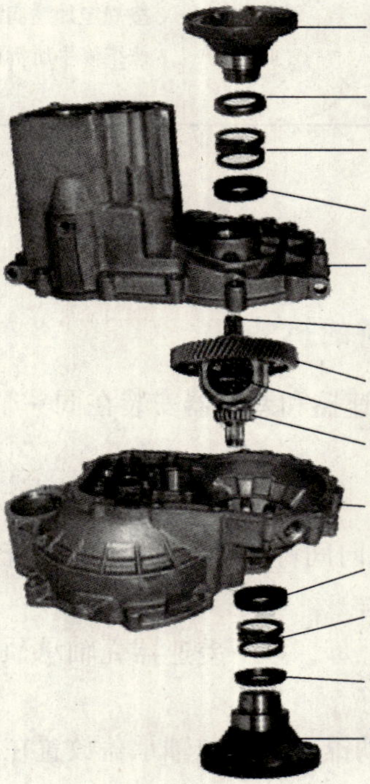

图4-33 前驱动桥

6.2.1 拆装与调整

（1）分解

1）分解变速器（见学习单元二）。

2）从变速器壳体上取下差速器。

3）用专用夹具将差速器壳体固定在台虎钳上（注意不要损坏壳体），拆下主减速器从动齿轮的紧固螺栓。

4）分解并取下各组成（图4-34）。

（2）安装与调整

1）安装前要认真做好清洗工作。

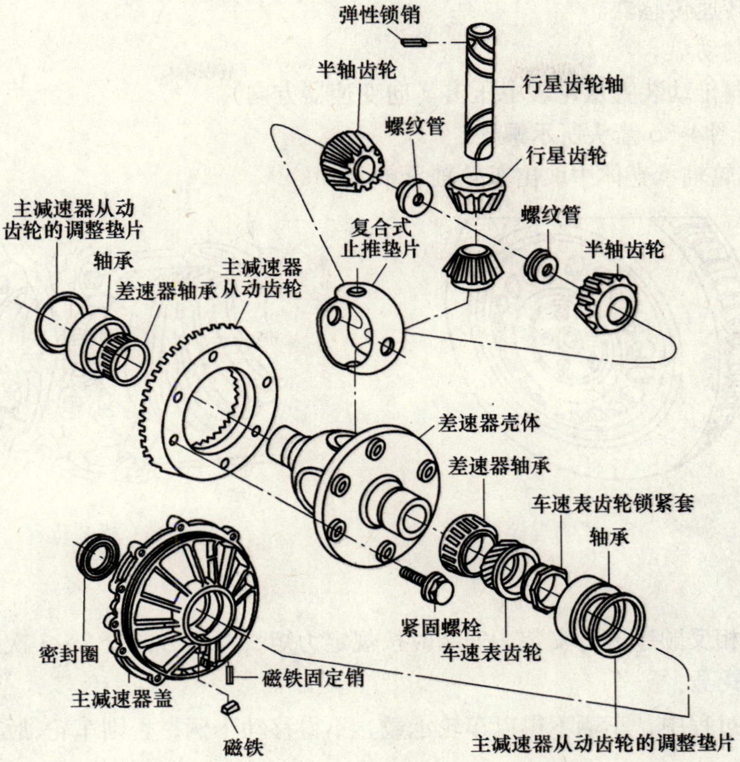

图 4-34　主减速器及差速器分解图

2）检查各部件，如有必要则更换。

3）按相反步骤进行安装，需按要求做好各项调整工作和紧固工作。

6.2.2　注意事项

1）按维修手册要求检测或更换紧固螺栓。

2）齿轮在更换时，应成套更换。

3）安装时，需按要求做好主减速器主、从动齿轮的调整工作。

7　车轮轴承的拆装

7.1　前轮车轮轴承的拆装

7.1.1　拆卸

1）松开紧固螺栓如图 4-35 箭头所示（不能超过 90°，否则会损坏车轮轴承）。

2）举升车辆，直到车轮可以自由悬挂。

3）踩下制动踏板。

4）拧出紧固螺栓。

5）拆下车轮。

6）拆下制动钳，并固定。

7）拆下转速传感器。

8）拆下制动盘。

9）将万向传动装置从轮毂中压出（向变速器方向）。

10）拧出图4-36箭头所示螺栓。

11）从车轮轴承壳体中取出车轮轴承单元。

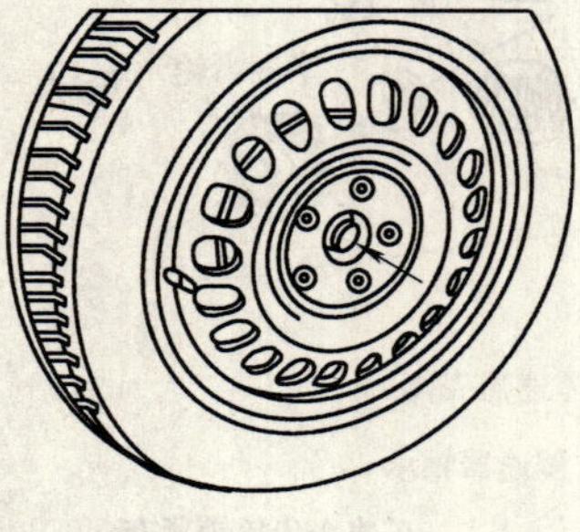

图4-35　紧固螺栓

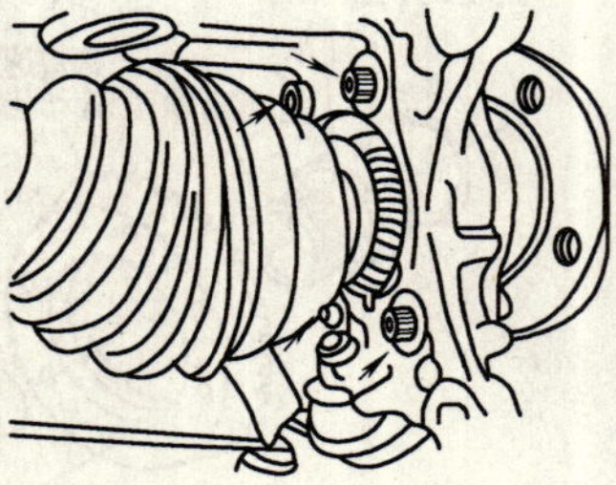

图4-36　拆卸位置

7.1.2　安装

按拆卸的相反顺序进行安装。安装时按规定力矩，对角方向分2~3次拧紧螺栓。

7.1.3　注意事项

整个拆装过程中，车辆不得以车轮承载，不得移动车辆，否则车轮轴承会受到损坏。

7.2　后轮车轮轴承的拆装

7.2.1　拆卸

1）举升汽车。

2）拆下车轮。

3）压出防尘罩（图4-37）。

4）拆下带制动钳的制动器支架，并将其固定。

5）拆下制动盘。

6）拧下紧固螺栓。

7）从轴颈上拔下轮毂和车轮轴承单元。

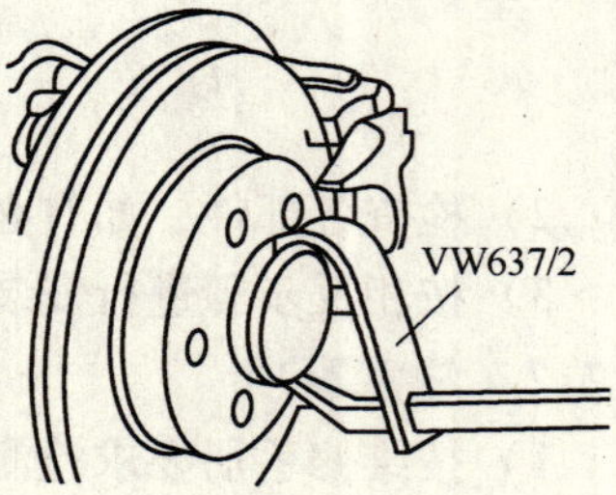

图4-37　压出防尘罩

7.2.2　安装

按拆卸的相反顺序进行安装。安装时按规定力矩，对角分2~3次拧紧螺栓。

7.2.3　注意事项

安装时轮毂和车轮轴承单元不要歪斜，防尘罩、万向传动装置螺栓需更换。

8　带等角速万向节的万向传动装置的拆装

8.1　拆卸

1）松开紧固螺栓如图4-35箭头所示（不能超过90°，否则会损坏车轮轴承）。

2）举升车辆，直到车轮可以自由悬挂。

3）踩下制动踏板。

4）拧出紧固螺栓。

5）拆下下部护板。

6）从变速器的法兰轴上拧下万向传动装置。

7）拆下车轮。

8）将万向节从轮毂中推出。

9）拧松图 4-38 箭头所示的螺母。

10）将车轮轴承壳体从控制臂上拉出。

11）将万向传动装置从轮毂中拉出。

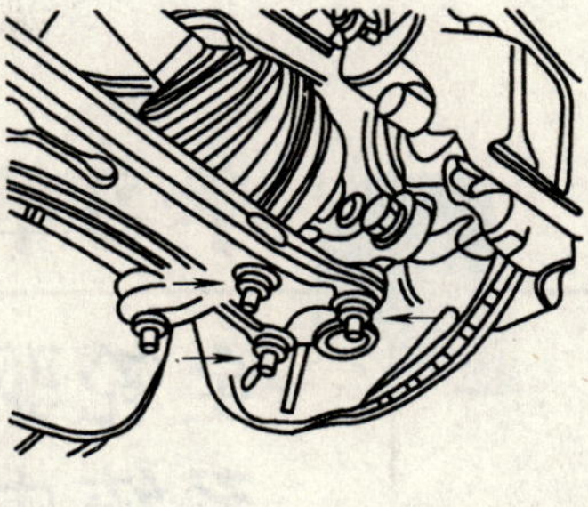

图 4-38　拆卸位置

8.2　安装

去除万向节螺纹和花键中的残留物。安装时，将万向节尽可能插入至轮毂花键中。其余各部按拆卸相反顺序安装，按规定力矩将螺栓按对角方向分 2 ~ 3 次拧紧。

8.3　注意事项

整个拆装过程中，不得移动车辆、不得用车轮承载车辆、不得损坏和扭转橡胶密封罩。

自测题

1. 万向传动装置具有哪些作用？
2. 万向节分为哪几种？
3. 汽车制造中常使用哪几种等速万向节？
4. 万向轴中的叉套（滑动花键）有什么作用？
5. 挠性万向节有什么作用？
6. 主减速器有哪些作用？
7. 轴偏离的锥齿轮-差速器和轴不偏离的锥齿轮-差速器有何区别？
8. 请说出准双曲面齿轮驱动的优点。
9. 圆弧齿轮和螺旋齿轮的齿形的形状有什么区别？
10. 如何进行主减速器主、从动锥齿轮的调整？
11. 差速器具有哪些作用？
12. 在调整主动锥齿轮时，如何确定调整垫片的厚度 S？
13. 差速器根据什么原则将转矩分配到驱动轮中？
14. 怎样通过滚动体的不同来区分滚动轴承？
15. 固定端和移动端的轴承各有什么作用？

学习单元五

全轮驱动汽车安装新轮胎后，传动系统中的故障

1　全轮驱动汽车

1.1　全轮驱动汽车的驱动力

汽车发动机产生的动力经离合器、变速器、主减速器和差速器等，最后通过驱动轴传递给驱动轮，在驱动轮向路面施加作用力的同时，驱动轮受到一个来自地面的反作用力，即使车轮向前滚动的驱动力 F_A。每一个驱动轮都会受到来自地面的驱动力，全轮驱动汽车将发动机的动力传给全部车轮，增加了驱动力，增强了汽车在坑洼不平、冰雪、泥泞或滑溜路面的通过性。

驱动力的最大值一方面取决于发动机输出的最大转矩和变速器换入最低挡时的传动比，另一方面又受轮胎与地面的附着作用的限制。车轮的附着作用是指由于轮胎与路面间存在阻碍车轮滑动的摩擦力，而使车轮承受驱动力后能正常滚动的作用。由附着作用所决定的阻碍车轮滑动的力的最大值称为附着力，用 F_μ 表示，而车轮所能传递的最大驱动力 F_A 就等于 F_μ [也就是说只有在驱动力≤附着力（即 $F_A \leqslant F_\mu$）时，车轮才能正常滚动行驶，否则就会打滑] 如图 5-1 所示，以总质量为 2800kg 的汽车为例，在质量分布均匀时，每个车轮承载 700kg 的质量，等于每个车轮有 7000N 的负载。在非常光滑的路面上，假设每个车轮可以传递最大 $F_A = F_N \times \mu_H = 7000\text{N} \times 0.1 = 700\text{N}$ 的驱动力。(μ_H 为轮胎与路面间的摩擦因数。不同路面的摩擦因数是不一样的，摩擦因数越小，车轮所能传递的驱动力就越小)

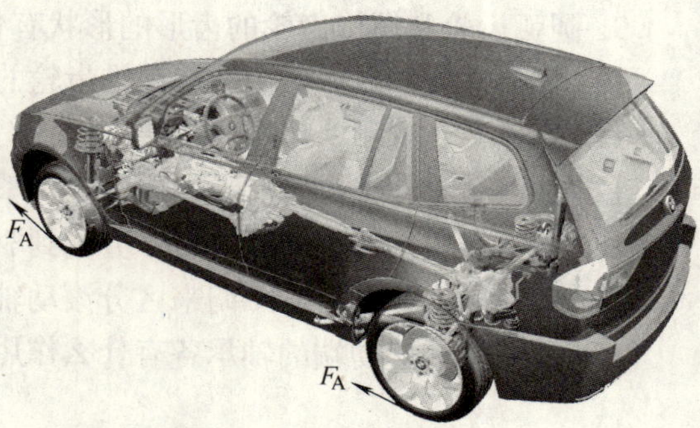

图 5-1　全轮驱动汽车的驱动力

因此，对于两轮驱动汽车来说：

$F_{A总} = 2 \times 700N = 1400N$。

对于全轮驱动汽车来说：$F_{A总} = 4 \times 700N = 2800N$。

所以，具有四个驱动轮的全轮驱动车辆可以在相同的驱动功率和质量分布时，传递两轮驱动车辆双倍的驱动力。

1.2 全轮驱动汽车的分类

全轮驱动汽车可分为：固定全轮驱动汽车和可换挡的全轮驱动汽车（适时驱动）两种。

1.2.1 固定全轮驱动汽车

固定全轮驱动汽车也可叫做全时驱动汽车，其前后两桥都为驱动桥。在汽车行驶的全过程中，前后驱动轮始终进行驱动。在前轮驱动的汽车中，后桥的驱动桥通过分动器由万向传动装置驱动，中间差速器对前桥与后桥之间的转速差进行调节，借此可避免传动系统中的张力以及传动系和轮胎的磨损。

1.2.2 可换挡的全轮驱动汽车（适时驱动）

可换挡的全轮驱动汽车，也叫做适时驱动汽车，可通过装在变速器上的分动器，将动力由万向传动装置分别传给前后两个驱动桥（图5-2）。在较好路面上行驶时，起驱动作用的一般都是后驱动桥，只有在路面情况不良时，才采用前、后两个驱动桥，实现全轮驱动。两驱或全驱是由驾驶员手动操纵切换或由 ECU 控制自动切换的，另外还需配备一个中间差速器，如果缺少该差速器，那么在干燥的路面上不可起动全轮驱动。

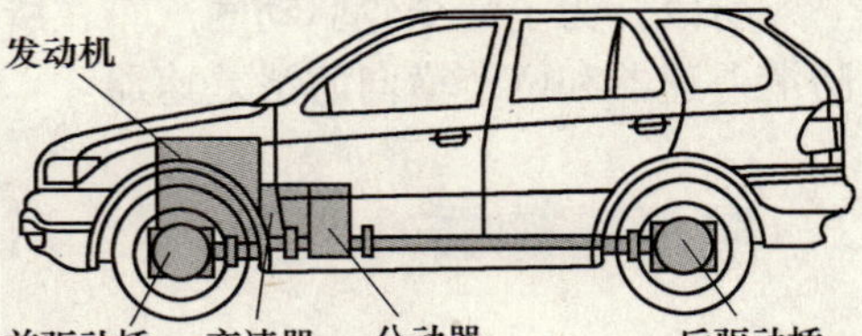

图 5-2 可换挡的全轮驱动汽车

汽车的驱动形式通常用汽车的全部车轮数×驱动车轮数（按轮毂数计）来表示，如果车辆有四个车轮，其中两个后轮为驱动轮，则其驱动形式为 4×2；若四个车轮都是驱动轮，其驱动形式为 4×4；此外还有 6×2、6×6、8×8 等驱动形式。

1.3 构造

固定全轮驱动的汽车传动系除离合器、变速器、方向传动装置外还包括以下组合装置（图5-3）：带有中间差速器（中央差速器）的分动器、带有横向防滑差速器的前主减速器、带有横向防滑差速器的后主减速器。

1. 分动器

分动器用来将变速器中传递出的转矩进行分配。例如：将 50% 分到前桥主减速器，50% 分到后桥主减速器。

2. 中间差速器

中间差速器也叫中央差速器，是用来平衡前后轮不同的转速，是具有锁止功能的纵向防滑差速器。例如：在转弯行驶中，避免因前后车轮转速不同而造成对传动轴的拉伸变形。如果一根驱动轴上的车轮空转，则可以通过纵向防滑差速器的锁止功能锁止中间差速器。这样可使具有较好地面附着力的半轴上的车轮分配到较大的转矩。

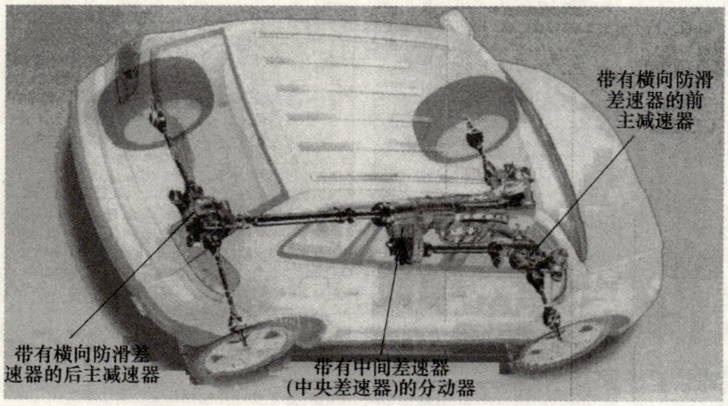

图 5-3　固定全轮驱动的汽车

3. 前、后主减速器的差速器

在前后主减速器上的两个差速器也叫半轴差速器，可以平衡左右车轮的不同转速，并将转矩分成相同的大小，分配到同一轴上的两个驱动轮中。如果一个车轮空转，那么可以通过横向防滑差速器锁止差速器，使具有较好地面附着力的车轮可以分配到较大的转矩。

所以，为了使全轮驱动的汽车在所有的行驶状况下都能传递最大转矩，需要一个纵向防滑差速器和两个横向防滑差速器。

2　防滑差速器

防滑差速器是具有锁止功能的差速器，防滑差速器按布置形式可分为：横向防滑差速器和纵向防滑差速器，按操作方式可分为：可控防滑差速器和自动防滑差速器。

2.1　横向防滑差速器

横向防滑差速器就是可以锁止一根轴上的两个驱动轮之间的转速平衡，使两个车轮以相同的转速转动。它可将更多的转矩分配给具有更好的路面附着作用的车轮。

例：若一个车轮在像冰一样光滑的路面上或者柔软的泥土上滚动，那么这个轮胎的附着力就很小，其所能传递到路面上的驱动力也就非常小，而车辆运动又必须依靠该驱动力。此时，差速器会产生不利的效果，使另一个具有较大路面附着力的轮胎也被分配了相同大小的转矩，导致车轮原地打滑，不能向前行驶。通过横向防滑差速器，将左右车轮锁定，使具有较好路面附着的车轮被分配到更大的转矩，从而使车辆获得较大的驱动力，保持滚动，能够正常向前行驶。所分配的转矩取决于牵引力以及所安装的防滑差速器的闭锁值。

闭锁值 S，表示一根轴上的左右两个驱动轮之间的转矩差的大小，或者是全轮驱动车辆中前桥和后桥的两个主减速器之间的转矩差的大小。其计算公式为

$$S = \frac{\text{转矩差}}{\text{转矩和}} \times 100\% \tag{5-1}$$

闭锁值 S 以百分比表示。它与从动锥齿轮上的负载转矩有关。如果闭锁值为 40%，则具有更大的路面附着力的车轮可以获得比另一个车轮多 40% 的转矩。

2.2　纵向防滑差速器

纵向防滑差速器就是可以锁止前后两根驱动轴上车轮之间的转速平衡。它能将更多的

转矩分配给具有更好地面附着作用的驱动轴上的驱动轮。

例：在一辆全轮驱动汽车中，具有更好地面附着作用的驱动轴上的车轮可以分配到更多的转矩，所分配的转矩取决于所安装的防滑差速器的闭锁值。

2.3　可控防滑差速器

如图 5-4 所示，可控防滑差速器是在原差速器上增加了操控装置和爪齿离合器。它可以手动机械控制或者气动控制。

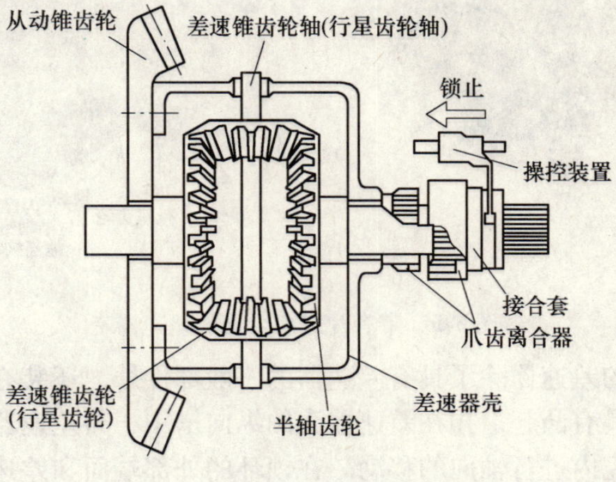

图 5-4　可控防滑差速器

工作原理：在离合器接合的状态下，爪齿离合器将右半轴与差速器壳和从动锥齿轮固定地连接在一起旋转。通过接合套的内齿和差速器壳右端的外齿，可在右半轴和差速器壳之间形成固定连接的旋转，使差速锥齿轮不在半轴齿轮上滚动，只能起传动的作用，差速平衡被 100% 地锁止。在驱动轮地面附着作用正常的情况下，可控防滑差速器必须断开，以避免对爪齿离合器和齿轮产生损害。

2.4　自动防滑差速器

自动防滑差速器能够使同一轴上的两个驱动轮之间的转速平衡自动地锁止，使附着性更好的驱动轮被分配到更多的转矩。其闭锁值通常在 25% ~70% 之间。

2.4.1　种类

自动防滑差速器按结构不同可分为：

1）带有片式离合器的差速器。

2）托森差速器。

3）自锁差速器（ASD）。

4）电动锁止差速器（ESD）。

5）带有黏性离合器的差速器。

6）带有 Haldex 离合器的差速器。

带有片式离合器的差速器、自锁差速器和电动锁止差速器可作为横向防滑差速器，带有黏性离合器的差速器和带有 Haldex 离合器的差速器可作为纵向防滑差速器（在 3 中间差速器与分动器中介绍），托森差速器即可作为横向防滑差速器也可作为纵向防滑差速器。

2.4.2 带有片式离合器的差速器

1. 构造（图5-5）

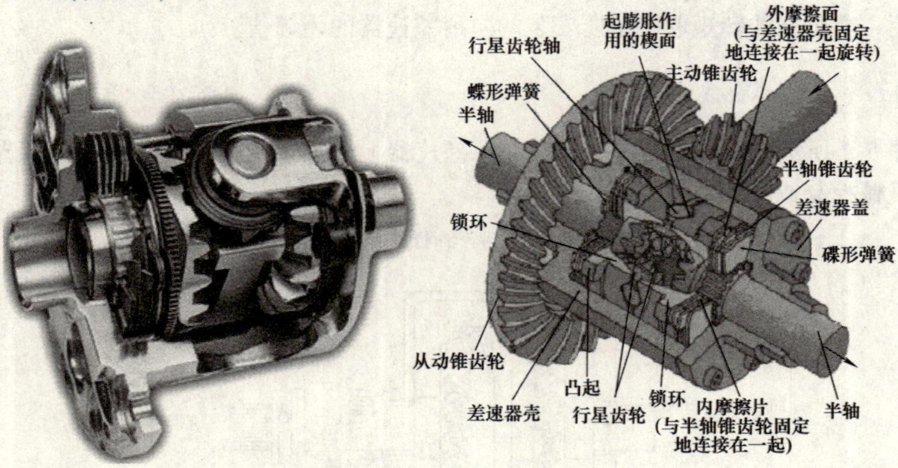

图5-5 带有片式离合器的差速器

带有片式离合器的差速器除了具有差速器的一般部件外，还装有两个锁环和两个片式离合器。锁环在侧面具有凸起，扣在差速器壳的纵向槽中，与差速器壳固定地连接在一起旋转，但可在差速器壳内进行轴向的移动。在锁环的外部端面和差速器壳的端面之间安装着摩擦片。外啮合的摩擦片扣在差速器壳的纵向槽中，内啮合的摩擦片啮合在半轴的外齿上。两个锁环在内部的端面上具有四个铣孔，铣孔中安置的是行星齿轮的轴。碟形弹簧的安装是为了给摩擦片提供预应力。

2. 工作原理

（1）力的传递　从变速器中传递出的转矩通过主减速器的改变而增大，并通过从动锥齿轮和差速器壳传递到锁环上。

（2）当两侧车轮具有同样良好的地面附着性时　每个驱动轮都接受50%的转矩。转矩通过从动锥齿轮传递到差速器壳，再通过可轴向移动的锁环，经由片式离合器传递到齿轮啮合的半轴上。

（3）当两侧车轮具有不同的地面附着性时　如果右驱动轮打滑空转，差速锥齿轮就会旋转，它的轴将锁环压向两个摩擦片组。通过该压紧力，在右摩擦片组的较快旋转的内啮合摩擦片和外啮合的摩擦片之间会产生摩擦转矩（其转矩值取决于负荷）。该摩擦转矩通过差速器壳、左摩擦片组、左半轴的齿轮啮合传递到左驱动轮上。该摩擦转矩附加于左边驱动侧的普通驱动转矩而发挥作用。

2.4.3 作为横向防滑差速器的托森差速器

托森差速器的原理是建立在蜗轮蜗杆传动装置中蜗轮与蜗杆之间的自动联锁之上的。自动联锁的值取决于蜗杆与蜗轮的啮合螺旋角。当蜗杆驱动蜗轮时，自动联锁就会中断。

托森差速器（Torsen-Diffential）根据牵引力对变速器中传递出的转矩进行分配。它可以作为具有横向锁止功能半轴差速器，也可作为具有纵向锁止功能全轮驱动汽车的中间差速器。

1. 构造（图5-6）

托森差速器由两个蜗杆装置组成。圆柱齿轮通过蜗轮与两个蜗杆啮合在一起。圆柱齿轮安装在差速器壳中，可自由旋转。每个蜗杆都与一根驱动轴固定地连接在一起。差速器壳与主减速器的从动锥齿轮用螺栓联接在一起。

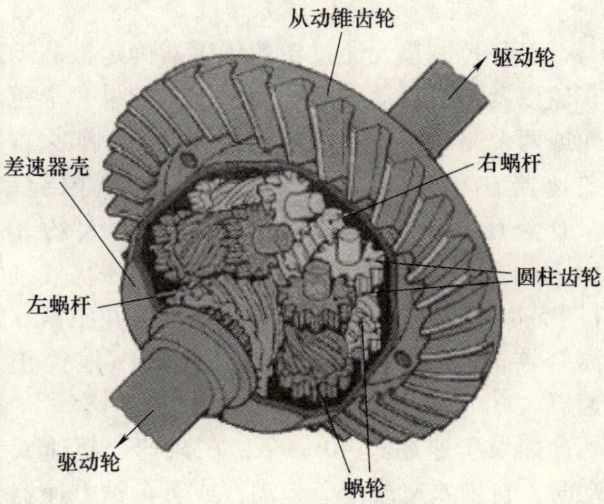

图5-6　充当横向防滑差速器的托森差速器

2. 工作原理

（1）力的传递　驱动转矩由主动锥齿轮传递到从动锥齿轮，再由差速器壳和蜗轮传递到两根驱动轴上的蜗杆上。

（2）两侧车轮具有同样良好的地面附着性时　如果在直线行驶时，两个驱动轮具有相同的转速，则蜗轮及侧面的圆柱齿轮不旋转，只起传动作用。转矩被平均分为相同的两份传递到两个驱动轴上。

（3）两侧车轮具有不同的地面附着性，或转弯行驶时　通过旋转的圆柱齿轮和蜗轮进行转速平衡，此时会出现自动联锁现象。例如：如果左驱动轮转得更快，那么左蜗杆就会驱动其蜗轮。左边的圆柱齿轮将旋转运动传递到右边的圆柱齿轮和蜗轮上。在蜗轮和蜗杆之间会出现等于闭锁值的自动联锁。具有更好的地面附着力的车轮，即转速较低的车轮，此处为右驱动轮，会被分配到更多的转矩。

2.4.4　自锁差速器（ASD）

ASD是以电动液压控制工作的差速器，用作辅助起动。在车轮空转时，100%地锁止差速器，以便获得更好的牵引力。

1. 构造（图5-7）

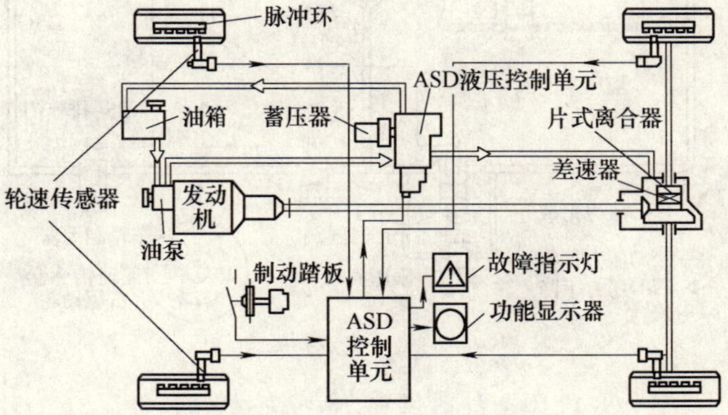

图5-7　ASD的系统概况

该系统部件如下。

1）带有环状气缸和片式离合器的差速器。

2）油泵、油箱、带有蓄压器和电磁阀的ASD液压控制单元。

3）轮速传感器、ASD控制单元、功能显示器和故障指示灯。

2. 工作原理（图 5-7）

ASD 控制单元通过轮速传感器确定被驱动的车轮以及不被驱动的车轮的速度。如果一个驱动轮或两个驱动轮比非驱动轮快 2km/h，那么自锁差速器在车速不超过 35km/h 的速度内起动，ASD 液压控制单元开始工作，一个大约 30×10^5Pa 的压力将环状活塞压入半轴的环状气缸中（图 5-8），半轴锥齿轮被向外牵拉，并压紧片式离合器的摩擦片组，这样可以 100% 地锁止差速器。

如果车速超过 40km/h，在减速、超速或制动时，自锁差速器不会起动，或者自锁差速器会被断开，以防车辆发生侧滑。

预存在 ASD 控制单元中的一个诊断程序会监测 ASD 的电子设备，并在出现故障时关掉它。驾驶员可以通过故障指示灯知道 ASD 是否有故障。

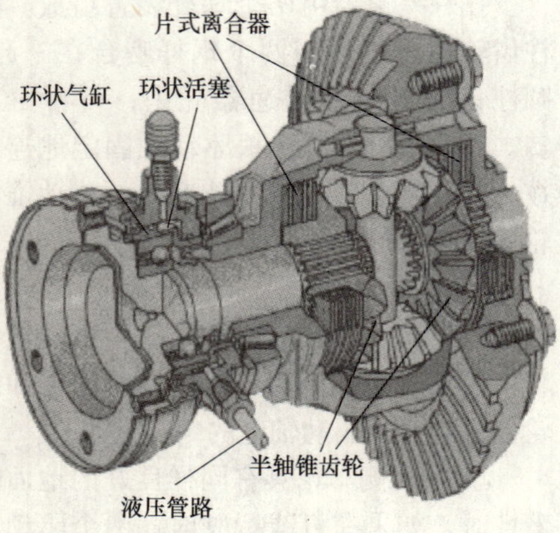

图 5-8　自锁差速器 ASD

2.4.5　电动锁止差速器（ESD）

ESD 是一个电动液压控制的电动锁止差速器，起辅助起动作用，通过控制制动器制动住空转驱动轮而产生锁止的效果。

1. 构造（图 5-9）

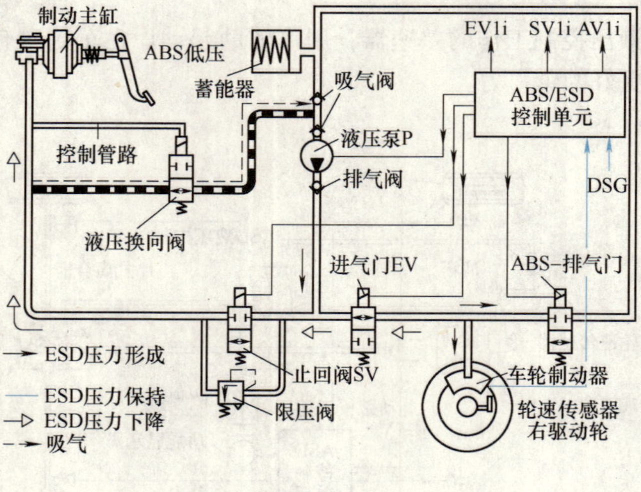

图 5-9　驱动轮的 ESD 制动管路

ESD 与 ABS 系统结合在一起使用，主要部件如下。

（1）液压设备　液压设备由带有吸气阀和排气阀的液压泵、进气门、排气门、液压换向阀和具有限压阀的止回阀组成。

（2）电子设备　电子设备由 ABS/ESD 控制单元和轮速传感器组成。

2. 工作原理

如果一个驱动轮空转，那么ABS/ESD控制单元会通过驱动轮的轮速传感器了解到这一情况，此时，系统开始按以下三个阶段工作

（1）压力形成阶段　液压泵和止回阀起动。止回阀SV闭合，由液压泵P所产生的压力制动住空转的车轮。

（2）压力保持阶段　液压泵关闭，进气门EV闭合。

（3）压力下降阶段　当车轮不再空转时，进气门和止回阀打开，压力油返回制动主缸，车轮不再被制动。

3　中间差速器与分动器

中间差速器与分动器（图5-10）通常整合在同一个部件中。按结构不同可分为：锥齿轮—差速器、托森差速器、作为中间差速器的行星齿轮组、带有黏性离合器的差速器和带有Haldex离合器的差速器。

图5-10　中间差速器与分动器

表5-1中展示了以上几种中间差速器与分动器常用的前桥与后桥的转矩分配比例。

表5-1　不同中间差速器与分动器常用的转矩分配

中间差速器与分动器种类	常用的转矩分配	
	前桥	后桥
锥齿轮-差速器	50%	50%
作为中间差速器的行星齿轮组	例如35%	例如65%
带有黏性离合器的差速器	98%～2%	2%～98%
托森差速器	22%～78%	78%～22%
带有Haldex离合器的差速器	100%～0	0～100%

3.1　锥齿轮-中间差速器

锥齿轮-中间差速器（图5-11）可对驱动轮的不同转速加以平衡，并将变速器中传递出转矩的50%恒定地传递到后主减速器，另外的50%传递到前主减速器。锥齿轮-中间差

速器可以通过爪齿离合器手动地锁止，或者通过黏性离合器自动地加以锁止。

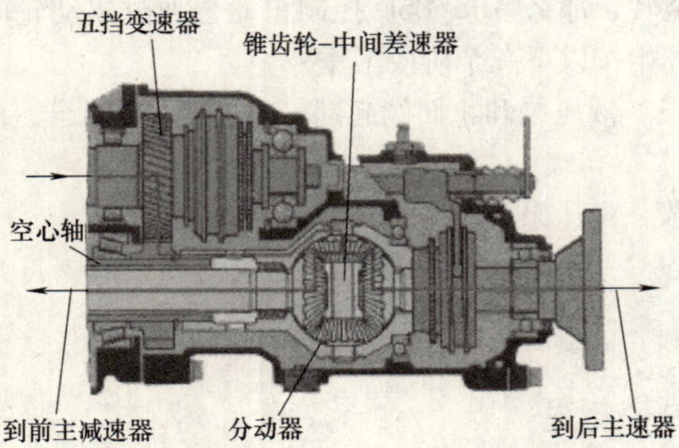

图 5-11　锥齿轮-中间差速器

3.2　作为中间差速器的行星齿轮组

作为中间差速器的行星齿轮组（图 5-12）可平衡前轮与后轮之间不同的转速，并将转矩以一个恒定的比例分配到前主减速器和后主减速器上。

转矩从变速器中通过空心轴（主轴）传递到行星齿轮组的齿圈上，然后通过行星齿轮架分配到前主减速器中，通过太阳轮分配到后主减速器中。转矩根据行星齿轮架和太阳轮的不同杠杆臂（图 5-13），而分成不同的（不均匀的）部分，例如 65% 分配到前主减速器，35% 分配到后主减速器。当前轮与后轮出现转差时，黏性离合器可根据地面附着性能将其锁止，并使具有更好的地面附着性能的驱动轮侧分配到较大的转矩。

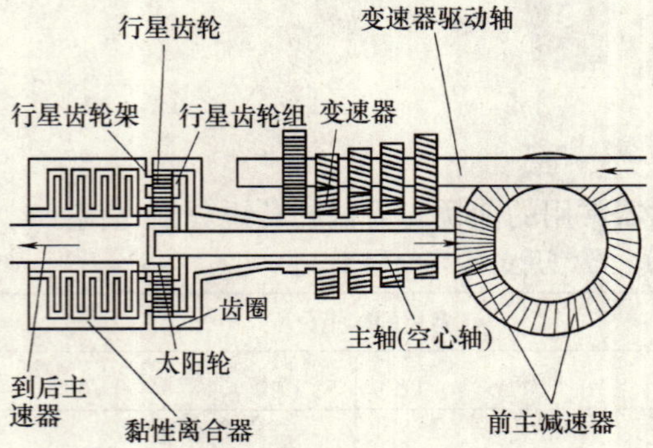

图 5-12　作为中间差速器的行星齿轮组

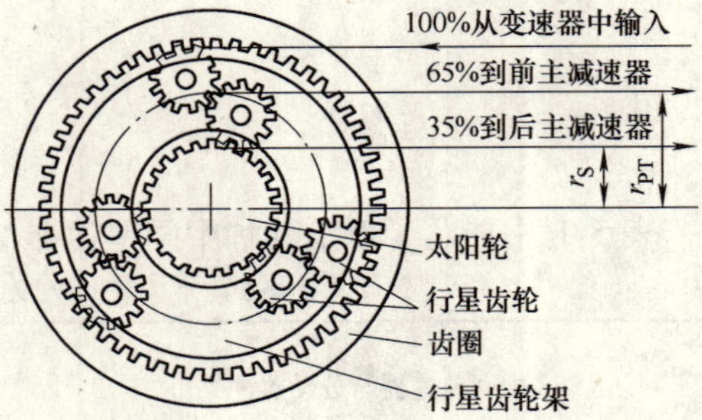

图 5-13　行星齿轮组的转矩分配

3.3　带有黏性离合器的差速器

带有黏性离合器的差速器（图5-14）能根据转差将转矩分配到前主减速器和后主减速器中，平衡不同的主减速器转速（车轮转速），并自动根据地面附着性能发挥防滑差速器的功能。

带有黏性离合器的差速器组成部件如下：

1）充满硅油的外壳。

2）外啮合的开孔钢摩擦片（外摩擦片）。

3）内啮合的开槽钢摩擦片（内摩擦片）。

外摩擦片啮合在外壳的内齿上，内摩擦片啮合在轮毂的外齿上。驱动轮出现转速差时，锁止效果通过摩擦片与硅油液体之间的剪断效应而产生。

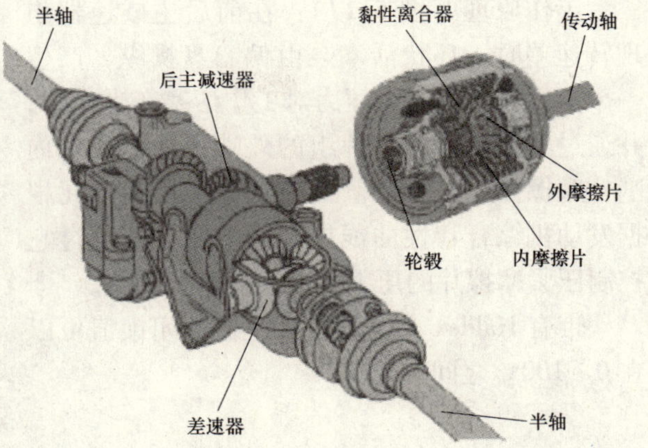

图 5-14　带有黏性离合器的差速器

地面附着性能一般时，前主减速器分配到主要部分（约 98%）的驱动转矩。一旦前驱动轮出现打滑，黏性离合器就会锁止差速器的转速平衡，并向后驱动轮分配较多的转矩。

带有黏性离合器的差速器的闭锁值是可变的，可以在 2% ~98% 之间变化。

3.4　作为中间差速器的托森差速器

托森差速器被整合在变速器中（图 5-15），作为中间差速器时，用来平衡前主减速器与后主减速器的不同转速。

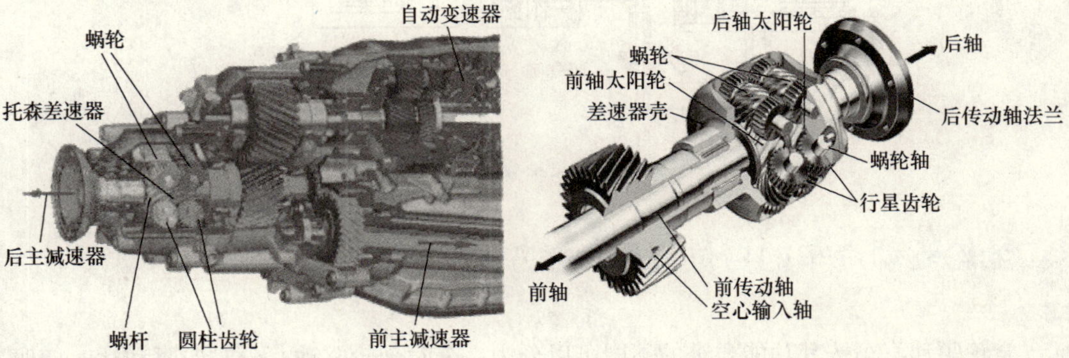

图 5-15　托森差速器

汽车在干燥路面上行驶时，托森差速器将转矩分为相同的两部分，分配到前桥的驱动轮（50%）和后桥的驱动轮（50%）上。如果一根驱动轴上的车轮出现了打滑，它会根据牵引力自动发挥差速锁的作用，使具有较好的路面附着性能的驱动轴获得较多的转矩。其闭锁值最高可达到 56%。

3.5　带有 Haldex 离合器的差速器

带有 Haldex 离合器的差速器安装在后主减速器上（图 5-16），起纵向防滑差速器的作用。在通常情况下，如牵引力足够，前桥将获得 100% 的驱动转矩，后桥则获得 0% 的驱动转矩。

工作原理（图 5-17）：在前后主减速器出现转速差时，环状活塞泵由偏心盘操纵，产生一个液体压力。这个压力对工作活塞产生作用，并通过活塞使得摩擦片组的外啮合摩擦片和内啮合摩擦片相互压紧。此时，电子控制单元根据发动机综合特性曲线控制调节阀，并通过它控制压紧摩擦片的压力，来改变其闭锁值。

带有 Haldex 离合器的差速器的闭锁值可以在 0～100% 之间变化。

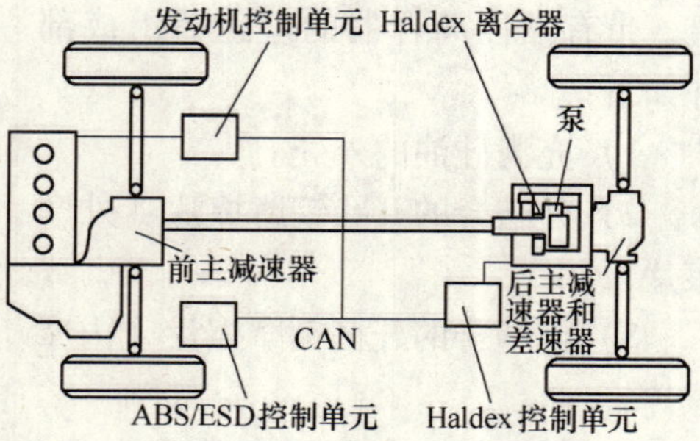

图 5-16　带有 Haldex 离合器的全轮驱动系统

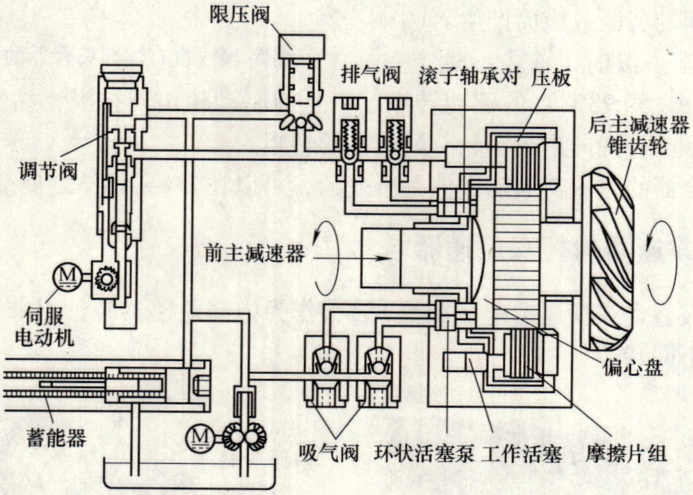

图 5-17　Haldex 离合器工作原理

4　全轮驱动汽车的挡位说明

全轮驱动汽车按其功能要求的不同可以分为：全时全轮驱动、分时四驱和适时四驱三种汽车。

4.1　全时全轮驱动（All Wheel Drive）

全时全轮驱动（All Wheel Drive）简称 AWD，指汽车在行驶的任何时候，所有轮子均能独立运动。全时全轮驱动车辆比两驱车型（2WD）拥有更优异与更安全的驾驶基础，尤其是碰到极限路况或是激烈驾驶时，其可控性、通过性以及稳定性均得到提升，即无论车辆行驶在何种天气以及何种路面（湿地、崎岖山路、弯路上）时，驾驶员都能够更好地控制每一个动作，从而保证驾驶员和乘客的安全。其常见车型有：奥迪 Quattro、大众 4Motion、奔驰 4Matic、讴歌 SH-AWD 等。其操作方式为：直接驾驶。

4.2　分时四驱（Part-Time 4WD）

分时四驱（Part-Time 4WD）是一种驾驶者可以在两驱和四驱之间手动选择的四轮驱动系统。驾驶员根据路面情况，通过接通或断开分动器来变化两轮驱动或四轮驱动模式，这也是越野车或四驱 SUV 最常见的驱动模式。正常行驶状况下，其采用的是两轮驱动，当需要通过恶劣路面时，驾驶员可以通过分动杆把两轮驱动切换成四轮驱动，让四个车轮都提供驱动力，从而提高车辆的通过性能。其常见车型有：奔驰 G 系列、Jeep 牧马人、切诺基、长城哈弗、丰田陆地巡洋舰等。其操作方式为：通过接通或断开分动器来操作，在车内会特别装有分动装置，有些是分动箱的挡杆（图 5-18），有些是电子的按钮或旋钮。

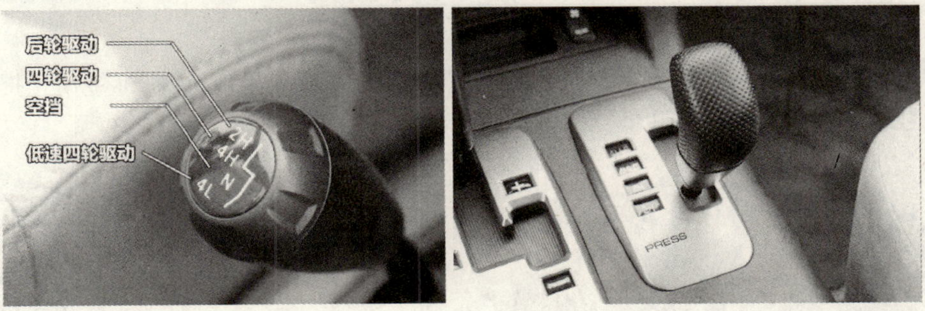

图 5-18　分时四驱分动箱操作杆

4.3　适时四驱（Real-Time 4WD）

适时四驱（Real-Time 4WD）指在适当的时候使用四轮驱动，而在其他情况下仍然是两轮驱动的驱动系统，其有别于需要手动切换两驱和四驱的分时四驱，以及所有工况下都是四轮驱动的全时四驱。两驱与四驱的切换由电脑控制自动完成。由于适时四驱的结构特殊，它在主动安全控制方面，没有全时四驱的调整范围那么大。所以，它更适合于前横置发动机前驱平台的车型；同时相比分时四驱，它在应对恶劣路面时，四驱的物理结构极限偏低，常见车型有：奇骏、丰田 RAV4、本田 CR-V 等。其操作方式为：大多数都在车内设计了单独的按钮，印有“LOCK”字样；也有些为自动感应式的联通四驱状态，车内无按钮。

5　大切诺基 NV242 分动器

NV242 分动器是一个全时分动器（图 5-19）。它提供全时两轮或四轮驱动工作。分动器内的差速器用于控制前后桥传递转矩。低挡越野工况提供增加低速转矩的能力。低挡提供 2. 72:1 的减速比。

5.1　分动器的识别

大切诺基车型使用 NV242LD 和 NV242HD 两种形式的 NV242 分动器。这两种分动器的区别在于后输出轴支座，NV242LD 用橡胶套覆盖后输出轴，而 NV242HD 则用铸铝壳。

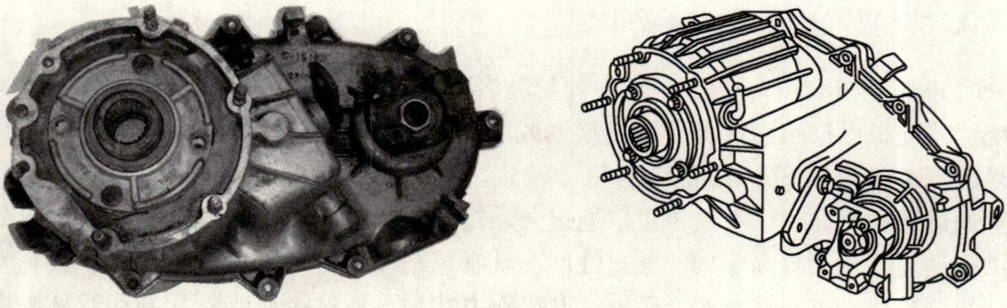

图 5-19　NV242 分动器

除此差别外，这两种分动器的维护是一样的。

在每个分动器的后壳体上贴有一个圆形识别标签（图 5-20）。识别标签用于提供分动器的型号、总成号、序列号和低挡减速比。

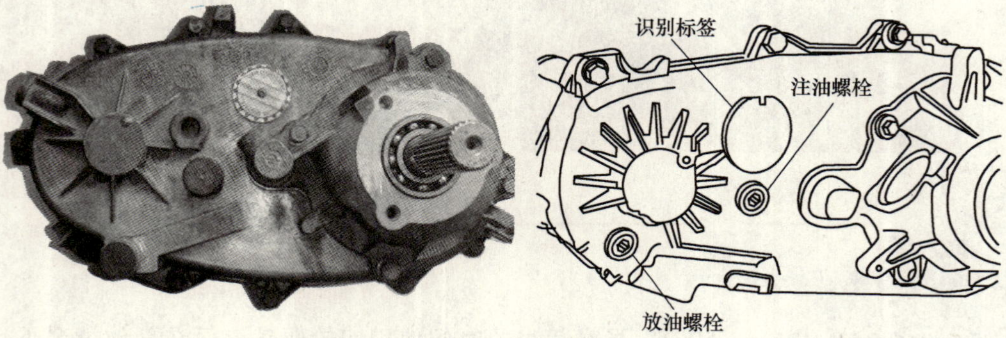

图 5-20　分动器的识别标签

5.2　挡位选择

挡位选择由装了换挡杠杆总成的地板上的变速杆来完成。变速杆用一根可调拉索与分动器的换挡杠杆相连，采用直线换挡方式，挡位标记在变速杆支架盖板上。

5.3　工作原理

NV242 分动器的主要结构如图 5-21 所示。其输入齿轮用花键联结到变速器的输出轴上，通过行星齿轮和挡位齿轮毂驱动主轴总成。前输出轴由将其与主轴上主动链轮连接在一起的传动链带动。主动链轮的啮合与分离通过驱动形式拨叉总成操纵套筒和挡位齿轮毂来实现。套筒和挡位齿轮毂不具备同步换挡机构。

5.4　工作挡位

NV242 的工作挡位有 2WD（两轮驱动）、分时四轮驱动、全时全轮驱动和低挡四轮驱动。两轮驱动和全时全轮驱动可用于任何时候和任何路面。分时四轮驱动和低挡四轮驱动只能用于越野工况，在硬路面上，只有当硬路面被雪或冰覆盖时才使用这些挡位。

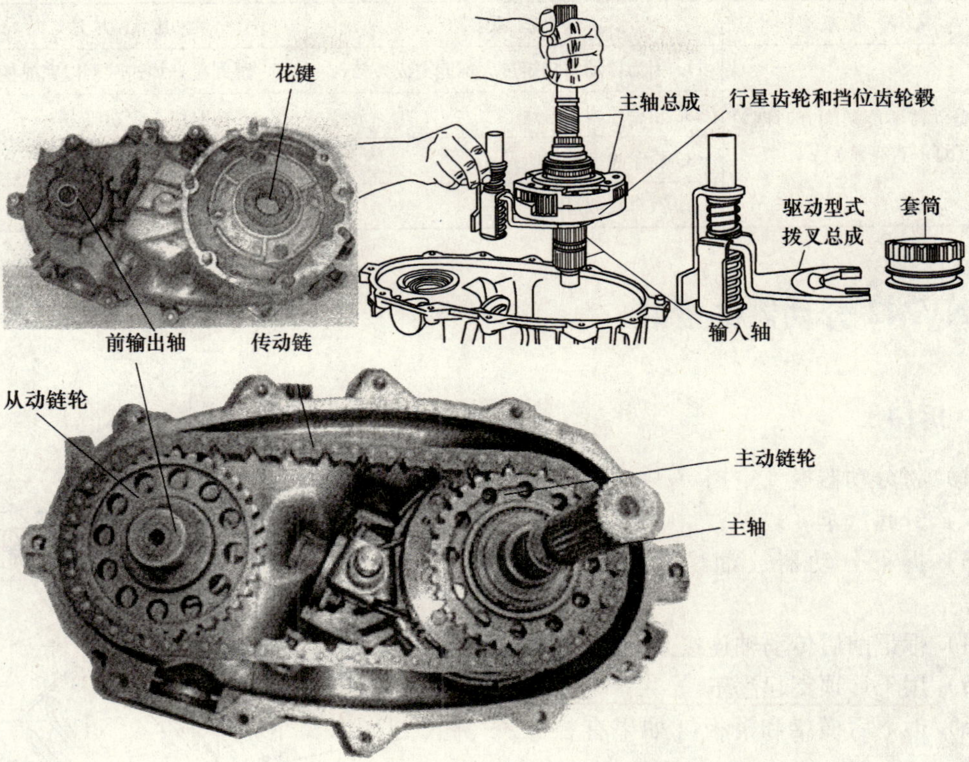

图 5-21　NV242 的主要结构

6　常见故障诊断与维修

常见故障诊断与维修见表 5-2。

表 5-2　常见故障诊断与维修

故障现象	可能原因	维修方法
1. 分动器换挡困难或不能换入所要求的挡位	1. 分动器变速杆卡滞	1. 必要时修理或更换变速杆
	2. 润滑不足或不正确	2. 排干并重新向分动器充注正确型号和数量的润滑油
	3. 分动器内部部件卡滞、磨损或损坏	3. 必要时修理或更换部件
2. 分动器在所有驱动形式下均有噪声	润滑不足或不正确	排干并重新向分动器充注正确型号和数量的润滑油
3. 润滑油从分动器密封件或通气孔中泄漏	1. 分动器加润滑油太多	1. 将润滑油放至正确的油面
	2. 分动器通气孔关闭或堵塞	2. 必要时清洗或更换通气孔
	3. 分动器密封件损坏或安装不正确	3. 更换可能损坏的密封件

（续）

故障现象	可能原因	维修方法
4. 分动器不能换到分时四轮驱动（灯一直亮着）	1. 因为传动系转矩过大不能完成换挡	1. 瞬间松开加速踏板以完成换挡
	2. 轮胎压力不合适	2. 必要时纠正轮胎压力
	3. 轮胎过度磨损	3. 必要时纠正轮胎状况
	4. 汽车负载过大	4. 必要时加以纠正

7　NV242 分动器的拆装

7.1　拆卸

1）将分动器换入空挡。

2）升起汽车。

3）拆下分动器放油螺栓，放掉分动器润滑油。

4）标记前后传动轴连接叉，作为定位参考。

5）用千斤顶支起汽车。

6）拆下后横梁和滑板（如果有装备）（图5-22）。

7）从分动器上断开前后传动轴。

8）从换挡杠杆断开分动器拉索。

9）根据需要断开分动器通风软管和指示灯开关线束。

10）用变速器千斤顶支起分动器。

11）用链条将分动器固定到千斤顶上。

12）拆下联接分动器和变速器的螺母（图5-23）。

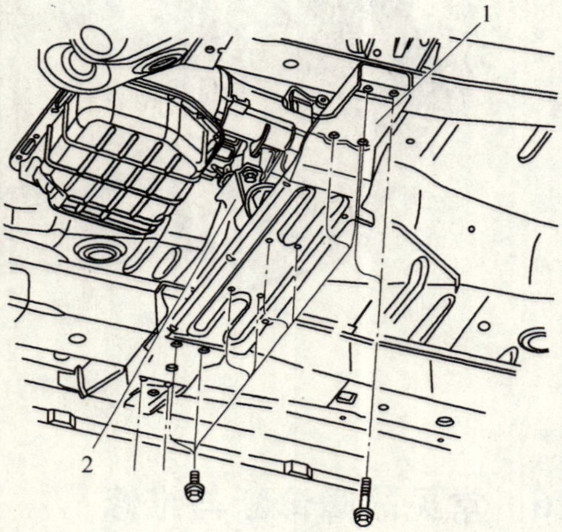

图 5-22　拆卸横梁

1—横梁　2—后变速器安装座

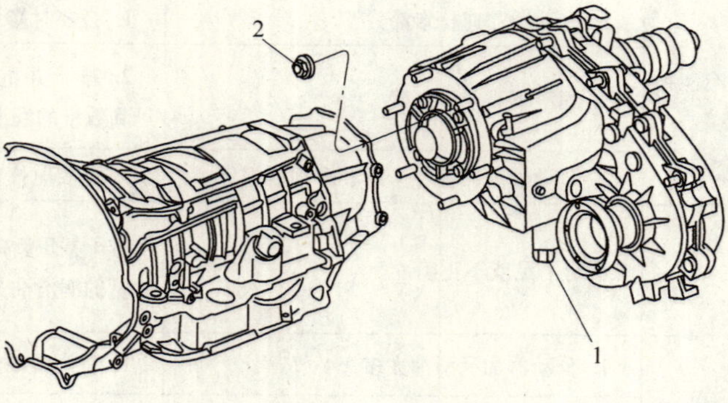

图 5-23　分动器安装座

1—NV242 分动器　2—螺母

13）向后拉动分动器和千斤顶以分离分动器。

14）从汽车下方拆下分动器。

7.2　分解

7.2.1　分解 NV242LD 后支座

1）拆下输出轴护套。用合适的一字螺钉旋具撑开固定护套的卡箍。然后将护套滑离输出轴（图 5-24）。

2）使用甩油环拉拔器拆下后甩油环（图 5-25）。

3）从支座上拆下密封件（图 5-26）。利用撬具，或用冲子冲密封件，将其卸下。

4）用卡环钳拆下后输出轴承内圈固定环（图 5-27）。

5）拆下后支座螺栓。

6）拆下后支座。用橡胶锤敲击后支座，并向上撬密封件以撬破密封沿口，然后将后支座从箱体和输出轴上滑下（图 5-28）。

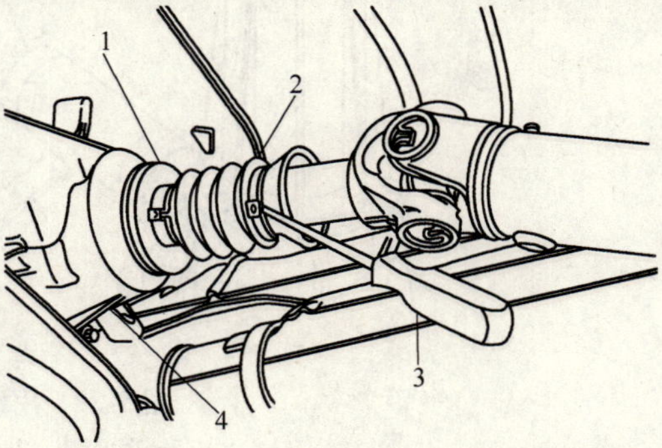

图 5-24　常见的输出轴护套

1—甩油环　2—护套　3—一字螺钉旋具　4—分动器

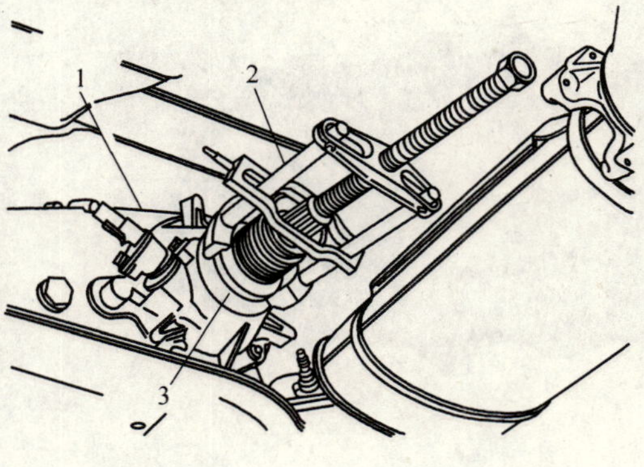

图 5-25　后甩油环

1—分动器　2—甩油环顶拔器　3—甩油环

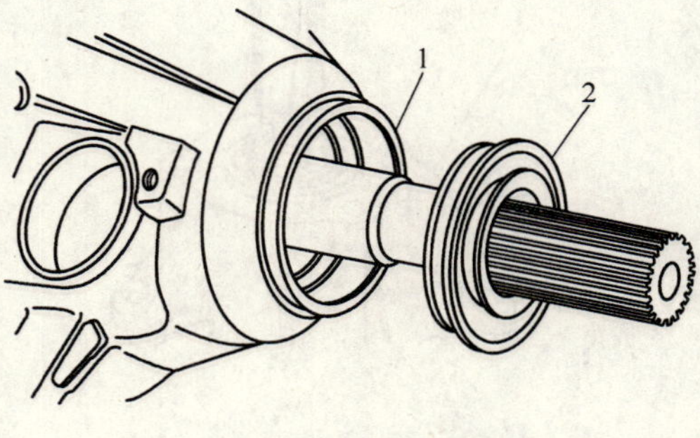

图 5-26　拆卸密封件

1—后支座　2—输出轴密封件

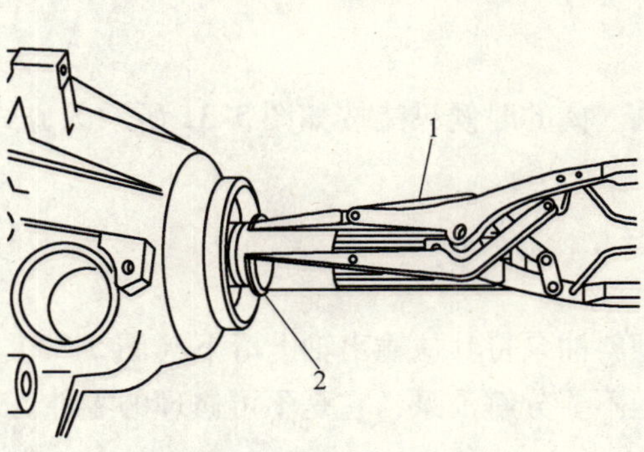

图 5-27　拆卸后轴承内圈固定环

1—卡环钳　2—后轴承内圈固定环

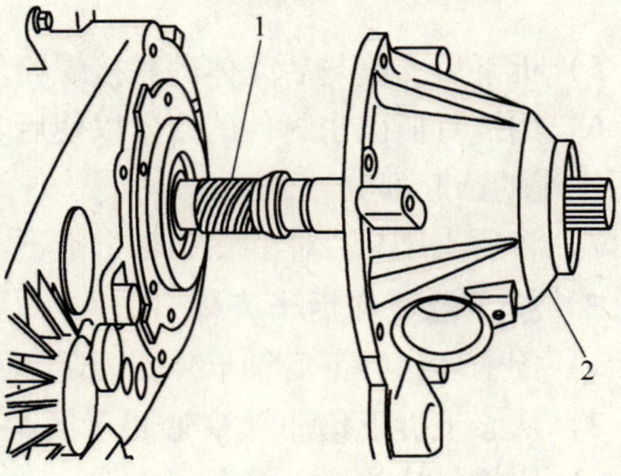

图 5-28　拆卸后支座

1—输出轴　2—后支座

7.2.2 分解 NV242HD 后支座

1）拆下后壳体的螺栓。

2）用塑料或生皮锤子敲击后壳体以使密封件松动（图 5-29）。

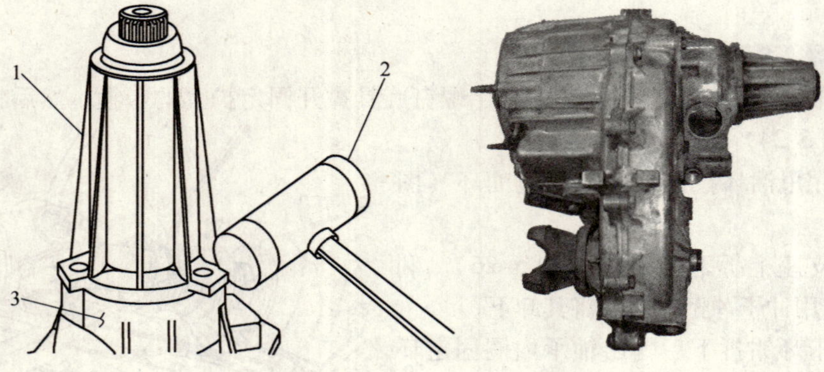

图 5-29 用塑料锤子敲击后壳体

1—后壳体 2—塑料锤子 3—后支座

3）从后支座上拆下后壳体。

4）拆下后轴承卡环（图 5-30）。

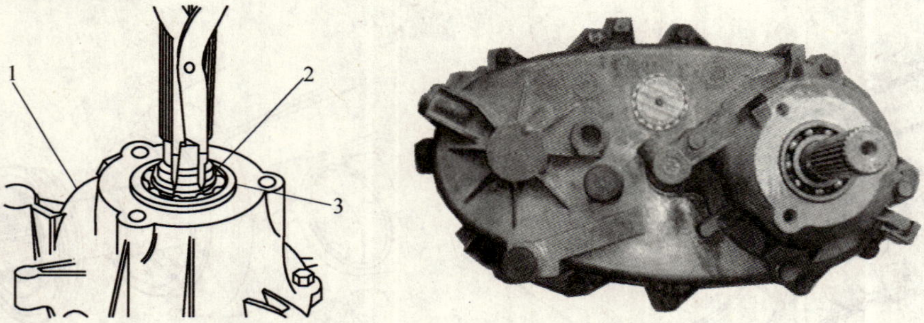

图 5-30 拆卸输出轴承卡环

1—后支座 2—卡环 3—后轴承

5）拆下后支座与后壳体的联接螺栓。

6）用撬具撬破密封件的沿口以使后支座松动。撬的时候只能按如图 5-31 所示的方式撬后支座的凸起部分。

7）将后支座从壳体和输出轴上滑下（图 5-32）。

7.2.3 拆下油泵和后半壳体

1）用卡环钳拆下后轴承外圈固定环，然后倾斜油泵将其从输出轴上滑下（图 5-33）。

2）从泵上拆下集油管 O 形圈（图 5-34），但不要分解油泵，它是不可修理的零件。

3）用撬具从油泵上拆下密封件。

4）拆下联接后壳体与前壳体的螺栓（图 5-35）。注意壳体两端的定位螺栓的位置，这两个螺栓穿过壳体定位孔，在螺栓头下面要放垫圈。

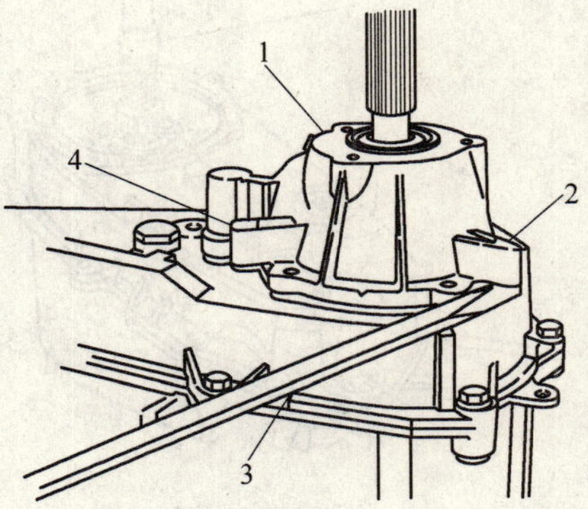

图 5-31　撬松后支座

1—后支座　2—凸耳(2 个)　3—螺钉旋具　4—凸耳

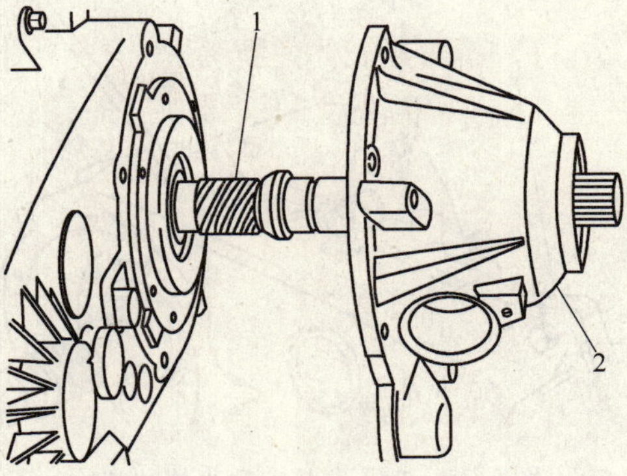

图 5-32　拆下后支座

1—输出轴　2—后支座

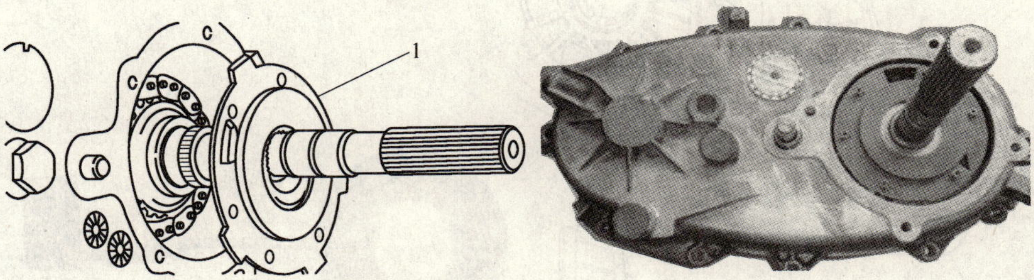

图 5-33　拆卸油泵

1—油泵

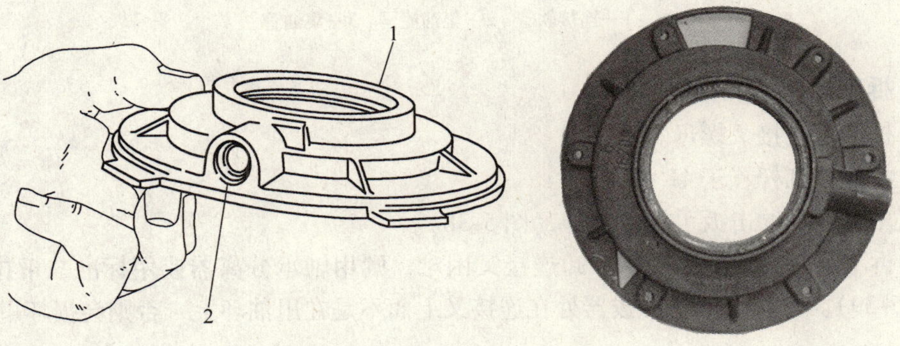

图 5-34　集油管 O 形圈位置

1—油泵　2—O 形圈

5）从前壳体上拆下后壳体（图 5-36）。将螺钉旋具插入壳体两端的槽内，然后向上撬，以撬破密封件的边口并拆下后壳体。（注意：不要撬在半壳体的密封件表面上以免损坏密封件表面）

6）从壳体上拆下集油管和集油滤网（图 5-37）。

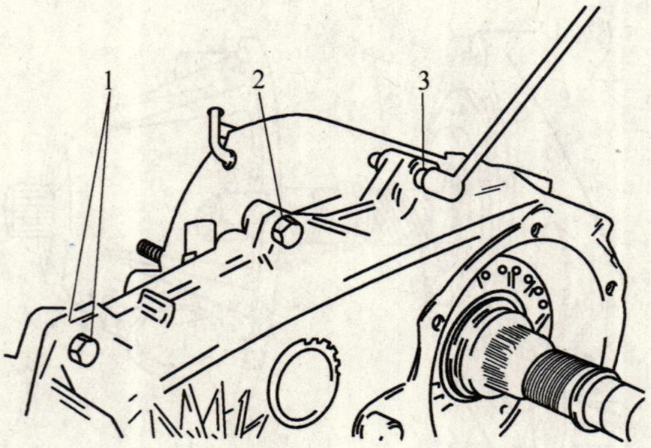

图 5-35 拆下联接前后壳体的螺栓

1—定位螺栓和垫圈 2—壳体螺栓 3—定位螺栓

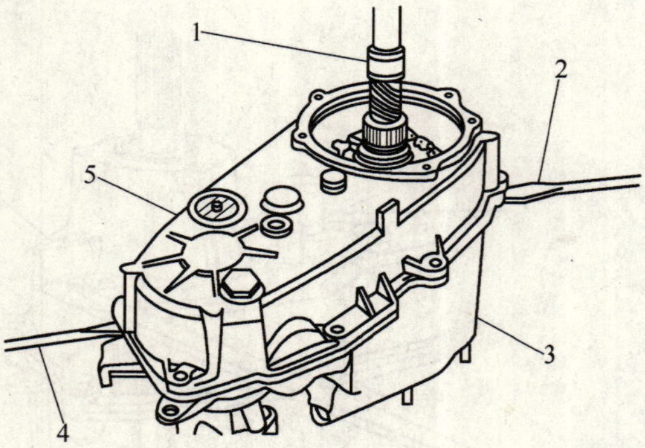

图 5-36 拆下后壳体

1—主轴 2、4—一字螺钉旋具 3—前壳体 5—后壳体

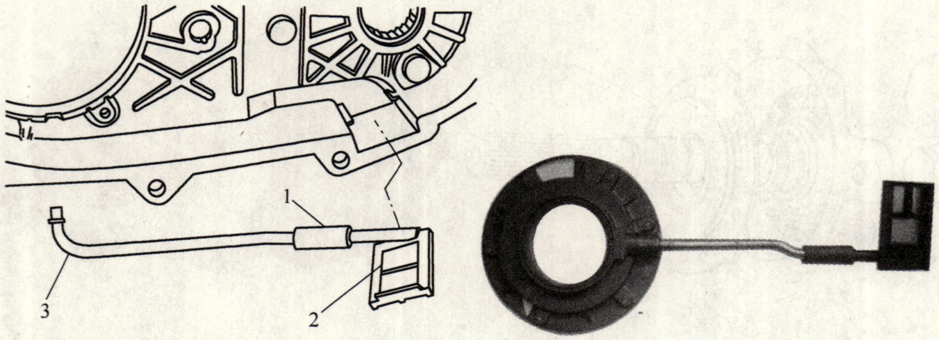

图 5-37 拆卸集油管和集油滤网

1—连接软管 2—集油滤网 3—集油管

7.2.4 拆下连接叉和换挡杠杆

1）拆下前连接叉螺母。

2）将换挡杠杆置于4L位置。

3）用套筒和冲击扳手拆下螺母（图5-38）。

4）拆下连接叉。如果用手拆卸连接叉困难，则用轴承分离器或用标准二爪拉拔器拆卸（图5-39）。要确保二爪拉拔器处在连接叉上而不是在甩油环上，否则会损坏甩油环。

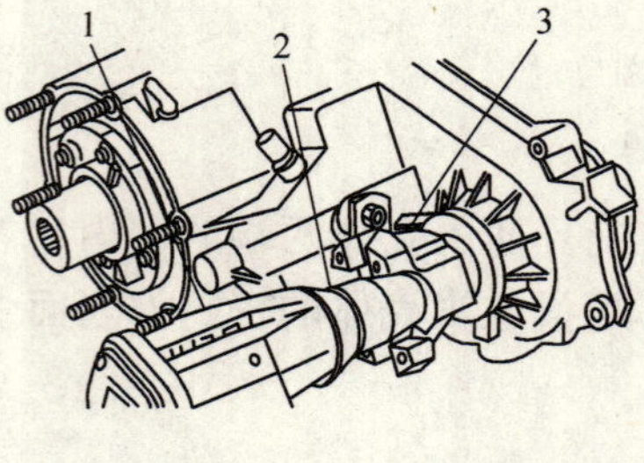

图 5-38 连接叉螺母拆卸

1—冲击扳手 2—套筒 3—连接叉

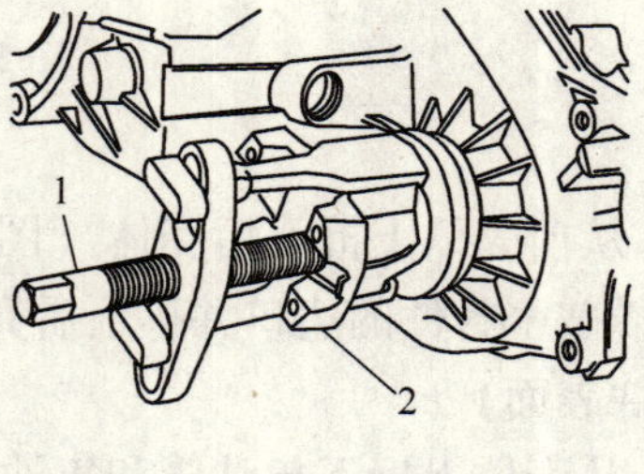

图 5-39 拆卸连接叉

1—二爪拉拔器 2—连接叉

5）从前输出轴拆下密封件垫圈。报废垫圈，因为它不能再次使用。

6）拆下连接换挡杠杆和扇形轴的螺母和垫圈。然后将扇形轴放在空挡位置，并从轴上拆下杠杆（图5-40）。

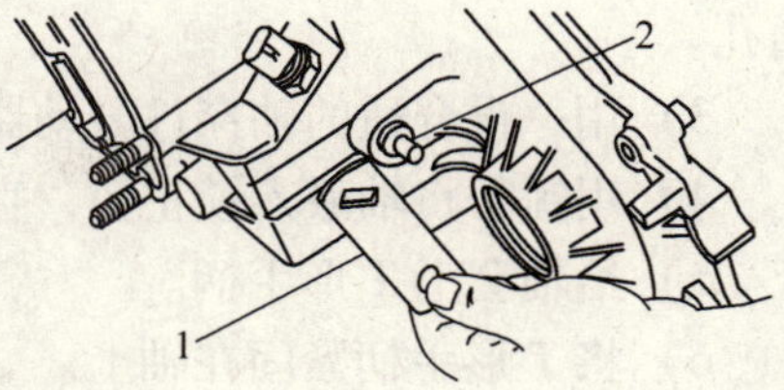

图5-40　换挡杠杆拆卸

1—换挡杠杆　2—扇形轴

7.2.5　拆下前输出轴和传动链

1）拆下主动链轮卡环（图5-41）。

2）拆下主动链轮和传动链（图5-42）。

3）拆下前输出轴（图5-43）。

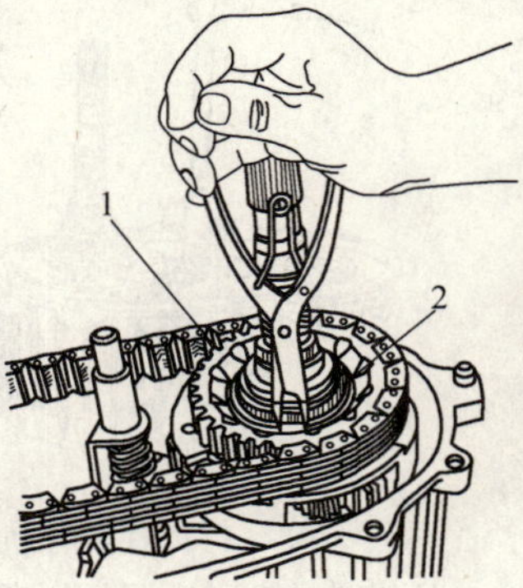

图5-41　主动链轮卡环拆卸

1—主动链轮　2—主动链轮卡环

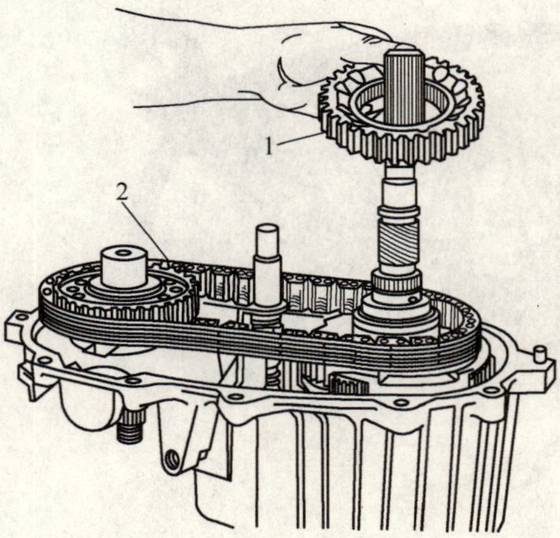

图5-42　主动链轮和传动链拆卸

1—主动链轮　2—传动链

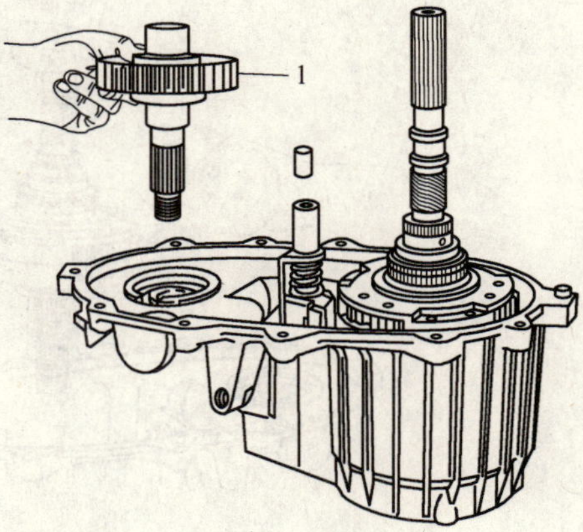

图5-43　拆卸前输出轴

1—前输出轴

7.2.6　拆下换挡拨叉和主轴

1）拆下换挡密封螺栓、O形圈弹簧和锁止销（图5-44）。

2）从低挡拨叉锁止销通孔上拆下密封螺栓，然后移动扇形轴对准低挡拨叉锁止销通孔。

3）用一根合适的轴穿过分动器侧面的通孔并进入锁止销。

4）用锤子将轴敲入锁止销，直到与锁止销稳固啮合。

5）给轴套上 T 形手柄。

6）将 T 形手柄紧固在轴上。

7）逆时针转动 T 形手柄并同时向上拉，以拆下锁止销。

8）直线上拉，将换挡导轨拉出（图 5-45）。

9）将驱动形式拨叉和主轴作为一个总成拆下（图 5-46）。

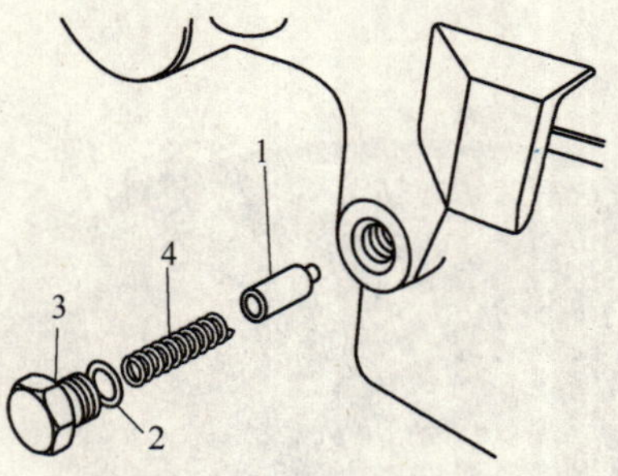

图 5-44　拆卸密封螺栓、O 形圈、弹簧和锁止销

1—锁止锁　2—O 形圈　3—密封螺栓　4—弹簧

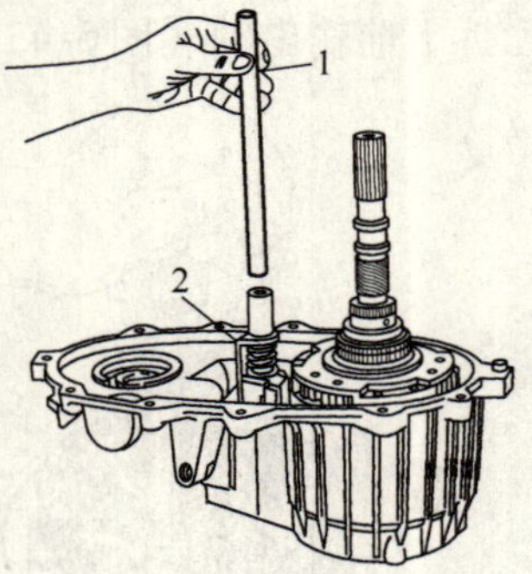

图 5-45　拆卸换挡导轨

1—换挡导轨　2—驱动形式拨叉

10）从主轴上拆下驱动形式套筒和驱动形式拨叉（图 5-47）。记下拨叉中驱动形式套筒的位置并拆下套筒。

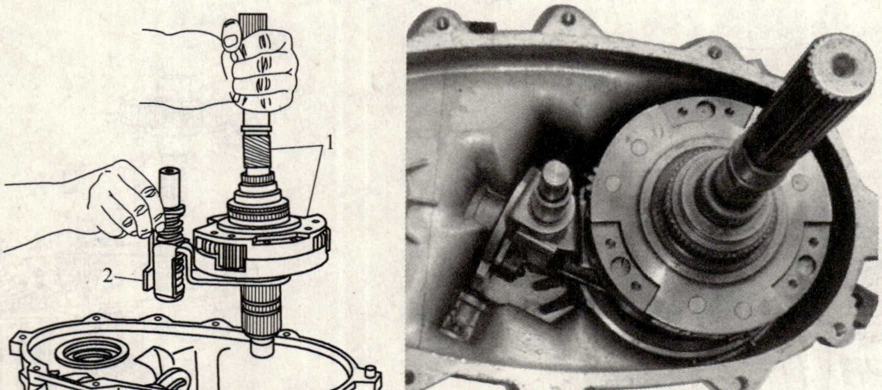

图 5-46　拆卸主轴和驱动形式拨叉总成

1—主轴总成　2—驱动形式拨叉

11）拆下中间离合器轴卡环（图 5-48）。

12）拆下中间离合器轴止推环（图 5-49）。

13）拆下中间离合器轴（图 5-50）。

14）拆下差速器卡环（图 5-51）。

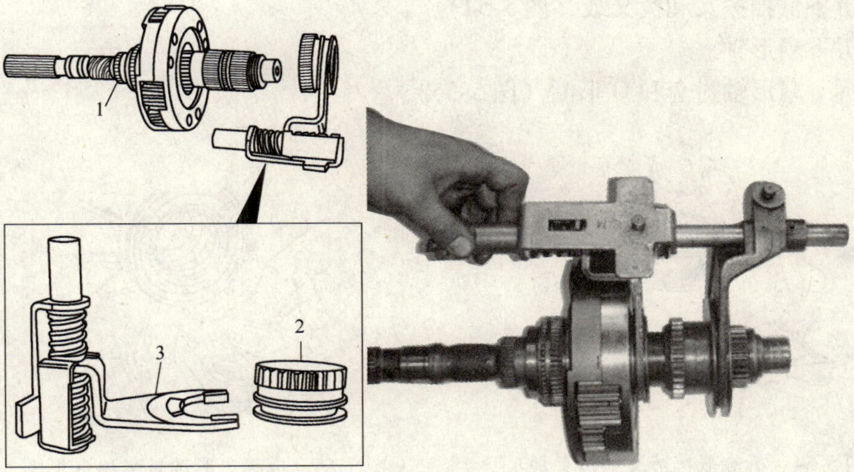

图 5-47　拆卸驱动形式拨叉和套筒

1—主轴　2—套筒　3—驱动形式拨叉总成

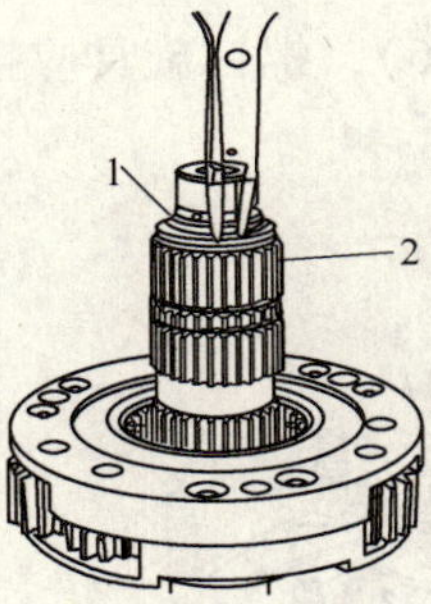

图 5-48　拆卸中间离合器轴卡环

1—卡环　2—中间离合器轴

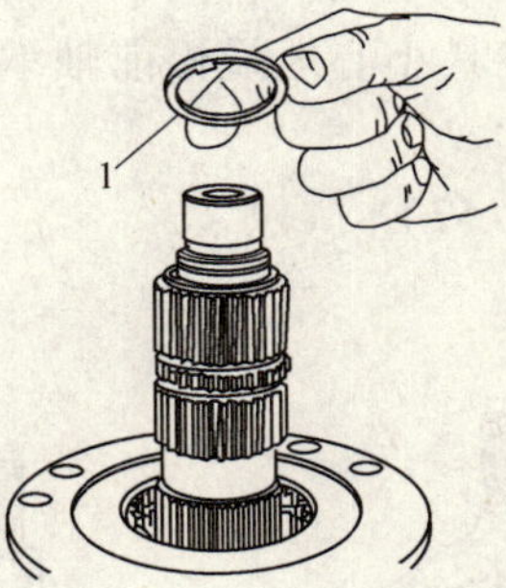

图 5-49　拆卸中间离合器轴止推环

1—止推环

图 5-50　拆卸中间离合器轴

1—中间离合器轴

15）拆下差速器（图 5-52）。

16）从主轴上拆下差速器滚针轴承及其垫圈。

17）将低挡拨叉销滑出扇形轴的槽（图 5-53）。

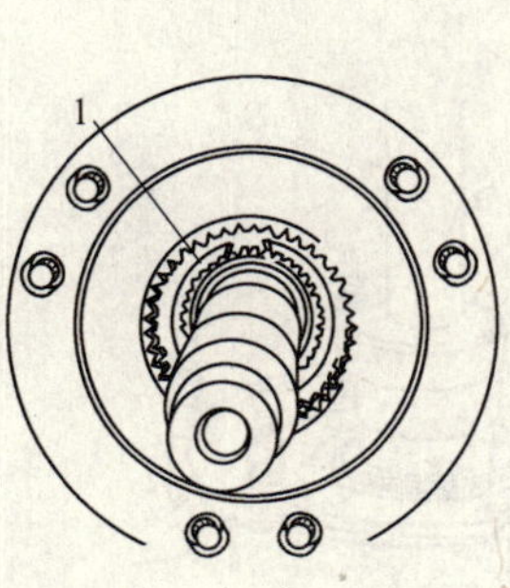

图 5-51　拆卸差速器卡环

1—差速器卡环

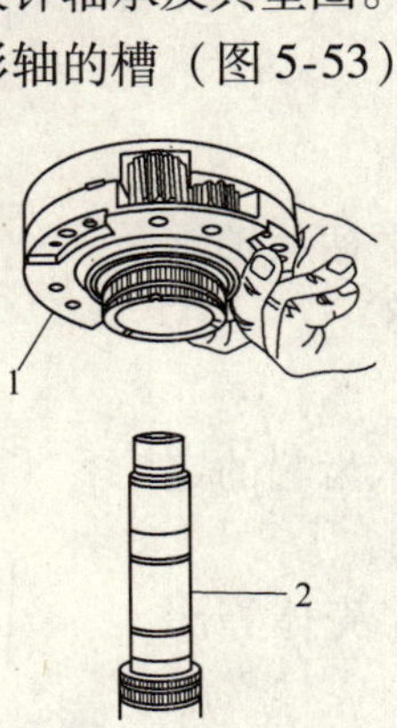

图 5-52　拆卸差速器

1—差速器　2—主轴

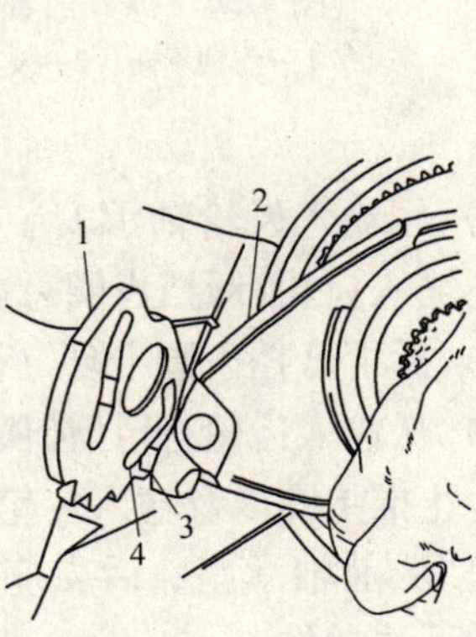

图 5-53　将低挡拨叉销滑出扇形轴的槽

1—扇形轴　2—低挡拨叉　3—销　4—槽

18）拆下低挡拨叉和拨叉毂（图5-54）。

19）拆下扇形轴。

20）拆下扇形轴衬套和O形圈（图5-55）。

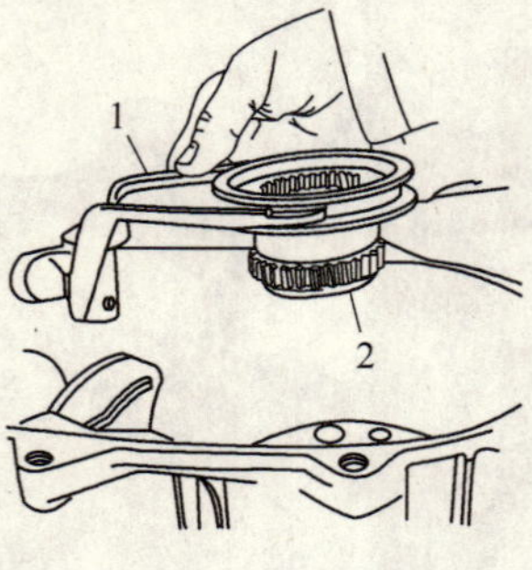

图5-54　拆卸低挡拨叉和拨叉毂

1—低挡拨叉　2—拨叉毂

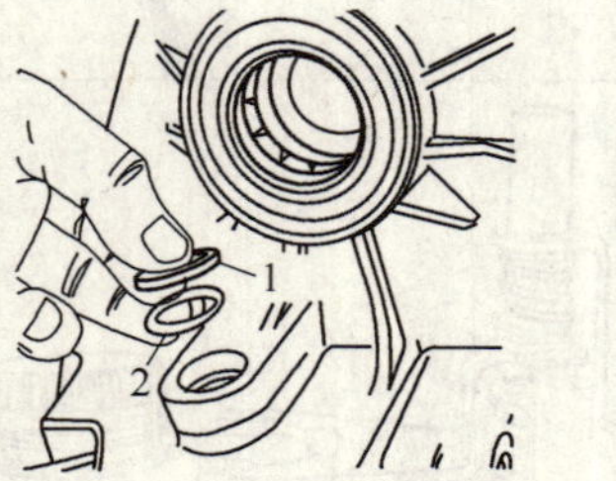

图5-55　拆卸扇形轴衬套和O形圈

1—扇形轴衬套　2—O形圈

7.2.7　拆下输入齿轮/低挡齿圈总成

1）拆下前轴承座螺栓。

2）拆下前轴承座。用螺钉旋具小心地撬松前轴承座（图5-56），螺钉旋具应插入前轴承座的槽内。

3）拆下输入齿轮卡环（图5-57）。

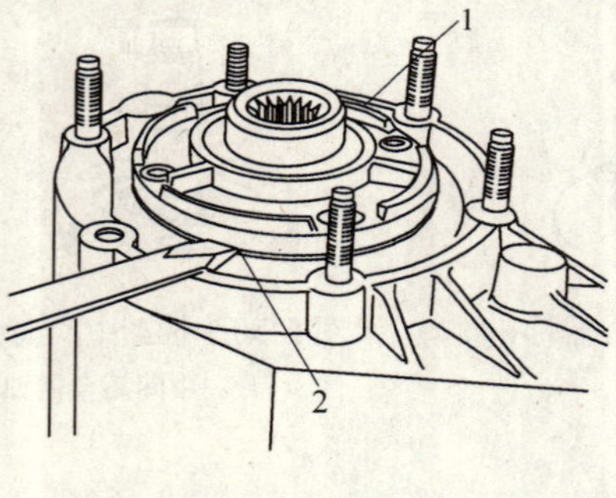

图5-56　拆卸前轴承座

1—前轴承座　2—支座槽

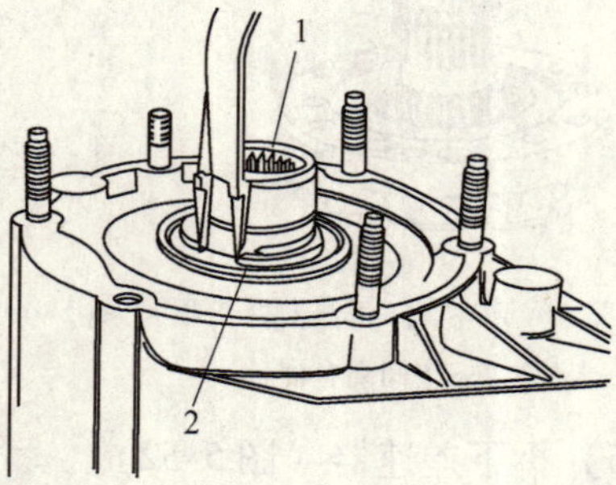

图5-57　拆卸输入齿轮卡环

1—输入齿轮　2—卡环

4）用输入齿轮轴承安装器和安装手柄从轴承上拆下输入齿轮/低挡齿圈总成（图5-58）。

5）拆下低挡齿圈卡环（图5-59）。

6）从输入齿轮/低挡齿圈上拆下输入齿轮的定位环、止推垫圈以及输入齿轮（图5-60）。

7）从前轴承座、后支座、油泵、半壳体等部件上拆下油封件。

7.2.8　差速器

1）在差速器半壳体上标上参考点。

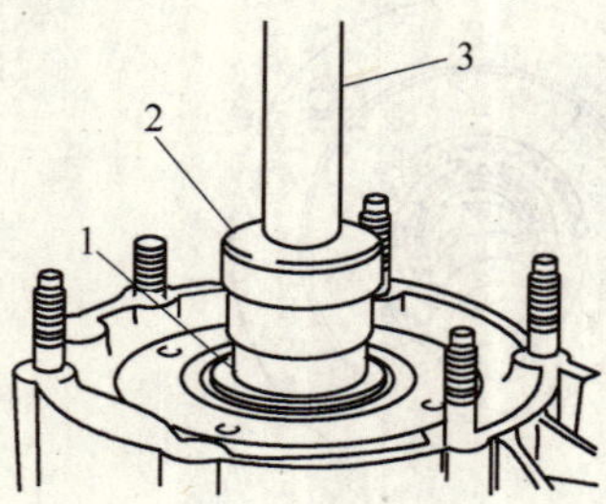

图5-58　拆卸输入齿轮/低挡齿圈总成

1—输入齿轮/低挡齿圈总成

2—输入齿轮　轴承安装器　3—安装手柄

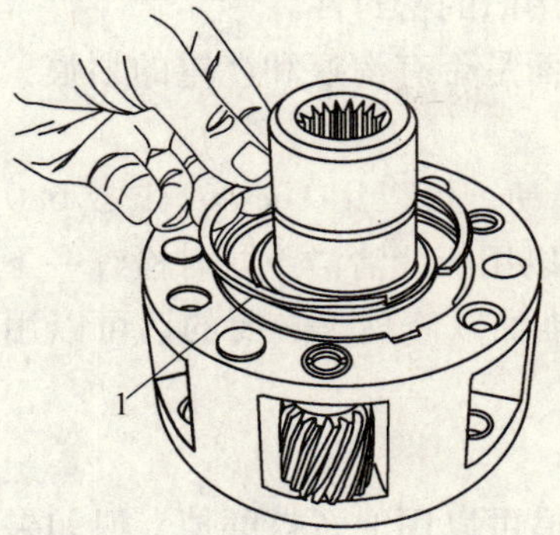

图 5-59　拆卸低挡齿圈卡环

1—低挡齿圈卡环

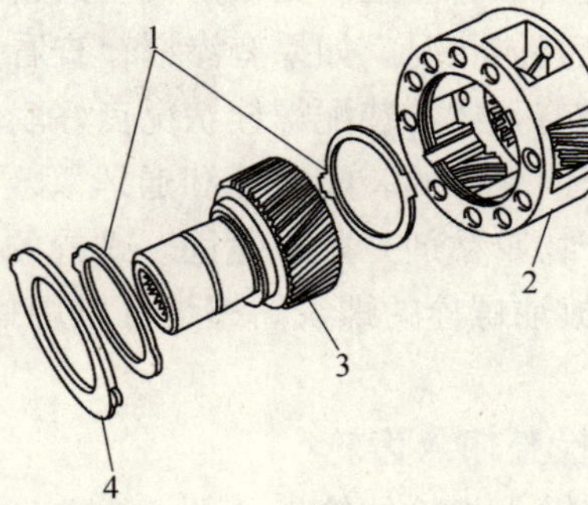

图 5-60　输入齿轮/低挡齿圈总成

1—止推垫圈　2—低挡齿圈　3—输入齿轮　4—定位环

2）拆下差速器壳体螺栓。

3）在工作台上翻转差速器。

4）利用半壳体上的槽将上半壳和下半壳撬分离（图 5-61）。

5）从壳体销上拆下止推垫圈和行星齿轮（图 5-62）。

6）从下半壳上拆下主轴和链轮（图 5-63），在分离它们之前记下齿轮位置以备参考。

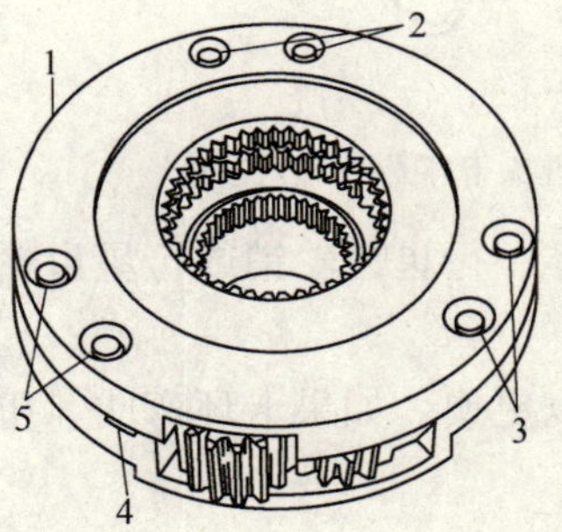

图 5-61　分离差速器半壳体

1—上半壳体　2、3、5—壳体螺栓

4—壳体槽

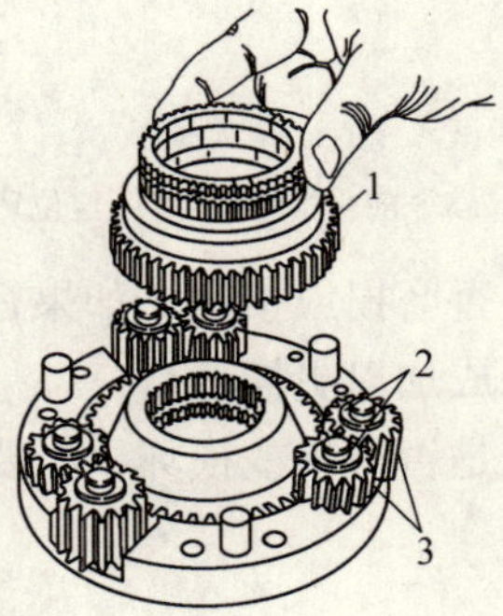

图 5-62　拆卸行星齿轮和止推垫圈

1—主轴齿轮　2—止推垫圈（12 个）

3—行星齿轮（6 个）

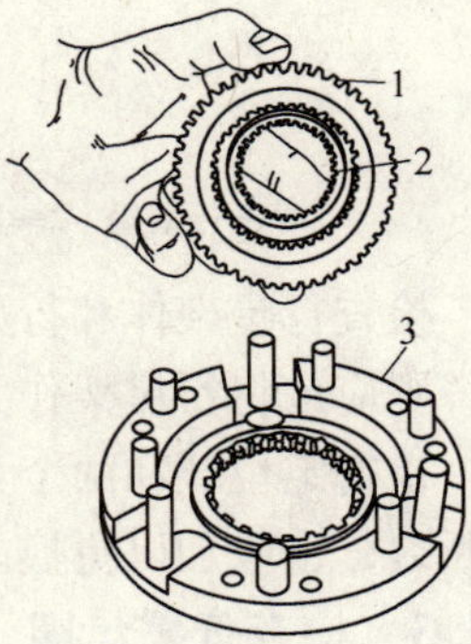

图 5-63　拆卸主轴和链轮

1—主轴齿轮　2—链轮

3—下半壳体

7.3　清洗

用标准的零件清洗液清洗分动器零件。用刮刀和万能除垢器清除掉壳体和支座上的密封件残留物。向半壳体、支座、齿轮和轴的进油通道通压缩空气，以清除残余的清洗液。集油滤网也能用清洗液清洗，清洗后要甩掉上面多余的清洗液，并且用空气自然干燥，不要使用压缩空气。

7.4　检查

7.4.1　检查壳体和前支座

检查壳体和前支座是否磨损和损坏。用刮刀和万能除垢器清洁密封件表面，确保密封件正确附着在总成上。更换前支座的密封件，不得使用旧的密封件。

检查壳体状况。如果有渗漏，查看壳体密封件表面是否有沟痕和严重的划痕，同时还应该确保前壳体的装配螺栓状况良好。

检查前壳体的装配螺栓和通风管。如果通风管松动，可以用 Loctite271 或 680（丙烯酸类聚合物胶粘剂）加以紧固。螺栓的螺纹必要时可以用板牙清洁。同时检查一下后壳体的注油/放油螺栓的螺纹。螺纹可以用螺纹梳刀或丝锥加以修理，必要的话可以用垫片加以找正。

7.4.2 检查输入齿轮

检查输入齿轮的轮齿（图 5-64）。轮齿上的小刻痕可以用油石打磨掉，但如果有轮齿折断、裂纹或碎裂，则应更换齿轮。齿轮上的轴承安装面必要时可以用粒度为 320 ~ 400 的砂布打磨平。

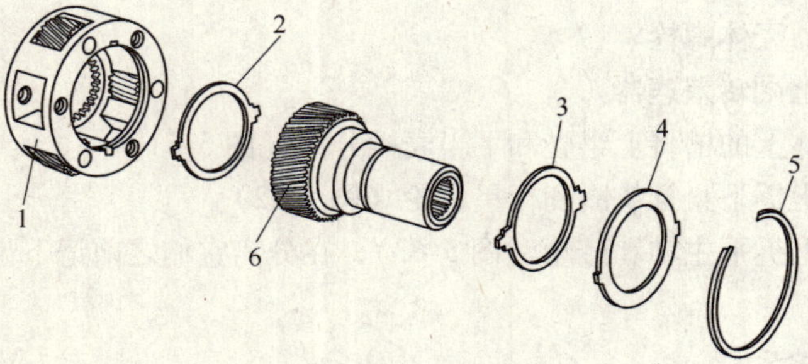

图 5-64 输入齿轮

1—行星架 2—后止推垫圈 3—前止推垫圈 4—定位环 5—行星架卡环 6—输入齿轮

检查行星架体和行星齿轮是否磨损或损坏。如果行星架体、行星齿轮销或行星齿轮损坏，则应该将行星架作为一个总成加以更换。

检查定位环和两个止推垫圈是否磨损或损坏，必要时加以更换。如果卡环弯曲、扭转或断裂，也应加以更换。

7.4.3 检查低挡齿圈

仔细检查低挡齿圈状况。低挡齿圈只能作为前壳体的一部分进行维修，如果低挡齿圈损坏，则必须将低挡齿圈和前壳体作为一个总成加以更换，不要试图拆下低挡齿圈（图 5-65）。

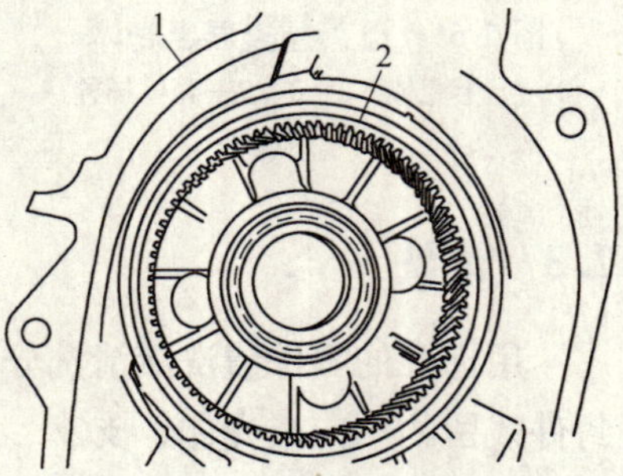

图 5-65 检查低挡齿圈

1—前壳体 2—低挡齿圈

7.4.4 检查主轴

检查毂和轴上的花键以及链轮上的链齿，小刻痕和划痕可以用油石打平。但是，如果任一部分损坏，则应加以更换。

检查链轮孔和主轴上的接触表面，小刻痕和划痕可以用粒度为 320 ~ 400 的砂布打磨平，但如果刻痕或磨损严重的话，不要再维修主轴，应直接更换。

7.4.5 换挡拨叉

检查换挡拨叉和驱动形式拨叉的状况（图 5-66）。换挡导轨上的小刻痕可以用粒度为

320~400的砂纸打磨平。检查换挡拨叉磨损垫。驱动形式拨叉的磨损垫可以维修，必要时也可更换。换挡拨叉磨损垫也可以维修。

检查两个套筒是否磨损或损坏，尤其要注意内齿。如果有明显的磨损或损坏，则应更换套筒。

7.4.6　油泵

检查油泵集油件，任何集油件出现磨损或损坏都需更换油泵。

不要分解油泵，因为不能买到油泵上的单个零件，油泵只能作为一个总成出售。只有集油滤网、连接软管和集油管可以维修并能单独买到。

7.4.7　输出轴甩油环

检查连接叉甩油环的密封接触面的状况（图5-67）。接触面应该清洁和光滑，以确保正常的密封。更换连接叉螺母和密封件垫圈，因为这两者都不能重复使用。

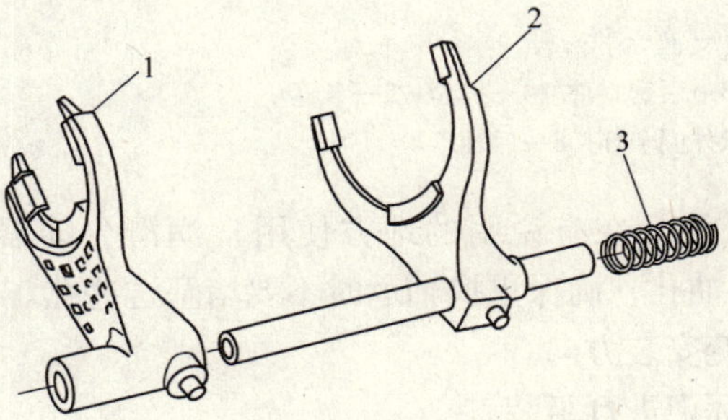

图5-66　换挡拨叉和驱动形式拨叉

1—换挡拨叉　2—驱动形式拨叉和导轨　3—驱动形式弹簧

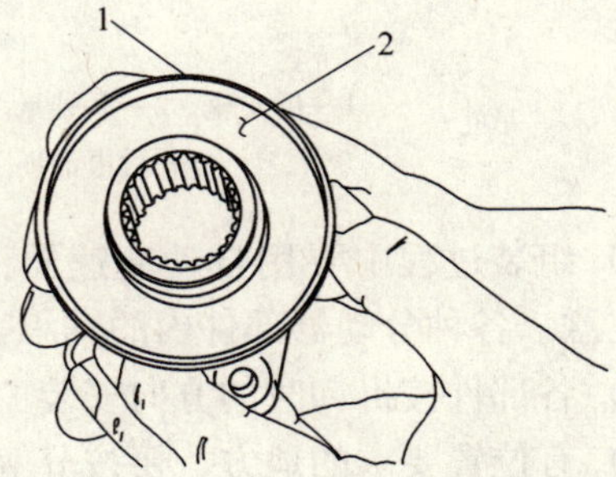

图5-67　甩油环密封接触面

1—前甩油环（连接叉的一部分）　2—密封接触面应该整洁和光滑

检查轴上的螺纹、链轮的轮齿和轴承安装面。轮齿上的小刻痕可以用油石打平，轴上的轴承安装面上的小划痕可以用粒度为320~400的砂布打磨平，轴上的粗螺纹可以在必要时用螺纹梳刀修理。但如果螺纹损坏、轴承安装面划伤，或者任何链轮齿碎裂或折断，则应更换轴。

检查传动链和轴上的轴承。如果链条被拉长、扭曲或链节黏滞，应更换链条和两个链轮。如果轴承工作粗暴或有噪声，则应更换轴承。

7.4.8　后支座

检查后支座部件（图5-68）。如果工作粗暴或有噪声，则应更换轴承。检查后支座轴承孔是否碎裂或磨损。用刮刀或万能除垢器清洁密封表面，这样能确保在重新组装时，密封件能正确黏附。

更换甩油环和全部密封件，不要重复使用这两种零件。

检查卡环和垫圈，如果出现扭转、弯曲或断裂则应加以更换，建议不要重复使用上述两种零件；如果护套有切口或被磨破也应加以更换；更换护套卡箍，不要重复使用。

7.5　组装

按分解的相反顺序进行组装。但要注意以下几点：

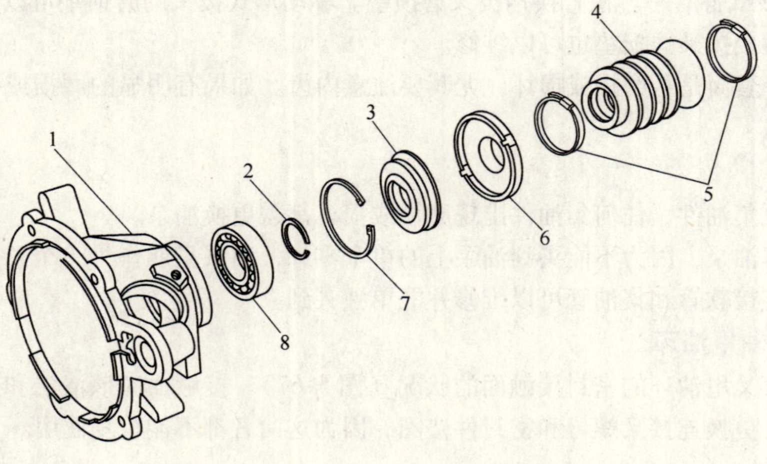

图 5-68　后支座部件

1—后支座　2—后轴承内圈卡环　3—后密封件　4—护套　5—卡箍
6—后甩油环　7—后轴承外圈卡环　8—后轴承

1）组装过程中要用自动变速器油或凡士林（在有说明的地方使用）润滑分动器部件。注意：各种分动器部件内的轴承孔都有供油孔，确保更换轴承时不要堵塞这些孔。

2）各部件按拆卸时的方向安装，不要改变安装方向。

3）有位置要求的地方，要按分解时做的标记进行组装。

4）组装时，各部分联接螺栓必须按规定力矩拧紧。

5）必须更换各密封件、O 形圈、卡环、螺栓等维修手册规定更换的部件，如：输出轴密封件、轴承密封件、卡环、油泵密封件、O 形圈、扇形轴 O 形圈和衬套等。

6）需按手册要求在各密封件表面涂抹密封胶，如：在前轴承座密封件表面、前壳体密封件表面涂上 3mm（1/8in）宽的 Mopar 衬垫胶或硅胶密封剂。

7）安装差速器前必须先润滑各部件，要确保在每个行星齿轮的顶部和底部都安装止推垫圈。

8）先用自动变速器油润滑输入齿轮和低挡齿轮后，再进行安装。

9）将低挡拨叉和毂放入壳体时，要确保低挡拨叉销与换挡扇形轴的槽相啮合。

10）在主轴上安装轴承滚针时，需在轴承滚针上涂上大量凡士林以将其固定。

11）在安装差速器时不要互换主轴轴承。

12）检查驱动型式拨叉总成（图 5-69），必要时更换摩擦垫和衬套。如果衬套内部导管磨损或损坏，则应更换导管。另外，还要检查弹簧和滑座支架，并更换磨损、损坏的部件。

13）安装换挡导轨时，要保证导轨进入两个

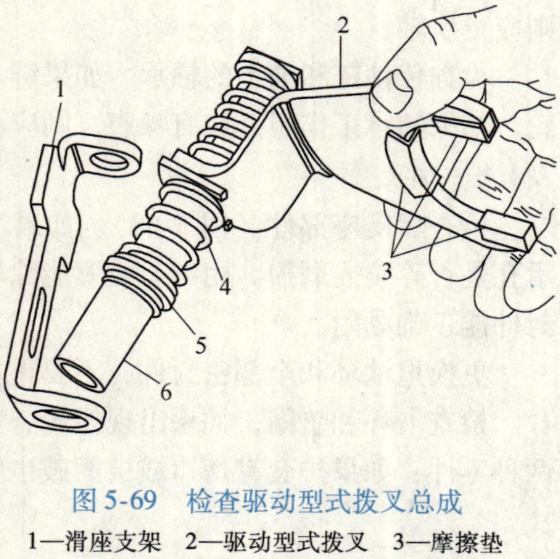

图 5-69　检查驱动型式拨叉总成

1—滑座支架　2—驱动型式拨叉　3—摩擦垫
4—弹簧　5—衬套　6—导管

驱动型式拨叉内。

14）安装换挡拨叉锁止销时，可将1号易卸式工具插入换挡拨叉锁止销将其固定住以便于安装。注意：锁止销的一端有点锥度另一端没有锥度，要将带锥度的一端插入拨叉和导轨中。

15）将组装好的油泵、集油管和滤网装入后壳体（图5-70）时，要确保滤网安装到壳体槽内。

16）不要忘记将磁铁放入前壳体凹坑内（图5-71）；

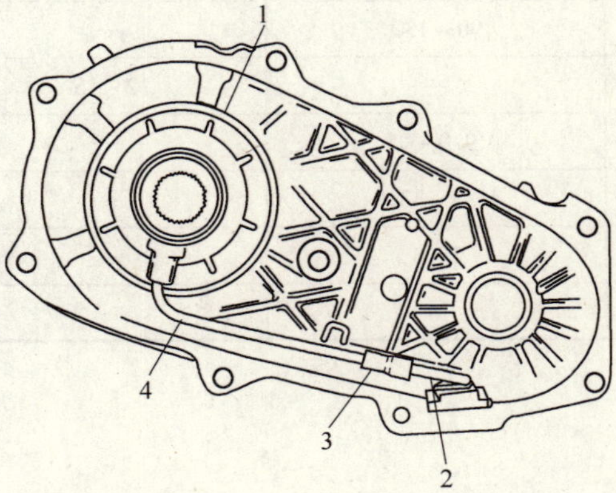

图5-70　安装滤网和集油管

1—油泵　2—滤网　3—接头　4—集油管

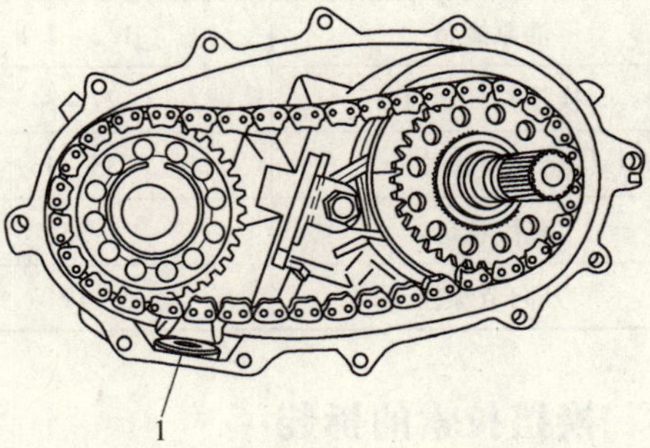

图5-71　安装壳体磁铁

1—磁铁

17）安装前壳体与后壳体的联接螺栓时，要确保在作为壳体定位销的每个螺栓下装上垫圈。

7.6　安装

1）将分动器装到变速器千斤顶上。

2）用链条将分动器固定在千斤顶上。

3）将分动器放到汽车下。

4）使分动器对准变速器轴，并将分动器安装到变速器上。

5）安装分动器的联接螺母，并按规定力矩拧紧。

6）对准并连接传动轴。

7）给分动器充注适当的变速器油，检查变速器油面，必要时加以调整。

8）安装后横梁和侧滑板，并将横梁螺栓按规定力矩拧紧。

9）拆下变速器千斤顶和支架。

10）将变速杆连接到分动器换挡杠杆上。

11）调整分动器换挡拉索。

12）放下汽车并检验分动器的换挡操作。

7.7　转矩技术规范

拆装分动器转矩技术规范见表5-3。

表 5-3 转矩技术规范

项　目	N·m	lbf·ft	lbf·in
锁止螺栓	16～24	11.8～17.7	—
差速器壳体螺栓	17～27	12.5～19.9	—
放油/注油螺栓	20～25	14.7～18.4	—
前桥固定螺栓	16～27	11.8～19.9	—
半壳体螺栓	35～46	25.8～33.9	—
前连接叉螺母	122～176	90～130	—
油泵螺钉	1.2～1.8	—	12～15
换挡杠杆螺母	27～34	19.9～25	—
后支座螺栓	35～46	25.8～33.9	—
装配螺母	35	25.8	—
万向节螺栓	19	14	—

7.8 换挡拉索的拆装

7.8.1 拆卸

1）将分动器换入空挡位。

2）举升汽车。

3）从分动器换挡杠杆上断开换挡拉索（图 5-72）。

4）从拉索支架上拆下换挡拉索。

5）放下汽车。

6）必要时拆下其他零部件，以便拆卸变速杆总成和分动器换挡拉索。

7）在变速杆支架处断开分动器换挡拉索（图 5-73）。

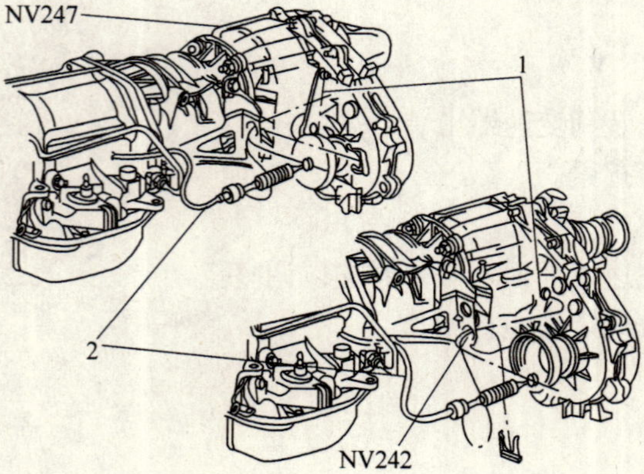

图 5-72 分动器中的换挡拉索

1—分动器换挡杠杆 2—分动器换挡拉索

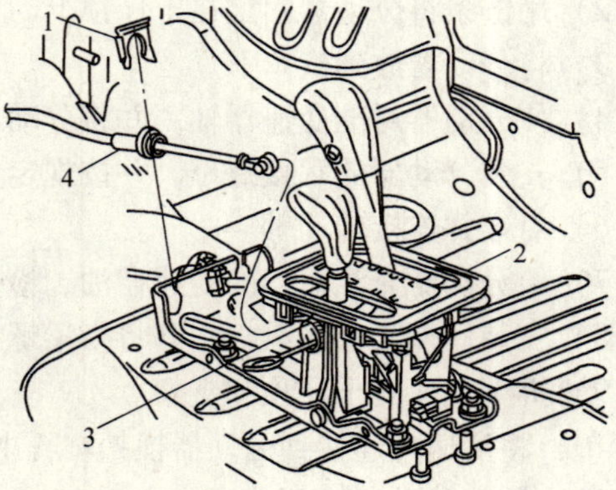

图 5-73 变速杆支架上的分动器换挡拉索

1—夹子 2—变速杆支架 3—分动器变速杆销 4—分动器换挡拉索

8）拆下将分动器换挡拉索密封板固定到地板盘上的螺母（图5-74）。

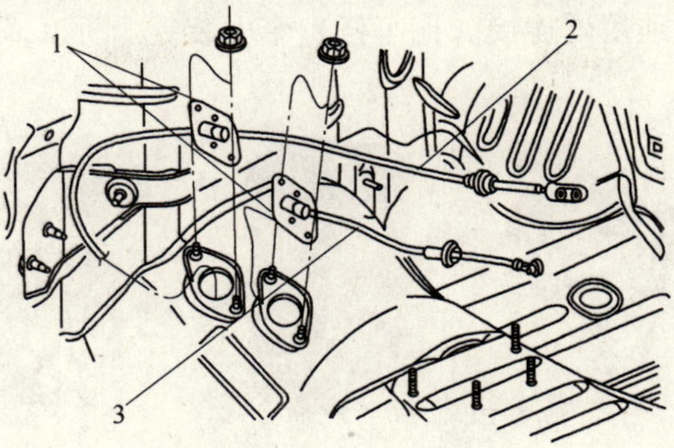

图5-74　地板盘上的换挡拉索

1—密封板　2—变速器换挡拉索　3—分动器换挡拉索

9）从地板盘开口处拉出分动器换挡拉索。

10）从汽车上拆下分动器的换挡拉索。

7.8.2　安装

1）通过地板盘上的孔，布置好分动器换挡拉索。

2）将密封板装到地板盘上的螺柱上。

3）用螺母将密封板固定到地板盘上，将螺母拧紧至7N·m。

4）将分动器换挡拉索安装到变速杆支架上，使分动器换挡拉索在支架上正确落位并装上夹子。

5）确认分动器变速杆（控制台处）是否处在空挡位置。

6）将拉索卡在变速杆销上。

7）举升汽车。

8）将换挡拉索装到换挡拉索支架上并装上夹子。

9）确认分动器依然处于空挡位置。

10）将换挡拉索卡在分动器变速杆上。

11）放下汽车。

12）在各个挡位验证分动器工作是否正常。

13）装上为拆卸分动器换挡拉索而拆下的其他零部件。

8　拖车

现代汽车虽然越来越可靠，但在行驶时还是会偶尔发生故障，不能再继续行驶，需要被拖车拖回修理厂进行修理。尽管许多城市都有24h服务的机动车救援，但每辆车仍应备有拖车工具，以备不时之需。

8.1　拖车工具

拖车工具有两种：一种是普遍采用的拖车绳（图5-75），另一种是硬质拖车杆（图5-76）。相比而言，拖车杆要更安全。若两辆车用硬质拖车杆连接，在前面的车牵引过猛或急制动时，被牵引车辆不会撞到前面的车。因此我国交通管理条例规定：在冰雪路面上或制动装置失效的车辆必须用硬连接（拖车杆）牵引装置。所以，应尽量采用拖车杆进行拖车。

图 5-75　拖车绳

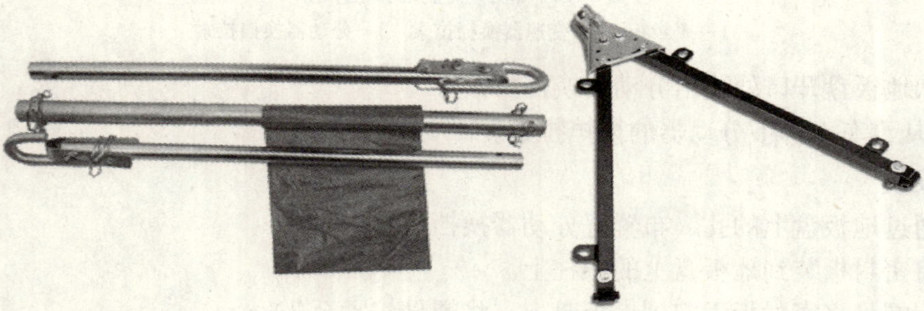

图 5-76　拖车杆

8.2　拖车安全距离和牵引重量（前后车辆需配合）

拖车要低速慢行，应该在拖车绳上系一个艳丽醒目的布条，并保持绳索拉紧和一定的安全距离。所谓的“安全距离”，是指在 20km/h 的限速下拖车，前车制动时应能保证后车有足够的制动距离。一般在柏油、水泥路面牵引时，安全距离为 5～7m；在有水的柏油、水泥路面或泥泞路面牵引时，安全距离需延长 1～2m。换言之，拖车绳的长度应在 6～9m 之间。

拖车绳或拖车杆包装上标明了最大牵引量，但常常被人忽视。超重量拖车十分危险，一旦拖车绳或拖车杆被拉断，将再次造成车损人伤，造成“二次事故”。所以，如果是一辆较重的越野车陷入泥坑时，最好还是请专业救援人员，使用专业的救援拖车。

许多大中城市交通拥堵，所以，在拖车前，前后车驾驶员应商量好具体的行驶路线，避免经常塞车和有大坡度、急转弯的路线，还要约定好起动和减速的手势等。牵引车驾驶员起步要慢，需要拐弯时，尽量提前打灯，切忌急制动。被牵引车驾驶员也不是把着转向盘就行，除了注意牵引车，尽量保持绳子绷紧外，还要多观察前方的交通状况，能提前判断前车是否要制动、转弯，这样就主动得多了。

8.3　拖救自动变速器车辆

在牵引自动变速器的车辆时，需要完全遵守制造商的规定。变速杆必须处于 N 位（空挡）位置。如果自动变速器挂在 P 位，则其内部会被锁止，如果此时拖行驱动轮的话，会对与驱动轮相连的变速器内部的锁止机构产生拖拽，造成严重的损坏。如果汽车具有电磁操纵的停车锁止装置，则必须以机械方式打开停车锁止装置。因为没有驱动机油泵，自动变速器中没有足够的润滑油，所以，通常情况下牵引速度应小于等于 50km/h，牵引距离小于等于 50km。

自测题

1. 与两轮驱动相比，具有四个驱动轮的全轮驱动有哪些优点？
2. 请列举具有固定全轮驱动的车辆的组成部件。
3. 横向防滑差速器和纵向防滑差速器有什么区别？
4. 自动防滑差速器可分为哪几种？
5. 具有中间差速器的分动器有哪些作用？
6. 当前驱动轮出现打滑时，黏性离合器如何反应？
7. 托森差速器在干燥的路面上如何进行转矩的分配？
8. Haldex 离合器是如何工作的？
9. 拖救车辆应注意哪些安全？
10. 自动变速器车的拖救应注意什么？